世纪之交，我们站在时代的入口，亟待着文化价值系统的重构，并深感任重道远；而重新阐释和挖掘中国传统哲学的意义世界，促使其精神的现代转生，是现代性文化价值体系确立过程中不可或缺的重要一环。

　　《中国哲学青年学术文库》正有志于这一文化精神的担当，精心筛选了一批在中国哲学博士论文基础上撰写而成的优秀著作。在这里，聚集着一批活跃于中国传统哲学研究领域的青年学人，他们贵于创新，展现和昭示着未来。我们希冀本文库的出版，有助于他们对中国传统哲学做出新的开掘，从中发现一片新的精神世界；我们也诚邀更多的博士俊杰加入到我们的文库行列，祈盼庶几能推出一批学术新人。

齐家之道

QIJIAZHIDAO

中国哲学青年学术文库
ZHONGGUO ZHEXUE QINGNIAN XUESHU WENKU

李勇强 著

——颜之推三教一体思想研究

人民出版社

序

张立文

　　"读书之乐何处寻,数点梅花天地心。"读书使人眼观世界,心怀天地,即使身处冰天雪地的环境中,它给人以绽开的梅花那样,以无穷的乐趣,也给人以"为天地立心"的致远的反思。李勇强博士在攻读博士期间,尽管工作繁忙,千头万绪,仍然抓紧点滴时间读书、思考、写作。他不管是在动车行进中,还是在飞机飞行中,手眼不停地撰著,即使"衣带渐宽终不悔,为伊消得人憔悴",亦不放松,终于取得博士、博士后的最高学位。

　　李勇强的博士论文是关于颜之推的《颜氏家训》研究。颜之推是为孔子称赞为"一箪食,一瓢饮,在陋巷,人不堪其忧,回也不改其乐"的颜回第35世孙。他生逢乱世,历经南梁、西魏、北齐、北周、隋五朝更替。他忧道忧民,"一生而三化",是"备荼苦而蓼辛"的忧患之作。《颜氏家训》之作的初心,是为了"述立身治家之法,辨正时俗之谬"①。颜之推身遭亡国丧家的磨难,宛转狄俘,阽危鬼录,三代之悲,剧于荼蓼。"民百万而囚虏,书千两而烟炀,溥天之下,斯文尽丧。怜婴孺之无辜,矜老疾之无状,夺诸怀而弃草,

---

① 《附录》,《颜氏家训集解》,上海古籍出版社1980年版,第571页。

蹈于涂而受掠。"①百万人民成为囚虏,经牒秘书焚荡无存,婴儿孺子无辜受害,老疾的得不到善待,路有饥妇抱子抛弃于草地。人民生活水深火热之中,"嗟宇宙之辽旷,愧无所而容身"。他发愿要"举世溺而欲拯,王道郁而求申"②,以衔石填海之志,申王道,拯世溺,启愚矇,复孝慈,撰成《颜氏家训》一书,其宗旨为"整齐门内,提撕子孙"③。故著《教子》、《兄弟》、《治家》、《风操》、《慕贤》、《勉学》、《名实》、《止足》、《诫兵》、《养生》、《归心》等 20 篇。在《教子》篇中说:"父母威严而有慈,则子女畏慎而生孝矣。"④若娇生惯养成为习惯,则制止他,即使打骂,反增怨恨,及其成长,终为败德。俗语说:教妇初来,教儿婴孩。使其年少时,知礼仪,习孝悌,养成好习惯。在《治家》中,颜之推以为"治家之宽猛,亦犹国焉"。"是以父不慈则子不孝,兄不友则弟不恭,夫不义则妇不顺矣。"⑤父子、兄弟、夫妇应相向而行,双方都应遵守践行道德规范。他还认为俭者,省约为礼,率能恭俭节用,以赡衣食。他特别指出:"借人典籍,皆须爱护,先有缺坏,就为补治,此亦士大夫百行之一也。"⑥对典籍的保护是士大夫必须遵守的原则。学习典籍,读书学问,是为开心明目,利于实行。⑦ 未知养亲的,可以学习古人先意承颜,不惮劬劳的事奉。他要求学者应博闻,郡国山川,官位姓族,衣服饮食,器皿制度,皆欲寻根究底,以求本真。颜之推认为,学习的宗旨是"古之学者为人,行道以利世也;今之学者为己,修

① 《观我生赋》,《颜氏家训集解》,上海古籍出版社 1980 年版,第 601 页。
② 《观我生赋》,《颜氏家训集解》,上海古籍出版社 1980 年版,第 623 页。
③ 《序致》,《颜氏家训集解》,上海古籍出版社 1980 年版,第 19 页。
④ 《教子》,《颜氏家训集解》,上海古籍出版社 1980 年版,第 25 页。
⑤ 《治家》,《颜氏家训集解》,上海古籍出版社 1980 年版,第 53 页。
⑥ 《治家》,《颜氏家训集解》,上海古籍出版社 1980 年版,第 66 页。
⑦ 参见《劝学》,《颜氏家训集解》,上海古籍出版社 1980 年版,第 160 页。

身以求进也。夫学者犹种树也,春玩其华,秋登其实。讲论文章,春华也;修身利行,秋实也。"①《论语·宪问》篇载孔子说:"古之学者为己,今之学者为人。"古代学者的目的在修养自己的学问道德,今之学者在修饰自己给人看。颜之推反其意,并用正面诠释为己为人,以为人是行道利世,而非装饰自己、显示自己给人看;为己是修身利行。为己为犹春华秋实,把学与用、言与行、讲论文章的理论与修身理性的实践结合起来。这是颜之推的智能创新,具有深刻的现实价值和意义。

学习不分先后,要活到老学到老。"曾子七十乃学,名闻天下;荀卿五十,始来游学,犹为硕儒;公孙弘四十余,方读春秋,以此遂登丞相……幼而学者,如日出之光,老而学者,如秉烛夜行。"②颜之推以历史人物的事迹,勉励后世,以传承前贤学以致用的学风。他在《慕贤》篇中讲,"所值名贤,未尝不心醉魂迷向慕之也"。他认为"与善人居,如入芝兰之室,久而自芳也;与恶人居,如入鲍鱼之肆,久而自臭也"③。性相近,习相远。人生来就像一张白纸,任其涂鸦。在周围环境和人际的大染缸中染成或红或黑,或善或恶,因此说,君子必慎交游焉。君子"凡有一言一行,取于人者,皆显称之,不可窃人之美,以为己力;虽轻虽贱者,必归功焉"。④ 在1500 余年前的颜之推已有学术言行规范,引用他人言行,都要显著地加以说明,绝不可掠人之美,据为己功。换言之,目前学术界一些人急功近利,人欲横行,抄袭他人学术成果、科研数据,而不注明出处,公然以为己功,而国外杂志发现,不仅倒学者个人的人格

① 《勉学》,《颜氏家训集解》,上海古籍出版社 1980 年版,第 165 页。
② 《勉学》,《颜氏家训集解》,上海古籍出版社 1980 年版,第 166 页。
③ 《慕贤》,《颜氏家训集解》,上海古籍出版社 1980 年版,第 128 页。
④ 《慕贤》,《颜氏家训集解》,上海古籍出版社 1980 年版,第 132 页。

序

道德,而且也倒国格。颜之推指出,即使取于地位低的、卑贱的人的学术成果、科研数据,也应该归功于他,而不可窃人之美,这是学术道德的问题。"夫圣贤之书,教人诚孝。"①做人要讲诚信、忠诚、孝敬。"用其言,弃其身,古人所耻。"②取用他人的言论,而抛弃他人,为古人所不耻。学者应老老实实、堂堂正正做学问,绝不可投机取巧,这是学做贤人的道德底线。

颜之推总结先秦以来的言行,从原出"五经"的文章,由先秦的屈原到汉扬雄、班固,及三国王粲、孔融,再到魏晋的阮籍、嵇康等,他"每尝思之,原其所积,文章之体,标举兴会,发引性灵,使人矜伐,故忽于持操,果于进取。今世文士,此患弥切,一事惬意,一句清巧,神历九霄,志凌千载,自吟自赏,不觉更有傍人。"③探赜他们的文章与学问,就文章的体而言,标举比高,托事于物,寄物而比。不伐己功,不矜其能。忽视操守,狂者进取,知进而不知退。今世的文人学士,患此弊端者更为深切。一事只图惬意,一句清新奇巧,就骄傲自满,以为自己文章学问就凌九霄,凌驾千载,旁若无人。伤人的言论,比矛戟还厉害;讽刺的言辞,犹如雷霆风雨。对此必须深深地反思,加以防止,是为大吉。当今世界,也不无此等之人。颜之推的智慧洞见,启人深思,为中华民族的学术创新和繁荣,必须纠此之弊,实学界之福祉。颜之推主张改革文章的体裁,"文章当以理致为心肾,气调为筋骨,事义为皮肤,华丽为冠冕"④。以义理情致为文章心肾的生命所在,以气韵才调为文章的筋骨,以辞藻为文章的皮肤,以华丽修辞为冠冕。批评当时一些文章只求

---

① 《序致》,《颜氏家训集解》,上海古籍出版社 1980 年版,第 19 页。
② 《慕贤》,《颜氏家训集解》,上海古籍出版社 1980 年版,第 132 页。
③ 《文章》,《颜氏家训集解》,上海古籍出版社 1980 年版,第 222 页。
④ 《文章》,《颜氏家训集解》,上海古籍出版社 1980 年版,第 249 页。

轻浮的华艳,音律的靡丽,章句的对偶等,对纠正文风起一定作用。

颜之推生当南北朝佛教盛行之时,梁武帝萧衍曾以佛教为正道,儒道为邪。颜之推主张儒佛两教,本为一体。"内外两教,本为一体,渐积为异,深浅不同。内典初门,设五种禁;外典仁义礼智信,皆与之符。"①佛教五种禁戒,与儒家的"五常"相符合。仁是不杀的禁戒,义是不盗的禁戒,礼是不邪(淫)的禁戒,智是不饮酒的禁戒,信是不欺的禁戒。因此,儒教亦为正道,而非邪道,为儒教辨证。儒家君子,见其生不忍其死,闻其声不食其肉。颜之推指出:"好杀之人,临死报验,子孙殃祸,其数甚多。"②今之好杀人者,必祸及子孙后代,这对恐怖主义者也是一种禁戒。凡人应具有不忍人的善良的心,而不应具有恶心。人之所以有恶心,是由于私欲。私心恶心,便生私行、恶行,犹如名与实,"名之与实,犹形之与影也。德艺周厚,则名必善焉;容色姝丽,则影必美焉。今不修身而求令名于世者,犹貌甚恶而责妍影于镜也。"③人的德行文艺周备笃厚,其名必善,因为人的真伪在于心,无不见于迹,有善迹善行,必有善名。现在有人既不修身养性,又不行善事,却求善名,这无疑如相貌丑恶而责备照相的镜子照不好,是那样的可笑。"夫修善立名者,亦犹筑室树果,生则获其利,死则遗其泽。"④世上汲汲于追求名利的人,不明白这个道理,是不可能达到的。"士君子之处世,贵能有益于物耳,不徒高谈虚论,左琴右书,以费人君禄位也。"⑤士君子应该专心致力于做好本职工作,而有益于国和民。

---

① 《归心》,《颜氏家训集解》,上海古籍出版社1980年版,第339页。
② 《归心》,《颜氏家训集解》,上海古籍出版社1980年版,第366页。
③ 《名实》,《颜氏家训集解》,上海古籍出版社1980年版,第280页。
④ 《名实》,《颜氏家训集解》,上海古籍出版社1980年版,第288页。
⑤ 《涉务》,《颜氏家训集解》,上海古籍出版社1980年版,第290页。

那些只会高谈虚论的人是不能"应世经务"的，即没有经世致用的能力。君子应当守道崇德，"国之兴亡，兵之胜败，博学所至，幸讨论之。入帷幄之中，参庙堂之上，不能为主尽规以谋社稷，君子所耻也。"①运筹帷幄之中，而不能决胜于千里之外，参与国家管理之事，而不能协调各种复杂关系，使之相安无事，那是君子的羞耻。

颜之推以卓越的智慧，博大的儒、释、道三教的知识修为，大量的历史事实、人物生平故事，无可辩驳地阐明他的家训的观点，他以理论与实际、思想与实践的高度结合上，而成为"古今家训，以此为祖"②，开家训之规模和范式，其所以如此说，明代于慎行诠释曰："夫其言阃以内，原本忠义，章叙内则，是敦伦之矩也；其上下今古，综罗文艺，类辨而不华，是博物之规也；其论涉世大指，曲而不诎，廉而不刿，有《大易》《老子》之道焉，是保身之诠也；其撮南北风土，儶俗具陈，是考世之资也。统之，有关于世教，其粹者考诸圣人不缪，儒先之慕用其言，岂虚哉！"③其矩、其规、其诠、其释，秉礼树风，准绳矱矱，虽为家训，实矩范后世。南北朝时，家无规，国无礼，悖德行，风气丧，《颜氏家训》为纠正此弊而作，其影响深远，各家各朝均视为明训，被后世学士大夫亟为称道。不仅颜氏家族历晋、宋、隋、唐千余年，名人硕士，不可胜数，其后颜思鲁、颜师古以文雅著名，颜真卿、颜杲卿兄弟大节皎皎如日星④，而且后世各地、各宗族、各家制定家训，整治家风，莫不以此为范本。

由颜回传至颜之推、颜师古，再传至颜真卿、颜杲卿，至今已传

---

① 《诫兵》，《颜氏家训集解》，上海古籍出版社 1980 年版，第 325 页。

② 《附录》，《颜氏家训集解》，上海古籍出版社 1980 年版，第 570 页。

③ 《颜氏家训后叙》，《颜氏家训集解》，上海古籍出版社 1980 年版，第 551 页。

④ 参见《颜氏家训后叙》，《颜氏家训集解》，上海古籍出版社 1980 年版。

77代,颜氏的精神血脉一直流淌在颜氏后人的血液里,也流淌在中国人和世界华人的身心中。这就是为什么中华文明历五千年而不断,为什么中华传统文化延续至今而不断裂,为什么中华民族成为礼仪之邦、文明之乡,为什么中华民族倡导大道之行,天下为公,以和为贵的道德精髓之国,为什么中华民族多民族、多宗教而不分裂的大一统国家的原因所在。从《颜氏家训》的1500多年愈传承愈广大,并影响各家各族,甚至被佛教各书所征引,如道宣的《广弘明集》、道世的《法苑珠林》、法琳的《辨证论》、法云的《翻译名义集》等,体现了儒释的融突和合的趋势。

李勇强博士以其人一己十、人十己千的精神,刻苦攻读儒、释、道经典文本,夯实其功底,以其智慧的创见,对《颜氏家训》做了度越前人的诠释,而得到点赞。

是为序。

于中国人民大学孔子研究院
2017年7月22日

序

目录

导　　论

一

　　颜之推是南北朝末期和隋初著名的教育家、思想家和文学家，其传世作品除《颜氏家训》外，还有志怪小说《冤魂志》。此外，逯钦立所编《先秦汉魏晋南北朝诗》，辑有颜之推诗五首；《北齐书·颜之推传》载《观我生赋》。

　　《颜氏家训》是中国第一部系统的家训著作，晁公武《读书志》说："之推本梁人，所着凡二十篇，述立身治家之法，辨正时俗之谬，以训世人。"①王铚《读书丛残》则说："北齐黄门颜之推家训二十篇，篇篇药石，言言龟鉴，凡为人子弟者，可家置一册，奉为明训，不独颜氏。"②王三聘《古今事物考》则称："古今家训，以此为祖。"③

　　对于颜之推的研究，王利器所撰《颜氏家训集解》和台湾周法高的《颜氏家训汇注》，为学术界提供了公认的全面精到的注本。

---

① （宋）晁公武撰，孙猛校正：《郡斋读书志校证》卷十"儒家类"，上海古籍出版社 2011 年版，第 442 页。
② 转引自王利器：《颜氏家训集解·叙录》，中华书局 1993 年版，第 1 页。
③ 转引自王利器：《颜氏家训集解·叙录》，中华书局 1993 年版，第 1 页。

香港中文大学刘殿爵、陈方正、何志华主编的《颜氏家训逐字索引》，为研究者提供了很好的工具书。

目前，对颜之推著作版本考订、译注、作者年谱等研究成果丰富，周作人写了一篇名为《颜氏家训》的读书札记，收入文集《夜读抄》里。余嘉锡《四库提要辨证》，论证了《颜氏家训》成书时间是在隋统一之后。王叔岷《慕庐论学集二》，载其《颜氏家训斠注》。周一良《魏晋南北朝史论集》收入其所写《颜氏家训札记》，缪钺先生作《颜之推年谱》，与《颜之推评传》、《颜之推的文字、训诂、声韵、校勘之学》收入其《缪钺全集》，为学者了解颜之推生平及其小学成就提供了翔实的考证。关于颜之推的哲学思想，张立文先生主编、向世陵先生所著《中国学术通史》(魏晋南北朝卷)中，《儒释道三教论争与互补》一章论及颜之推的"归心"说等。

今人注释本方面，有贵州人民出版社出版的程小铭《颜氏家训全译》、齐鲁书社出版的张霭堂《颜之推全集译注》、上海古籍出版社出版的庄辉明、章义和《颜氏家训译注》、中华书局出版的檀作文《颜氏家训全本全注全译》、台北育贤出版社出版的高安泽《颜氏家训新译》、台北三民书局出版的李振兴、黄沛荣、赖明德《颜氏家训》，海外有邓嗣禹《颜氏家训》英译本、日本学者宇都宫清吉日译本等。

台湾学者尤雅姿的《颜之推及其家训之研究》、台湾成功大学教授陈金雄的《颜之推研究》等，为台湾学者颜之推研究的重要成果。台湾学者卢建荣编撰的《颜氏家训：一位父亲的叮咛》，以通俗的方式介绍了颜之推的思想。日本学者吉川忠夫的《颜之推小传》、美国斯坦福大学东亚系教授丁爱博(Albert E.Dien)的《颜之推：一位崇佛的儒者》，为海外研究颜之推的重要作品。

大陆方面研究《颜氏家训》的专著，有广东人民出版社出版的周日建《〈颜氏家训〉词汇语法研究》、合肥工业大学出版社出版的刘光明《〈颜氏家训〉语法研究》，两书均以《颜氏家训》为语料，对其包括词法和句法在内的语法系统进行考察和分析。

内地涉及颜之推和《颜氏家训》的博士论文主要有：

山东师范大学常昭所作《六朝琅邪颜氏家族文化与文学研究》，主要挖掘并梳理颜氏家族在两汉魏晋南北朝时期的发展轨迹，综论颜氏家族在文化上的贡献、对文学创作的影响，并以颜含、颜延之、颜之推三个重要人物为核心进行考察。

扬州大学孙艳庆作《中古琅邪颜氏家族学术文化与文学研究》，涉及对颜氏家族世系、礼法家风、经史之学、小学、文学、三教关系等问题的研究。

南京大学钱国旗《〈颜氏家训〉研究》，论及颜之推贵生思想、家族意识、情礼观念、勉学重教、社会批判及文章学术之道等。山东大学钱元所作《论颜之推》，主要就颜之推的文学成就进行研究。

中国硕士学位论文全文数据库中录得关于《颜氏家训》的论文39篇、关于《冤魂志》的论文3篇。其中，《颜氏家训》有关硕士论文中涉及语法的13篇，家庭伦理和教育的11篇、综合研究7篇、另外还有关于写作理论、文体风格、人物论、文献学、社会史、家族文化的研究各1篇、文字书法各一篇。如河北师范大学田雪的《乱世沉浮中的挣扎——从〈颜氏家训〉看颜之推文化心理之矛盾性》、东北师范大学白淼的《颜之推的治学思想研究》、中国社会科学院孙红梅的《颜之推文学思想研究》、山东大学续晓琼的《颜之推研究——从〈颜氏家训〉探讨颜之推的内心世界》、曲阜师范大学腾云苓的《魏晋南北朝时期的琅邪颜氏》、四川师范大学李文玉的《颜氏家族：儒家精神与文艺思想传承的个案研究》等，多以词汇语法、文学、教育思想、家族衍变为主要研究对象。

关于《冤魂志》的硕士论文,如兰州大学俞忠杰的《〈冤魂志〉鬼魂复仇故事研究》,从儒、佛、道对鬼魂复仇类志怪小说的影响进行了辨析;西北师范大学祁凌军的《颜之推〈冤魂志〉研究》,研究了《冤魂志》的成书流传、儒释合一思想及叙事模式;西南大学刘明星的《颜氏推〈冤魂志〉研究》,主要论及颜之推的因果报应思想及叙事特点。

台湾地区的硕士学位论文包括:台湾文化大学中国文学研究所颜廷玺的《〈颜氏家训〉研究》、国立云林科技大学李政勋的《从〈颜氏家训〉论颜之推对礼乐教化的终极关怀》、铭传大学张双红的《〈颜氏家训〉治学与处世之研究》、国立彰化师范大学廖玉枝的《幽暗时代的慈父叮咛:从〈颜氏家训〉探讨颜之推的生命情志》、台北市立教育大学洪升仪的《颜之推教育思想研究》、华梵大学许月馨的《〈颜氏家训〉的道德教育研究》等。

颜之推的三教一体关系,是时代思潮的折射,故而对儒、释、道整体关系的历史研究与考察,相关研究成果也是不可忽视的。主要论著如下:

《佛教与儒道的冲突与融合——以汉魏两晋时期为中心》,彭自强的博士论文,巴蜀书社 2000 年版。该书以汉魏两晋时期佛教与儒道的冲突与融合为研究对象,探索汉魏两晋时期儒、道、佛三家互动的规律。

《弘道与明教——〈弘明集〉研究》,刘立夫的博士论文,中国社会科学出版社 2004 年出版。该书以《弘明集》为中心,对因果报应、神灭与否、沙门是否当敬王者、夷夏之辨等论争进行一番梳理。

《〈弘明集〉、〈广弘明集〉述论稿》,2005 年巴蜀书社出版,为李小荣在福建师范大学中国语言文学博士后流动工作站所做的工作报告,涉及《牟子理惑论》、"化胡说"、夷夏论、轮回说在中土的流行及因果报应之争、形神之争等,着力于对《弘明集》所辑论文的文献学研究和思想史研究。

《〈广弘明集〉研究》,中国社会科学出版社 2011 年版,宝鸡文理学院副教授刘林魁著。该书当为大陆当代系统研究《广弘明集》的著作。论著整体考察了《广弘明集》编者生平、成书背景、文献来源、编纂思想,还从宗教学角度,考察了南北朝三教论衡之史实、思想及其对佛教伪史形成的影响,并从文学的角度,考察了宫体诗、檄魔文与佛教的关系,以及三教论衡发展成三教论衡戏的历史过程。

目前研究的着力点及发掘空间:

其一,目前对颜之推及其《颜氏家训》的研究,主要涉及家族家训、教育、语言文学、哲学、伦理学等方面,而以教育思想居多。对于颜之推的儒家思想及三教一体思想,也有涉及,但不是研究的着力点。

其二,就学术专著而言,从三教关系的角度研究颜之推思想的不多。颜之推作为魏晋南北朝三教圆融思想发展关键节点的思想家之一,其承上启下的历史贡献,值得进一步探讨。

其三,社会思潮的发展,不仅仅在于个人的自身运动,还有其深刻的社会现实土壤,在思想史的视域之外,还有历史的、社会学的、考古学的、文学的、宗教的乃至艺术的因素在一齐发挥作用,佛教的传入与传播、落地生根与遍地开花,还有着政治的因素起到关键作用。在文本分析的同时,拓展历史的视野、加强宏观的把握,把颜之推放在魏晋南北朝思想史的流变中去探讨,也很有必要。

二

颜之推是"南北朝最通博最有思想的学者"[1]，他的代表作《颜氏家训》在中国古代教育史、思想史上占有重要地位，其核心思想为"务先王之道，绍家世之业"。颜之推出生于儒学世家，在名教遭遇危机的魏晋南北朝时期，颜之推以维护礼教为己任，强调"礼缘人情"的思想，以变通的方式，既对玄风中纵情肆情对名教的破坏进行拨乱反正，又在一定程度上肯定了情的价值，是紧跟时代潮流的情礼观；颜之推重忠信，旨在修复以"王与马共天下"为特征的门阀政治对忠君思想的破坏，为大一统政治所需要的君权重塑进行理论准备；颜之推重孝悌，则在士族衰落的时代，为维系家族门风、父子与兄弟伦常，而作出的努力。颜之推处于三教融合、南北文化融合的时代，故在三教关系上，他提出儒佛一体观，以五戒比附五常，并吸取了道家道教中的养生、止足等思想，也是那个尊重个体生命价值的时代精神在他身上的回响；颜之推足历南北，其正字、正音和融通南北的文学观，顺应了从两百余年的大分裂走向大一统的历史趋势。

颜之推以儒、释、道三教一体为其思想特色，是魏晋南北朝三教融合的思想发展进程中处于重要关节点的思想家。作为对三教一致、三教同善等学说的进一步发展，以儒家思想为核心的颜之推，其三教一体观蕴含了以儒家思想为主体融合三教的可能，而这正是唐宋三教关系发展的基本方向，并由此确立了中国思想文化

---

[1] 范文澜：《中国通史简编》(修订本)第二编，人民出版社1964年版，第525页。

的大格局。

笔者选择这一题目展开研究，基于以下几点考虑：

其一，从当下社会的现实意义而言，中华文明作为一兼收并蓄有容乃大的文明形态，与外来文明的冲突与交融几乎未曾间断，今天，仍处在与西方文明的冲突与对话之中。西方金融危机爆发后，西方的学者开始向东方寻找解决华尔街式贪婪的价值观念以为救病良方，中国人"师夷长技"的上百年历史开始有了微妙的互动可能。在这一延续时间突破百年仍未完结的中西文化碰撞与对话进程中，我们将视线上溯到后汉魏晋南北朝，并以颜之推的人生际遇和思想为个体样本，从第一次大的外来文化引入时所掀起的社会思潮和激荡历史，从本土思想与外来思想的拒斥与接纳、冲突与交合的曲折之中，找寻中华文明在包容中生长、在激荡中突破的力量，对于今天的中国如何面对西方、融通西方并最终在全球化大潮席卷的情形下让中华文化生生不息而释放新的价值魅力，有着不言而喻的现实价值。

其二，儒、释、道关系是中国思想史研究的重点课题之一，佛教东传、道教产生、玄学兴起，几大社会思潮几乎同时出现，加上儒家经学寻求突破的努力，汉魏两晋南北朝时期的思想脉动精彩纷呈，佛学与儒学、道学、玄学的关系具有特殊重要的意义，以颜之推为蓝本，对三教关系进行梳理，有利于厘清儒、释、道三教圆融为特色的中国思想史走向，对理解后来的宋明理学，乃至把握中国思想史的主脉，亦大有裨益。

颜之推的《颜氏家训》和《冤魂志》，是研究魏晋南北朝时期三教关系的重要著作。颜之推作为正统儒学的传承者，接受和吸收了佛教学说，特别是灵魂不死、因果报应观念，在此过程中又融合了儒家思想，从而赋予了佛教新的内核，即所谓"儒化佛教"。颜之推的"五戒五常相符说",可谓儒佛合流的典型案例。佛教经过本土化的改造,成为中华文化的一部分,是对儒道思想的有益补充。而儒道思想则在佛教传入的刺激下,融合了佛教学说之后,又得到了提升和深化。

从思想史的发展视角而言,辨析颜之推作为魏晋南北朝三教一体思想新突破者的历史地位,探索他承前启后的学术史价值,寻找魏晋思潮与唐宋思想相衔接的蛛丝马迹,有其独特价值。

三

本书采用了如下研究方法:

其一,历史学的考察:本书不再将目光局限在文本或观念分析上,而是集中于特定的历史时期中总体的社会和政治背景,以历史的精神来研究和写作,把研究的话题置于思想的历史语境当中,从而试图从社会现实来观照社会思潮,使得读者从个体分析入手,能对三教冲突与融合有着理解的可能。从学术研究而言,从时间维度,将有关范畴的讨论,延伸到更远的时空中,从思想流变的角度来深化对该问题的认识,通过追源溯流以获澄澈之效。这种研究思想的方法也值得探索。因此,关注时代的精神脉动,是本书的着力点之一。

其二,多学科交融、多维度实证:本书不局限于文献学、考据学的运用,而是试图从实证入手,不仅关注正史典籍和相关的思想家著作、儒释道文献,而且关注当时的诗赋小说、考古发现,访寻碑铭、刻石、方志资料、墓葬发掘报告等,将学术思想研究置于更广阔的空间,从哲学、文学、史学、文献学、考古学、艺术、社会学等多个源头,寻找更多元的文献资料,为论证哲学思想以资佐证。

其三,比较分析的方法:佛学东渐、融入中土的过程,是在与儒学、道家思想的碰撞中进行的,不论是早期的依附道家方术,还是后来的影响儒道,儒、释、道之间有着生动而曲折的和合进程,把握这一进程,天然地适合运用比较分析的方法,通过范畴的比照、思想异同的分析,从形神观、生死观、善恶观、政治观等多个维度,在比较中有所发现,在分析中有所明澈,从而试图使本书有一定的理性深度。

其四,以人贯穿的结构方式:哲学是关于人的学问,无疑应当用以人贯穿的方法,通过对人的关注和考察,对人的命运的描述、思想的发掘、学说的分析,对人物间的交游、交谈、交锋加以客观展示,以显其思想锋芒和锐度,以人物来承载思想、以人物来折射历史,从而使得学术的研究避免枯燥的文本分析,而显得有血有肉。同时,将个人与时代结合,与群体的集体无意识勾连,从而使得整个时代的社会思潮得以清晰浮现。

第一章　颜之推思想的时代背景

第一节　斯文尽丧的乱世

　　颜之推的个体生命经历，就思想文化的视角观察，当以"融合"二字为特征：一为融合儒、佛、道三教；二为融合南北文化。

　　公元 317 年，司马睿在建康自称晋王，次年称帝，是为东晋元帝。颜之推九世祖颜含为南渡百家士族之一，故东晋以来的江左文化在颜之推身上将打上深刻的烙印。

　　公元 420 年，刘裕立宋；公元 479 年，萧道成立齐；公元 502 年，萧衍立梁。萧衍经营梁朝政权 30 年后，颜之推于梁武帝中大通三年(531 年)出生于江陵。梁武帝之子萧绎经营江陵多年，萧绎即为后来的梁元帝。公元 554 年，江陵为西魏攻陷，颜之推作为亡国奴被掳北上，此后再也未曾南归，经西魏、北齐、北周，直至公元 581 年隋代北周、589 年隋灭陈建立南北统一的政权，颜之推六十余岁的生命，大部分岁月在北方度过。

　　在颜之推生命历程中最震撼他身心的历史事件有三：一为侯景之乱；二为江陵覆没；三为北齐灭亡。我们不妨顺着这三大历史事件来梳理影响颜之推思想的时代背景。

一、侯景之乱

侯景,羯族人,本为北魏边境六镇之一怀朔镇的一名军吏,六镇起义失败后,降于尔朱荣,追随其逐鹿中原。北魏孝庄帝诛尔朱荣,侯景又投奔高欢。作为高欢的得力助手,侯景将兵10万,专制河南14年之久。侯景一向看不起高欢世子高澄,曾说过:"王在,吾不敢有异,王无,吾不能与鲜卑小儿共事。"① 高欢在临终前提醒高澄:侯景"常有飞扬跋扈志,顾我能养,岂为汝驾御也!"② 公元547年高欢驾崩,高澄继位,便想把侯景调回邺城以夺其兵权。侯景不从,为求自保,遂先后向西魏和梁求降。西魏丞相宇文泰知道侯景多诈,接受了侯景的7州13镇,并要求侯景入朝长安,对侯景显然多有防备。而梁武帝不顾尚书仆射谢举等人的反对,接纳了侯景,同时派遣侄儿萧渊明将兵进攻彭城,为东魏大将慕容绍宗所败,萧渊明被俘。侯景仅以马步800人奔寿春,梁武帝任命其为豫州牧。

梁武帝太清二年(548年),萧衍遣使与东魏连和,侯景固谏,高祖不从。侯景便伪造东魏文书,向萧衍求以贞阳侯萧渊明交换侯景,梁武帝回书:"贞阳旦至,侯景夕返。"③ 侯景见信,便图谋反叛,并阴结临贺王萧正德里应外合。萧正德是梁武帝养子,萧统出生后,梁武帝立萧统为太子,萧正德继嗣无望,从此怨望朝廷,常怀不轨。侯景以为萧正德奇货可居,便写密信给他,许以扶助他继位的美梦。是年八月,侯景发兵谋反。

梁武帝并不知道萧正德与侯景暗相勾结,还任命萧正德为平北将军。在萧正德的帮助下,侯景自采石矶过江,攻下石头城、白

---

① (唐)李百药:《北齐书》卷二《神武纪下》,中华书局1972年版,第23页。
② (唐)李百药:《北齐书》卷二《神武纪下》,中华书局1972年版,第24页。
③ (宋)司马光编著,(元)胡三省音注:《资治通鉴》卷一百六十一《梁纪十七·武帝太清二年》,中华书局1956年版,第4977页。

下城、东府城,围困梁武帝的政治中枢建康台城。十一月,侯景立萧正德为帝,改年号曰正平。侯景自称为相国、天柱将军。

台城被围后,邵陵王萧纶、司州刺史柳仲礼等帅军入援,援军陆续集结在建康周围,人数有二三十万人之多,但大多逡巡不进,而且还竞相抢掠百姓。

在采取筑土山、引玄武湖水灌台城等诸多手段昼夜攻城之后,在长围中坚持了130多天的台城,终于被侯景攻破。城中男女十余万人、甲士两万余人,在围困中死者十之七八,城破时只活下来两三千人。

萧正德并未如愿以偿,在做了一百多天的傀儡皇帝后,被侯景处死。被侯景软禁、御膳裁抑、忧愤感疾的梁武帝萧衍,也饿病交加而死,时年86。

侯景迎皇太子萧纲即皇帝位,是为简文帝。

简文帝大宝二年(551年),侯景遣任约出兵西进,攻取江州。湘东王萧绎闻江州失守,遣卫军将军徐文盛率军拒敌,结果郢州沦陷。巴陵一战,侯景大败,连夜逃回建康。

侯景回建康后,对简文帝先废后杀,立萧统之孙萧栋为帝。侯景又逼萧栋禅位,自称帝,国号汉。

王僧辩率军一路追来,侯景逃至晋陵,东奔吴郡,进次嘉兴,在钱塘被拒后又退还吴郡,达松江。王僧辩部将侯瑱大军追来,侯景部众举幡乞降,侯景在船上将两个儿子推下水,自己则被羊鲲所杀。自此,侯景乱平。

侯景之乱除了带来建康残破、沦为空城,还导致江南大饥荒,"于是千里绝烟,人迹罕见,白骨成聚如丘陇焉"①。往日富庶的吴

---

① (唐)李延寿:《南史》卷八十《侯景传》,中华书局1975年版,第2009页。

越地区,沦为饿殍遍地的荒野:"时东境饥馑,会稽尤甚,死者十七八。"①

侯景之乱,也使支持了50年的萧梁政权,再也无力回天,由此步入灭亡的不归路。

二、江陵覆没

台城被围时,据守上游战略要地江陵的梁武帝第七子湘东王萧绎,时为荆州刺史。萧绎只派了一万步骑东下驰援京师,同时却忙着讨伐侄子、长兄萧统的二子湘州刺史萧誉。萧绎的大军包围了长沙,萧誉的弟弟萧詧是雍州刺史,驻守在江陵之北的襄阳,为解长沙之围,萧詧遂举兵江陵。萧绎和两个侄子展开骨肉相残的内斗,结果,长沙城破,萧誉被杀,而萧詧则举襄阳附于西魏。西魏大军由此得屯于襄阳,江陵失去了北部的门户。

而在西部蜀地,萧绎的八弟、益州刺史萧纪,在萧纲被杀后即位称帝,以讨侯景为名帅水军东下。萧绎向西魏请兵,西魏趁机攻下梁州、益州。萧纪后院已失,而东行途中又被萧绎打败,结果,萧纪被擒身死。萧绎的六兄邵陵王萧纶在救援建康时与侯景军交战失败后,逃到郢州,萧绎派王僧辩进逼郢州,萧纶逃往汉东。萧绎联合西魏,萧纶被西魏军杀死。

公元552年十一月,萧绎在江陵即位,是为梁元帝。而此时,江陵之北,为西魏据有;江陵之西,梁益二州亦归西魏。江陵实际上已处于西魏的虎口边缘,而萧绎否决了还都建康的建议,以江陵这个老根据地为都城,这注定了覆亡的命运。

公元554年九月,宇文泰下令进犯江陵。十月,魏军至于襄

---

① (唐)李延寿:《南史》卷八十《陈宝应传》,中华书局1975年版,第2023页。

阳,萧詧率众会之,进逼江陵。十一月辛亥,江陵城陷,萧绎被俘。十二月辛未,西魏杀害萧绎父子,"乃选百姓男女数万口,分为奴婢,驱入长安;小弱者皆杀之"①。颜之推便是被驱入长安的难民之一。

江陵沦陷后,王僧辩、陈霸先在建康立萧绎子萧方智为帝,是为敬帝。不久,陈霸先废萧方智自立,梁亡,时为公元557年。

颜之推对于江陵的沦陷,最为痛心的是:"民百万而囚虏,书千两而烟炀,溥天之下,斯文尽丧。"②颜之推自注:"北于(疑为'方')坟籍,少于江东三分之一。梁氏剥乱,散逸湮亡,唯孝元鸠合,通重十余万,史籍以来,未之有也。兵败悉焚之,海内无复书府。"③

颜之推痛心疾首于萧绎搜聚的十余万册图籍在战火中被毁于一旦,带来"斯文尽丧"的文化灾难。

事实上,在侯景之乱中,台城中的梁室图书已经遭遇了一场浩劫:

> 至夜,简文募人出烧东宫台殿遂尽,所聚图籍数百厨,一皆灰烬。先是简文梦有人画作秦始皇,云"此人复焚书",至是而验。④

萧纲在侯景之乱中所烧东宫图书无法确知其数,劫后余生的图书,则在侯景乱平后,由王僧辩送往江陵。隋朝牛弘上书言开献书之

---

① (唐)姚思廉:《梁书》卷五《元帝纪》,中华书局1973年版,第135页。
② 颜之推:《观我生赋》,载(唐)李百药:《北齐书》卷四十五《颜之推传》,中华书局1972年版,第622页。
③ 颜之推:《观我生赋》自注,载(唐)李百药:《北齐书》卷四十五《颜之推传》,中华书局1972年版,第622页。
④ (唐)李延寿:《南史》卷八十《侯景传》,中华书局1975年版,第2000页。

路,提及侯景之乱中,虽然遭遇兵火之劫,梁室图书秘籍仍有遗留。
"萧绎据有江陵,遣将破平侯景,收文德之书,及公私典籍,重本七
万余卷,悉送荆州。故江表图书,因斯尽萃于绎矣。"①

梁代藏书成风,萧绎为书虫之一。萧绎《金楼子·聚书》篇
说:"吾今年四十六岁,自聚书来四十年,得书八万卷,河间之俦汉
室,颇谓过之矣。"②萧绎所聚之书,加上建康送来的 7 万卷图书,
共计 15 万卷。可见,江陵已成为南梁最宝贵的藏书中心。

《资治通鉴》载,江陵陷落,"帝入东阁竹殿,命舍人高善宝焚
古今图书十四万卷,将自赴火,宫人左右共止之。又以宝剑斫柱令
折,叹曰:'文武之道,今夜尽矣!'"③萧绎想与自己所聚图书一起
化为灰烬,结果书成灰,愿未成真。以下是西魏人与萧绎的对话:

> 或问:"何意焚书?"帝曰:"读书万卷,犹有今日,故
> 焚之!"④

萧绎所收 15 万卷图书,在大火中焚烧殆尽。牛弘说:"及周师入
郢,绎悉焚之于外城,所收十才一二。此则书之五厄也。"⑤从牛弘
对隋、梁时期图书文献的对比,就可推知江陵书难的损失之巨了:
"今御书单本,合一万五千余卷,部帙之间,仍有残缺。比梁之旧
目,止有其半。"⑥

---

① (唐)魏徵等撰:《隋书》卷四十九《牛弘传》,中华书局 1973 年版,第 1299 页。
② (梁)萧绎撰,许逸民校笺:《金楼子校笺》卷二《聚书篇》,中华书局 2011
年版,第 517 页。
③ (宋)司马光编著,(元)胡三省音注:《资治通鉴》卷一百六十五《梁纪二
十一·元帝承圣三年》,中华书局 1956 年版,第 5121 页。
④ (宋)司马光编著,(元)胡三省音注:《资治通鉴》卷一百六十五《梁纪二
十一·元帝承圣三年》,中华书局 1956 年版,第 5122 页。
⑤ (唐)魏徵等撰:《隋书》卷四十九《牛弘传》,中华书局 1973 年版,第 1299 页。
⑥ (唐)魏徵等撰:《隋书》卷四十九《牛弘传》,中华书局 1973 年版,第 1299 页。

颜之推"斯文尽丧"的沉痛判断,并非虚言,而是他面临的文化悲剧与灾难的现实。

三、北齐灭亡

颜之推在江陵陷没后北上西魏,后欲以北齐为跳板南归梁都,故到了北齐。北齐为高欢之子高洋所立,高欢本为鲜卑化的汉人。

北齐是北魏孝文帝之后最典型的鲜卑政权,高氏以兵戎起家,"北齐将相大臣中,十之七八为鲜卑贵族和鲜卑化的汉人,汉人士族受到排挤。"①而入主中原,又不得不起用汉族士人和礼乐文化。故而,鲜卑与汉人的胡汉之争、文臣与武将之争,几乎贯穿了整个北齐的始终。而文武之争,实质上也是胡汉之争,故中原文化的消长,和北齐政权的存亡密切相关。

高洋曾问杜弼:"治国当用何人?"杜弼对曰:"鲜卑车马客,会须用中国人。"②高洋也确曾"诏郡国修立黉序,广延髦儁,敦述儒风"③。高洋还把蔡邕石经 52 枚移置学馆。高洋立汉人大地主家族赵郡李氏的女儿为后,还起用杨愔、郑子默、燕子献等汉人位居朝廷要职,也说明了对中原士族的需要。

杨愔,字遵彦,"六岁学史书,十一受《诗》、《易》,好《左氏春秋》"④。杨愔为北齐以儒者身份而居高位的汉人代表。高洋称帝早期,政治还算清明:"初践大位,留心政术,以法驭下,公道为先。"⑤但是,没过几年,高洋便沉湎酒色、荒淫暴虐,淫秽不堪如

① 翦伯赞主编:《中国史纲要》,北京大学出版社 2006 年版,第 208 页。
② (唐)李百药:《北齐书》卷二十四《杜弼传》,中华书局 1972 年版,第 353 页。
③ (唐)李百药:《北齐书》卷四《文宣纪》,中华书局 1972 年版,第 53 页。
④ (唐)李百药:《北齐书》卷三十四《杨愔传》,中华书局 1972 年版,第 453 页。
⑤ (唐)李百药:《北齐书》卷四《文宣纪》,中华书局 1972 年版,第 67 页。

"征集淫妪,分付从官,朝夕临视,以为娱乐"。凶暴残忍如"凡诸杀害,多令支解,或焚之于火,或投之于河"。高洋甚至出现了精神疾病,其症状表现在:通宵达旦"躬自鼓舞,歌讴不息","或袒露形体,涂傅粉黛"。沉迷于酒色之中,出现了精神错乱:"每言见诸鬼物,亦云闻异音声。"①

在高洋一步步堕入精神分裂的深渊时,杨愔主持政局,"愔辞气温辩,神仪秀发,百僚观听,莫不悚动"②。杨愔以自己的政治才能维持了朝纲的稳定,"自天保五年已后,一人丧德,维持匡救,实有赖焉"③。史称杨愔创下了"主昏于上,政清于下"④的奇迹。颜之推评价说:"齐文宣帝即位数年,便沉湎纵恣,略无纲纪;尚能委政尚书令杨遵彦,内外清谧,朝野晏如,各得其所,物无异议,终天保之朝。"⑤

但杨愔以汉族官僚而在政治上有所作为,实行汉化政策,自然遭致鲜卑贵族势力的忌恨。

高洋立李夫人所生的高殷为太子,一旦高殷继位,意味着有汉家血统的人统治北齐,自然为鲜卑势力所不容,娄太后就公开宣称:"岂可使我母子受汉老妪斟酌。"⑥对于太子高殷,"文宣每言太子得汉家性质,不似我,欲废之"⑦。说明高洋也不希望儿子受汉文化影响太深。高洋曾让高殷手刃囚犯,高殷心怀恻隐之心,面有难色,砍了好几次都没砍断囚犯的脑袋。高洋大怒,抽了太子三

① （唐)李百药:《北齐书》卷四《文宣纪》,中华书局1972年版,第68页。
② （唐)李百药:《北齐书》卷三十四《杨愔传》,中华书局1972年版,第457页。
③ （唐)李百药:《北齐书》卷三十四《杨愔传》,中华书局1972年版,第457页。
④ （唐)魏徵等撰:《隋书》卷二十五《刑法志》,中华书局1973年版,第705页。
⑤ 王利器:《颜氏家训集解》卷二《慕贤》,中华书局1993年版,第138页。
⑥ （唐)李百药:《北齐书》卷三十四《杨愔传》,中华书局1972年版,第459页。
⑦ （唐)李百药:《北齐书》卷四《废帝纪》,中华书局1972年版,第72页。

马鞭,太子从此精神失常。高洋试图培养儿子的鲜卑气质,没想到却让高殷受了精神刺激。与柔弱的高殷形成鲜明对照的是,高洋的两个弟弟,常山王高演、长广王高湛,却势力日增,且对皇位虎视眈眈,这也是逼得高洋精神分裂的原因之一。

在朝臣向高洋奏称"若不诛二王,少主无自安之理"①时,高洋不许,而杨愔则建议出二王为刺史。杨愔此举,自然得罪了高演、高湛二王。

高洋死前委命尚书令杨愔等人辅佐高殷继位,但没多久,高演、高湛联合朝廷鲜卑权势人物发动宫廷政变,杀杨愔,废高殷,郑子默甚至被拔舌截手。杨愔死,中书令赵彦深代总机务。阳休之作为儒家学者,不免兔死狐悲:"将涉千里,杀骐骥而策蹇驴,可悲之甚。"②

高演夺取了皇位,是为孝昭帝。高演死后,弟高湛继位,是为武成帝。二王成为二帝,其间自然鲜卑势力日盛,汉人文士转入低谷。

高湛死后,后主高纬任用鲜卑人和士开。和士开在高湛为帝时既已成为佞臣,善弹琵琶的他因投高湛所好善于玩握槊之戏,还和太后勾搭成奸:"世祖时,恒令士开与太后握槊,又出入卧内无复期限,遂与太后为乱。"③

和士开权倾朝野,恩重一时,汉人右仆射冯子琮借助高纬之弟高俨,矫诏杀和士开,高纬又依鲜卑勋贵斛律光杀冯子琮等人,高俨亦被杀。

和士开死后,为缓和胡汉关系,高纬任命汉人祖珽为侍中、尚

---

①　(唐)李百药:《北齐书》卷三十四《杨愔传》,中华书局1972年版,第458页。
②　(唐)李百药:《北齐书》卷三十四《杨愔传》,中华书局1972年版,第460页。
③　(唐)李百药:《北齐书》卷五十《和士开传》,中华书局1972年版,第688页。

书右仆射。

为弹劾和士开专权,祖珽曾和齐帝当面顶撞,直言和士开等人"专弄威权,控制朝廷,与吏部尚书尉瑾内外交通,共为表里,卖官鬻狱,政以贿成,天下歌谣"①。祖珽坚执己见,据理力争,被刀环筑口、乱鞭抽打而不为所屈,在地牢中还被熏瞎了一只眼睛。可见当时胡汉相争的激烈。

不过,祖珽"凡诸伎艺,莫不措怀,文章之外,又善音律,解四夷语及阴阳占候,医药之术尤是所长"②。祖珽作为汉人,却懂得胡人语言和习俗,故能为鲜卑统治者所容,而朝廷也需要这样的人物来融通胡汉关系。鲜卑人善弹琵琶,跳胡舞,祖珽也精于此道。"(武成)帝于后园使珽弹琵琶,和士开胡舞,各赏物百段。"③

高纬任命祖珽主管类书编撰,"敕撰《玄洲苑御览》,后改名《圣寿堂御览》"④。又置文林馆,祖珽网罗了当时北齐几乎所有的文士,共同进行北齐最大规模的文化工程。薛道衡、颜之推等人也先后被起用,分任机要。祖珽劝高纬杀胡人中的实力派人物、武将斛律光,在重建中原文化、重用汉族士人的同时,进一步削弱鲜卑勋贵的势力。

史称:"自和士开执事以来,政体隳坏,珽推崇高望,官人称职,内外称美。复欲增损政务,沙汰人物。始奏罢京畿府,并于领军,事连百姓,皆归郡县。"⑤祖珽将目标对准了高纬的宠臣,欲罢黜诸阉竖及群小辈,以为致治之方,结果引发了所谓"三贵"韩凤、

---

① （唐）李百药:《北齐书》卷三十九《祖珽传》,中华书局 1972 年版,第 517 页。
② （唐）李百药:《北齐书》卷三十九《祖珽传》,中华书局 1972 年版,第 516 页。
③ （唐）李百药:《北齐书》卷三十九《祖珽传》,中华书局 1972 年版,第 516 页。
④ （唐）李百药:《北齐书》卷八《后主纪》,中华书局 1972 年版,第 105 页。
⑤ （唐）李百药:《北齐书》卷三十九《祖珽传》,中华书局 1972 年版,第 520 页。

高阿那肱、穆提婆的反扑,祖珽被排挤出局。此后,韩凤等人制造了崔季舒血案,将所谓"祖党"侍中崔季舒、张雕,尚书左丞封孝琰,散骑常侍刘逖等人一齐杀死,颜之推在这次事件中幸免于难。韩凤因恩遇得宠,往往骄恣不已,对朝廷中的汉官动辄詈骂道:"狗汉大不可耐!唯须杀却!"①可见其嫉汉之深。

祖珽执政,为北齐实行以中原文化为背景的文人政治的最后回光返照,随着祖珽的失势,北齐的朝纲日益败坏:"赋敛日重,徭役日繁,人力既殚,币藏空竭。"②"盛为无愁之曲"、"人间谓之无愁天子"的幼主高恒,也荒淫无道,重用鲜卑乱臣,宠任陆令萱、和士开、高阿那肱、穆提婆、韩长鸾等人,"各引亲党,超居非次,官由财进,狱以贿成,其所以乱政害人,难以备载"③。

北齐本来国力强于北周,但随着贪污公行,赋税苛重,经济被摧毁,高氏家族赖以起家的军事实力也不再具有优势。关于北齐和北周的军事实力对比,有这样一个细节:"初,文宣时,周人常惧齐兵之西度,恒以冬月,守河椎冰。及帝即位,朝政渐紊,齐人椎冰,惧周兵之逼。"④北齐政治、经济、军事乃至文化上的失势,使得北周对其产生觊觎之心,北周武帝便志在平齐。

公元 575 年,北周调集 18 万大军进攻北齐。次年十月,周军主力进逼平阳,一旦破城,将为进军晋阳打开大门。而此时,北齐后主高纬正在打猎。

平阳一役,齐军溃败。逃回晋阳后,高纬又退往邺城。此时他宠幸的穆提婆已投奔周军,其他臣下也纷纷投降。在邺城,高纬把

---

① （唐）李延寿：《北史》卷九十二《韩凤传》,中华书局 1974 年版,第 3053 页。

② （唐）李百药：《北齐书》卷八《幼主纪》,中华书局 1972 年版,第 113 页。

③ （唐）李百药：《北齐书》卷八《幼主纪》,中华书局 1972 年版,第 112 页。

④ （唐）李延寿：《北史》卷五十四《斛律光传》,中华书局 1974 年版,第 1968 页。

皇位让给儿子高恒，自称太上皇帝。颜之推和薛道衡等人劝太上皇帝做南投陈国的打算，高纬父子和臣下先后从邺城东走，渡河入济州，遣高阿那肱留守济州。高纬携幼主走青州，为入陈之计。而留守济州的高阿那肱已与周军串通，准备生擒齐主。高阿那肱不断派人骗高纬说，周军还很远，自己已经派人烧断桥梁和道路，高纬父子一行便走得慢了，结果被周军追上，沦为俘虏，俱送长安，后被赐死。

在高纬父子遣送前往长安的路上，18位知名朝士随驾入关，颜之推是其中一员。第三次沦为俘虏，颜之推不由得感慨自己"至此而三为亡国之人"①，即亲历了侯景杀萧纲、江陵陷落、北齐覆亡，颜之推一次又一次体认了斯文尽丧的耻辱。

第二节　士族门第的衰落

颜之推在《颜氏家训·终制》篇中说自己"播越他乡，无复资荫；使汝等沉沦厮役，以为先世之耻"②。颜之推尽管解释自己是因流离播越而失去了门第特权，以至担心子孙后代沦为充任厮役的一族，但事实上，颜之推所处的南北朝末年，士族门第已然走向衰落，他之所以著《颜氏家训》，原因之一，正在于门第式微情况下欲维护家族于不坠。颜之推不想使自己为祖先蒙羞，而他的九世祖颜含是江左颜氏之祖，为晋室衣冠南渡时的大族之一，为颜氏开启了江南士族中的家世荣耀。"于时王氏为将军，而恢兄弟及颜

① 颜之推：《观我生赋》自注，载（唐）李百药：《北齐书》卷四十五《颜之推传》，中华书局1972年版，第625页。
② 王利器：《颜氏家训集解》卷七《终制》，中华书局1993年版，第599页。

含并居显要,刘超以忠谨掌书命,时人以帝善任一国之才。"①颜含与王导、诸葛恢并为琅邪人,追随晋元帝南下江左建立东晋政权,而东晋,正是士族门第走向兴盛,形成"门阀政治"的时代。

我们不妨从士族门第兴衰的角度,来看看颜之推所处时代的历史变化。

一、士族门第之兴

在东汉末期,一些大姓、名士已然构成了魏晋门第士族的基础,而魏晋的"九品中正"之制,因保证了显贵士族的世袭特权,使得士族门第之兴,有了制度的保障。东汉末年,群雄逐鹿,战火蜂起,人才争夺战在所难免。曹操基于当时的形势,认为如果只能用贤人君子,就无法像齐桓公那样称霸天下。于是,曹操暂时搁置了以贤选才的标准,即便是有过与嫂子通奸、收受贿赂等不良污点的人才,"唯才是举,吾得而用之"②。

陈群为曹魏制定了"九品官人法",马端临《文献通考·选举考一》说:"延康元年,尚书陈群以为天朝选用不尽人才,乃立九品官人之法。州郡皆置中正,以定其选,择州郡之贤有识鉴者为之,区别人物,第其高下。"具体而言,"各州大中正、各郡中正,依据管内人物的品行,定为上上、上中、上下、中上、中中、中下、下上、下中、下下九品"③。大、小中正负责考察和确定官员的品级,由此把握人事任免升迁的关键。赵翼《廿二史劄记》卷八《九品中正》条

---

① (唐)房玄龄等撰:《晋书》卷七十七《诸葛恢传》,中华书局1974年版,第2042页。
② (晋)陈寿撰,(宋)裴松之注:《三国志·魏书》卷一《武帝纪》,中华书局1959年版,第32页。
③ 王仲荦:《魏晋南北朝史》,中华书局2007年版,第131页。

说:"魏文帝初定九品中正之法,郡邑设小中正,州设大中正,由小中正品第人才,以上大中正,大中正核实,以上司徒,司徒再核,然后付尚书选用。此陈群所建白也。"①

汉以来的乡举里选的察举制度,在"九品中正制"中变成了由朝廷指派的中正负责选举,意味着朝廷欲在更大范围内控制选举权。这一以张大皇权为初衷的选举制度,结果却演变为士族门第势力的增强,最终反过来对皇权形成威胁,皇权不得不与士族取得平衡达成妥协,造就了中国历史上皇权政治最特殊的时代:主弱臣强的门阀政治。

个中原因何在?中正作为决定人才去就的关键人物,品第人才的根据,一开始依德行、才干、家世而斟酌。但随着制度的推行,家世在品第中所占的分量越来越重,事实上成为主要标准,这就强化了士族门第的地位。门第越显,越可能控制选举权。沈约说:"凡厥衣冠,莫非二品。"②南朝二品官员担任中正,北朝也至少三品以上才可担任中正。担任中正的士族代表,又以选举权而进一步强化门第势力。唐柳冲指出:"其州大中正、主簿,郡中正、功曹,皆取著姓士族为之,以定门胄,品藻人物。"③这一制度造成"尊世胄,卑寒士",以至于权力归于大姓。《新唐书·柳冲传》引柳芳论述魏晋以后的显赫姓族:

> 过江则为"侨姓",王、谢、袁、萧为大。东南则为"吴姓",朱、张、顾、陆为大。山东则为"郡姓",王、崔、卢、李、郑为大。

① (清)赵翼著,王树民教证:《廿二史劄记校证》卷八《九品中正》条,中华书局1984年版,第165页。
② (梁)沈约:《宋书》卷九十四《恩幸传序》,中华书局1974年版,第2302页。
③ (宋)欧阳修、宋祁:《新唐书》卷一百九十九《柳冲传》,中华书局1975年版,第5677页。

关中亦号"郡姓",韦、裴、柳、薛、杨、杜首之。代北则为"虏姓",元、长孙、宇文、于、陆、源、窦首之。①

晋时段灼既已上书力陈选举之弊:"今台阁选举,涂塞耳目,九品访人,唯问中正。故据上品者,非公侯之子孙,则当涂之昆弟也。二者苟然,则荜门蓬户之俊,安得不有陆沈者哉!"②刘毅也上书说,九品中正制本来是权宜之计,执行以来有"八损"之弊。刘毅此疏最为后世广为称引的一句话是"上品无寒门,下品无势族。"③左思以诗歌的形式描述了这一现象,其《咏史诗》说:"世胄蹑高位,英俊沉下僚。"

势族高位,高至何处? 答案即东晋门阀政治,士族可与皇室共天下。《晋书》说司马睿初镇江东时,尚未树立威名,王敦与从弟王导同心协力,拥戴司马睿建立东晋政权,时人称为:"王与马,共天下。"④司马睿与琅邪王氏家族的结合,开启了东晋百年门阀政治的格局。主弱臣强、掌握皇权的帝族与掌握相权的士族共天下的模式,此后一直维持到东晋末,其间强势士族有沉沦更替,但共天下的格局不变。"当琅邪王氏以后依次出现颖川庾氏、谯郡桓氏、陈郡谢氏等权臣的时候,仍然是庾与马、桓与马、谢与马'共天下'的局面。"⑤

王、庾、桓、谢代表士族门第与司马家族维持权力平衡的局面,进入士族系列者,也在政治上处于把持各级政权的地位,入仕上享

---

① (宋)欧阳修、宋祁:《新唐书》卷一百九十九《柳冲传》,中华书局 1975 年版,第 5678 页。

② (唐)房玄龄等:《晋书》卷四十八《段灼传》,中华书局 1974 年版,第 1347 页。

③ (唐)房玄龄等:《晋书》卷四十五《刘毅传》,中华书局 1974 年版,第 1274 页。

④ (唐)房玄龄等:《晋书》卷九十八《王敦传》,中华书局 1974 年版,第 2554 页。

⑤ 田余庆:《东晋门阀政治》,北京大学出版社 2009 年版,第 24 页。

受特权。"贵仕素资,皆由门庆,平流进取,坐致公卿。"①凭借门第的资荫,士族子弟不仅可坐致公卿,还垄断了不少职闲廪重的官位,如秘书、著作之类:"秘书郎有四员,宋、齐以来,为甲族起家之选,待次入补,其居职,例数十百日便迁任。"②又,颜之推引梁时谚语:"上车不落则著作,体中何如则秘书。"③高门士族子弟即便不学无术,也可担任秘书郎。又如,黄门、散骑之类官职也是士族子弟偏好。《宋书·谢弘微传》:"晋世名家身有国封者,起家多拜员外散骑侍郎。"④太子东宫与王国的属官也多出自于士族家庭:"旧事,东宫官属,通为清选,洗马掌文翰,尤其清者。近世用人,皆取甲族有才望。"⑤颜之推的先世族祖颜师伯的儿子曾想运作寒人张奇为公车令,"上以奇资品不当,使兼市买丞,以蔡道惠代之。"⑥可见,尚书属官公车令之职也是为士族准备的。

颜之推说:"晋朝南渡,优借士族;故江南冠带,有才干者,擢为令仆已下尚书郎中书舍人已上,典掌机要。"⑦颜之推此处也记载了南渡政权优待士族的情形,士族中的才能之士能在中央政府担任重要官职,士族掌机要的情形和后来的"寒人掌机要"恰成鲜明的对照。

士族在政治上享有特权,为维护特权地位,便采取各种形式,以防他人染指。当时社会阶层,从门第高下来分,当包括门阀贵族

---

① (梁)萧子显撰:《南齐书》卷二十三《史臣曰》,中华书局 1972 年版,第438 页。

② (唐)姚思廉:《梁书》卷三十四《张缵传》,中华书局 1973 年版,第 493 页。

③ 王利器:《颜氏家训集解》卷三《勉学》,中华书局 1993 年版,第 148 页。

④ (梁)沈约:《宋书》卷五十八《谢弘微传》,中华书局 1974 年版,第 1591 页。

⑤ (唐)姚思廉:《梁书》卷四十九《庾于陵传》,中华书局 1973 年版,第 689 页。

⑥ (梁)沈约:《宋书》卷七十七《颜师伯传》,中华书局 1974 年版,第 1995 页。

⑦ 王利器:《颜氏家训集解》卷四《涉务》,中华书局 1993 年版,第 317 页。

所在士族以及寒门、庶族。强调士庶之别是当时世风的重要特征，沈约说："魏晋以来，以贵役贱，士庶之科，较然有辨。"①

而士族和庶族不能通婚，是维持士庶之别的重要手段。寒门与士族不通婚媾，有两个著名的案例。一是东海王源嫁女与富阳满氏，沈约上章弹劾，他在《奏弹王源》一疏中说："源虽人品庸陋，胄实参华……而托因结好，唯利是求，玷辱流辈，莫斯为甚。"②沈约认为"王、满连姻，实骇物听"，提出"宜置以明科，黜之流伍"③。王源为自身利益而以士族身份与寒门满氏联姻，沈约视为惊世骇俗之举，提出要对他加以惩处，可见士庶通婚禁防之严。另一个例子是侯景攻入台城后，胁迫梁武帝欲娶王、谢家族的女子为婚，梁武帝答复说："王、谢门高非偶，可于朱、张以下访之。"④梁武帝几乎出自本能而拒绝了侯景联姻高门的请求。不仅婚姻的门第门槛不可逾越，即便是彼此的交往，也要考虑门第的区隔。出自寒门的南朝宋政权缔造者刘裕，就没得到过高门士族的眷顾："高祖名微位薄，盛流皆不与相知，唯谧交焉。"⑤在士族制度下，官位也有清浊之分，士族所任为清官，寒门庶族即是做官，也叫浊官。后者要想跨入士族的门槛，连皇帝也勉为其难。《南史·江学传》载齐中书舍人纪僧真向武帝请求，乞作士大夫。

> 帝曰："由江学、谢沦，我不得措此意，可自诣之。"僧真承旨诣敩，登榻坐定，敩便命左右曰："移吾床让客。"僧真丧气

① （梁）沈约：《宋书》卷九十四《恩幸传序》，中华书局1974年版，第2302页。
② （梁）沈约：《奏弹王源》，载（清）严可均辑：《全梁文》卷二十七，商务印书馆1999年版，第301页。
③ （梁）沈约：《奏弹王源》，载（清）严可均辑：《全梁文》卷二十七，商务印书馆1999年版，第302页。
④ （唐）李延寿：《南史》卷八十《侯景传》，中华书局1975年版，第1996页。
⑤ （梁）沈约：《宋书》卷一《武帝纪上》，中华书局1974年版，第10页。

而退,告武帝曰:"士大夫故非天子所命。"①

纪僧真以进入士大夫阶层为精神实现的目标,即便贵为天子的皇帝萧赜也帮不上忙,让他去找江学,结果纪僧真愿望未达成,反遭其辱,终于明白天子无法决定士族身份的道理。唐长孺说:"在南朝,出于寒微,以军功显达的人很多,但能列于士族的已不多,被称为高门、甲族的只有萧氏一家而已。"②

士族在经济上也享有特权,不仅免除劳役,还可荫护奴隶、庶民、流民等,在其隐庇下的人口不向国家纳税赋,而士族地主则通过盘剥隐庇户口,实质上将这些隐庇户本该向国家所服劳役、所缴赋税,转为士族地主的利益。士族还通过土地兼并、经营商业等形式聚集财富,成为垄断经济的财富阶层,而这又为强化士族利益做后盾。

二、门第士族之衰

东晋初,琅邪王氏与司马氏共天下;东晋末,太原王氏登上政治舞台。田余庆认为:"这两个王氏家族,一个佐东晋以兴,一个伴东晋而灭;一个开门阀政治之端,一个附门阀政治之尾。"③"王与马共天下"这句话,此时便有了魔咒般的含义:王氏既然共司马氏而兴,便当共司马氏而亡。

在镇压孙恩、卢循起义的过程中,出身寒微的刘裕担任了门阀政治掘墓人的角色。此后,南朝北朝的士族尚在,但士族竭力维护自己地位的过程,正好显示了其已无力回天的衰落走向。《资治

---

① (唐)李延寿:《南史》卷三十六《江学传》,中华书局 1975 年版,第 943 页。
② 唐长孺:《魏晋南北朝史拾遗》,中华书局 2011 年版,第 61 页。
③ 田余庆:《东晋门阀政治》,北京大学出版社 2009 年版,第 231 页。

通鉴》载:"缙怒,私谓所亲曰:'建武以后,草泽下族悉化成贵人。'"①川胜义雄说:"刘宋时期是贵族制完备的时期,所以一般认为它是贵族的全盛期。就制度而言,确实如此。士庶之别,即便连皇帝权利也无力改变。可是,强调有必要完善制度,实际上也就是因为顾虑到如果不加以完善,体制就会发生改变。反过来再看贵族制度的固定化,实际上就是贵族自身失去了活力,采取防御的姿态。制度完备的背后,一道阴影正在逼近。"②

士族的衰落,主要有如下原因:

一是寒门的兴起对士族政治优势的蚕食。

代晋而起的南朝刘宋政权,其开创者刘裕,小名寄奴,"家贫,有大志"③。家本贫寒的刘裕曾居京口卖履为业,伐获新州。南齐开国皇帝萧道成也出自寒门,其遗诏中说:"吾本布衣素族,念不到此。"④代齐称帝的梁武帝萧衍,与萧道成是同族。而陈霸先则"初仕乡为里司,后至建邺为油库吏"⑤。可见,宋、齐、梁、陈四朝之主,都来自寒门家族,寒门的兴起,士族的衰落,成为此后历史发展的一条新脉络。

刘宋以降,政坛上一个新的现象是:寒人掌机要。钱穆谓:"刘、萧诸家,族姓寒微,与司马氏不同。他们颇思力反晋习,裁抑名门,崇上抑下,故他们多以寒人掌机要。"⑥

---

① (宋)司马光编著,胡三省音注:《资治通鉴》卷一百四十五《梁纪一·武帝天监元年》,中华书局 1956 年版,第 4522 页。

② [日]川胜义雄:《六朝贵族制社会研究》,上海古籍出版社 2007 年版,第 237 页。

③ (梁)沈约:《宋书》卷一《武帝纪上》,中华书局 1974 年版,第 1 页。

④ (梁)萧子显:《南齐书》卷二《高帝纪下》,中华书局 1972 年版,第 38 页。

⑤ (唐)李延寿:《南史》卷九《陈本纪上》,中华书局 1975 年版。

⑥ 钱穆:《国史大纲》,商务印书馆 1996 年版,第 268 页。

出自寒门的南朝皇帝在皇权上不愿与高门士族分权,自不待言。而在地方上,原先由士族显贵把持的重镇,也改由皇室宗亲控制。颜之推说当时"上荆州必称陕西"①,个中原因何在?万绳楠指出:"南朝封建专制制度,有它的特殊性,这就是'拟周之分陕',以进行统治。陕本指弘农郡陕县,《公羊传》:自陕以东,周公主之;自陕以西,邵公主之。谓之'分陕'。江左称荆州为'陕西'或'西陕'。"②作为南朝最重要的战略要地,荆州自刘裕始,即"遗诏诸子次第居之"③。江南政权当时凭长江天险而能偏安一隅,而荆州则为上游最重要的军事重镇,荆州一旦失守,北兵顺流而下可直取建康。故刘宋一朝,刘义康、刘义恭、刘义庆、刘义季、刘义宣等诸王先后出镇荆州,除陈时荆州为后梁萧詧所据外,宋、齐、梁三朝,荆州均由诸王把持。其他各州也大致如此。"以后就任荆州军府长官的,除王族以外,仅沈攸之、朱修之两人而已。这两人都为武将出身,加入不了贵族的行列。像这样,将重要军府委于诸王或非贵族出身武将,显示出军府的支配权从贵族手中夺走,而被交到了王族与寒门武人那里。"④

但藩王守外,也会带来两个问题:一是诸侯坐大对中央政权的威胁及中央、地方政权的矛盾,如荆州守臣一直是建康政权的隐患。王伊同说:"东晋政出私门,王、庾、谢、桓,代为首辅;而荆、扬之争,与国祚相首尾。"⑤二是藩王争夺带来地方内斗。于是,本意

① 王利器:《颜氏家训集解》卷三《勉学》,中华书局1993年版,第214页。
② 万绳楠:《魏晋南北朝论稿》,安徽教育出版社1983年版,第222页。
③ (梁)沈约:《宋书》卷六十八《刘义宣传》,中华书局1974年版,第1798页。
④ [日]川胜义雄:《六朝贵族制社会研究》,上海古籍出版社2007年版,第232页。
⑤ 王伊同:《五朝门第》,中华书局2006年版,第98页。

在于藩护中央的安排,却导致了父子相残、骨肉相伤的悲剧,特别是宋、齐二朝骨肉厮杀的悲剧此起彼伏。当皇帝发现士族显贵的威胁尚在,而宗室诸王的新威胁又来临时,为了控制局面,皇帝不得已任用出身寒微的左右亲近,来实现对权力的掌控。赵翼《廿二史劄记》卷八《南朝多以寒人掌机要》条说:"至宋、齐、梁、陈诸君,则无论贤否,皆威福自己,不肯假权于大臣。而其时高门大族,门户已成,令、仆、三司,可安流平进,不屑竭志尽心,以邀恩宠;且风流相尚,罕以务关怀,人主遂不能籍以集事,于是不得不用寒人。"①

为执掌朝廷权柄,从刘宋起,位居九品的舍人之官,成为实际上的宰相。他们起草诏书,发布敕令,故"宋初又置通事舍人,而侍郎之任轻矣"②。侍郎的权力被舍人侵夺。齐明帝建武之时,"诏命殆不关中书,专出舍人"③。这意味着中书省的权力被舍人夺走。同时,省内舍人四人,谓之"四户","天下文簿板籍,入副其省,万机严秘,有如尚书外司"④。这意味着被恩倖的寒人夺走了尚书省的权力。到齐东昏侯时,舍人势力已发展到并专国命、权夺人主的程度了。

钱穆说:"南朝诸帝,因惩于东晋王室孤微,门第势盛,故内朝常任用寒人,而外藩则讬付宗室。"⑤为了控制外藩诸王,刘宋末开

---

① (清)赵翼著,王树民教证:《廿二史劄记校证》卷八《南朝多以寒人掌机要》条,中华书局 1984 年版,第 173 页。
② (梁)沈约:《宋书》卷四十《百官志下》,中华书局 1974 年版,第 1246 页。
③ (梁)萧子显撰:《南齐书》卷五十六《倖臣传序》,中华书局 1972 年版,第972 页。
④ (梁)萧子显撰:《南齐书》卷五十六《倖臣传序》,中华书局 1972 年版,第972 页。
⑤ 钱穆:《国史大纲》,商务印书馆 1996 年版,第 268 页。

始让典签监督各地方镇所作所为,并向皇帝报告,"刺史行事之美恶,系于典签之口",典签代表皇帝行驶监察权,各地此时自然无不逢迎推尊典签,典签"于是威行州部,权重蕃君"①。

皇帝通过舍人操纵中央朝政,通过典签控制地方军政,皇权政治得到了加强,而门阀贵族的权力则实际上转移到了寒士手中。

不仅如此,选举政策的变化,也为寒人的崛起带来了机会。在南朝,《梁书·武帝纪》记载的一份诏书中说:"其有能通一经、始末无倦者,策实之后,选可量加叙录。虽复牛监羊肆,寒品后门,并随才试吏,勿有遗隔。"②这一诏令为寒门子弟通过明经入仕创造了政策上的保障条件,其间可见科举制度的端倪。而在北朝,《周书·苏绰传》载苏绰《六条诏书》之四:"今之选举者,当不限资荫,唯在得人。苟得其人,自可起厮养而为卿相。"③这也意味着打破了高门士族把持选举权和被选举权的藩篱,寒门子弟中的才能之士入仕晋升不再有门第的门槛。选举制度的改革,在制度上保证了寒人的崛起,又为日益失去竞争力的士族子弟带来了前所未有的压力。

吉川忠夫说:"颜之推对江南贵族的态度应该说是极为辛辣的。他从他们对政治的不关心乃至无知、务实能力的缺乏、迂诞浮华的生活态度等等这些情形中看到了江南社会的危机,同时,他又想积极地承认寒官存在的意义。"④

---

① (唐)李延寿:《南史》卷四十四《齐武帝诸子列传》,中华书局1975年版,第49页。

② (唐)姚思廉:《梁书》卷二《武帝纪中》,中华书局1973年版,第49页。

③ (唐)令狐德棻等撰:《周书》卷二十三《苏绰传》,中华书局1971年版,第386页。

④ [日]吉川忠夫:《六朝精神史研究》,江苏人民出版社2010年版,第215页。

二是新经济政策给门第士族带来了经济上的打击。

士族的一大经济来源为荫蔽户口的劳役和纳贡,而东晋南北朝不断开展的清查户籍行动,旨在争夺士族隐庇的人口资源,夺回被士族占有的这部分赋税收入。《晋书·元帝纪》载,早在晋元帝践位时,即下令二千石令长"隐实户口,劝课农桑"①。

余姚令山遐因"豪族多挟藏户口,以为私附",开展清查隐漏户籍的行动,山遐"绳以峻法,到县八旬,出口万余"②。此后,清查户籍的政策在南朝一直未断,尽管清查无法彻底,但对门第士族依靠隐庇人户而生财的模式带来了冲击。北魏孝文帝后实行的三长制,则以清查户籍为专责。《魏书·李冲传》载,针对"民多隐冒,三十、五十户方为一户"的情况,李冲"创三长之制而上之",太后认为此制实行后将"课有常准,赋有恒分,苞荫之户可出,侥幸之人可止"③。

南朝户籍制度中还有土断制度,强迫士族隐蔽的人口向国家登记。土断的意思,胡三省如是解释:"令西北士民乔寓东南者,所在以土著为断也。"④《晋书·成帝纪》说咸康七年四月,"实编户,王公已下皆正土断白籍"⑤。哀帝时,桓温执政,下《庚戌制》。兴宁二年"三月庚戌朔,大阅户人,严法禁,称为庚戌制"⑥。此后,

---

① (唐)房玄龄等撰:《晋书》卷六《元帝纪》,中华书局 1974 年版,第 150 页。
② (唐)房玄龄等撰:《晋书》卷四十三《山遐传》,中华书局 1974 年版,第 1230 页。
③ (北齐)魏收:《魏书》卷五十三《李冲传》,中华书局 1974 年版,第 1180 页。
④ (宋)司马光编著,(元)胡三省音注:《资治通鉴》卷一百一《晋纪二十三·哀帝兴宁二年》,中华书局 1956 年版,第 3194 页。
⑤ (唐)房玄龄等撰:《晋书》卷七《成帝纪》,中华书局 1974 年版,第 183 页。
⑥ (唐)房玄龄等撰:《晋书》卷八《哀帝纪》,中华书局 1974 年版,第 208 页。

宋大明元年，"土断雍州诸侨郡县"①。齐高帝土断郢、司、豫、南兖诸州流杂。梁武帝天监元年，"土断南徐州诸侨郡县"②。通过土断人户，使侨民脱离世家大族的依附地位，国家则掌控了这批土断户纳税带来的财政收入，而士族的经济来源之一再次被斩断。

北魏均田制改革，也是强化政府财政、压制士族收入的政策。北魏太和九年下诏："今遣使者，循行州郡，与牧守均给天下之田，还受以生死为断，劝课农桑，兴富民之本。"③具体授田亩数这里不赘述，总之，在这一政策环境下，私家所属人口的奴隶，也要和国家公民一样领受田地，负担定额租调，国家则从奴隶主人那里夺去了部分税收。同时，均田制租额比士族大地主的租额明显减轻，这能诱使依附于士族地主的人口转而向国家登记，从而国家通过从士族那里争夺人口，降低了士族地主积聚财富的机会。

三是腐化堕落、不谙世务为门第士族走向衰败的内因所在。

南渡士族多沉迷玄谈，但与魏晋清谈不同的是，他们没能在思想上对玄学有进一步的贡献，倒是在礼教的背叛和破坏上与魏晋玄风相比有过之而无不及。葛洪有这样的描写："蓬发乱鬓，横挟不带，或亵衣以接人，或裸袒而箕踞"④，"宾则入门而呼奴，主则望客而唤狗"，"及好会，则狐蹲牛饮，争食竞割。擘、拨、淼、摺，无复廉耻。"⑤以上种种行为，已把儒家的礼义廉耻弃之不顾，对社会风气和伦常制度带来了不好的影响。

---

① (梁)沈约：《宋书》卷六《孝武帝纪》，中华书局 1974 年版，第 120 页。
② (唐)姚思廉：《梁书》卷二《武帝纪中》，中华书局 1973 年版，第 37 页。
③ (北齐)魏收：《魏书》卷七上《高祖纪上》，中华书局 1974 年版，第 156 页。
④ (晋)葛洪著，杨明照校笺：《抱朴子外篇校笺》卷二十五《疾谬》，中华书局 1991 年版，第 631 页。
⑤ (晋)葛洪著，杨明照校笺：《抱朴子外篇校笺》卷二十五《疾谬》，中华书局 1991 年版，第 632 页。

（光逸）初至，属辅之与谢鲲、阮放、毕卓、羊曼、桓彝、阮
孚散发裸裎，闭室酣饮已累日。逸将排户入，守者不听，逸便
于户外脱衣露头于狗窦中窥之而大叫。辅之惊曰："他人决
不能尔，必我孟祖也。"遽呼入，遂与饮，不舍昼夜。时人谓之
八达。①

随着这种标榜为"放达"的风气中，不乏对礼法的蔑视和惊世骇俗
的荒淫之举。《世说新语》刘孝标注引邓粲《晋纪》曰："王导与周
颢及朝士诣尚书纪瞻观伎。瞻有爱妾，能为新声。颢于众中欲通
其妾，露其丑秽，颜无怍色。"②周颢于大庭广众之中勾引朝廷要员
的爱妾，且无羞耻之色，不仅如此，有人讥笑他"与亲友言戏，秽杂
无检节"。朋友之义，亲友之伦，显然不为周颢所顾忌，他的回答
是："吾若万里长江，何能不千里一曲。"③周颢只是把自己的秽行
看成是小小的瑕疵而已。

"八达"之一的谢鲲，与嵇康一样，音乐素养很高，但在不拘礼
法、勾引女色方面直追周颢。"邻家高氏女有美色，鲲尝挑之，女
投梭，折其两齿。时人为之语曰：'任达不已，幼舆折齿。'鲲闻之，
敖然长啸曰：'犹不废我啸歌。'"④

放任自我，随兴所至，啸歌不废，而废的往往是政事。过江士
人多被委之以职，"三日仆射"周颢一醉三日不理政事，荒疏职掌

① （唐）房玄龄等撰：《晋书》卷四十九《光逸传》，中华书局 1974 年版，第
1385 页。
② （南朝宋）刘义庆著，（南朝梁）刘孝标注，余嘉锡笺疏：《世说新语笺疏》，
中华书局 2011 年版，第 641 页。
③ （南朝宋）刘义庆著，（南朝梁）刘孝标注，余嘉锡笺疏：《世说新语笺疏》，
中华书局 2011 年版，第 641 页。
④ （唐）房玄龄等撰：《晋书》卷四十九《谢鲲传》，中华书局 1974 年版，第
1377 页。

自然是情理中事，且周𫖮以酒渎职绝非个案。毕卓，任吏部郎时，"常饮酒废职"①。胡毋辅之"与郡人光逸昼夜酣饮，不视郡事"②。阮籍侄孙阮孚避乱渡江后，任安东参军，但阮孚"蓬发饮酒，不以王务婴心"③。与周𫖮一样，阮孚也经常因纵酒而被有司纠举。阮放"时虽戎车屡驾，而放侍太子，常说《老》《庄》，不及军国"④。以上还不是最荒诞的，且看下面的细节：

> 王子猷(徽之)作桓车骑骑兵参军，桓问曰："卿何署?"答曰："不知何署，时见牵马来，似是马曹。"桓又问："官有几马?"答曰："不问马，何由知其数?"又问："马比死多少?"答曰："未知生，焉知死?"⑤

从上面的对话，可窥知南朝士族尸位素餐之大要。齐武帝说："学士辈不堪经国，唯大读书耳。经国，一刘系宗足矣。沈约、王融数百人，于事何用。"⑥尽管齐武帝说此话意在重用寒人，但也指出了士族子弟不能经国致用的现实。故《陈书·后主纪》史臣论曰："自魏正始、晋中朝以来，贵臣虽有识治者，皆以文学相处，罕关庶务，朝章大典，方参议焉，文案簿领，咸委小吏，浸以成俗，迄至于

---

① (唐)房玄龄等撰:《晋书》卷四十九《毕卓传》，中华书局1974年版，第1381页。

② (唐)房玄龄等撰:《晋书》卷四十九《胡毋辅之传》，中华书局1974年版，第1380页。

③ (唐)房玄龄等撰:《晋书》卷四十九《阮孚传》，中华书局1974年版，第1364页。

④ (唐)房玄龄等撰:《晋书》卷四十九《阮放传》，中华书局1974年版，第1367页。

⑤ (南朝宋)刘义庆著，(南朝梁)刘孝标注，余嘉锡笺疏:《世说新语笺疏》，中华书局2011年版，第668页。

⑥ (唐)李延寿:《南史》卷七十七《刘系宗传》，中华书局1975年版，第1927页。

陈。后主因循,未遑改革。"①可见南朝当政的士族不理庶务一直延续到江左政权的灭亡。难怪赵翼《廿二史劄记》卷十二有《江左世族无功臣》条了。

颜之推说:"梁世士大夫,皆尚褒衣博带,大冠高履,出则车舆,入则扶侍,郊郭之内,无乘马者。"②可见在梁代时,士大夫已成为金玉其外、徒有其表的寄生虫,连骑马的能力都丧失了。而他们的子弟更是腐化堕落,连做官的基础也丧失了:"梁朝全盛之时,贵游子弟,多无学术。"③没有学问做后盾,即便依靠门第而做官,在汉以来的文官体制里,他们又如何能胜任其职呢?这些贵族子弟可不管这些,他们"无不熏衣剃面,傅粉施朱,驾长檐车,跟高齿屐,坐棋子方褥,凭斑丝隐囊,列器玩于左右,从容出入,望若神仙。明经求第,则顾人答策;三九公宴,则假手赋诗。"④

颜之推眼里的士大夫及其子弟,显然从身体上到精神上均丧失了作为上层统治者的基础,他们自身已在不可避免地走向了衰败,在梁末的丧乱中,他们注定了有悲剧的命运在等待:侯景攻陷台城,南渡衣冠士族遭遇毁灭性打击,《观我生赋》自注云:"中原冠带随晋渡江者百家,故江东有百谱,至是在都者覆灭略尽。"⑤士大夫们的下场是这样的:"及侯景之乱,肤脆骨柔,不堪行步,体羸气弱,不耐寒暑,坐死仓猝者,往往而然。"⑥贵游子弟的结局则更

---

① (唐)姚思廉:《陈书》卷六《后主纪》,中华书局1972年版,第120页。
② 王利器:《颜氏家训集解》卷四《涉务》,中华书局1993年版,第322页。
③ 王利器:《颜氏家训集解》卷三《勉学》,中华书局1993年版,第148页。
④ 王利器:《颜氏家训集解》卷三《勉学》,中华书局1993年版,第148页。
⑤ 颜之推:《观我生赋》自注,载(唐)李百药:《北齐书》卷四十五《颜之推传》,中华书局1972年版,第621页。
⑥ 王利器:《颜氏家训集解》卷四《涉务》,中华书局1993年版,第322页。

加惨烈，只能"鹿独戎马之间，转死沟壑之际"①，失去门第资荫后，他们只能成为一无是处的流浪汉，坐等死亡的到来。萧绎在江陵建立政权，硕果仅存的士族很快又在西魏的侵袭下遭遇灭顶之灾："擒梁元帝，杀之，并虏其百官及士民以归。没为奴婢者十余万，其免者二百余家。"②侯景之乱和江陵覆没这两大事件，给门阀士族带来了毁灭性的打击。王伊同云："齐陈以还，高门数厄。方江陵之陷也，衣冠人士，多没为贱。"③这一切印证了钱穆的话："陈霸先以微人跃起称帝，一时从龙之士，皆出南土，于是北方贵族之地位更促。萧詧亡而江陵贵族尽。南渡之衣冠全灭，江东之气运亦绝。"④随后，"在建康废墟上重新建立政权的陈王朝，幸免被虏的高门士族如琅琊王冲、王通及其子弟，以及陈郡谢哲、谢㟖等，虽然仍居高位，不过是作为门阀政治的点缀而已"⑤。

颜之推还记述了士族门第衰微的另一个具体表现："近世嫁娶，遂有卖女纳财，买妇输绢，比量父祖，计较锱铢，责多还少，市井无异。"⑥在婚姻上的士庶之别，随着寒门经济实力的膨胀，也已打破。士族为利益而与庶族通婚，虽为颜之推所指责，但这已是不可阻挡的潮流。士庶之间的仕宦之别既已随着"寒人掌机要"而逐渐沦为过去式，婚姻之别也难免随着寒门的上升趋于破产。此外，士族为严防寒士庶族的侵染以纯净其血统，流行著作家族谱牒以正本清源。但刘宋以降，庶族通过贿赂、编造谱系等方式冒充士族

① 王利器：《颜氏家训集解》卷三《勉学》，中华书局1993年版，第148页。
② （唐）令狐德棻等撰：《周书》卷二《文帝纪下》，中华书局1971年版，第36页。
③ 王伊同：《五朝门第》，中华书局2006年版，第7页。
④ 钱穆：《国史大纲》，商务印书馆1996年版，第274页。
⑤ 唐长孺：《魏晋南北朝隋唐史三论》，中华书局2011年版，第157页。
⑥ 王利器：《颜氏家训集解》卷一《治家》，中华书局1993年版，第53页。

的现象,也屡禁不止。萧衍在辅政期间曾上表云:"且夫谱牒讹误,诈伪多绪,人物雅俗,莫肯留心。是以冒袭良家,即成冠族;妄修边幅,便为雅士;负俗深累,遽遭宠擢;墓木已拱,方被徽荣。"[1]可见当时士庶之别正在走向崩溃。一系列现象表明,士庶之分正在转变为士庶同流,这一升一降之间,反映了士族门第走向衰落的历史大势。

公元 579 年,陈宣帝次子、始兴王陈叔陵生母彭氏离世,"叔陵启求于梅岭葬之,乃发故太傅谢安旧墓,弃去安柩,以葬其母。"[2]在朝廷做官的谢安九世孙谢贞敢怒而不敢言,郁郁而死。作为士族代表的华丽家族,谢家终于荣光不在,昔日能决定后代起家官品的"冢中枯骨",却被抛弃于荒野。发冢事件,川胜义雄谓:"以上事实在我看来,可以说象征着南朝贵族的没落。"[3]

陈寅恪则将梁亡视为南朝贵族的末日,他说:"梁末之乱,为永嘉南渡后的一大结局。南朝士族在经过数百年腐化之后,于梁末被全部消灭。"[4]

第三节 三教融合的发展

东汉时期,佛教东渐,其在中国发展的历史,可谓三教论衡的历

---

① (唐)姚思廉:《梁书》卷一《武帝纪上》,中华书局 1973 年版,第 23 页。
② (唐)姚思廉:《陈书》卷三十六《始兴王叔陵传》,中华书局 1972 年版,第 495 页。
③ [日]川胜义雄:《六朝贵族制社会研究》,上海古籍出版社 2007 年版,第 305 页。
④ 陈寅恪:《魏晋南北朝史讲演录》,贵州人民出版社 2008 年版,第 171 页。

史。外来的佛教在与中国本土的儒道经历彼此冲突、相互论争的往复纠结后,最终你中有我、我中有你,三教融合蔚为中国思想文化之大观。由此,中国佛教的发展进程,亦可视为三教合一的历史。

佛教在向中土传播过程中,天然地遭遇如何融入中原文化的问题,即如何适应儒家与道家为基石构建的中土文明。《弘明集》作者僧祐把儒道二教对佛教的诘难归纳为"六疑":"一疑经说迂诞,大而无征;二疑人死神灭,无有三世;三疑莫见真佛,无益国治;四疑古无法教,近出汉世;五疑教在戎方,化非华俗;六疑汉魏法微,晋代始盛。"①

僧祐总结的六疑,在历史的现实中演化为神灭神不灭、夷夏之辨等此起彼伏的论战,加上围绕老子化胡说、因果报应论、沙门是否当敬王者等问题展开的一系列论争,贯穿了汉魏两晋南北朝佛教发展的历史。而正是在这一系列的三教冲突中,清晰地呈现了三教融合的走向。

东汉苍梧太守牟融的《牟子理惑论》,在为佛教辩护时最早提出了"三教一致"论。牟子反驳对佛教的质疑,多引用"五经"与老子之说以为资证,而牟子自称"锐志于佛道,兼研《老子》五千文,含玄妙为酒浆,玩五经为琴篁"②。可见牟子对儒、释、道三教都有爱好。牟子尊佛,但同时并不主张放弃儒家与道家之说:"尧、舜、周、孔,修世事也;佛与老子,无为志也。"③牟子主张儒、佛、道并行

---

① (梁)僧祐:《弘明集后序》,载(梁)僧祐撰,李小荣校笺:《弘明集校笺》,上海古籍出版社2013年版,第795页。

② (梁)僧祐撰,李小荣校笺:《弘明集校笺》卷一《牟子理惑论》,上海古籍出版社2013年版,第10页。

③ (梁)僧祐撰,李小荣校笺:《弘明集校笺》卷一《牟子理惑论》,上海古籍出版社2013年版,第26页。

不悖,何必弃儒道不用呢?

随着佛经翻译的展开,早期的翻译家为便于对佛经的理解和接受,往往以中土思想中的概念来比附和解释佛教义理,这就是所谓"格义"。最早来华的译经大师安世高,所译佛经使用"元气"、"无为"等道家概念,支谶所译《道行般若经》中,以玄学"本无"、"自然"等范畴来解释佛教"缘起性空"的理论学说,僧肇的《肇论》则以"有"、"无"、"得意忘言"、"得意忘象"等玄学术语来宣扬佛教大乘性空的中道观。本无、本无异、心无、缘会、即色、识含、幻化等"六家七宗",即为格义佛教的产物。格义带来的对佛教教义翻译准确度的偏差,僧肇在《肇论》中已有所指正。"历观经史,备尽坟籍"的僧肇"每以庄老为心要"①。事实上,不少高僧正是和僧肇一样,本身既笃信佛教,同时也兼通老庄玄儒。

东晋孙绰,也主张儒佛一致。"绰少以文才垂称,于时文士,绰为其冠。"②孙绰的《喻道论》,认为儒家与佛教在报应说上有一致之处,且佛教中有四部劝孝之经,与周孔之教以孝为首相合。孙绰说:"周孔即佛,佛即周孔。盖外内之名耳,故在皇为皇,在王为王。佛者,梵语,晋训觉也。觉之为义,悟物之谓,犹孟轲以圣人为先觉,其旨一也。应世轨物,盖亦随时。周孔救极弊,佛教明其本耳。"③孙绰还著《列仙赞传》,将老子、商丘子等道家人物与释道

---

① (梁)释慧皎:《高僧传》卷六《僧肇传》,陕西人民出版社 2010 年版,第362 页。

② (唐)房玄龄等撰:《晋书》卷五十六《孙绰传》,中华书局 1974 年版,第1547 页。

③ (晋)孙绰:《喻道论》,载(梁)僧祐撰,李小荣校笺:《弘明集校笺》卷三,上海古籍出版社 2013 年版,第 152 页。

安、竺法兰、支愍度、支孝龙、康僧会等佛教名僧都列为神仙。由此看来，孙绰不仅主张佛即周孔，还认同佛即神仙。

东晋名僧慧远也三教兼通，"博综《六经》，尤善《老庄》"①。慧远的因果报应思想，引发了他与儒家经学家戴逵的往复论争。戴逵致慧远《与远法师书》，将批评佛教因果报应学说的《释疑论》随信附送。慧远回信并附居士周道祖《难释疑论》以作反驳。戴逵先后又作《答周居士难释疑论》、《答远法师书》等文，与慧远相互诘难论辩。

慧远又针对晋室重臣桓玄关于下令沙门一律向王者致敬的来信，作《沙门不敬王者论》五篇，提出异议，桓玄采纳了慧远的意见。慧远主张"内外之道可合而明"②，表现了融合儒佛的倾向。《沙门不敬王者论》中说："道法之与名教，如来之与尧孔，发致虽殊，潜相影响，出处诚异，终期则同。"③可见慧远已经卓有远见地看到了儒、释、道三教在相互影响中将走向融合的历史趋势。慧远在庐山之所以能吸引众多思想背景的人，与自己兼通三教不无关系。如《宋书·隐逸传》说周续之"居学数年，通《五经》并《纬候》，名冠同门，号曰'颜子'。既而闲居读《老》、《易》，入庐山事沙门释慧远。时彭城刘遗民遁迹庐山，陶渊明亦不应征命，谓之'寻阳三隐。'"④

东晋道家代表人物葛洪的《抱朴子》分内外二篇，其"自叙"中

---

① （梁）释慧皎：《高僧传》卷六《慧远传》，陕西人民出版社 2010 年版，第 281 页。

② （晋）慧远：《沙门不敬王者论》，载（梁）僧祐撰，李小荣校笺：《弘明集校笺》卷五，上海古籍出版社 2013 年版，第 263 页。

③ （晋）慧远：《沙门不敬王者论》，载（梁）僧祐撰，李小荣校笺：《弘明集校笺》卷五，上海古籍出版社 2013 年版，第 263 页。

④ （梁）沈约：《宋书》卷九十三《周续之传》，中华书局 1974 年版，第 2280 页。

说《外篇》言人间得失、世事藏否，属儒家。葛洪显然是儒道融通的道教大家，他以道为本融合二教，称"道者，儒之本也；儒者，道之末也"①。葛洪论成仙的可能，但成仙需要具备儒家的基本思想素质："欲求仙者，要当以忠孝和顺仁信为本，若德行不修，而但务方术，皆不得长生也。"②

南北朝时期，三教论衡更加激烈。在南朝，有宋文帝时儒佛之间因果报应之争，有宋末齐初道佛之间夷夏问题之辨，还有齐梁之际神灭神不灭之争；在北朝，有北魏太武帝与北周武帝的废佛法难，"三武一宗"四大法难，北朝居其二，此外还发生了北齐文宣帝的灭道之举。

分别以学术争鸣与强力镇压为手段的南北三教之争中，加速了三教融合的发展，三教一致、三教均善、三教同源、三教一体等观念进一步发酵。

南朝宋文帝时期，僧人慧琳作《白黑论》(又名《均善论》)引发了一场"白黑之争"。该文以白学先生代表儒家，以黑学道士代表佛家，以白黑对话的形式争论了佛教性空学说。慧琳以僧人身份批判佛教报应学说与神不灭论之空，得到了《达性论》作者何承天的响应。何承天将《白黑论》寄给宗炳，引发了何、宗二人的白黑大战。《弘明集》中载《难白黑论》三篇，包括何承天《答宗居士书》(三篇)和宗炳《答何衡阳书》(二篇)。

在这场白黑之争中，站在儒家立场的慧琳，得出调和三教的结论，认为三教殊途同归："但知六度与五教并行，信顺与慈悲齐立

---

① (晋)葛洪著，王明校释：《抱朴子内篇校释》卷十《明本》，中华书局1985年版，第184页。

② (晋)葛洪著，王明校释：《抱朴子内篇校释》卷三《对俗》，中华书局1985年版，第53页。

耳。殊涂而同归者,不得守其发轮之辙也。"①而站在佛教立场的宗炳,在其《明佛论》中说:"孔、老、如来,虽三训殊路,而习善共辙也。"②宗炳提出了三教共善的一致之处。可见,在三教论争的展开过程中,三教一致的观点往往为论辩双方所均有。

值得注意的是,颜之推的旁系先祖颜延之因《白黑论》与何承天展开了论战。何承天《达性论》中的三才与众生说,颜延之在《释何衡阳〈达性论〉》中予以反驳。颜延之肯定儒家圣人茂于神明的观念,又坚持佛教教义认为圣人亦为众生之一,融儒佛于一体的特点十分鲜明。

在南齐,道士顾欢则挑起了一场夷夏之辨。顾欢著《夷夏论》以辨佛道二教之异,并论证道先佛后。顾欢说:"道者佛也,佛者道也。其圣则符,其跡则反。"③又说:"佛号正真,道称正一,一归无死,真会无生。在名则反,在实则合。"④顾欢提出的佛道同一、佛道同源,旨在统佛于老,故袁粲托为道人通公《驳顾欢〈夷夏论〉》,提出孔、老、释教"发轸既殊,其归亦异"⑤予以驳斥。顾欢的排佛论,引发的驳难文章还包括明僧绍的《正二教论》、谢镇之的《折〈夷夏论〉》与《重与顾道士书》、朱广之的《疑〈夷夏论〉咨顾

---

① (南朝宋)慧琳:《均善论》,载(梁)沈约:《宋书》卷九十七《蛮夷传》,中华书局 1974 年版,第 2391 页。
② (南朝宋)宗炳:《明佛论》,载(梁)僧祐撰,李小荣校笺:《弘明集校笺》卷二,上海古籍出版社 2013 年版,第 107 页。
③ (梁)萧子显撰:《南齐书》卷五十四《顾欢传》,中华书局 1972 年版,第 931 页。
④ (梁)萧子显撰:《南齐书》卷五十四《顾欢传》,中华书局 1972 年版,第 932 页。
⑤ (梁)萧子显撰:《南齐书》卷五十四《顾欢传》,中华书局 1972 年版,第 933 页。

道士》、释慧通的《驳顾道士〈夷夏论〉》、释僧愍的《戎华论折顾道士〈夷夏论〉》等。

《南齐书》顾欢本传还记载了道士孟景翼提出过释老齐一之论。在一次众僧大会中，萧子良要求孟景翼礼佛，遭到拒绝。萧子良送《十地经》与之，孟景翼遂造《正一论》，其中说："在佛曰实相，在道为玄牝。道之大象，即佛之法身……老、释未始于尝分，迷者分之而未合。"①《南齐书》紧接着记载司徒从事中郎张融作《门律》云："道之与佛，逗极无二。吾见道士与道人战儒墨，道人与道士狱是非。昔有鸿飞天首，积远难亮。越人以为凫，楚人以为乙，人自楚越，鸿常一耳。"②孟景翼和张融都主张道佛二教同一之说，张融还遗令死后"左手执《孝经》、《老子》，右手执小品《法华经》"③。可知张融至死都要三教同一。《南齐书》作者萧子显也说："详寻两教，理归一极。但跡有左右，故教成先后。广略为言，自生优劣。"④

在顾欢《夷夏论》之后，围绕《三破论》这篇反佛文章掀起了夷夏论争的新波澜。《三破论》今已亡佚，刘勰《灭惑论》及释僧顺《析〈三破论〉》可见部分引文。《三破论》通过论争佛教入国而破国、入家而破家、入身而破身，证明道优于佛。由此引发刘勰、僧顺的反驳，释玄光也作《辨惑论》激烈回应。《文心雕龙》的作者刘勰

---

① （梁）萧子显撰：《南齐书》卷五十四《顾欢传》，中华书局 1972 年版，第935 页。

② （梁）萧子显撰：《南齐书》卷五十四《顾欢传》，中华书局 1972 年版，第935 页。

③ （梁）萧子显撰：《南齐书》卷四十一《张融传》，中华书局 1972 年版，第729 页。

④ （梁）萧子显撰：《南齐书》卷五十四《史臣曰》，中华书局 1972 年版，第947 页。

晚年出家为僧,法号慧地,在驳斥《三破论》的《灭惑论》中,刘勰提出了"孔、释教殊而道契"①的观点,意指儒佛一体。

法琳《破邪论》说:"暨梁武之世,三教连衡"②。梁武帝可谓融合三教的思想家与实践家。

梁武帝认为:"老子、周公、孔子等,虽是如来弟子,而为化既邪,止是世间之善,不能革凡成圣。"③这里置佛教为首要地位,但同时肯定了三教同归于善。

武帝在《会三教诗》中说自己"少时学周孔,弱冠穷六经",研习的是儒学;"中复观道书,有名与无名",中年时更多关注的道家;"晚年开释卷,犹月映众星"④。老年时则沉迷于佛教了。武帝三教会通思想的核心是诗中的"穷源无二圣,测善非三英"两句,主张三教无二,同源同善。

梁武帝于儒家,"少而笃学,洞达儒玄"⑤。下诏自称"朕思阐治纲,每敦儒术。"⑥让寒门通经者得到录用机会。梁武帝置五经博士,立士林馆延集学者。多次舆驾亲祠明堂、南郊。立孔子庙,诏令皇太子及王侯之子就学国子学,策试胄子,设《孝经》助教,通武帝《孝经义》。通过一系列措施,使得儒学有了复兴的势头,甚至引起了高欢的警觉:"江东复有一吴儿老翁萧衍者,专事衣冠礼

---

① (梁)刘勰:《灭惑论》,(南朝宋)宗炳:《明佛论》,载(梁)僧祐撰、李小荣校笺:《弘明集校笺》卷八,上海古籍出版社 2013 年版,第 428 页。

② (唐)释道宣《广弘明集》卷十一,《乾隆大藏经》第 115 册,第 495 页。

③ (梁)萧衍:《敕舍道事佛》,载(清)严可均辑:《全梁文》卷四,商务印书馆 1999 年版,第 41 页。

④ (梁)萧衍:《会三教诗》,载(唐)释道宣:《广弘明集》卷三十,《乾隆大藏经》第 116 册,第 215 页。

⑤ (唐)姚思廉:《梁书》卷三《武帝纪下》,中华书局 1973 年版,第 96 页。

⑥ (唐)姚思廉:《梁书》卷二《武帝纪中》,中华书局 1973 年版,第 49 页。

乐,中原士大夫望之以为正朔所在。"①

梁武帝于道家,唐沙门法琳《辩正论》云:"梁武先世事道,潜龙之日,亲奉老子。"②《隋书·经籍志》说:"武帝弱年好事,先受道法,及即位,犹自上章,朝士受道者众。"③可见梁武帝出自道教世家,自己也信奉过道教。天监年间,梁武帝下诏:"弟子经迟迷荒,耽事老子,历叶相承,染此邪法,习因善发,弃迷知返。今舍旧医,归凭正觉。"④梁武帝舍道事佛,但与道士陶弘景一直过从甚密,曾要求陶弘景为他炼丹,对陶弘景"恩礼愈笃,书问不绝,冠盖相望"⑤。国家一旦有吉凶征讨大事,萧衍都不忘咨询陶弘景,一个月都通信好几回,当时人们称陶弘景为山中宰相。

梁武帝之于佛教,"兼笃信正法,尤长释典,制《涅槃》、《大品》、《净名》、《三慧》诸经义记,复数百卷。听览余闲,即于重云殿及同泰寺讲说,名僧硕学,四部听众,常万余人"⑥。他还数次舍身寺庙,并想自任白衣僧正以正戒律,后被智藏劝阻未果。他还身体力行,作《断酒肉文》,戒杀,"日止一食,膳无鲜腴,惟豆羹粝食而已"⑦。又戒色,五十外便断房室。他还组织力量与范缜论战,维护佛教神不灭思想。

---

① (唐)李百药:《北齐书》卷二十四《杜弼传》,中华书局1972年版,第347页。
② (唐)释法琳:《辩正论》卷二《三教治道篇下》,载《乾隆大藏经》第115册,第513页。
③ (唐)魏徵等撰:《隋书》卷三十五《经籍志四》,中华书局1973年版,第1093页。
④ (梁)萧衍:《舍道事佛疏文》,载(清)严可均辑:《全梁文》卷六,商务印书馆1999年版,第71页。
⑤ (唐)姚思廉:《梁书》卷五十一《陶弘景传》,中华书局1973年版,第743页。
⑥ (唐)姚思廉:《梁书》卷三《武帝纪下》,中华书局1973年版,第96页。
⑦ (唐)姚思廉:《梁书》卷三《武帝纪下》,中华书局1973年版,第97页。

梁武帝的三教同源说,将儒道同源于佛,仍以佛教为先,不过同时弘扬儒道。

梁代主张三教融合的文人,沈约《均圣论》说:"内圣外圣,义均理一。"①徐陵弟弟徐孝克"与诸僧讨论释典,遂通《三论》。每日二时讲,旦讲佛经,晚讲《礼传》,道俗受业者数百人。"②徐勉"以孔释二教殊途同归,撰《会林》五十卷"③。可见徐勉是融合儒佛的理论家与践行者。颜之推交游过的朋友王褒,在《幼训》中说:"吾始乎幼学,及于知命,既崇周、孔之教,兼循老、释之谈,江左以来,斯业不坠,汝能修之,吾之志也。"④王褒五十之后兼崇三教,还要求子孙后代效法自己,也是三教融合的积极倡议者。

南北朝时期,道教吸取佛教的义理、仪规和修行方法,融会佛教的因果报应、五道轮回、地狱托生等思想。一南一北两大道教改革家陆修静和冠谦之,还将儒家礼教和孝道等思想融入道教。陶弘景的《真灵位业图》中,将黄帝、尧舜、孔子、颜回等儒家圣贤引入道教神团,与老耽列在同一级位。陶弘景和梁武帝一样,融通儒、释、道三教,在《茅山长沙馆碑》中指出:"夫万象森罗,不离两仪所育;百法纷凑,无越三教之境。"⑤《本起录》说他"先善稽古,训诂七经"⑥。陶弘景还在阿育王塔前受五大戒,在茅山中立佛堂,建佛塔,实行

---

① (梁)沈约:《均圣论》,载(清)严可均辑:《全梁文》卷二十九,商务印书馆1999年版,第315页。

② (唐)姚思廉:《陈书》卷二十六《徐陵传》附《徐孝克传》,中华书局1972年版,第337页。

③ (唐)姚思廉:《梁书》卷二十五《徐勉传》,中华书局1973年版,第387页。

④ (唐)姚思廉:《梁书》四五十一《王褒传》,中华书局1973年版,第584页。

⑤ (梁)陶弘景著,王京州校注:《陶弘景集校注》,上海古籍出版社2009年版,第191页。

⑥ (梁)陶翊:《华阳隐居先生本起录》,载王家葵:《陶弘景丛考》附录一《陶弘景传记资料汇编》,齐鲁书社2003年版,第384页。

两教双修。可见,陶弘景是以道为本而融合儒佛的宗教家。

在北朝,北魏道武帝拓跋珪定都平城,公元399年三月,令五经群书,各置博士,增国子大学生员三千人。《魏书·释老志》载其"置仙人博士,立仙坊,煮炼百药"①。天兴元年,又下诏扶持佛教,"始作五级佛图、耆阇崛山及须弥山殿,加以缋饰。别构讲堂、禅堂及沙门座,莫不严具焉"②。道武帝实行以儒学为主体,兼以扶植道佛两教的政策,其后,"太宗践位,遵太祖之业,亦好黄老,又崇佛法"③。

太武帝继位后发动了第一次灭佛事件,但其初期对道佛二教"亦遵太祖、太宗之业,每与高德沙门,与共谈论"④。在信奉道教的儒生崔浩与寇谦之的联手推动下,太武帝于440年以太平真君自居,改元为太平真君。"崇奉天师,显扬新法,宣布天下,道业大行。"⑤公元442年,太武帝"亲至道坛,受符箓。备法旗帜尽青,以从道家之色也。"⑥

公元438年,太武帝"寻以沙门众多,诏罢年五十已下者"⑦。

---

① (北齐)魏收:《魏书》卷一百一十四《释老志》,中华书局1974年版,第3049页。
② (北齐)魏收:《魏书》卷一百一十四《释老志》,中华书局1974年版,第3030页。
③ (北齐)魏收:《魏书》卷一百一十四《释老志》,中华书局1974年版,第3030页。
④ (北齐)魏收:《魏书》卷一百一十四《释老志》,中华书局1974年版,第3032页。
⑤ (北齐)魏收:《魏书》卷一百一十四《释老志》,中华书局1974年版,第3053页。
⑥ (北齐)魏收:《魏书》卷一百一十四《释老志》,中华书局1974年版,第3053页。
⑦ (北齐)魏收:《魏书》卷一百一十四《释老志》,中华书局1974年版,第3032页。

太武帝此次抑佛,主要是为了将 50 岁以下的壮劳力强迫还俗为民,以发展经济,服从征役。公元 444 年,太武帝又下诏:"自王公已下至于庶人,有私养沙门、师巫及金银工巧之人在其家者,皆遣诣官曹,不得容匿。限今年二月十五日,过期不出,师巫、沙门身死,主人门诛。"①

公元 446 年,长安种麦寺内发现弓矢矛盾,太武帝大怒,下令诛全寺。进而又发现寺内积聚金银财宝、藏污纳垢,武帝遂灭佛,下令诛长安沙门,全国"一依长安行事"②。结果,长安一带"土木宫塔,声教所及,莫不毕毁矣"③。由于崇信佛教的太子暗加保护,不少沙门得以幸免于难。公元 452 年,高宗文成帝拓跋濬继位,下诏恢复佛法,灭佛政策得以终止。

北魏以改革而著称的孝文帝曾下诏称"明孝悌于万国,垂教本于天下"④,将儒家思想援入拓跋氏政权,又"善谈《庄》、《老》,尤精释义"⑤,孝文帝为集三教于一身的帝王。孝文帝的《帝听诸法师一月三入殿诏》云:"故周旦著其朋之诰,释迦唱善知之文。"⑥孝文帝持儒佛一致之论,将周公旦和释迦牟尼平起平坐。孝文帝还下诏建立道观,兴道观崇虚寺,召请隐士,员满 90 人。孝文帝还发展佛教,亲自剃发,施以僧服,令修道戒,又度良家男女为

---

① (北齐)魏收:《魏书》卷四下《世祖纪下》,中华书局 1974 年版,第 97 页。
② (北齐)魏收:《魏书》卷一百一十四《释老志》,中华书局 1974 年版,第 3034 页。
③ (北齐)魏收:《魏书》卷一百一十四《释老志》,中华书局 1974 年版,第 3035 页。
④ (北齐)魏收:《魏书》卷五十《蒋元传》,中华书局 1974 年版,第 1114 页。
⑤ (北齐)魏收:《魏书》卷七下《高祖纪下》,中华书局 1974 年版,第 187 页。
⑥ (唐)释道宣:《广弘明集》卷二十四,《大正新修大藏经》第 52 册,第 272 页下。

僧尼百余人,广建佛寺,僧尼达 7 万多人。孝文帝时全国有佛寺 6700 多所,北魏后期佛教寺庙达 3 万所,僧侣达 200 万人。

佛教的发展,僧侣的膨胀,寺院经济的繁荣,带来了一系列新的问题,如寺院与王权的关系问题、劳动力流失问题、兵源问题等,佛教的快速扩张还与北朝将儒家奉为正统的文化政策发生冲突。故在北周时期,周武帝宇文邕发动了第二次灭佛事件。

北周天和二年(567 年),南朝僧人卫元嵩因北周平蜀而北上,他还俗后向北周武帝上《省寺减僧书》。卫元嵩说:"唐虞之化,无浮图以治国,而国得安。齐梁之时,有寺舍以化民,而民不立者,未合道也。若言民坏不由寺舍,国治岂在浮图? 但教民心合道耳。"① 卫元嵩带着南朝三教融合的思想北上,提出了以儒融佛的思想。这里,他认为浮屠寺舍并非教化立民的关键,暗示了无佛也可达到民齐国治,关键在于"合道"。那么,合什么道才是正道呢? 他说:"但利民益国,则会佛心也。"他承认佛心的伟大,而他"会佛心"的途径却是"慕唐虞之胜风"②,这就意味着,要将儒家融入佛教,才能使民心合道。具体如何达成这一融合,卫元嵩提出了建造平延大寺的设想:

> 嵩请造平延大寺,容贮四海万姓。不劝立曲见伽蓝,偏安二乘五部。夫平延寺者,无选道俗,罔择亲疏。爱润黎元,等无持毁。以城隍为寺塔,即周主是如来,用郭邑作僧坊,和夫妻为圣众。勤用蚕以充户课,供政课以报国恩。推令德作三纲,遵耆老为上座。选仁智充执事,求勇略作法师。行十善以伏未宁,示无贪以断偷劫。于是,衣寒露,养孤生,匹鳏夫,配

---

① (唐)释道宣:《广弘明集》卷七,《大正新修大藏经》第 52 册,第 132 页上。
② (唐)释道宣:《广弘明集》卷七,《大正新修大藏经》第 52 册,第 132 页上。

寡妇,矜老病,免贫穷。赏忠孝之门,伐凶逆之党,进清简之士,退谄佞之臣,使六合无怨纣之声,八荒有歌周之咏,飞沈安其巢穴,水陆任其长生……①

在卫元嵩提出的理想化构思中,意味着:以皇帝为佛,以儒家思想为法,以黎元为僧,佛教三宝被消解,佛教的寺塔、僧坊等硬件设施也可被取消,寺院赖以生存的寺院经济也在大同社会的愿景中丧其基石。卫元嵩只留下了"佛心",而"佛心"又是以儒家利民益国的世俗诉求为标准,以唐虞之道为核心的。由此,卫元嵩以看似美好无比的平延大寺,将儒、释、道三教归一于儒家。

天和四年(569年)二月,"帝御大德殿,集百僚、道士、沙门等讨论释老义"②。从参与讨论人员的排序,即已暗示了儒、道、佛三教的次序。

天和五年,甄鸾上《笑道论》,排击道教神仙方术之谬,讥其偷师佛经。武帝集大臣详议《笑道论》,以为伤蠹道法,不合武帝本意,当众焚毁了《笑道论》。此后,僧人道安上《二教论》,以儒为"外教",佛为"内教",道教也属儒家。道安以为:"三教虽殊,劝善义一,涂迹诚异,理会则同。"③《二教论》主张三教会同,但以佛教为最优。在公开大辩论中,甄鸾和道安与武帝持不同意见,问题在于甄鸾和道安都抨击道教。而和武帝意见一致的,有韦复:"武帝又以佛、道、儒三教不同,诏复辨其优劣。复以三教虽殊,同归于善,其迹似有深浅,其致理殆无等级。乃著《三教序》奏之。帝览

---

① (唐)释道宣:《广弘明集》卷七,《大正新修大藏经》第52册,第132页上。
② (唐)令狐德棻等撰:《周书》卷五《武帝纪上》,中华书局1971年版,第76页。
③ (北周)释道安:《二教论》,载(唐)释道宣:《广弘明集》卷八,《大正新修大藏经》第52册,第136页中。

而称善。"①

建德二年(573 年),"十二月癸巳,集群臣及沙门、道士等,帝升高座,辨释三教先后,以儒教为先,道教为次,佛教为后"②。

建德三年(574 年)五月,周武帝"初断佛、道二教,经像悉毁,罢沙门、道士,并令还民。并禁诸淫祀,礼典所不载者,尽除之。"③北周平齐后,武帝又于建德六年(577 年)在邺召集僧人解释废佛一事,慧远当庭为佛教辩护,并以地狱说劝阻,武帝答以"但令百姓得乐,朕亦不辞地狱之苦"④,遂在北齐实施废佛之举。

值得注意的是,宇文邕在下诏禁断佛道二教一个月后,便下诏立通道观。诏书中明言,立通道观旨在"会归"异说,平息"争驱",而"会归"之后,弘扬的则是圣哲先贤的微言典训,实际上是谋求归一于儒家。《资治通鉴》载:"戊午,周立通道观以壹圣贤之教。"⑤通道观这一国家文化机构的设立,可谓和卫元嵩平延大寺的构想一脉相承。通道观学士来自佛道二教,也有儒生及还俗道人。存在了近十年时间的通道观,学士讲说三教经典,融通儒、佛、道三教,还编撰了道教经目和类书。如道士王延等人编撰七卷《珠囊经目》,通道观学士协助周武帝编撰 100 卷《无上秘要》,是目前所知最早的道教类书。"通道观作为宗教文化政策的特殊产

---

① (唐)令狐德棻等撰:《周书》卷三十一《韦夐传》,中华书局 1971 年版,第545 页。

② (唐)令狐德棻等撰:《周书》卷五《武帝纪上》,中华书局 1971 年版,第83 页。

③ (唐)令狐德棻等撰:《周书》卷五《武帝纪上》,中华书局 1971 年版,第85 页。

④ (唐)释道宣:《广弘明集》卷十《周祖平齐召僧叙废立抗拒事》,《大正新修大藏经》第 52 册,第 153 页。

⑤ (宋)司马光编著,(元)胡三省音注:《资治通鉴》卷一百七十一《陈纪五·宣帝太建六年》,中华书局 1956 年版,第 5335 页。

物,是有史可证的第一个三教融通的官方机构。"①

　　综上所述,佛教东渐以来,随着与儒道之间的彼此论争,不断走向三教融合的道路,并在颜之推生活的时期,三教合一的理论不断积累,不断明晰,从个人融通三教的修行上升到国家政权执掌者在文化政策和文化机构上的尝试和落实。而颜之推的三教一体思想,和时代的思想发展潮流不无关系。

---

① 刘林魁:《〈广弘明集〉研究》,中国社会科学出版社 2011 年版,第 232 页。

第二章　颜之推的生平与著作

第一节　家族源流

颜之推一生有志于"务先王之道,绍家世之业"①。颜之推的家世之业,主脉乃为儒家学说,故与先王之道相表里。

一、颜氏之源

颜氏一脉系出黄帝,黄帝十五世孙名夷甫,曹姓,为邾国君。

清马星翼《二邾篇》:"邾子侠者,帝高阳之苗裔也。其先出于陆终之第五子晏安。晏安受封于曹,其后为曹姓。周武王克殷,兴灭国,继绝世。绍封晏之后曹侠于邾,为附庸国,是为邾侠。"也就是说,邾侠是颛顼之后,出自颛顼玄孙陆终第五子晏安一脉,因晏安受封于曹,其后人故以封地为曹姓。王献唐《春秋邾分三国考》:"邾之先,自邾子侠受封,五世之夷父颜。"②邾侠传五世,之邾颜。此说根据来自《世谱》:"侠生非,非生成,成生车辅,车辅生将新,将新生訾父,訾父生夷父。"夷父,字伯颜,在周宣王姬静举

---

① 王利器:《颜氏家训集解》卷三《勉学》,中华书局 1993 年版,第 204 页。
② 王献唐:《春秋邾分三国考》,齐鲁书社 1982 年版,第 3 页。

兵讨伐自立为鲁君的伯御时,邾国国君夷父协助王师讨伐立功,周宣王封其为公爵,故《公羊传》称他为颜公,卒谥“武”,故又称武公。

邾武公与姓盈的妻子生有二子,长子名夏父,继位袭爵为邾国君,次子名友,又名肥。

《左传·庄公五年》:“秋,郳犁来来朝。”孔颖达正义云:“郳之上世出于邾国。《世本》云‘邾颜居邾,肥徙郳’,宋仲子注云:‘邾颜别封小子肥于郳,为小邾子。’则颜是邾君,肥始封郳。《谱》云:‘小邾,邾侠之后也。夷父颜有功于周,其子友别封为附庸,居郳。曾孙犁来,始见《春秋》,附从齐桓以尊周室,命为小邾子。穆公之孙惠公以下。《春秋》后六世而楚灭之。’《世本》言肥,杜《谱》言友,当是一人。”①

从上述文献可知,邾武公次子邾友分封于郳,开启了小邾国,为小邾国第一代君王。

《陋巷志》说:“友子曰志,亦小邾君,而不见于经传。志弟爽则复圣之先祖也。”唐代因亮撰《颜鲁公集行状》又说:“武公名仪甫,字颜公……子孙以王父字为氏。”②《尔雅·释亲》:“父之考为王父。”③这就意味着,颜爽一辈可能开始以爷爷邾武公之字“颜”为氏,孔子的母亲颜征在和“孔门八颜”均出自这支。《元和姓纂》:“至武公字颜,《公羊》谓之颜公,子孙因以为氏。出圈称《陈

---

① (周)左丘明传,(晋)杜预注,(唐)孔颖达正义:《春秋左传正义》卷八,北京大学出版社1999年版,第227页。

② (唐)因亮:《颜鲁公集行状》,载(唐)颜真卿:《颜鲁公集》,上海古籍出版社1992年版,第122页。

③ (晋)郭璞注,(宋)邢昺疏:《尔雅注疏》卷四《释亲》,北京大学出版社1999年版,第116页。

留风俗传》及葛洪《要字》。"①这就是颜姓来源"以字为氏"之说。《元和姓纂》还载"以邑为氏"之说:"又王俭《谱》云,出自鲁侯伯禽支庶,食采颜邑,因氏焉。"②今多采"以字为氏"说。

颜友后裔多在鲁国任职,并定居于鲁。传至18代嫡孙颜回,居陋巷,在孔门弟子中名望最高,极受后世儒家及历代帝王尊崇,被尊为"复圣"。其后裔子孙,尊颜回为一世祖。

二、颜氏之儒

"颜氏之儒"为韩非子最早提出,《韩非子·显学》:"自孔子之死也,有子张之儒,有子思之儒,有颜氏之儒,有孟氏之儒,有漆雕氏之儒,有仲良氏之儒,有孙氏之儒,有乐正氏之儒。"③

儒分为八,颜氏居一。颜氏之儒,当为颜子后人与后学所开创的儒学支脉。

《史记·孔子世家》:"孔子以诗书礼乐教,弟子盖三千焉,身通六艺者七十有二人。如颜浊邹之徒,颇受业者甚众。"④司马迁举例即推出颜家弟子,恐因颜氏在孔门弟子中的分量之重。颜之推说:"颜氏之先,本乎邹、鲁,或分入齐,世以儒雅为业,遍在书记。仲尼门徒,升堂者七十有二,颜氏居八人焉。"⑤孔门颜氏弟子,除了司马迁所举子路妻兄颜浊邹,还有颜回、颜无繇、颜幸、颜祖、颜之仆、颜哙、颜何、颜高。其中,颜无繇为鲁卿士,娶齐姜氏,

---

① (唐)林宝:《元和姓纂》,中华书局1994年版,第519页。

② (唐)林宝:《元和姓纂》,中华书局1994年版,第519页。

③ (清)王先慎撰:《韩非子集解》卷十九《显学》,中华书局1998年版,第456页。

④ (汉)司马迁撰,(宋)裴骃集解,(唐)司马贞索引,(唐)张守节正义:《史记》卷四十七《孔子世家》,中华书局1959年版,第1938页。

⑤ 王利器:《颜氏家训集解》卷五《诫兵》,中华书局1993年版,第348页。

生颜回。

颜回开启了以"颜氏之儒"为核心的家族精神，从此，颜家世以儒雅为业，基本上未脱离儒学传家的大方向。"颜氏之儒"的家族精神，主要表现在如下层面：

（一）好学崇德

颜回赞叹孔子"仰之弥高，钻之弥坚"①。认为孔子的形象伟岸超拔，教育有方，博文约礼，故而让他倍加尊崇。《吕氏春秋》说："颜回之于孔子也，犹曾参之事父也。"②将颜回与孔子的关系视同父子，可见颜子在尊师方面，堪称典范。正因对老师的敬仰，颜回听夫子教诲总是恭敬有加，从无拂逆之言。孔子说："吾与回言终日，不违，如愚。"③

颜回敦睦师友，堪称典范；勤学好问，亦为世则，颜回敏而好学，不耻下问。《论语·雍也》载孔子对好学问题的看法："有颜回者好学，不迁怒，不贰过。不幸短命死矣，今也则亡，未闻好学者也。"三千弟子中，孔子唯独赞赏颜回好学，并为颜回这样一个英年早逝的学子感到万分痛惜："噫！天丧予！天丧予！"④

自颜回后，颜氏家族尊师好学，代有其人，颜之推即为其一。

东汉祢衡赞美颜回，"德行迈于三千，仁风横于万国"⑤。孔子

① （魏）何晏注，（宋）邢昺疏：《论语注疏》卷九《子罕》，北京大学出版社1999年版，第116页。
② 廖明春、陈兴安译注：《吕氏春秋全译·劝学》，巴蜀书社2004年版，第394页。
③ （魏）何晏注，（宋）邢昺疏：《论语注疏》卷二《为政》，北京大学出版社1999年版，第18页。
④ （魏）何晏注，（宋）邢昺疏：《论语注疏》卷十一《先进》，北京大学出版社1999年版，第145页。
⑤ 《陋巷志》卷六。

称赞颜回"其心三月不违仁"①。在孔子眼里,其他弟子不违背仁德,最多坚持几天上月而已,而颜回则可坚持到三个月,可见孔子很欣赏颜回的仁德修为。

心中有仁,故外化为德行。《论语·先进》云:"德行:颜渊,闵子骞,冉伯牛,仲弓。"孔门德行、言语、政事、文学四科,颜回德行居首。而立德相对于立功、立言,为"三不朽"最高境界。

孟子称赞颜回"禹、稷、颜回同道"②。孟子讲颜回的仁德与大禹、后稷并举,可见评价之高。颜回虽不愿仕,但有济世之志,其原则,就是仁德治国。颜回的思想场域中,仁以修身,德以治世,充分体现了儒家的内圣外王之道。

(二)止足乐处

颜子家贫,却能安时处顺,有其顺乎自然、谦退无为的思想根源。

颜氏家族到颜路、颜回父子时,颜路为鲁卿大夫,贵族身份尚在,但已家道中落,居于陋巷,田产只有 50 亩郭外之田、10 亩郭内之圃,已然居于贫困线上。但颜子乐于学夫子之道,学以待时。"子谓颜渊曰:用之则行,舍之则藏,惟我与尔有是夫!"③孔子用舍行藏之意,孟子进一步发挥,穷则独善其身,达则兼善天下,颜子不仕,独善其身,对"夫子之道"的追求与内心同体,故已入无为之境。

---

① (魏)何晏注,(宋)邢昺疏:《论语注疏》卷六《雍也》,北京大学出版社1999 年版,第 73 页。

② (汉)赵岐注,(宋)孙奭疏:《孟子注疏》卷八下《离娄章句下》,北京大学出版社 1999 年版,第 234 页。

③ (魏)何晏注,(宋)邢昺疏:《论语注疏》卷七《述而》,北京大学出版社1999 年版,第 87 页。

对于颜回的安贫乐道,孔子感叹:"贤哉,回也！一箪食,一瓢饮,在陋巷,人不堪其忧,回也不改其乐。贤哉,回也！"①颜回不以饮食之苦、居处之陋而忧,反而乐处其中,这种处贫而乐道的境界,引发了宋明理学一个重要的命题:《孔颜乐处》。周敦颐曾多次要程颐、程颢兄弟探讨"孔颜乐处,所乐何事"的问题。

颜氏后人传承颜回乐处的精神内核,形成了知止知足的家族精神,如颜真卿《晋侍中右光禄大夫本州大中正西平靖侯颜公大宗碑铭》载颜之推九世祖颜含诫子孙,要求"自今仕宦不可过二千石,婚姻勿贪世家"②。

(三)忠信孝悌

颜氏家族以孝悌作为传家门风,琅邪颜氏所居之地号为孝悌里,就体现了颜氏代传孝恭的现实。

战国时,颜文姜即以孝顺公婆而成为齐国有名的孝妇,山东淄博市博山区凤凰山南麓西神头村内,至今仍有颜文姜祠,又名灵泉庙、颜神庙。颜文姜尽孝的故事,还演变为孝妇河的传说。顾炎武《日知录之余》卷四《诸觚十事》:"笼水因颜文姜曰孝妇河。"清顾祖禹《读史方舆纪要》卷三十一《山东二》,引《舆地志》云:"战国时齐人颜文妻事姑孝,常远汲以供姑嗜,一旦甘泉涌于室内,常以绩笼盖之,笼发而泉涌,因名笼水。"③唐李冗《独异志·卷中》也说:"淄川有女曰颜文姜,事姑孝谨,樵薪之外,复汲山泉以供姑饮。一旦,缉笼之下,忽涌一泉,清泠可爱。时人谓之'颜娘泉',

---

① (魏)何晏注,(宋)邢昺疏:《论语注疏》卷六《雍也》,北京大学出版社1999年版,第75页。

② 王利器:《颜氏家训集解》卷五《止足》,中华书局1993年版,第343页。

③ (清)顾祖禹:《读史方舆纪要》卷三十一《山东二》,中华书局2005年版,第1468页。

至今利物。"

颜氏家族南渡始祖颜含不仅开启了颜氏在江南的血脉繁衍，还以自己的身体力行，垂范了颜氏家族的孝悌门风。颜含在《晋书》的本传被安排在《孝友传》中，《孝友传》"序言"中说："庾衮、颜含笃友于而宣范。"①颜含从小就以孝而闻名，特别是他爱护兄长的事迹，富有传奇色彩。《晋书》颜含本传说："含少有操行，以孝闻。"②颜含兄畿，因病死于医家。在家人迎丧途中，颜畿先是附身引丧者，称寿命未死，继之托梦其妇，称"吾当复生，可急开棺"。在家人讨论究竟要不要开棺时，"含时尚少，乃慨然曰：'非常之事，古则有之，今灵异至此，开棺之痛，孰与不开相负？'"父母听从了颜含的建议，开棺之后，颜畿果然气息尚存。"含乃绝弃人事，躬亲侍养，足不出户者十有三年"③。

颜含服侍已成为植物人的兄长，《晋书》本传说长达13年，《晋书》和《宋书》的《五行志》也记载此事，说颜畿"二年复死"。颜含的事迹被石崇知道后，石崇"重含淳行，赠以甘旨，含谢而不受"④。

颜含的事迹还被写进了《搜神记》。颜含不仅尊奉兄长，而且敬养嫂子，并使嫂子重见光明的事迹，也颇富传奇色彩。

　　含二亲既终，两兄继没，次嫂樊氏因疾失明，含课励家人，

---

①　（唐）房玄龄等撰：《晋书》卷八十八《孝友传序》，中华书局 1974 年版，第2274 页。

②　（唐）房玄龄等撰：《晋书》卷八十八《颜含传》，中华书局 1974 年版，第2285 页。

③　（唐）房玄龄等撰：《晋书》卷八十八《颜含传》，中华书局 1974 年版，第2286 页。

④　（唐）房玄龄等撰：《晋书》卷八十八《颜含传》，中华书局 1974 年版，第2286 页。

尽心奉养,每日自尝省药馔,察问息耗,必簪屦束带。医人疏
方,应须髯蛇胆,而寻求备至,无由得之,含忧叹累时。尝昼独
坐,忽有一青衣童子年可十三四,持一青囊授含,含开视,乃蛇
胆也。童子逡巡出户,化成青鸟飞去。得胆,药成,嫂病即愈。
由是著名。①

颜含爱护兄嫂的真切,为颜之推提供了家族先祖孝悌传家的
现实注脚。

颜之推的祖父颜见远,还以忠义载入正史。梁武帝受禅夺取
齐朝政权,"见远乃不食,发愤数日而卒"②。梁武帝听说后很不理
解:"我自应天从人,何预天下士大夫事?而颜见远乃至于此
也。"③颜见远的忠君之举,使得颜之推父亲颜协终身只在萧绎幕
府任职,对颜之推的影响自然不可忽视。

(四)儒雅为业

颜氏家族"世善《周官》、《左氏》"④。早在西汉,颜氏既已在
经学上成就斐然。汉兴,博士胡母生专治《公羊春秋》学,其传承
顺序为:"前书齐胡母子都传《公羊春秋》,授东平赢公,赢公授东
海孟卿,孟卿授鲁人眭孟,眭孟授东海严彭祖、鲁人颜安乐。彭祖
为《春秋》严氏学,安乐为《春秋》颜氏学。"⑤

以图示之,即为:胡母生——赢公——孟卿——眭孟——颜

---

① (唐)房玄龄等撰:《晋书》卷八十八《颜含传》,中华书局 1974 年版,第
2286 页。
② (唐)姚思廉:《梁书》卷五十《颜协传》,中华书局 1973 年版,第 727 页。
③ (唐)姚思廉:《梁书》卷五十《颜协传》,中华书局 1973 年版,第 727 页。
④ (唐)李百药:《北齐书》卷四十五《颜之推传》,中华书局 1972 年版,第
617 页。
⑤ (南朝宋)范晔:《后汉书》卷七十九《儒林传下》,中华书局 1965 年版,第
2577 页。

安乐。

颜安乐是眭孟的外甥,胡母生的四传弟子,宣帝时,立为博士,官至齐郡太守丞。颜安乐与严彭祖是眭孟最喜爱的得意门生。眭孟死后,严彭祖、颜安乐各专门教授,由是《公羊春秋》有颜、严之学,而颜安乐则是"春秋颜氏学"的开创者。颜安乐弟子中有淮阳人泠丰,淄博人任公,泰山人冥都,琅邪人筦路等,故颜家先有泠、任之学,后又有筦、冥之学。

光武中兴,"于是立《五经》博士,各以家法教授,《易》有施、孟、梁丘、京氏,《尚书》欧阳、大小夏侯,《诗》齐、鲁、韩,《礼》大小戴,《春秋》严、颜,凡十四博士。"[1]可知颜安乐所创春秋颜氏学在东汉初被立为十四博士之一。

颜安乐既以《春秋公羊》学名世,颜氏家族为何又世传《左传》之学?《后汉书·贾逵传》也许透露了一些玄机。《左传》有郑、贾之学,贾逵的左氏之学传承其父,而其父贾徽,"从刘歆受《左氏春秋》,兼习《国语》、《周官》"[2]。贾逵"悉传父业",后上书推尊《左传》,章帝"令逵自选《公羊》严、颜诸生高才者二十人,教以《左氏》,与简纸经传各一通"[3]。贾逵从公羊春秋颜氏一派中选拔高材生教授《左传》,传承春秋颜氏学的颜氏子弟,必有高材生做了贾逵的学生,从而颜氏家族便有了兼修《春秋公羊传》与《春秋左传》的可能。再进一步做合理推断:贾逵兼善《左传》与《周官》,故

---

① (南朝宋)范晔:《后汉书》卷七十九《儒林传上》,中华书局 1965 年版,第2545 页。

② (南朝宋)范晔:《后汉书》卷三十六《贾逵传》,中华书局 1965 年版,第1234 页。

③ (南朝宋)范晔:《后汉书》卷三十六《贾逵传》,中华书局 1965 年版,第1239 页。

承帝旨选春秋颜氏学高材生授课时，当不单教《左传》，也许颜氏家族世善《周官》也渊源于此。

日本学者守屋美都雄如此总结颜氏家风："（一）门第未必可说是最高，却有名门的清高和'反骨'；（二）未必热衷于做官；（三）知足；（四）一旦任职做官，即具有基于儒教主义的认真与气节；（五）不谄媚权贵；（六）不依赖非合理性事物；（七）世代都是文化的理解者。"①

三、东迁琅邪

汉献帝建安末年，颜子24代孙颜盛携其全家由鲁城故里东徙琅邪临沂，定居孝悌里，这是颜氏宗子第一次迁徙。《元和姓纂》载："后汉临沂人魏徐州刺史颜盛，始自鲁琅邪。"②

颜真卿说："魏有斐、盛。盛字叔台，青徐二州刺史、关内侯，始自鲁居于琅邪临沂孝悌里，生广陵太守、给事中、葛绎贞子讳钦，字公若，精《韩诗》、《礼》、《易》、《尚书》，学者宗之。生汝阴太守、护军、袭葛绎子讳默，字静伯。生晋侍中、右光禄大夫、西平靖侯讳含。"③

从颜真卿这段家世记述，可知从东迁琅邪的颜盛到南渡建业的颜含，宗子世系为颜盛——颜钦——颜默——颜含，且均职任颇重，颜氏居琅邪临沂历四世，约八十年，形成世家望族之一，颜氏后裔多以此地为郡望，遂称"琅邪颜氏"。

---

① ［日］守屋美都雄：《中国古代的家族与国家》，上海古籍出版社2010年版，第382页。

② （唐）林宝：《元和姓纂》，中华书局1994年版，第520页。

③ （唐）颜真卿：《颜鲁公集》卷十六《唐故通议大夫行薛王友柱国赠秘书少监国子祭酒太子少保颜君庙碑铭并序》，上海古籍出版社1992年版，第103页。

颜盛本为颜斐之弟,因颜斐二子颜鲁、颜欢俱无后,故以颜盛为宗。

颜斐,字文林,有才学。曹操召为太子洗马,魏文帝黄初初年,转黄门侍郎,累官京兆太守。

> 京兆自马超之乱,百姓不专农殖,乃无车牛。斐又课百姓,令闲月取车材,转相教匠。其无牛者令养猪,投贵卖以买牛。始者皆以为烦,一二年中编户皆有车牛,于田役省赡,京兆遂以丰沃。①

颜斐担任京兆太守后,针对当地因战乱而导致的农村凋敝、田地荒芜的现实,以颇有远见的举措,下令整顿农田,种植桑果,又教百姓造车,养猪买牛,提高生产效率,京兆"丰富常为雍州十郡最"②,与邻近地区百姓冻饿的局面形成鲜明的对比。颜斐还兴文学,为愿意读书的吏民减免徭役。"于是风化大行,吏不烦民,民不求吏。"③

《三国志·魏书·仓慈传》中,陈寿列举整个魏国时期的"良二千石"④,共5人,颜斐为其中之一。该篇注引《魏略》:"后数岁,迁为平原太守,吏民涕泣遮道,车不得前,步步稽留,十余日乃出界。"⑤

颜斐侄孙颜默,亦为太守,生三子:颜畿、颜辇、颜含,颜含随晋室南渡,开启了江南颜氏的家族繁衍。

---

① (唐)房玄龄等撰:《晋书》卷二十六《食货志》,中华书局1974年版,第784页。
② (晋)陈寿撰,(宋)裴松之注:《三国志·魏书》卷十六《仓慈传》注引《魏略》,中华书局1959年版,第513页。
③ (晋)陈寿撰,(宋)裴松之注:《三国志·魏书》卷十六《仓慈传》注引《魏略》,中华书局1959年版,第513页。
④ (晋)陈寿撰,(宋)裴松之注:《三国志·魏书》卷十六《仓慈传》,中华书局1959年版,第513页。
⑤ (晋)陈寿撰,(宋)裴松之注:《三国志·魏书》卷十六《仓慈传》注引《魏略》,中华书局1959年版,第514页。

四、南渡江左

晋惠帝司马衷继武帝司马炎帝位的次年，即永平元年（291年），皇后贾南风乱政，先杀大权独揽的杨太后之父、太傅杨骏，随后利用司马玮杀汝南王亮、元老卫瓘等权臣，继而又除掉司马玮，自此执掌朝政，并上演了对太子先废之、后杀之的宫廷悲剧。

永康元年（300年），司马懿第九子、赵王伦杀贾后及张华、裴頠，次年又废晋惠帝自立为帝，随后司马氏家族内部展开了一场旷日持久的权力之争，演变为"八王之乱"。所谓八王，即汝南王亮、楚王玮、赵王伦、齐王囧、长沙王乂、成都王颖、河间王颙、东海王越。长达16年的内乱，皇权几易其手，至公元306年，晋惠帝复位，大权最终落入司马越手中。

当年，晋惠帝死，晋怀帝司马炽继位，次年，以永嘉为年号。"八王之乱"中，北方少数民族乘机南下，"永嘉之乱"又开始了。永嘉二年（308年），匈奴贵族刘渊在平阳称帝，国号汉。永嘉五年，刘曜、王弥、石勒等联军攻陷洛阳，怀帝被掳至平阳，后遇害。

永嘉六年，司马邺在长安被拥立为皇太子，次年四月，怀帝被害的消息传来，司马邺即皇帝位，是为愍帝。愍帝在长安勉强支撑了四年，于公元316年为刘曜所获，掳往平阳。

琅邪王司马睿为东海王司马越的忠实党羽，以辅国将军、平东将军、监徐州诸军事的身份，为司马越镇守后方军事基地下邳。"八王之乱"，中原混战，司马睿请求移镇江东，绸缪退守江南之计，司马越便让晋室下令，司马睿"俄迁安东将军、都督扬州诸军事"①。

司马睿自此开始经营江南，"永嘉初，用王导计，始镇建邺，以顾荣为军司马，贺循为参佐，王敦、王导、周颢、刁协并为腹心股肱，

---

① （唐）房玄龄等撰：《晋书》卷六《元帝纪》，中华书局1974年版，第144页。

宾礼名贤,存问风俗,江东归心焉。"①

司马睿在王导的助力下,开始创立江南政权,开始了"王与马,共天下"的时代。就在司马睿移镇建邺的永嘉元年,太尉王衍的弟弟王澄,出任荆州都督。永嘉三年,王衍族弟王敦出任扬州刺史。这意味着西晋权臣已开始谋划布置南渡。

跟随司马睿南渡的,还有大批的北方士族。"诸参军拜奉车都尉,掾属驸马都尉。辟掾属百余人,时人谓之'百六掾'。乃备百官,立宗庙社稷于建康。"②《晋书·虞悝传》亦载:"元帝为丞相,招延四方之士,多辟府掾,时人谓之'百六掾'。"③

颜子27代孙、颜氏江南始祖颜含,即为司马睿掀起的士族南渡大潮中的一员,他开启了颜氏家族第二次大迁徙:举家移居建邺,为南渡过江百族之一。

当时,颜含在东海王越的幕府中担任太傅参军,过江后,先后担任过上虞令、东阳太守、黄门侍郎、散骑常侍、大司农等职,后因参与平叛苏峻有功,封西平县侯,拜侍中,除吴郡太守,晚年加右光禄大夫。

王导曾向颜含问政:"卿今莅名郡,政将何先?"答曰:"王师岁动,编户虚耗,南北权豪竞招游食,国弊家丰,执事之忧。且当征之势门,使反田桑,数年之间,欲令户给人足,如其礼乐,俟之明宰。"④颜含的为政之策是向权豪势门动手,将他们荫护之下的人力资源

---

① (唐)房玄龄等撰:《晋书》卷六《元帝纪》,中华书局1974年版,第144页。
② (唐)房玄龄等撰:《晋书》卷六《元帝纪》,中华书局1974年版,第145页。
③ (唐)房玄龄等撰:《晋书》卷八十九《虞悝传》,中华书局1974年版,第2316页。
④ (唐)房玄龄等撰:《晋书》卷八十八《颜含传》,中华书局1974年版,第2286页。

发挥作用,投入农业生产。颜含"简而有恩,明而能断,然以威御下"①。但南渡之初,王导之计是团结江南大族,做好统战工作,颜含所对,固然为长远之计,但稍显不合时宜,故王导叹曰:"颜公在事,吴人敛手矣。"②

不过,颜含的能力在当时被称为"一国之才",《晋书》诸葛恢本传说:"于时王氏为将军,而恢兄弟及颜含并居显要,刘超以忠谨掌书命,时人以帝善任一国之才。"③

颜之推九世祖颜含将颜氏在建邺的繁衍栖息之地,安置于长干里,所居巷为"颜家巷"。颜之推《观我生赋》:"经长干以掩抑,展白下以流连。"自注:"靖侯以下七世坟茔皆在白下。"④

南京老虎山东晋墓,经发掘即确认为颜氏家族墓。自晋室南渡到隋统一,东晋南北朝(317—589 年)近三百年间,颜氏后裔在长干里一带定居九世。对于先祖之墓,颜之推在临终前还记挂不已。特别为自己父母葬在江陵,没能迁回建邺家族墓,颜之推感到痛心疾首。

> 先君先夫人皆未还建邺旧山,旅葬江陵东郭。承圣末,已启求扬都,欲营迁厝。蒙诏赐银百两,已于扬州小郊北地烧砖,便值本朝沦没,流离如此,数十年间,绝于还望。今虽混一,家道馨穷,何由办此奉营资费?且扬都污毁,无复孑遗,还

---

① (唐)房玄龄等撰:《晋书》卷八十八《颜含传》,中华书局 1974 年版,第 2286 页。
② (唐)房玄龄等撰:《晋书》卷八十八《颜含传》,中华书局 1974 年版,第 2286 页。
③ (唐)房玄龄等撰:《晋书》卷七十七《诸葛恢传》,中华书局 1974 年版,第 2042 页。
④ 颜之推:《观我生赋》,载(唐)李百药:《北齐书》卷四十五《颜之推传》,中华书局 1972 年版,第 621 页。

被下湿,未为得计。自咎自责,贯心刻髓。①

颜含之后,颜氏家族代有名士。

颜子 30 代孙颜延之(384—456 年),字延年,少孤贫,"好读书,无所不览,文章之美,冠绝当时"②。颜延之曾被贬为永嘉太守,怨愤之际,作《五君咏》,以竹林七贤为题,独不为显贵的山涛、王戎作诗,发泄其不满情怀。因此事,颜延之罢官家居,"屏居里巷,不与人间者七载"③。在此期间,颜延之写了《庭诰》,这是颜延之版本的家训,其中有"欲求子孝必先慈,将责弟悌务为友"④的孝悌观、"不慕厚贵"⑤的知足观;此外,颜延之儒佛"达见同善"、"要而会之,终致可一"⑥的儒佛同善、儒佛一致观,都在《颜氏家训》中得到传承。

宋孝武帝即位(454 年),任颜延之为金紫光禄大夫,领湘东王师,故颜延之世人又称呼为"颜光禄"。"延之与陈郡谢灵运俱以词彩齐名,自潘岳、陆机之后,文士莫及也,江左称颜、谢焉。"⑦《宋书》谢灵运本传史臣评论:"爰逮宋氏,颜、谢腾声。灵运之兴会标举,延年之体裁明密,并方轨前秀,垂范后昆。"⑧颜延之与谢灵运、鲍照又被后世称为"元嘉三大家"。钟嵘《诗品》称:"谢诗如芙蓉出水,颜如错采缕金。"⑨颜延之的诗具有规矩、典雅、华而不靡、好

---

① 　王利器:《颜氏家训集解》卷七《终制》,中华书局 1993 年版,第 599 页。
② 　(梁)沈约:《宋书》卷七十三《颜延之传》,中华书局 1974 年版,第 1891 页。
③ 　(梁)沈约:《宋书》卷七十三《颜延之传》,中华书局 1974 年版,第 1893 页。
④ 　(梁)沈约:《宋书》卷七十三《颜延之传》,中华书局 1974 年版,第 1894 页。
⑤ 　(梁)沈约:《宋书》卷七十三《颜延之传》,中华书局 1974 年版,第 1899 页。
⑥ 　(南朝宋)颜延之:《庭诰二章》,载(梁)僧祐撰,李小荣校笺:《弘明集校笺》卷十三,上海古籍出版社 2013 年版,第 731 页。
⑦ 　(梁)沈约:《宋书》卷七十三《颜延之传》,中华书局 1974 年版,第 1904 页。
⑧ 　(梁)沈约:《宋书》卷六十七《谢灵运传》,中华书局 1974 年版,第 1779 页。
⑨ 　(梁)钟嵘:《诗品》卷中《宋光禄大夫颜延之》,中国社会科学出版社 2007 年版,第 97 页。

引古事等特点,颜之推的文学观念可从颜延之这里见其影响。

颜延之还崇信佛教,时慧琳作《白黑论》(《均善论》)、何承天作《达性论》质疑佛教,宗炳与颜延之著文反驳,彼此往复辩论,为儒佛交锋的重大论争事件之一。颜延之当为颜氏家族信仰佛教的肇始者。

颜延之之子颜竣,因文才出众,在担任宋孝武帝刘骏抚军主簿时,"甚被爱遇,竣亦尽心补益"①。刘义隆为太子刘劭所杀,刘骏举兵讨逆,生病期间几不见人,而颜竣则可以出入卧室,断决军机。颜竣深得刘骏器重,"凡厥众事,竣皆专断施行"②。刘骏还亲自为颜竣的儿子取名为辟强,以比张良之子。

颜竣因功自满,"竣藉蕃朝之旧,极陈得失。上自即吉之后,多所兴造,竣谏争恳切,无所回避,上意甚不说,多不见从。"③刘骏甚至对别的大臣说:"颜竣小子,恨不得鞭其面!"④龙颜不悦,颜竣却并未收敛,依然自认为"自谓才足干时,恩旧莫比"⑤,结果落得赐死狱中的下场。

颜竣的教训,颜之推可以说是感慨颇深。《颜氏家训》对颜氏子弟做官后如何进谏,多有提醒。颜之推一方面肯定臣下之谏,要求"不忘诚谏"⑥,但他同时告诫:"至于就养有方,思不出位,干非其任,斯则罪人。故《表记》云:'事君,远而谏,则谄也;近而不谏,则尸利也。'《论语》曰:'未信而谏,人以为谤己也。'"⑦

---

① (梁)沈约:《宋书》卷七十五《颜竣传》,中华书局 1974 年版,第 1959 页。
② (梁)沈约:《宋书》卷七十五《颜竣传》,中华书局 1974 年版,第 1960 页。
③ (梁)沈约:《宋书》卷七十五《颜竣传》,中华书局 1974 年版,第 1965 页。
④ (梁)沈约:《宋书》卷八十二《沈怀文传》,中华书局 1974 年版,第 2105 页。
⑤ (梁)沈约:《宋书》卷七十五《颜竣传》,中华书局 1974 年版,第 1964 页。
⑥ 王利器:《颜氏家训集解》卷三《勉学》,中华书局 1993 年版,第 165 页。
⑦ 王利器:《颜氏家训集解》卷五《省事》,中华书局 1993 年版,第 333 页。

颜竣族兄颜师伯,"少孤贫,涉猎书传,颇解声乐"①。刘骏登基后,颜师伯为黄门侍郎。颜师伯屡建奇功,如参与平定臧质反叛、击退索虏南侵、镇压竟陵王诞之谋反等,结果,颜师伯备受赏识、权重一时:"前后领选者,唯奉行文书,师伯专情独断,奏无不可。"②在一次宫廷宴席中,颜师伯因不喝酒被袁粲羞辱,刘骏将袁粲出为海陵太守,可见颜师伯之见宠。刘骏驾崩前,颜师伯为托孤大臣之一。颜师伯煊赫一时,其本传如此描述:"师伯居权日久,天下辐辏,游其门者,爵位莫不逾分。多纳货贿,家产丰积,伎妾声乐,尽天下之选,园池第宅,冠绝当时,骄奢淫恣,为衣冠所嫉。"③但颜师伯没有预料到物极必反,废帝刘子业希望亲揽朝政,自然要削弱权臣势力,结果,颜师伯与太宰江夏王义恭、柳元景同时被诛,尚在幼年的六个儿子也未能幸免于难。

江左颜氏,颜含父子奠定了颜氏家族在江南士族门第中的地位,并传下了孝悌的家风;颜延之的文学与佛教信仰,及其所撰《庭诰》,对颜之推的文学思想、佛教思想及撰写《颜氏家训》,影响颇深;颜竣与颜师伯的悲剧,为颜之推戒盈戒满的思想,提供了活生生的家族案例。

第二节　一生而三化

颜之推,字介,琅邪临沂人,于梁武帝中大通三年(531年)出

---

① (梁)沈约:《宋书》卷七十七《颜师伯传》,中华书局1974年版,第1992页。
② (梁)沈约:《宋书》卷七十七《颜师伯传》,中华书局1974年版,第1994页。
③ (梁)沈约:《宋书》卷七十七《颜师伯传》,中华书局1974年版,第1995页。

生于江陵(今湖北荆州),卒年无考。《颜氏家训·终制》篇云:"吾
已六十余,故心坦然,不以残年为念"①,故之推卒时当在隋文帝开
皇十年(590年)或之后。

颜之推历梁、西魏、北齐、北周、隋五朝,亲眼目睹三朝政权的
覆亡与百姓的悲苦离散。被时代所裹挟的颜之推三为亡国之人,
在流离播越之中,数与死神擦肩而过,一生曲折跌宕,饱经沧桑与
磨难。《观我生赋》中感叹自己的命运:"予一生而三化,备荼苦而
蓼辛"。②

一、早传家业

颜之推出生时,颜家已非权势士族。祖父颜见远,学识渊博,
志高行洁,为齐和帝萧宝融所器重。萧宝融镇守荆州时,任命颜见
远为录事参军。萧宝融继位于江陵后,颜见远任治书侍御史,不久
又兼任中丞。梁武帝逼和帝禅位,"见远不食,发愤数日而卒"。③

颜协早年失祜,被舅舅收养。颜协"少以器局见称。博涉群
书,工于草隶"④。尽管家境贫素,但受父亲忠义之举的影响,颜协
"不求显达,恒辞征辟,游于蕃府而已"⑤。颜协在湘东王萧绎幕府
中执事,任常侍、记室等职。颜协与吴郡顾协同名,才学不相上下,
并称"二协"⑥。那么,顾协才学又如何呢? 萧绎曾向梁武帝举荐

① 王利器:《颜氏家训集解》卷七《终制》,中华书局1993年版,第597页。
② 颜之推:《观我生赋》,载(唐)李百药:《北齐书》卷四十五《颜之推传》,中
华书局1972年版,第625页。
③ (唐)李延寿:《南史》卷七十二《颜协传》,中华书局1975年版,第1785页。
④ (唐)李延寿:《南史》卷七十二《颜协传》,中华书局1975年版,第1785页。
⑤ (唐)李延寿:《南史》卷七十二《颜协传》,中华书局1975年版,第1785页。
⑥ (唐)李延寿:《南史》卷七十二《颜协传》,中华书局1975年版,第1785页

顾协,说他"行称乡闾,学兼文武"①。又在举秀才时,当时的文坛领袖沈约读完顾协的对策,惊叹道:"江左以来,未有此作。"②由此,我们可推想顾协的才华。

颜之推继承了父亲当孤儿的命运,梁武帝大同五年,颜协卒,时年42岁,颜之推才9岁。

颜之推还继承了颜氏家族的学风门风。"吾七岁时,诵《灵光殿赋》,至于今日,十年一理,犹不遗忘。"③《颜氏家训·序致》篇中,颜之推自述自己"年始九岁,便丁荼蓼,家涂离散,百口索然。慈兄鞠养,苦辛备至;有仁无威,导示不切。虽读《礼传》,微爱属文。"④

颜之推童年即读《礼传》,所谓礼传,王利器解释:"礼传,所以别《礼经》而言,《礼经》早已失传,今之《礼记》与《大戴礼记》,即礼传也。"⑤

不仅仅三礼,颜氏家族"世以儒雅为业"⑥,从《颜氏家训》引《论语》、《诗经》、《左传》、《周易》等经典信手拈来,可推知其熟悉程度之高,而这一切当与儿提时的勤学苦读有关。尽管,颜之推对自己青少年时期的表现并不满意,认为兄长的督导不够严厉,仁爱有余,威严不足。

颜之推"爱属文",亦受家族门风影响,远如"元嘉三大家之一"、以"颜谢"并称于世的颜延之,近则受乃父影响。颜协"有诗赋铭诔书表启疏二十卷"⑦,《南史》颜协本传说他撰有《晋仙传》

---

① （唐）姚思廉：《梁书》卷三十《顾协传》,中华书局1973年版,第445页。
② （唐）姚思廉：《梁书》卷三十《顾协传》,中华书局1973年版,第445页。
③ 王利器：《颜氏家训集解》卷三《勉学》,中华书局1993年版,第172页。
④ 王利器：《颜氏家训集解》卷一《序致》,中华书局1993年版,第4页。
⑤ 王利器：《颜氏家训集解·叙录》,中华书局1993年版,第6页。
⑥ 王利器：《颜氏家训集解》卷五《诫兵》,中华书局1993年版,第348页。
⑦ 王利器：《颜氏家训集解》卷四《文章》,中华书局1993年版,第269页。

五篇、《日月灾异图》两卷，这些作品均遭火湮灭而不传于世，成为颜之推痛彻心扉的遗恨。

颜协为梁元帝萧绎的西府文人集团的重要成员，萧绎《金楼子》中《著书篇》所提到的著作，有萧绎自撰，有合撰，也有指派人代写的。如《著书篇》提到"《晋仙传》一秩，五卷"，原注中指明："金楼使颜协撰"①，显然颜协是奉命写作。但萧绎将《西府新文》十一卷，交给了萧淑执笔，颜协文章竟一篇也没有收录。《隋书·经籍志》："《西府新文》十一卷，并录，梁萧淑撰。"②所谓"新文"，当指萧纲、萧绎兄弟倡导的宫体文学。萧纲《诫当阳公大心书》："立身之道，与文章异，立身先须谨重，文章且须放荡。"③颜之推说"吾家世文章，甚为典正，不从流俗"④，颜协文章自然与浮艳绮靡的宫体文学不相俯仰，颜之推的"郑、卫之音"，恰是影射萧氏兄弟所倡的宫体文学。故虽为萧绎爱重，仍被排除于《西府新文》之外，此为情理中事。

颜之推还擅长书法，工于尺牍。清阮元《南北书派论》称："北朝笔法劲正遒秀，往往画石出锋，犹为汉隶，惟破体太多，宜为颜之推、江式等所纠正。"颜之推曾著有《急就章注》一卷，又著《笔墨法》一卷。《颜氏家训·杂艺》云：

> 真草书迹，微须留意。江南谚云："尺牍书疏，千里面目也。"承晋、宋余俗，相与事之，故无顿狼狈者。吾幼承门业，

① （梁）萧绎撰，许逸民校笺：《金楼子校笺》卷五《著书篇》，中华书局 2011 年版，第 1011 页。
② （唐）魏徵等撰：《隋书》卷三十五《经籍志四》，中华书局 1973 年版，第 1084 页。
③ （梁）萧纲：《诫当阳公大心书》，载（清）严可均辑：《全梁文》卷十一，商务印书馆 1999 年版，第 113 页。
④ 王利器：《颜氏家训集解》卷四《文章》，中华书局 1993 年版，第 269 页。

　　加性爱重，所见法书亦多，而玩习功夫颇至，遂不能佳者，良由
　　无分故也。然而此艺不须过精。①

尽管颜之推不希望书法太精妙而疲于应付，但他至少喜欢鉴赏书
法，并从小练习书法，从父亲颜协那里继承了此一家门素业。

　　《梁书》说颜协"工于草隶"②，《南史》说他"工于草隶飞白。
时吴人范怀约能隶书，协学其书，殆过真也"③。

　　再行上溯，早在颜延之，既已长于书法。唐张怀瓘《书断下》
说谢朓的书法"风华黼藻，当时独步，草书甚有声，草殊流美"，同
时"颜延之亦善草书，乃其亚也"④。

　　颜延之的儿子颜竣，也以书法著称于世，以行书见长。颜竣从
兄弟、颜之推五世祖颜腾之，颜真卿说他"善草隶书，有风格"⑤。
颜腾之子炳之，也"以能书称"⑥。

　　颜竣族兄颜师伯，当书法精湛。且看下面的细节：

　　上尝欢饮，普令群臣赋诗，庆之手不知书，眼不识字，上逼
　　令作诗，庆之曰："臣不知书，请口授师伯。"上即令颜师伯执
　　笔，庆之口授之曰："微命值多幸，得逢时运昌。朽老筋力尽，
　　徒步还南岗。辞荣此圣世，何愧张子房。"上甚悦，众坐称其

---

① 王利器：《颜氏家训集解》卷七《杂艺》，中华书局 1993 年版，第 567 页。

② （唐）姚思廉：《梁书》卷五十《颜协传》，中华书局 1973 年版，第 727 页。

③ （唐）李延寿：《南史》卷七十二《颜协传》，中华书局 1975 年版，第 1785 页。

④ （唐）张彦远撰，范祥雍等点校：《法书要录》卷九，人民美术出版社 1984
年版，第 300 页。

⑤ （唐）颜真卿：《颜鲁公集》卷十六《唐故通议大夫行薛王友柱国赠秘书少
监国子祭酒太子少保颜君庙碑铭并序》，上海古籍出版社 1992 年版，第
103 页。

⑥ （唐）颜真卿：《颜鲁公集》卷十六《唐故通议大夫行薛王友柱国赠秘书少
监国子祭酒太子少保颜君庙碑铭并序》，上海古籍出版社 1992 年版，第
103 页。

辞意之美。①

上文重在说明沈庆之一武将而能临阵作诗,但沈庆之口授诗作,特请颜师伯执笔,可见当时群臣之中,颜师伯的书法当为佼佼者。

到颜真卿成为书法大家,颜之推当为颜氏家族书法艺术传承历程中的接棒者之一。

学以致知之外,还要学习在日常生活中的揖让进退之宜,从而学以知礼。"昔在龆龀,便蒙诱诲;每从两兄,晓夕温清,规行矩步,安辞定色,锵锵翼翼,若朝严君焉。"②可以想见,颜之推童年时即跟随之仪、之善两位兄长,早晚侍奉双亲,冬日暖被,夏日扇凉,平时做事循规蹈矩,言语平和,行路恭敬,如同向父母请安时一样。而长辈则"赐以优言,问所好尚,励短引长,莫不恳笃"③。礼仪之家,当以前述情形为范本。

颜之推精于小学,也当与家风熏染不无关系。

父亲颜协作为萧绎的西府记室,也为颜之推自小与皇室成员交游提供了机会。萧绎对颜协甚为赏识,《周书·颜之仪传》说颜协本不愿仕进,是湘东王萧绎力邀之下才盛情难却的。颜协离世后,"世祖甚叹惜之,为《怀旧诗》以伤之。其一章曰:'弘都多雅度,信乃含宾实。鸿渐殊未升,上才淹下秩。'"④

《梁书·元帝纪》载:"大同六年,出为使持节、都督江州诸军事、镇南将军、江州刺史。"⑤两年后,颜之推12岁,萧绎对颜协的遗孤显然没有遗弃。《北齐书·颜之推传》说:"年十二岁,值绎自

① (梁)沈约:《宋书》卷七十七《沈庆之传》,中华书局1974年版,第2003页。
② 王利器:《颜氏家训集解》卷一《序致》,中华书局1993年版,第4页。
③ 王利器:《颜氏家训集解》卷一《序致》,中华书局1993年版,第4页。
④ (唐)姚思廉:《梁书》卷五十《颜协传》,中华书局1973年版,第727页。
⑤ (唐)姚思廉:《梁书》卷五《元帝纪》,中华书局1973年版,第113页。

讲《庄》《老》，便预门徒。虚谈非其所好，还习《礼》《传》。博览群书，无不该洽；词情典丽，甚为西府所称。"①

　　萧绎从荆州转镇江州，颜之推随行，可见萧绎不忘旧宜。萧绎讲老庄，当为玄风南播风气使然。尽管颜之推对此兴味索然，但终究是以"门徒"身份去听课的，这为颜之推的儒道兼综埋下了伏笔。

二、五朝播越

　　颜之推 19 岁那年（549 年），在萧绎幕府开始了自己的仕宦生涯，担任湘东王国常侍，以军功加镇西墨曹参军。这一年，正是南梁多灾多难的时刻。这年三月，侯景攻陷梁武帝的政治中心所在地台城；五月，梁武帝饿死，侯景立太子萧纲为帝，是为梁简文帝。梁家丧乱，国运飘摇，也许正是在危乱之际，颜之推才"少知砥砺"②，开始懂得磨砺自己的品性。

　　简文帝大宝元年（550 年），侯景将任约统军西进，威胁荆州，萧绎派遣徐文盛领兵二万屯于武昌拒敌。九月，又以世子萧方诸为中抚军将军、郢州刺史，而颜之推也随萧方诸上了前线，为中抚军外兵参军，掌书记。对于这样的安排，颜之推十分无奈，"虽形就而心和，匪余怀之所说（悦）"③。原因在于，萧方诸才 15 岁，生于深宫，素来娇贵，而随同他前去御敌的，只是萧绎西府文人集团中的一帮儒生文吏而已，如虞预为郢州司马、鲍泉为长史、郢州行

---

①　（唐）李百药：《北齐书》卷四十五《颜之推传》，中华书局 1972 年版，第 617 页。

②　王利器：《颜氏家训集解》卷一《序致》，中华书局 1993 年版，第 4 页。

③　颜之推：《观我生赋》，载（唐）李百药：《北齐书》卷四十五《颜之推传》，中华书局 1972 年版，第 620 页。

事,颜之推显然知道庸碌如他们,是难以执掌军国大事的。譬如鲍泉,早在侯景围困台城的时候,梁武帝的子孙之间展开了内斗,萧绎派鲍泉攻打河东王萧誉,围困长沙,久未能拔。萧绎屡次遣书问罪,最后派遣王僧辩前来取代鲍泉,还把他锁于床下。

郢州之役,当侯景遣将宋子仙、任约率精锐骑兵偷袭之时,萧方诸与鲍泉不恤军政,还在饮酒取乐。贼骑突至,百姓奔走相告,萧方诸与鲍泉不信,只认为徐文盛大军在城东防御,贼骑怎么可能过来呢?可见其迂腐之极。直到百姓纷纷前来告急,才下令关闭城门,但城门已被贼骑烧毁,结果郢州陷落,萧方诸和鲍泉被执,先后被杀,而颜之推也被俘。这一年,颜之推21岁。

颜之推本来例当见杀于侯景军中,幸好为侯景行台郎中王则再三救护,才免于一死。王则与颜之推并非故交,也许是相惜于他的文才吧。

颜之推被囚送建康,"经长干以掩抑,展白下以流连"①,长干为颜含南迁后的落脚地,颜家巷即为颜氏家族在南方繁衍生息的住所。而白下,颜之推说"靖侯以下七世坟茔皆在白下"②。白下颜氏家族墓,即在今南京老虎山,位于挹江门外东北,下关车站东3公里处。1958年,老虎山颜氏家族墓发掘,1号墓墓志刻有"琅邪颜谦妇刘氏年卅四以晋永和元年七月廿日亡九月葬"24字。2号墓出土的铜印,有"颜綝"、"臣綝"、"颜綝白事"、"颜文和"等字样。3号墓出土石印,正面刻"零陵太守章"五字。4号墓出土铜印,刻有"颜镇之"、"镇之言事"、"颜镇之白事"、"臣镇之"等字样。

---

① 颜之推:《观我生赋》,载(唐)李百药:《北齐书》卷四十五《颜之推传》,中华书局1972年版,第621页。

② 颜之推:《观我生赋》自注,载(唐)李百药:《北齐书》卷四十五《颜之推传》,中华书局1972年版,第621页。

从墓中所出的墓志、石印、铜印结合文献记载来看,这四座墓都是晋左光禄大夫颜含后人的墓葬,《晋书》卷八十八《列传·孝友传》"颜含字弘都,琅邪莘人也……三子髦、谦、约。髦历黄门郎侍中光禄勋,谦至安成大守,约零陵太守,并有声誉",又金陵通传卷二"颜髦字君道,琅邪人也,父含从晋元帝渡江,官左光禄大夫,侨居江乘,髦仕至侍中光禄勋,封西平侯,弟约零陵太守,有政绩,子缄字文和,州西曹骑都尉"。墓志、石印、铜印所刻的姓名官街既与文献计载相合,知为颜含后裔墓无疑,而且在年代上都可以确定为东晋墓葬。①

以囚徒身份,生平第一次来到先祖陵墓所在地,颜之推不禁感慨涕零。

公元552年,侯景之乱平,颜之推《观我生赋》自注云:"既斩侯景,烹尸于建业市,百姓食之,至于肉尽龁骨,传首荆州,悬于都街。"②

这年十一月,萧绎即位于江陵,是为梁元帝,颜之推也回到了江陵,任散骑侍郎,奏舍人事,奉命校书,得以尽读秘阁藏书。

但平安的日子并不久长,元帝承圣三年(554年)九月,西魏进犯,军至襄阳,随后,江陵岌岌可危,十一月辛亥,魏军发起总攻,元帝亲自临阵督战,然梁军溃败,叛军杀西门守关,开城门以纳魏师,江陵沦陷,元帝被执,旋遇害,时年47岁。

元帝在位仅两年,江陵政权即告破灭。西魏军"乃选百姓男女数万口,分为奴婢,驱入长安;小弱者皆杀之"③。

---

① 南京市文物保管委员会:《南京老虎山晋墓》,载《考古》1959年第6期。
② 颜之推:《观我生赋》自注,载(唐)李百药:《北齐书》卷四十五《颜之推传》,中华书局1972年版,第621页。
③ (唐)姚思廉:《梁书》卷五《元帝纪》,中华书局1973年版,第135页。

仅仅三年之隔,24岁的颜之推再次沦为俘虏。只是,当年为东下,此时为北上。身患脚气的颜之推,骑着疲驴瘦马,随着难民潮被驱赶上路。兄长之仪迁往长安,颜之推则为大将军李穆所重,举荐至其弟李远处掌书翰,前往弘农。

国之将亡,身如转蓬,颜之推痛离故土,心情无奈而悲苦:"每结思于江湖,将取弊于罗网。聆代竹之哀怨,听《出塞》之嘹朗,对皓月以增愁,临芳樽而无赏。"①之推后将其次子取名"愍楚",愍即愍也,可揣测其对生于斯长于斯的故都情节。

颜之推期待着重归梁土的机会。江陵陷落后,梁武帝第九子、晋安王萧方智于次年二月在王僧辩、陈霸先的拥戴下入居朝堂。三月,北齐遣其上党王高涣送贞阳侯萧渊明来主梁嗣,试图树立北齐的傀儡政权。萧渊明早在八年前的梁武帝太清元年(547年),因率师北伐而兵败陷东魏做了俘虏。北齐遣萧渊明南下继位事件,最终有了如下的发展:七月,王僧辩纳萧渊明,自采石渡江,入于京师,敬帝沦为皇太子。两个月后,司空陈霸先举事,袭杀王僧辩,废黜萧渊明,敬帝的皇位失而复得。

北齐与梁历经半年之久的博弈,萧渊明皇帝梦断,萧方智噩梦惊魂。而北齐对南梁滞留之臣的态度,却让颜之推看到了南归的希望。颜之推听说梁武帝时即被扣留的聘使谢挺、徐陵得以南下,其他滞押于北齐的梁臣,均以礼遣归,不禁"窃闻风而清耳,倾见日之归心,试拂著以贞筮,遇交泰之吉林"②。颜之推试图由西魏入北齐,从而以梁臣身份返国。梁敬帝太平元年,岁在丙子,颜之

---

① 颜之推:《观我生赋》,载(唐)李百药:《北齐书》卷四十五《颜之推传》,中华书局1972年版,第623页。

② 颜之推:《观我生赋》,载(唐)李百药:《北齐书》卷四十五《颜之推传》,中华书局1972年版,第623页。

推卜筮东行吉否，遇《泰》卦之坎，乃喜曰："天地交泰而更习，坎重险，行而不失其信，此吉卦也，但恨小往大来耳。"①

颜之推带领一家老小，冒着生命危险，横渡黄河，浊浪滔天，孤舟行险，"值河水暴长，具船将妻子来奔，经砥柱之险，时人称其勇决"②。

据《汉书·地理志》："底柱，在陕县东北，山在河中，形若柱也。"颜之推南归心切，经历了砥柱之险，"水路七百里一夜而至"③。终于到了齐都邺城，然而，命运弄人，次年，陈霸先逼敬帝禅让，陈兴而梁灭，颜之推归国心愿，不得不由此梦断。

好在北齐文宣帝高洋很欣赏颜之推，"显祖见而悦之，即除奉朝请，引于内馆中，侍从左右，颇被顾眄"④。

北齐文宣帝天保九年（558 年），高洋出巡，"六月乙丑，帝自晋阳北巡。己巳，至祁连池。戊寅，还晋阳。"⑤颜之推随高洋北巡，在祁连池，高洋本拟任命他为中书舍人，事先派中书郎段孝信去找颜之推，让他看敕令。段孝信看到颜之推在营外饮酒，便向高洋据实相告，高洋遂收回成命。

次年十月，高洋暴崩，太子高殷立。数月后，高殷的叔叔常山王高演废高殷自立，是为孝昭帝。皇建二年，高演病卒，弟长广王

---

① 颜之推：《观我生赋》自注，载（唐）李百药：《北齐书》卷四十五《颜之推传》，中华书局 1972 年版，第 623 页。

② （唐）李百药：《北齐书》卷四十五《颜之推传》，中华书局 1972 年版，第 617 页。

③ 颜之推：《观我生赋》自注，载（唐）李百药：《北齐书》卷四十五《颜之推传》，中华书局 1972 年版，第 623 页。

④ （唐）李百药：《北齐书》卷四十五《颜之推传》，中华书局 1972 年版，第 617 页。

⑤ （唐）李百药：《北齐书》卷四《文宣纪》，中华书局 1972 年版，第 65 页。

高湛继位,改元太宁,是为武成帝。

武成帝河清末,颜之推得到了一次擢升,被举为赵州功曹参军。

河清四年(565 年),武成帝禅位太子高纬,后主高纬颇好讽咏,为画屏风,将颜之推调回邺都当写手,"录古名贤烈士及近代轻艳诸诗以充图画"①。

和颜之推一同调回京都的还有兰陵萧悫,他尝有《秋诗》云:"芙蓉露下落,杨柳月中疏。"不为时人赏识,而颜之推却对他刮目相看,两个文人惺惺相惜,有志于将屏风诗画推进为一场文坛事业。当时,祖珽辅政,爱重之推,又托权臣邓长颙争取后主的支持。于是,后主武平三年(572 年),祖珽奏立文林馆,召引文学士,称为待诏文林馆。

文林馆吸引了大批文士的加入,值得注意的是,这一文人集团对鲜卑贵旧是并不愿吸纳的。"及邓长颙、颜之推奏立文林馆,之推本意不欲令耆旧贵人居之,休之便相附会,与少年朝请、参军之徒同入待诏。"②主动请缨的阳休之,在文林馆成为《修文殿御览》的监修之一,"珽又奏撰《御览》,诏珽及特进魏收、太子太师徐之才、中书令崔劼、散骑常侍张雕、中书监阳休之监撰"③。

北齐为鲜卑族所立,胡汉之争、文人与武官之争为当时一政治现象。吉川忠夫如此分析:"如果认为文林馆创设一事也是依照祖珽的奏言,那么可以认为,其不仅仅意味着文学沙龙的性质,而

---

① (唐)李百药:《北齐书》卷四十五《文苑传序》,中华书局 1972 年版,第603 页。
② (唐)李百药:《北齐书》卷四十二《阳休之传》,中华书局 1972 年版,第563 页。
③ (唐)李百药:《北齐书》卷四十五《文苑传序》,中华书局 1972 年版,第603 页。

且是政治性地利用它而企图结成以祖珽为带头人的汉人文官集团的。"①谷川道雄分析当时的形势:"祖珽的理想原本是想提高贵族阶层的地位,将政治世界改造为贵族的形式。他一方面怀抱这样的目的,一方面又要取悦于皇权,而且还要与本质上寄生于皇权的恩幸结为同盟,这就是贵族出身者在当时所面对的现实。"②颜之推联合邓长颙而上奏立文林馆,就是为了取得恩幸支持所隐含的话语权。

祖珽试图以文林馆加强文人政治集团的势力,实为情理之中的事,故而积极网罗文士进入文林馆,"当时操笔之徒,搜求略尽"③。正因为后主的支持和祖珽的图谋,"待诏文林,亦是一时盛事"④。

而颜之推也在文林馆受到祖珽器重,"后待诏文林馆,除司徒录事参军。之推聪颖机悟,博识有才辩,工尺牍,应对闲明,大为祖珽所重,令掌知馆事,判署文书。迁通直散骑常侍,俄领中书舍人。"⑤颜之推也有扩大汉人文士势力之意,故为祖珽所重,从他"不欲令耆旧贵人居之",耆旧贵人,当指鲜卑贵族及其党羽,可见颜之推对推行中原文化的用心。《颜氏家训》中举了一个细节:

　　齐朝有一士大夫,尝谓吾曰:"我有一儿,年已十七,颇晓书疏,教其鲜卑语及弹琵琶,稍欲通解,以此伏事公卿,无不宠爱,亦要事也。"吾时俛而不答。异哉,此人之教子也!若由

① [日]吉川忠夫:《六朝精神史研究》,江苏人民出版社2010年版,第231页。
② [日]谷川道雄:《隋唐帝国形成史论》,上海古籍出版社2011年版,第217页。
③ (唐)李百药:《北齐书》卷四十五《文苑传序》,中华书局1972年版,第604页。
④ (唐)李百药:《北齐书》卷四十五《文苑传序》,中华书局1972年版,第604页。
⑤ (唐)李延寿:《北史》卷八十三《颜之推传》,中华书局1974年版,第2794页。

此业,自致卿相,亦不愿汝曹为之。①

可见颜之推对鲜卑权要的不认同与拒斥。

在与陆媪、穆提婆的较量中,祖珽落败,后主派韩凤查祖珽案。韩凤为后主宠臣,"军国要密,无不经手,与高阿那肱、穆提婆共处衡轴,号曰三贵,损国害政,日月滋甚"②。韩凤本与祖珽有隙,调查结果可想而知,祖珽的侍中、仆射之职被撤,外放为北徐州刺史。对于此事,颜之推《观我生赋》自注云:"祖孝徵用事,则朝野翕然,政刑有纲纪矣。骆提婆等苦孝徵以法绳己,谮而出之,于是教令昏僻,至于灭亡。"③

祖珽失势,韩凤于是进一步清除祖党。左光禄大夫、《修文殿御览》的监撰崔季舒,韩凤将其锁定为祖党,决计除之而后快。于是,崔季舒事件发生了,颜之推再次走到危险的边缘。当时的情况是:后主计划前往晋阳,崔季舒和张雕讨论后认为,当时寿春被围困,北齐正出兵拒敌,使者往来,需要朝廷随时接应。而此时北往晋阳,会授人口实,以为齐主因畏惧南军北上而逃难去了,这不利于稳定人心。他们便决定团结一些文官向齐主联名进谏,当时赵彦深、唐邕、段孝言等人,起初同意进谏,但临时心存疑惧,便变了卦,崔季舒便尽力争取。

当时,"崔季舒等将谏也,之推取急还宅,故不连署"④。颜之推也许意识到了崔季舒联名进谏一事凶多吉少,故推脱有急事回

① 王利器:《颜氏家训集解》卷一《教子》,中华书局 1993 年版,第 21 页。
② (唐)李百药:《北齐书》卷五十《韩凤传》,中华书局 1972 年版,第 692 页。
③ 颜之推:《观我生赋》自注,载(唐)李百药:《北齐书》卷四十五《颜之推传》,中华书局 1972 年版,第 624 页。
④ (唐)李百药:《北齐书》卷四十五《颜之推传》,中华书局 1972 年版,第 618 页。

家,没有签下意味着死亡的名字。结果崔季舒、张雕、刘逖、封孝琰、裴泽、郭遵等6人被斩。

韩凤谮杀崔季舒等文士,为北齐鲜卑武士与汉族文人斗争极端化的结果。韩凤在《北齐书》中被列入《恩倖传》,极端仇视汉族文士。

在对联名进谏事件的调查中,颜之推也被唤入问讯,因未签名,免于一死。《北齐书》颜之推本传说他"为勋要者所嫉,常欲害之"①。此事可为明证。不过,侥幸逃死的颜之推,与崔季舒等人的身首异处、家破人亡相比,已是不幸中之万幸了。

崔季舒事件后,颜之推"寻除黄门侍郎"②。这是颜之推一身中官位最高的朝廷职任。据《隋书·百官志》,梁武帝时,"门下省置侍中、给事黄门侍郎各四人,掌侍从左右,摈相威仪,尽规献纳,纠正违阙。"③北齐时,"门下省,掌献纳谏正,及司进御之职。侍中、给事黄门侍郎各六人。"④

崔季舒事件,颜之推临时改变主意回家避祸,也是他的内心纠结之一吗?值得注意的是,颜之推此后不久即升迁为此生官位的顶峰。吉川忠夫说:"在崔季舒事件的时候,颜之推背叛了朋友,在与宦官邓长颙保持密切联系的同时又接近政治的中枢,如果是这样的话,这个自注也不能成为辩解,在贵族们来看的话,颜之推也是同罪。"⑤

---

① (唐)李百药:《北齐书》卷四十五《颜之推传》,中华书局1972年版,第618页。
② (唐)李延寿:《北史》卷八十三《颜之推传》,中华书局1974年版,第2795页。
③ (唐)魏徵等撰:《隋书》卷二十六《百官志上》,中华书局1973年版,第722页。
④ (唐)魏徵等撰:《隋书》卷二十七《百官志中》,中华书局1973年版,第1706页。
⑤ [日]吉川忠夫:《六朝精神史研究》,江苏人民出版社2010年版,第753页。

北齐昏聩混乱的政局最终由内忧而致外患。后主高纬隆化元年(576年)冬,北周武帝伐齐,取晋州。十一月,后主兵围晋州,周武帝则来援救晋州,二帝麾军会战,齐师败绩。后主弃军还晋阳,后还邺。高纬禅位皇太子,自己则为太上皇。

然而高纬禅位于自己的儿子,并没有改变北齐的命运。随着周师的步步紧逼,"于是黄门侍郎颜之推、中书侍郎薛道衡、侍中陈德信等劝太上皇帝往河外募兵,更为经略,若不济,南投陈国,从之"[1]。

高纬父子先后抛弃祖辈经营了数十年的邺城,渡过黄河来到济州。依颜之推的建议,计划取青、徐路共投陈国。但丞相高阿那肱不愿入陈,说吴人不可信,劝皇帝走青州,守三齐之地,如果齐地难保,再从海上南渡。

"虽不从之推策,然犹以为平原太守,令守河津。"[2]对颜之推的任命实为奔陈考虑,"约以邺下一战不克,当与之推入陈。"[3]

但最终此计划被奸臣阻断,高纬父子被北周军队俘获,送往长安,北齐则江山易人,历六帝、维持了28年的政权由此断送。这一年,为公元577年,颜之推47岁。

颜之推为归梁而入北齐,为归陈而献逃亡之计,二十余年心系南土,最终再次梦断。颜之推总结自己的命运:"在扬都值侯景杀简文而篡位,于江陵逢孝元覆灭,至此而三为亡国之人。"[4]

---

① (唐)李百药:《北齐书》卷八《幼主纪》,中华书局1972年版,第110页。
② (唐)李百药:《北齐书》卷四十五《颜之推传》,中华书局1972年版,第618页。
③ (唐)李百药:《北齐书》卷四十五《颜之推传》,中华书局1972年版,第625页。
④ (唐)李百药:《北齐书》卷四十五《颜之推传》,中华书局1972年版,第625页。

　　颜之推平生第三次沦为俘虏,北周武帝命尚书左仆射阳休之以下知名朝士 18 人随驾入关,颜之推在 18 人之列。其他 16 人为袁聿修、李祖钦、元修伯、司马幼之、崔达挐、源文宗、李若、李孝贞、卢思道、李德林、陆乂、薛道衡、高行恭、辛德源、王劭、陆开明。

　　一路上,卢思道"与同辈阳休之等数人作《听蝉鸣篇》,思道所为,词意清切,为时人所重"①。诗中说:"听鸣蝉,此听悲无极。"卢思道诗中弥漫着哀婉而悲切的情绪,恐为随驾文士共同心声的流露。而颜之推也有同题诗作《和阳纳言听鸣蝉篇》,鸣蝉之声在颜之推听来,"历乱起秋声,参差搅人虑"。颜之推慨叹"红颜宿昔同春花,素鬓俄顷变秋草。中肠自有极,那堪教作转轮车。"韶华已逝,离乱缠身,心中悲苦,难以自胜。

　　北周期间,颜之推于周静帝大象末,担任御史上士。

　　隋文帝开皇元年(581 年),杨坚废静帝自立,是为隋文帝。这一年,颜之推子思鲁生子籀,这个小孙子就是日后的训诂学大家颜师古。

　　隋开皇中,太子杨勇召颜之推为文学,甚见礼重,寻以疾终。

　　吉川忠夫谓:"颜之推在整个北周和隋朝的官界没有过任何明显的活跃,只是如同作为一介文化人而存在那样。"②

　　颜之推自言:"吾生于乱世,长于戎马,流离播越。"③颜之推颠沛流离、险象环生的命运遭际,为他矛盾而复杂的思想世界,留下了现实的注脚。

---

① (唐)魏徵等撰:《隋书》卷五十七《卢思道传》,中华书局 1973 年版,第 1398 页。
② [日]吉川忠夫:《六朝精神史研究》,江苏人民出版社 2010 年版,第 233 页。
③ 王利器:《颜氏家训集解》卷二《慕贤》,中华书局 1993 年版,第 127 页。

第三节 颜之推的交游

颜之推所处的梁代，为南朝经学复兴最盛的时代。梁武帝本人即为经学家，出台了复兴儒学的三大举措：

一是在中央和地方开馆立学。天监四年，在京师开五馆，置五经博士。五大博士各主一馆，每馆儒生数百，成绩优异者可选拔为官。宫崎市定说："这种考试制度的最大收获，就是营造出一种新风气，使得出自一流名族的人也以不靠门第，而是参加考试，凭个人才能进入官场为荣。可以说，这就是隋唐时代盛行的科举制度的直接渊源。"①大同中，又于台城西立士林馆，延引文士经师，开展学术活动。同时，派遣博士祭酒，在地方建立州郡之学。萧绎为荆州刺史时，建立州学宣尼庙，设置儒林参军、劝学从事等职，儒生30人，由政府出资培养，可见武帝子弟也加入建立州学的行动中去。

二是优遇通经之士，鼓励寒门子弟以经学走上利禄之途。梁武帝在天监四年的诏书中规定，能否通经成为选拔官吏的重要标准，30岁以下如不通一经便无缘仕途，若通经则可打破这一年龄限制。

三是率先垂范，并以经学教育皇室及贵族子弟。梁武帝爱好经学，遍注群经，还亲自讲经。梁武帝要求皇室世胄率先垂范，皇太子、皇子、宗室、王侯子弟都要习经。皇太子萧纲、宣城王大器曾于东宫宣猷堂、扬州廨开讲国学，"七年，又诏皇太子、宗室、王侯

第二章　颜之推的生平与著作

---

①　［日］宫崎市定：《九品官人法研究》，中华书局2008年版，第19页。

始就学受业"①。昭明太子萧统 3 岁受《孝经》、《论语》,5 岁遍读
"五经";简文帝萧纲曾于玄圃述武帝所制"五经"讲疏,听者倾朝
野;元帝萧绎五六岁即通《曲礼》,著述中有《孝德传》、《忠臣传》、
《周易讲疏》等。魏徵如此评价梁武帝弘儒之功:"济济焉,洋洋
焉,魏、晋已来,未有若斯之盛。"②

　　梁武帝时代,《梁书》称当时名儒:"其伏曼容、何佟之、范缜,
有旧名于世;为时儒者,严植之、贺玚等首膺兹选。"③

　　颜之推推崇的儒者,在《勉学》篇的这段文字中有明确的
表述:

　　　　梁朝皇孙以下,总丱之年,必先入学,观其志尚,出身已
　　后,便从文史,略无卒业者。冠冕为此者,则有何胤、刘瓛、明
　　山宾、周舍、朱异、周弘正、贺琛、贺革、萧子政、刘绍等,兼通文
　　史,不徒讲说也。洛阳亦闻崔浩、张伟、刘芳,邺下又见邢子
　　才:此四儒者,虽好经术,亦以才博擅名。如此诸贤,故为
　　上品。

颜之推称道的梁代儒者如何胤、刘瓛、明山宾、周舍,均在颜之推出
生前离世,颜之推心仪之,只能算是"神交"了。

　　周舍为周颙之子,普通五年(524 年)卒,颜之推尚未出生。但
周舍的两个侄子,周弘正、周弘让兄弟,颜之推有从游之谊。

　　　　吾尝问周弘让曰:"父母中外姊妹,何以称之?"周曰:"亦
　　呼为丈人。"自古未见丈人之称施于妇人也。吾亲表所行,若
　　父属者,为某姓姑;母属者,为某姓姨。中外丈人之妇,猥俗呼

---

① (唐)李延寿:《南史》卷七十一《儒林传序》,中华书局 1975 年版,第 1730 页。
② (唐)姚思廉:《梁书》卷六《敬帝纪》史臣曰,中华书局 1973 年版,第 150 页。
③ (唐)姚思廉:《梁书》卷四十八《儒林传序》,中华书局 1973 年版,第 662 页。

为丈母,士大夫谓之王母、谢母云。而《陆机集》有《与长沙顾
母书》,乃其从叔母也,今所不行。①

颜之推记录了自己与周弘让讨论称呼问题,可推知他们当经常探
讨《礼》学。周弘让博学多通,曾在句容茅山隐居不出。晚仕侯
景,为中书侍郎,以此获讥。承圣初,为国子祭酒。陈天嘉初,以白
衣领太常卿、光禄大夫,加金章紫绶。

周弘让与周弘正、周弘直为三兄弟,自小失怙,为伯父周舍养
大。三兄弟中,周弘正为长,以伯父周舍为师。以此之故,10 岁时
即通《老子》《周易》,周舍对这个神童般的小侄子很是称奇,预言
他"后世知名,当出吾右"②。河东裴子野也很赏识周弘正,想把女
儿嫁给他。颜之推记载过裴子野的事迹:"裴子野有疏亲故属饥
寒不能自济者,皆收养之;家素清贫,时逢水旱,二石米为薄粥,仅
得遍焉,躬自同之,常无厌色。"③

梁武帝立士林馆,"弘正居以讲授,听者倾朝野焉"④。周弘正
著《周易讲疏》十六卷、《论语疏》十一卷、《庄子疏》八卷、《老子
疏》五卷、《孝经疏》二卷,集二十卷,可推知周弘正讲授内容为玄
儒双修。梁代经学家中善玄言者,周弘正当为代表性人物之一。
其本传说:"弘正丑而不陋,吃而能谈,俳谐似优,刚肠似直,善玄
理,为当世所宗。"⑤关于他尚玄的事迹,其本传多有记载,如:"弘
正善清谈,梁末为玄宗之冠。"⑥"弘正特善玄言,兼明释典,虽硕德

① 王利器:《颜氏家训集解》卷二《风操》,中华书局 1993 年版,第 89 页。
② (唐)李延寿:《南史》卷三十四《周弘正传》,中华书局 1975 年版,第 897 页。
③ 王利器:《颜氏家训集解》卷一《治家》,中华书局 1993 年版,第 45 页。
④ (唐)李延寿:《南史》卷三十四《周弘正传》,中华书局 1975 年版,第 898 页。
⑤ (唐)李延寿:《南史》卷三十四《周弘正传》,中华书局 1975 年版,第 897 页。
⑥ (唐)李延寿:《南史》卷三十四《周弘正传》,中华书局 1975 年版,第 899 页。

名僧,莫不请质疑滞。"①《颜氏家训》在论及玄风时,也以周弘正为例:

> 周弘正奉赞大猷,化行都邑,学徒千余,实为盛美。②

周弘正不仅为梁末儒者之玄宗,还多有放达之举,如:"藏法师于开善寺讲说,门徒数百,弘正年少,未知名,着红裈,锦绞髻,踞门而听,众人蔑之,弗遣也。"③又如:"夏月着犊鼻裈,衣朱衣,为有司所弹。其放达如此。"④周弘正从少年到举朝为官,都以一袭红衣红裤而招摇世界,展现其放旷的魏晋之风。颜之推也描述过他的放达风度:

> 梁世士大夫,皆尚褒衣博带,大冠高履,出则车舆,入则扶侍,郊郭之内,无乘马者。周弘正为宣城王所爱,给一果下马,常服御之,举朝以为放达。⑤

周弘正在萧绎遣王僧辩东讨侯景时,率先西来的朝臣,王僧辩飞骑迎之,相见甚欢,甚至说:"公可坐吾膝上。"⑥萧绎得知周弘正西来,亲自写信派人迎接,授黄门侍郎,直侍中省。俄迁左户尚书,加散骑常侍。

> 元帝尝著《金楼子》,曰:"余于诸僧重招提琰法师,隐士重华阳陶贞白,士大夫重汝南周弘正,其于义理清转无穷,亦一时之名士也。"⑦

喜欢玄学的萧绎之所以欣赏周弘正,看来原因在于他善清谈而明

---

① (唐)李延寿:《南史》卷三十四《周弘正传》,中华书局 1975 年版,第 900 页。
② 王利器:《颜氏家训集解》卷三《勉学》,中华书局 1993 年版,第 187 页。
③ (唐)李延寿:《南史》卷三十四《周弘正传》,中华书局 1975 年版,第 897 页。
④ (唐)李延寿:《南史》卷三十四《周弘正传》,中华书局 1975 年版,第 899 页。
⑤ 王利器:《颜氏家训集解》卷四《涉务》,中华书局 1993 年版,第 322 页。
⑥ (唐)李延寿:《南史》卷三十四《周弘正传》,中华书局 1975 年版,第 898 页。
⑦ (唐)李延寿:《南史》卷三十四《周弘正传》,中华书局 1975 年版,第 899 页。

义理。

侯景之乱平定后，王僧辩将建康的秘府图籍送往江陵，萧绎敕弘正雠校。颜之推《观我生赋》说自己：“或校石渠之文，时参柏梁之唱。”[1]即指参与了周弘正主导的图籍校雠工作。其自注明确说周弘正负责校经部，颜之推校史部，加之前文叙及颜之推与周弘让相熟，可以推知，颜之推与周家两兄弟都有交游。颜之推对玄风多有批判，唯独对以善玄著称的周弘正用词正面，也可推知他们彼此当有朋友之谊。

在萧绎的秘府图籍编辑部中，颜之推和王褒也是同事，都负责史部。王褒也和周氏兄弟交谊颇深：“初，褒与梁处士汝南周弘让相善。及弘让兄弘正自陈来聘，高祖许褒等通亲知音问。”[2]

这里说的已是江陵沦陷后的事了。王褒以书法见长，其姑父梁国子祭酒萧子云也特善草隶，故而王褒得到姑父的庇护而见重于世。梁武帝喜其才艺，以弟鄱阳王萧恢之女妻之。西魏大军进犯江陵，王褒以文臣而督武事，以尽忠勤苦，而被元帝赏识。“被围之后，上下猜惧，元帝唯于褒深相委信。”[3]

江陵被陷，王褒和颜之推一样沦为俘虏，北上长安。王褒自西魏而北周，周弘让兄弟则自梁入陈。多年后，周弘正作为陈朝使者来到长安，王褒请他给周弘让带回一封信，《周书》王褒本传详载两位天各一方的朋友的书信往还，读之催人泪下，可知王褒与周弘

① 颜之推：《观我生赋》，载（唐）李百药：《北齐书》卷四十五《颜之推传》，中华书局1972年版，第622页。
② （唐）令狐德棻等撰：《周书》卷四十一《王褒传》，中华书局1971年版，第731页。
③ （唐）令狐德棻等撰：《周书》卷四十一《王褒传》，中华书局1971年版，第730页。

让感情至深。《颜氏家训》也多提及王褒：

时云："丁君十纸，不敌王褒数字。"①

王褒过章《僮约》。②

王褒地胄清华，才学优敏，后虽入关，亦被礼遇。犹以书工，崎岖碑碣之间，辛苦笔砚之役，尝悔恨曰："假使吾不知书，可不至今日邪?"③

可见，颜之推与周弘正兄弟及王褒，结成过江陵时期的交游圈。

北齐时期，颜之推与朝野儒者的交游更为广泛，一则因他在南朝时的生活圈仅限于江陵一隅，而梁时经学家多生活在建康；二则因颜之推在北齐职位更高，且文林馆几乎囊括了当时所有的儒者与文人，故颜之推的交游圈更为丰富多彩。

颜之推与当时的执政大臣杨愔当有交往可能，杨愔为高演所杀，死于皇建元年，即公元 560 年，而颜之推在高洋时期既已至北齐。颜之推对杨愔评价很高，说他执政时"内外清谧，朝野晏如，各得其所，物无异议，终天保之朝"④，并说杨愔被孝昭帝所戮后，"刑政于是衰矣"⑤。杨愔，字遵彦，弘农华阴人，是北齐时以儒者身份而位高权重的政治家。杨愔自小喜好经学，"六岁学史书，十一受《诗》、《易》，好《左氏春秋》"⑥。杨愔的爱好并未因身居高位而改变，一直以儒家仁义为重，以货财为轻，家财巨万他能散之九族，只有儒家诗书最为贵重："架箧之中，唯有书数千卷。"⑦执政之

---

① 王利器：《颜氏家训集解》卷二《慕贤》，中华书局 1993 年版，第 133 页。
② 王利器：《颜氏家训集解》卷四《文章》，中华书局 1993 年版，第 237 页。
③ 王利器：《颜氏家训集解》卷七《杂艺》，中华书局 1993 年版，第 570 页。
④ 王利器：《颜氏家训集解》卷二《慕贤》，中华书局 1993 年版，第 138 页。
⑤ 王利器：《颜氏家训集解》卷二《慕贤》，中华书局 1993 年版，第 138 页。
⑥ (唐)李百药：《北齐书》卷三十四《杨愔传》，中华书局 1972 年版，第 453 页。
⑦ (唐)李百药：《北齐书》卷三十四《杨愔传》，中华书局 1972 年版，第 457 页。

余,杨愔也有著述:"愔所著诗赋表奏书论甚多,诛后散失,门生鸠集所得者万余言。"①

颜之推倡议设文林馆,祖珽上奏获允,遂成一时盛事。"当时操笔之徒,搜求略尽。"②这也意味着文林馆的文士,都可能成为颜之推的交游对象。

祖珽欲以文林馆为基地而在北齐胡汉之争、文武之争中,加强文人政治集团的势力,颜之推赞助其事。崔季舒事件六位遭难者中,季舒、张雕、刘逖、封孝琰均为文林馆成员。张雕是联名进谏事件的发起人之一,在临刑前,张雕自陈:"今者之谏,臣实首谋。"③

张雕,中山北平人,贫而好学,千里求师。"遍通五经,尤明三传,弟子远方就业者以百数,诸儒服其强辨。"④张雕以明经而获得机会进入北齐政权,琅邪王俨搜求精通儒学者为博士,张雕被选中,当时被称为得人之举。

张雕精通《春秋》,为当时春秋学名家之一。"河北诸儒能通《春秋》者,并服子慎所注,亦出徐生之门。张买奴、马敬德、邢峙、张思伯、张雕、刘昼、鲍长暄、王元则并得服氏之精微。"⑤

颜之推卷入崔季舒、张雕发起的联名进谏事件,也许正因世善左氏之学的颜之推与张雕有着共同的学术爱好,以及增强儒家在朝廷发言权的共同愿望。

崔季舒事件的另一位遇难者刘逖,字子长,是大儒刘芳的孙

① (唐)李百药:《北齐书》卷三十四《杨愔传》,中华书局1972年版,第460页。
② (唐)李百药:《北齐书》卷四十五《文苑传序》,中华书局1972年版,第604页。
③ (唐)李百药:《北齐书》卷四十四《张雕传》,中华书局1972年版,第595页。
④ (唐)李百药:《北齐书》卷四十四《张雕传》,中华书局1972年版,第594页。
⑤ (唐)李百药:《北齐书》卷四十四《儒林传序》,中华书局1972年版,第584页。

子。刘逖和张雕一样，发愤自励，专精读书。"逖在游宴之中，卷
不离手，值有文籍所未见者，则终日讽诵，或通夜不归，其好学如
此。亦留心文藻，颇工诗咏。"①刘逖在北齐任给事黄门侍郎，主
修国史，加散骑常侍。刘逖以文学著称，"所制诗赋及杂文文笔三
十卷"②。

《颜氏家训》中，颜之推记有刘逖一事：

> 齐世有席毗者，清干之士，官至行台尚书，嗤鄙文学，嘲刘
> 逖云："君辈辞藻，譬若荣华，须臾之玩，非宏才也；岂比吾徒
> 千丈松树，常有风霜，不可凋悴矣！"刘应之曰："既有寒木，又
> 发春华，何如也？"席笑曰："可哉！"③

席毗与刘逖的一段对话，实际上探讨的是文风的华丽与质实问题。
刘逖之见，为文质结合，他的观点争取到了席毗的首肯。颜之推也
有以"春华"喻文章的说法："夫学者是犹种树也，春玩其华，秋登
其实；讲论文章，春华也，修身利行，秋实也。"④在文质问题上，颜
之推与刘逖的想法可谓如出一辙，他一方面坚守颜氏家族的典正
文风，同时认为："文章当以理致为心肾，气调为筋骨，事义为皮
肤，华丽为冠冕。"⑤显然，颜之推主张事实、义理与形式的结合，并
不简单排斥形式之华丽。

颜之推还推崇刘逖的祖父刘芳，将他视为既通经术又才学广
博的洛阳四儒之一。刘芳精通礼学，特善音韵，其著作："芳撰郑
玄所注《周官·仪礼音》、干宝所注《周官音》、王肃所注《尚书

---

① （唐）李百药：《北齐书》卷四十五《刘逖传》，中华书局1972年版，第615页。
② （唐）李百药：《北齐书》卷四十五《刘逖传》，中华书局1972年版，第616页。
③ 王利器：《颜氏家训集解》卷四《文章》，中华书局1993年版，第265页。
④ 王利器：《颜氏家训集解》卷三《勉学》，中华书局1993年版，第171页。
⑤ 王利器：《颜氏家训集解》卷四《文章》，中华书局1993年版，第267页。

音》、何休所注《公羊音》、范宁所注《榖梁音》、韦昭所注《国语音》、范晔《后汉书音》各一卷,《辩类》三卷,《徐州人地录》二十卷,《急就篇续注音义证》三卷,《毛诗笺音义证》十卷,《礼记义证》十卷,《周官·仪礼义证》各五卷。"①

《颜氏家训》中,颜之推在讨论训诂时,两度提到刘芳。一为解释《诗》"参差荇菜"中的"荇菜"时,颜之推引先儒解释后,提醒"刘芳具有注释"②。二为讨论《诗》"駉駉牡马"时,颜之推对河北儒士将"牡"训为"放牧之牧"表示了异议,在引经据典多方论证后,颜之推说:"今以《诗传》良马,通于牧草,恐失毛生之意,且不见刘芳《义证》乎?"③显然,颜之推不仅熟悉刘芳的作品,还视之为权威。

在文林馆,颜之推还与魏收(507—572 年)有交游的机会。魏收"与济阴温子升、河间邢子才齐誉,世号三才"④。魏收自己则"先称温、邢,后曰邢、魏"⑤。魏收比邢子才年轻 10 岁,邢子才出生于公元 496 年,颜之推于公元 556 年入北齐,邢子才 60 岁。杨愔于公元 560 年遇害,《北齐书》载:"愔见害之时,邢子才流涕曰:'杨令君虽其人,死日恨不得一佳伴。'"⑥说明,颜之推入北齐时邢子才尚健在。温子升生卒年为公元 495—547 年,颜之推显然与他并无谋面机会。可见,北地三才中,颜之推与魏收、邢邵有相识可能。

① (唐)李延寿:《北史》卷四十二《刘芳传》,中华书局 1974 年版,第 1550 页。
② 王利器:《颜氏家训集解》卷六《书证》,中华书局 1993 年版,第 409 页。
③ 王利器:《颜氏家训集解》卷六《书证》,中华书局 1993 年版,第 415 页。
④ (唐)李百药:《北齐书》卷三十七《魏收传》,中华书局 1972 年版,第 484 页。
⑤ (唐)李百药:《北齐书》卷三十七《魏收传》,中华书局 1972 年版,第 495 页。
⑥ (唐)李百药:《北齐书》卷三十四《郑颐传》,中华书局 1972 年版,第 461 页。

　　魏收以文才称显,辞藻富逸,初除太学博士。魏收还以《魏书》,为北齐的史学大家。后主时期"掌诏诰,除尚书右仆射,总议监五礼事,位特进"①。作为五礼总监,魏收主持了当时重要的儒家文化工程,汇聚了马敬德、熊安生、权会实等经学家为主笔。邢邵也以文学显,文章典丽,文思敏捷,下笔迅疾:"邵雕虫之美,独步当时,每一文初出,京师为之纸贵。"②邢邵也涉猎经史,年轻时即"广寻经史,五行俱下,一览便记,无所遗忘"③。年长时更精研经学:"博览坟籍,无不通晓,晚年尤以《五经》章句为意,穷其指要。吉凶礼仪,公私谘禀,质疑去惑,为世指南。"④

　　可见,魏收与邢邵,均是通经谙史的文学家。

　　魏收与邢子才侍才争锋的故事,《颜氏家训》中颜之推如是描述:

　　　　邢子才、魏收俱有重名,时俗准的,以为师匠。邢赏服沈约而轻任昉,魏爱慕任昉而毁沈约,每于谈宴,辞色以之。邺下纷纭,各有朋党。祖孝徵尝谓吾曰:"任、沈之是非,乃邢、魏之优劣也。"⑤

邢邵与魏收分别叹赏南朝沈约与任昉,说明齐梁文学已影响到北朝,并在邢、魏门下形成了两大文学集团,两派还各竞优劣。《北齐书》也记载了这一文学现象,并叙及颜之推和祖珽对此现象的关切:

　　　　收每议陋邢邵文。邵又云:"江南任昉,文体本疏,魏收

---

① (唐)李百药:《北齐书》卷三十七《魏收传》,中华书局1972年版,第495页。
② (唐)李百药:《北齐书》卷三十六《邢邵传》,中华书局1972年版,第476页。
③ (唐)李百药:《北齐书》卷三十六《邢邵传》,中华书局1972年版,第475页。
④ (唐)李百药:《北齐书》卷三十六《邢邵传》,中华书局1972年版,第478页。
⑤ 王利器:《颜氏家训集解》卷四《文章》,中华书局1993年版,第273页。

非直模拟,亦大偷窃。"收闻乃曰:"伊常于沈约集中作贼,何
意道我偷任昉。"①

邢邵指责魏收效法任昉,一味模仿他的"本疏"之风;而魏收则反
唇相讥,讽刺邢邵剽窃沈约。邢邵之所以学习沈约,颜之推是这样
记录的:

> 沈隐侯曰:"文章当从三易:易见事,一也;易识字,二也;
> 易读诵,三也。"邢子才常曰:"沈侯文章,用事不使人觉,若胸
> 臆间语也。"深以此服之。②

沈约在声律学上的贡献在于"四声八病"之说的创建,文学上他还
提出了文章的"三易说",要求用典明白晓畅,也就是邢邵说的让
人觉察不到,有如胸臆之语,即"易见事";沈约反对用生僻字炫耀
文彩,即"易识字";文章还要声律和谐,即"易诵读"。邢邵认同的
就是沈约主张的"易见事"。而魏收尊任昉,取其简练朴素之风,
但任昉病在用典过多,《诗品》称其"动辄用事"③。

《颜氏家训》下面这个细节,显见颜之推与魏收文学观有所
差异:

> 王籍《入若耶溪》诗云:"蝉噪林逾静,鸟鸣山更幽。"江南
> 以为文外断绝,物无异议。简文吟咏,不能忘之,孝元讽味,以
> 为不可复得,至《怀旧志》载于《籍传》。范阳卢询祖,邺下才
> 俊,乃言:"此不成语,何事于能?"魏收亦然其论。《诗》云:
> "萧萧马鸣,悠悠旆旌。"毛《传》曰:"言不喧哗也。"吾每叹此

---

① (唐)李百药:《北齐书》卷三十七《魏收传》,中华书局 1972 年版,第 492 页。
② 王利器:《颜氏家训集解》卷四《文章》,中华书局 1993 年版,第 272 页。
③ (梁)钟嵘:《诗品》卷中《梁太常任昉》,中国社会科学出版社 2007 年版,
第 117 页。

解有情致,籍诗生于此耳。①

对于王籍的"蝉噪林逾静,鸟鸣山更幽"诗句,魏收与卢询祖都认为这两句诗不成样子,而颜之推却很欣赏。

在文林馆的学者中,《颜氏家训》还提到了阳休之:"阳休之造《切韵》,殊为疏野。"②羊肃:"太山羊侃,梁初入南;吾近至邺,其兄子肃访侃委曲,吾答之云:'卿从门中在梁,如此如此。'"③以及萧悫:"兰陵萧悫,梁室上黄侯之子,工于篇什。尝有《秋诗》云:'芙蓉露下落,杨柳月中疏。'时人未之赏也。吾爱其萧散,宛然在目。"④

在北齐被灭,阳休之和颜之推、李德林、薛道衡、卢思道等18人以亡国俘虏的身份前往长安,阳休之与卢思道等作同题诗《听蝉鸣篇》,颜之推作《和阳纳言听鸣蝉篇》,阳休之做过纳言中大夫,故阳纳言当为阳休之。史学家李德林、文学家薛道衡,都与颜之推在文林馆共事,卢思道与颜之推在奔北周的路上同题赋诗,可知他们有交游关系。《风操》篇说:"近在议曹,共平章百官秩禄。"⑤而《隋书·李德林传》:"遵彦追奏德林入议曹。"⑥可推测颜之推与李德林有在议曹共事的机会。

以上为颜之推与儒家学者的交游。此外,颜之推还和梁元帝萧绎有家世之宜,其父颜协即与萧绎私交甚厚。萧绎的著作包括:"所著《孝德传》三十卷,《忠臣传》三十卷,《丹阳尹传》十卷。《注

---

① 王利器:《颜氏家训集解》卷四《文章》,中华书局1993年版,第295页。
② 王利器:《颜氏家训集解》卷七《音辞》,中华书局1993年版,第530页。
③ 王利器:《颜氏家训集解》卷二《风操》,中华书局1993年版,第79页。
④ 王利器:《颜氏家训集解》卷四《文章》,中华书局1993年版,第296页。
⑤ 王利器:《颜氏家训集解》卷二《风操》,中华书局1993年版,第72页。
⑥ (唐)魏徵等撰:《隋书》卷四十二《李德林传》,中华书局1973年版,第1194页。

汉书》一百一十五卷,《周易讲疏》十卷,《内典博要》一百卷,《连山》三十卷,《洞林》三卷,《玉韬》十卷,《补阙子》十卷,《老子讲疏》四卷,《全德志》、《怀旧志》、《荆南志》、《江州记》、《贡职图》、《古今同姓名录》一卷,《筮经》十二卷,《式赞》三卷,文集五十卷。"①萧绎儒道兼修,作品中不乏道教著作。颜之推 12 岁时便以学生身份听萧绎讲庄老,"吾时颇预末筵,亲承音旨"②。颜之推幼年丧父,成长中一直得到萧绎关照,尽管不喜欢玄学与道教,但萧绎深爱道教和玄学,对颜之推的影响是不可否认的。

第四节 颜之推的著作

颜之推的著作流传至今的,仅包括《颜氏家训》、《冤魂志》、《观我生赋》及五首诗作。颜之推作品还有《训俗文字略》一卷、《证俗文字音》五卷、《急就章注》一卷、《文集》三十卷、《集灵集》二十卷、《笔墨法》一卷、《稽圣赋》三卷,现已散佚。

兹就其传世著作简要介绍如下:

一、《颜氏家训》

《颜氏家训》被称为"家训之祖",全书共七卷二十篇。

卷一:《序致》、《教子》、《兄弟》、《后娶》、《治家》。《序致》言全书宗旨"业以整齐门内,提撕子孙"③,虽谦称"不敢轨物范世",但历史证明已收"轨物范世"之功,实现了颜之推"务先王之道,绍

---

① (唐)姚思廉:《梁书》卷五《元帝纪》,中华书局 1973 年版,第 136 页。

② 王利器:《颜氏家训集解》卷三《勉学》,中华书局 1993 年版,第 187 页。

③ 王利器:《颜氏家训集解》卷一《序致》,中华书局 1993 年版,第 1 页。

家世之业"①的宏愿。

卷二:《风操》、《慕贤》。《风操》论士大夫修养与礼义,从取名、称谓、避讳、丧礼等生活细节及南北礼仪风俗差异,反映颜之推的礼学思想。《慕贤》主题为人才学,颜之推提出的"贵耳贱目、重遥轻近"的人才观陋习,至今还流俗不绝。

卷三:《勉学》,批判贵游子弟不学无术的学风,强调勤勉好问,提倡眼学、博闻、早学、晚教,学习的目的在于"开心明目,利于行耳"②,有着鲜明的学以致用思想,颜之推反对空疏的经学,反思诬引老庄的玄风,还在本篇中讨论了文字学,认为"夫文字者,坟籍根本"③。

卷四:《文章》、《名实》、《涉务》。本卷中颜之推提出"文章原出五经"的思想,认为"文章当以理致为心肾,气调为筋骨,事义为皮肤,华丽为冠冕"④。提倡家世相传的典正文风,反对浮艳的宫体文学,认同沈约的文章三易说,提出义理与辞藻相结合的文风。颜之推还以形影关系譬喻名实关系,提倡修善立名,反对沽名钓誉,提出"上士忘名,中士立名,下士窃名"⑤的三名境界说。颜之推还提倡经世致用,反对空谈误国,提出用材六事之说。

卷五:《省事》、《止足》、《诫兵》、《养生》、《归心》。提出明哲保身的处世之道,全身保性的养生之道,少欲知止的修身之道,告诫子孙不要习武从戎,以陷灭族之祸。颜之推还归心佛教,深明因果,提出儒佛一体的思想。

---

① 王利器:《颜氏家训集解》卷三《勉学》,中华书局1993年版,第204页。
② 王利器:《颜氏家训集解》卷三《勉学》,中华书局1993年版,第165页。
③ 王利器:《颜氏家训集解》卷三《勉学》,中华书局1993年版,第220页。
④ 王利器:《颜氏家训集解》卷四《文章》,中华书局1993年版,第267页。
⑤ 王利器:《颜氏家训集解》卷四《名实》,中华书局1993年版,第203页。

卷六:《书证》。专论文字、训诂、校勘之学,以通变观看待正、俗文字,涉及训诂和校勘的诸多奥妙。

卷七:《音辞》、《杂艺》、《终制》。论音韵、杂艺,提出临终遗训。从颜之推论音乐、绘画、围棋、书法等艺术和娱乐知识,可见颜氏家族多才多艺的特点。而颜之推论古今、南北语音差异,提出正音的理论,为《切韵》作出了关键性的贡献。

《颜氏家训》以儒家思想为主干,涉及佛学、道家、玄学、史学、文学思想,论及文字、音韵、训诂、校勘及各类杂艺,旁征博引,贯古通今,融汇南北,显示了颜之推三教一体、南北融合的思想文化特点和博学多才、通经致用、齐家治国的人生境界。文渊阁《四库全书本总目提要》说:"曼衍旁涉,不专为一家之言,今特退之杂家,从其类焉。"①

《颜氏家训》于隋代问世,《旧唐书·经籍志》首载:"家训七卷,颜之推撰。"②《新唐书》则在"家训"前加"颜氏"二字。《颜氏家训》早在唐代即有别本流传,五代有和凝本《颜氏家训》。宋以来的家训版本,台湾学者尤雅姿《颜之推及其家训之研究》有详细考证。

值得说明的是,宋沈揆本以其精到而称为善本,黄叔琳据养素堂刊本重刻节钞本,纪昀曾加以评点。余姚卢文弨以善校而著称于世,其《抱经堂丛书》本,在赵曦明原注基础上补注而成,校勘、训诂精善,是《颜氏家训》成书后第一部完整的注释本。民国十七年(1928 年)成都《严氏孝义家塾丛书》本严式诲《序》称:"抱经堂

---

① 转引自王利器:《颜氏家训集解》附录一,中华书局 1993 年版,第 638 页。
② (后晋)刘昫等撰:《旧唐书》卷四十七《经籍志下》,中华书局 1975 年版,第 2025 页。

刻《颜氏家训》注,最称善本。"①清郝懿行《颜氏家训校记》,订正疑义舛误多处。此外,刘盼遂《颜氏家训校笺》、王叔岷《颜氏家训斠注》、周祖谟《颜氏家训音辞篇注补》,为近人校注《颜氏家训》可圈可点之作。

二、《冤魂志》

《冤魂志》为颜之推所作的一部志怪小说集。《隋书·经籍志》著录:"《冤魂志》三卷,颜之推撰。"②颜真卿云:"之推字介,著《家训》廿篇,《冤魂志》三卷。"③《旧唐书·经籍志》:"《冤魂志》三卷,颜之推撰。"《新唐书·艺文志》:"颜之推《冤魂志》三卷。"《通志·艺文略》著录书名与上同。而《崇文总目》、《宋史·艺文志》、《钦定四库全书总目》则名之《还冤志》,《直斋书录解题》、《文献通考·经籍考》名之《北齐还冤志》,明徐氏《红雨楼书目》名之《还冤记》。余嘉锡《四库提要辨证》说:"之推原书本名《冤魂志》。其称《还冤志》或《北齐还冤志》者,皆宋以后人所妄改也。"④

敦煌文书中有唐中和二年(882年)写本《冥报记》残卷,残存15个故事,收于《敦煌秘籍留真新编》。今人辑本有周法高《颜之推〈还冤记〉考证》,共辑60条;王国良《颜之推〈冤魂志〉研究》,辑60条,附5条;罗国威《〈冤魂志〉校注》,辑60条,附辑佚文

---

① 尤雅姿:《颜之推及其家训之研究》,台北文史哲出版社2005年版,第114页。

② (唐)魏徵等撰:《隋书》卷三十三《经籍志三》,中华书局1973年版,第981页。

③ (唐)颜真卿:《颜鲁公集》卷十六《唐故通议大夫行薛王友柱国赠秘书少监国子祭酒太子少保颜君庙碑铭并序》,上海古籍出版社1992年版,第103页。

④ 余嘉锡:《四库提要辨证》卷十八,中华书局1980年版,第1146页。

6条。

《冤魂志》辑录了周代以至北周期间经史所载和民间流传的鬼魂报冤故事，以此宣扬佛教因果报应之说。《文渊阁四库全书本〈还冤志〉提要》说："自梁武以来，佛教弥昌，士大夫率皈礼能仁，盛谈因果，之推《家训》有《归心》篇，于罪福尤为笃信，故此书所述，皆释家报应之说。"①不过，《冤魂志》的报应故事中，多以儒家的善恶观念为背景，实施报应的主体为儒家的天、天帝，受报的主体也不局限于佛教的自作自受，而有他人受报的情况出现，而且报冤故事多为现世报，没有佛教的来生、后生受报。故鲁迅说《冤魂志》"引经史以证报应，已开混合儒释之端矣"②。《冤魂志》还记载了道士求雨祈福等有益于社会的故事，对于吉等道士也报以同情，还以道教的"算"讲寿命，融入了不少道教元素。

可以说，《冤魂志》是一部以小说的形式宣扬佛教因果报应的作品，它的报应观，又融合了儒道因素，是三教一体的报应观。

三、《观我生赋》

颜之推的《观我生赋》作于北周末期，以诗赋的形式，对自己的一生进行了回顾与总结，是自传性的叙事之赋。此赋以作者本人的人生际遇为线索，将个人遭际与命运的沉浮跌宕与百姓苦难、国家兴亡交织于一起，个体生命的多舛命运放在南北朝末期兵燹不断、狼烟四起、山河破碎、人民流离的社会变乱这一大的历史背景下，使得该赋有一种沉郁苍凉的气质和悲悯情怀，其凝重的风格和深刻的思考，使得该赋超越了对个人命运的悲情咏叹，而有了故

---

① 罗国威：《冤魂志校注》附录《文渊阁四库全书本〈还冤志〉提要》，巴蜀书社 2001 年版，第 110 页。
② 鲁迅：《中国小说史略》，中华书局 2010 年版，第 29 页。

国情怀与历史的厚重感。

　　颜之推生于江陵,早年丧父,"未成冠而登仕,财解履以从军"①。侯景之乱,颜之推沦为战俘,理当被杀,被人相救才免于一死,遣送建康。建康颜家巷为江左颜氏家族世居之地,而颜之推以囚徒身份第一次置身先祖栖居地长干里和坟茔所在白下,"经长干以掩抑,展白下以流连"②。家族荣耀随着侯景之乱对南渡百家衣冠士族的摧毁而灰飞烟灭,而自己则系狱贼营,生死未卜,难免悲从中来。

　　战俘的命运随着西魏攻克江陵,再次降临到颜之推头上。而此时的颜之推,悲苦的不仅仅是自己,而是"民百万而囚虏,书千两而烟炀,溥天之下,斯文尽丧"③这一国家与人民的苦难。十几万卷书籍毁于一旦,丧尽斯文的文化劫难,更让颜之推难以接受。让人悲悯的还有无辜的小孩被敌军从母亲的怀抱中夺走抛弃,成年人则被洗劫一空,数万妇孺与老人在江陵一役被掠夺、残杀,百姓的苦难,也让颜之推黯然神伤。

　　再次沦为俘虏的颜之推在北上长安的途中,因"内诸夏而外夷狄"的文化自豪感被战败的屈辱所刺伤,而自己又不能殉节报国,夷夏之辨为残酷的现实碾碎,故耻辱与羞惭齐齐袭来,"小臣耻其独死,实有愧于胡颜"④,在这种难以排遣的纠结与悲苦中,身

---

① 颜之推:《观我生赋》,载(唐)李百药:《北齐书》卷四十五《刘逖传》,中华书局1972年版,第620页。
② 颜之推:《观我生赋》,载(唐)李百药:《北齐书》卷四十五《刘逖传》,中华书局1972年版,第621页。
③ 颜之推:《观我生赋》,载(唐)李百药:《北齐书》卷四十五《刘逖传》,中华书局1972年版,第622页。
④ 颜之推:《观我生赋》,载(唐)李百药:《北齐书》卷四十五《刘逖传》,中华书局1972年版,第623页。

患脚气的颜之推"牵痾疒而就路,策驽蹇以入关"①。

尽管北上以后"每结思于江湖,将取弊于罗网",但人在江湖身不由己,因北方政教严切,即是隐遁山林也无法遂愿,只能屈服于胡人政权以寻南归机会。在鲜卑与汉人、文人与武夫的朝廷冲突中,颜之推一度被重用,但"谏潜言之矛戟,惕险情之山水"②,在崔季舒血案中,颜之推再次濒临死亡之境,侥幸逃过一劫。

颜之推在赋中如此感叹自己的命运:"予一生而三化,备荼苦而蓼辛。"③天下之大,难容一人,个中苦楚,一言难尽。

颜之推并未汲汲于自我遭遇的倾诉,而是在叙述自身经历的同时,将国家命运与历史变局作为大背景,并以批判的眼光,在回首往事时加以咀嚼与反思。颜之推的思索是深沉的,反思是尖锐的。

如对于造成梁代灭亡的侯景之乱,颜之推痛心疾首于"养傅翼之飞兽,子贪心之野狼。初召祸于绝域,重发衅于萧墙。"其自注云:"梁武帝纳亡人侯景,授其命,遂为反叛之基。"④颜之推直言梁武帝接纳侯景投降,酿成了大乱,而侯景只是外患,养子萧正德因昭明太子萧统出生而怨恨失去继位机会,与侯景狼狈为奸,故梁武帝外招祸于侯景,内隐祸于萧墙。

台城被围,国家危难,君王命悬一线,可是,"勤王逾于十万,

---

① 颜之推:《观我生赋》,载(唐)李百药:《北齐书》卷四十五《刘逖传》,中华书局 1972 年版,第 623 页。
② 颜之推:《观我生赋》,载(唐)李百药:《北齐书》卷四十五《刘逖传》,中华书局 1972 年版,第 624 页。
③ 颜之推:《观我生赋》,载(唐)李百药:《北齐书》卷四十五《刘逖传》,中华书局 1972 年版,第 625 页。
④ 颜之推:《观我生赋》,载(唐)李百药:《北齐书》卷四十五《刘逖传》,中华书局 1972 年版,第 619 页。

曾不解其搤吭,嗟将相之骨鲠,皆屈体于犬羊"①。逡巡不进的勤王将士,未挽狂澜于即倾。而梁武帝的子孙们,则在围城之外,上演了自相残杀的家族权力争夺,"子既损而侄攻,昆亦围而叔袭"②,萧绎派兵围攻长沙萧誉,萧誉的兄弟萧詧为解长沙之围,自襄阳南下袭荆州,叔侄争战,萧誉身死,萧詧则投敌西魏,"行路弯弓而含笑,骨肉相诛而涕泣"③。尽管萧绎平侯景乱之后建立了江陵政权,但最终因家族内乱留下的祸根,萧詧引西魏兵攻陷了江陵。

萧绎与颜之推父子关系密切,其父颜协任梁湘东王绎镇西府谘议参军,《杂艺》篇说"吾家尝有梁元帝手画蝉雀白团扇及马图"④,可见颜家与萧绎交情之一斑。因彼此交好,颜之推早年丧父后,兄弟一直得到萧绎的照顾。《勉学》篇说元帝在江、荆间召置学生亲为教授,"吾时颇预末筵,亲承音旨"⑤,可见颜之推还算是萧绎的学生。《勉学》篇还提道:"梁元帝尝为吾说:'昔在会稽,年始十二,便已好学。'"⑥《书证》篇也说:"梁孝元帝常谓吾曰:'由来不识。'"⑦可见颜之推与萧绎的关系也非同一般。《古意》一诗中,颜之推还以"恻恻怀君子"之句怀念萧绎。可颜之推对萧

① 颜之推:《观我生赋》,载(唐)李百药:《北齐书》卷四十五《刘逖传》,中华书局1972年版,第619页。
② 颜之推:《观我生赋》,载(唐)李百药:《北齐书》卷四十五《刘逖传》,中华书局1972年版,第619页。
③ 颜之推:《观我生赋》,载(唐)李百药:《北齐书》卷四十五《刘逖传》,中华书局1972年版,第620页。
④ 王利器:《颜氏家训集解》卷七《杂艺》,中华书局1993年版,第578页。
⑤ 王利器:《颜氏家训集解》卷三《勉学》,中华书局1993年版,第187页。
⑥ 王利器:《颜氏家训集解》卷三《勉学》,中华书局1993年版,第197页。
⑦ 王利器:《颜氏家训集解》卷六《书证》,中华书局1993年版,第473页。

绎的记载，却以史家的眼光，客观中立，不讳其过，颇有春秋笔法的意味。《北齐书》颜之推本传说颜氏"世善《周官》、《左氏》"①，颜之推在《观我生赋》中对萧绎为权位而弃老父于不顾，忙于叔侄残杀一事，进行了不容情面的批判，当与对史学精神的熟谙有关。颜之推对萧衍、萧绎父子的亡国原因，分析尖锐而深刻。

对于北齐的灭亡，颜之推在赋中指责后主高纬"唯骄奢之是修，亦佞臣之云使"②。颜之推对北齐政权因骄奢淫逸、任用小人而自取灭亡的反思，同样尖锐而深刻。

颜之推的《观我生赋》有叙事，有抒情，但更重叙事，且注意融情入理。该赋既讲究对仗、句式骈偶、运用典故等艺术修辞手法，又以对现实的关注、深刻的反思色彩和质朴的语言风格，将南朝文学的形式之美与北朝文学的质直之美融合于一体。这种悲凉慷慨、古朴典雅的文风，与《文章》篇所说"吾家世文章，甚为典正"③的家族文风一脉相承。

四、诗作

颜之推诗作今存五首。

（一）《古意》（一）

十五好诗书，二十弹冠仕。楚王赐颜色，出入章华里。作赋凌屈原，读书夸左史。数从明月宴，或侍朝云祀。登山摘紫芝，泛江采绿芷。歌舞未终曲，风尘暗天起。吴师破九龙，秦

---

① （唐）李百药：《北齐书》卷四十五《颜之推传》，中华书局 1972 年版，第617 页。
② 颜之推：《观我生赋》，载（唐）李百药：《北齐书》卷四十五《刘逖传》，中华书局 1972 年版，第 624 页。
③ 王利器：《颜氏家训集解》卷四《文章》，中华书局 1993 年版，第 269 页。

兵割千里。狐兔穴宗庙,霜露沾朝市。璧入邯郸宫,剑去襄城
水。未获殉陵墓,独生良足耻。悯悯思旧都,恻恻怀君子。白
发窥明镜,忧伤没余齿。①

此诗为怀念江陵而作,通过追忆自己在江陵时期的生活和西魏陷
江陵的惊天变故,思念江陵故都,怀想元帝萧绎,抒发感伤之情。
诗歌前半部分,记早年游学与仕宦生涯;后半部分抒发江陵陷落后
的黍离之悲。颜之推作为战俘,被迫与十几万难民一起见逐北上,
"未获殉陵墓,独生良足耻",表达了诗人不能尽忠殉节的愧疚。
这种矛盾的心情,将伴随着忧伤而终其一生。

(二)《古意》(二)

　　宝珠出东国,美玉产南荆。随侯曜我色,卞氏飞吾声。已
加明称物,复饰夜光名。骊龙旦夕骇,白虹朝暮生。华彩烛兼
乘,价值讵连城。常悲黄雀起,每畏灵蛟迎。千刃安可舍,一
毁难复营。昔为时所重,今为时所轻。愿与浊泥会,思将垢石
并;归真川岳下,抱润潜其荣。②

这首诗颜之推通过极写自己的才华,却得不到重用,还遭来祸患危
机,表达了怀才不遇的身世之感和退隐之心。

本诗前半部分,颜之推以宝珠、美玉自况:"宝珠出东国,美玉
产南荆。"颜之推通过夜光之璧、骊龙之唾、白虹贯天、华彩照地等
一系列典故,铺排渲染自己价值连城的才华。

与上半部分的描写形成强烈反差的是,价值连城的珠玉,却遭
遇了不该有的危机。颜之推在北齐于群小主政的局势下势如累
卵,故有如起乎泥泞的夜光之璧归于黄泥、生于垢石的美玉归于垢

---

① 逯钦立辑校:《先秦汉魏晋南北朝诗》,中华书局1983年版,第2283页。
② 逯钦立辑校:《先秦汉魏晋南北朝诗》,中华书局1983年版,第2283页。

石一样,抱润潜荣,退隐山林。颜之推此诗伤感于"昔为时所重,今为时所轻"的不遇之痛,心生归隐之意。

(三)《和阳纳言听鸣蝉篇》

> 听秋蝉,秋蝉非一处。细柳高飞夕,长杨明月曙;历乱起秋声,参差搅人虑。单吟如转箫,群噪学调笙;风飘流曼响,多含断绝声。垂阴自有乐,饮露独为清;短绥何足贵,薄羽不羞轻。螳螂翳下偏难见,翡翠竿头绝易惊;容止由来桂林苑,无事淹留南斗城。城中帝皇里,金张及许史;权势热如汤,意气喧城市;剑影奔星落,马色浮云起;鼎俎陈龙凤,金石谐宫徵。关中满季心,关西饶孔子。讵用虞公立国臣,谁爱韩王游说士?红颜宿昔同春花,素鬓俄顷变秋草。中肠自有极,那堪教作转轮车。①

本诗作于北齐灭后,颜之推作为18文士在阳休之带队下,被北周军队驱赶入长安途中,与阳休之、卢思道同题作诗,以抒发国家破碎、身世飘摇的悲情。

　　国家灭亡,身为亡国奴,一路上蝉声四起,朝听杨树上蝉鸣,夕闻细柳上蝉唱,"历乱起秋声,参差搅人虑"。杂乱秋声,搅扰行路中难民的心思。蝉声愈乱,秋声愈悲,听者触景生情,情更悲切。颜之推写蝉鸣声的种种情状,为的是"多含断绝声",反照的正是诗人孤苦绝望的内心之声。而蝉的命运,虽垂阴自乐、饮露独清,殊不知高居悲鸣饮露之际,螳螂在前,黄雀在后。诗人的命运,又恰如鸣蝉般身不由己。高纬父子君臣为周军追击时,颜之推建言南奔陈,不为所用,故君臣沦为俘虏。"中肠自有极,那堪教作转轮车。"颜之推对于耻辱的现实,肠中有如车轮转,悲苦难掩。

---

①　逯钦立辑校:《先秦汉魏晋南北朝诗》,中华书局1983年版,第2284页。

(四)《神仙诗》

红颜恃容色,青春矜盛年;自言晓书剑,不得学神仙。风
云落时后,岁月度人前;镜中不相识,扪心徒自怜。愿得金楼
要,思逢玉钤篇。九龙游弱水,八凤出飞烟。朝游采琼宝,夕
宴酌膏泉。峥嵘下无地,列缺上陵天;举世聊一息,中州安
足旋。①

颜之推《神仙诗》的基调不再如前诗那样沉重,而有了飘逸之气,
表达了对神仙之道的欣羡。颜之推说《养生》篇说"神仙之事,未
可全诬"②,本诗可作资证。

诗中颜之推说青年时,"自言晓书剑,不得学神仙",人们往往
自恃青春,英气逼人,容光焕发,常以精通书剑为是,而对神仙之事
并无兴趣。但风雨侵蚀,岁月伤人,镜中之我,已非青春盛年之貌,
抚今追昔,难免顾影自怜。在岁月催人老的现实面前,神仙不死之
说,自然有了吸引力。于是,学仙的动力不请自来。

诗中颜之推"愿得金楼要,思逢玉钤篇"。"金楼要",即寻找
炼丹矿物的秘诀。"玉钤"当为仙道之书。颜之推表达了搜求仙
道书以学神仙的愿望。颜之推羡慕神仙生活:"九龙游弱水,八凤
出飞烟。朝游采琼宝,夕宴酌膏泉。"九龙八凤,盖神仙之游。琼
实和玉膏,为仙人所食,仙人超然物外、朝采琼宝、夕酌膏泉的生
活,与俗迥异。不仅如此,仙人上天入地的自由无拘,也是学仙的
一大理由。更关键的是,"举世聊一息,中州安足旋"。俗人一世,
与仙人相比,不过是呼吸之间而已,实在是短暂得可怜。中州,谓
帝都或中国。既然仙人长生不老,周流八极,一城一国的空间,又

---

① 逯钦立辑校:《先秦汉魏晋南北朝诗》,中华书局1983年版,第2283页。
② 王利器:《颜氏家训集解》卷五《养生》,中华书局1993年版,第356页。

岂可视为局限自己的狭小空间呢？

(五)《从周入齐夜度砥柱》

> 侠客重艰辛,夜出小平津。马色迷关吏,鸡鸣起戍人。露
> 鲜华剑彩,月照宝刀新。问我将何去？北海就孙宾。①

本诗回忆了颜之推渡黄河夜奔北齐的经历。被掳入西魏的颜之
推,一直谋求南归故土的机会,得知北齐遣返梁使,颜之推便举家
冒险逃奔北齐,其中最危险的经历,即渡黄河历砥柱之险。《观我
生赋》自注说:"水路七百里,一夜而至。"②可见情急之际,当险象
环生。

诗中颜之推以侠客自喻,重艰辛,点出避难的主题,夜出,为时
间,小平津,地点。马色、鸡鸣句,写乘夜偷渡时的情形。孙宾,典
出《后汉书·赵岐传》,当时中常侍唐衡兄唐玹尽杀赵岐家属,赵
岐逃难江湖,匿名卖饼。孙嵩路过时感觉到赵岐乃非常人,就下车
对他说:"我北海孙宾石,阖门百口,势能相济。"③于是赵岐与之俱
归,藏在孙嵩家的复壁中,好几年后,唐家人被灭,赵岐才因赦得
免。孙宾,《三国志·魏书·阎温传》注引鱼豢《魏略》作"孙宾
硕",六朝习惯在文章中把人名中的某字拆解,"硕"拆用为"石",
故孙宾、孙兵石、孙兵硕、孙嵩为同一人。"就孙宾",指求得庇护,
意指颜之推夜渡黄河逃奔北齐,为的是辗转避难。

---

① 逯钦立辑校:《先秦汉魏晋南北朝诗》,中华书局 1983 年版,第 2284 页。

② 颜之推:《观我生赋》自注,载(唐)李百药:《北齐书》卷四十五《刘逖传》,
中华书局 1972 年版,第 623 页。

③ (南朝宋)范晔:《后汉书》卷六十四《赵岐传》,中华书局 1965 年版,第
2122 页。

第三章　儒学为本

　　颜之推少年在萧绎幕府,受玄学熏染;身历流离之苦、亡国之痛,晚年归心佛教。但他童年即受儒家教育,学习礼传,一生思想的主干,根基于儒学。《颜氏家训》宋本沈揆《跋》说:"此书虽辞质义直,然皆本之孝弟,推以事君上,处朋友乡党之闲,其归要不悖六经,而旁贯百氏。"①沈揆"不悖六经"、"旁贯百氏"的概括,可谓点睛之评。颜星《重刊颜氏家训小引》记父亲举先祖家训教育自己兄弟时说:"则六经子史,皆家训脚注也。"②

　　儒家仁义之学,《颜氏家训》中的字里行间,几乎随处浸染。颜之推倡言"敷显仁义,发明功德"③,同时痛心疾首于仁义缺失的世风。《省事》篇云:"墨翟之徒,世谓热腹,杨朱之侣,世谓冷肠;肠不可冷,腹不可热,当以仁义为节文尔。"④在颜之推看来,墨家之兼爱,杨朱之为我,均属过犹未及,只有用儒家的仁义作为自己言行的标准,才算走上了正道,颜之推思想的主体,正是世代相传的儒家思想。

---

① 王利器:《颜氏家训集解》,中华书局1993年版,第612页。
② 王利器:《颜氏家训集解》,中华书局1993年版,第624页。
③ 王利器:《颜氏家训集解》卷四《文章》,中华书局1993年版,第237页。
④ 王利器:《颜氏家训集解》卷五《省事》,中华书局1993年版,第338页。

第一节　礼缘人情

钱穆说:"门第精神维持了两晋二百余年的天下,他们虽不勠力世务,亦能善保家门。名士清谈,外面若务为放情肆志,内部却自有他们的家教门风。推逆他们家教门风的来源,仍然逃不出东汉名教礼法之传统。"[1]

颜之推就是坚守礼法传统而又懂得变通的士人代表,"礼缘人情"的观念便反映了颜之推对礼法的革故鼎新。

一、礼为教本

孔子以仁与礼为核心范畴,从内在本心与外在规范两方面塑造君子人格。颜之推对于礼的基本态度,在《勉学》中是这么说的:"礼为教本,敬者身基。"[2]颜之推将礼看作风教的根本,将敬视为立身根基。礼的政治教化功能为颜之推所重视,而将个人的立身根基归之于恭敬。《风操》篇也说:"吾观《礼经》,圣人之教。"[3]颜之推这里也是从圣人教化万民的视角来认识礼的。

当然,颜之推并非纯粹强调礼在移风易俗方面所起到的政治教化作用。如《归心》篇说:"又君子处世,贵能克己复礼,济时益物。"[4]这里也说到了礼对于个人修养的价值。但总体而言,颜之推突出以礼作为改善社会风俗、习气,形成以仁义道德为基本内容

---

① 钱穆:《国史大纲》,商务印书馆 1996 年版,第 267 页。

① 钱穆:《国史大纲》,商务印书馆 1996 年版,第 267 页。
② 王利器:《颜氏家训集解》卷三《勉学》,中华书局 1993 年版,第 166 页。
③ 王利器:《颜氏家训集解》卷二《风操》,中华书局 1993 年版,第 59 页。
④ 王利器:《颜氏家训集解》卷五《归心》,中华书局 1993 年版,第 395 页。

的社会秩序的教化工具。颜之推以政治教化的视角推崇礼,有着鲜明的时代特色与现实意义。

朱子云:"六朝人多是精于此。毕竟当时此学自专门名家,朝廷有礼事,便用此等人议之。"①朱熹之意,六朝人以精通三《礼》为特点,在两大方面得以体现:一为礼学名家之辈出;二为朝廷礼仪制度的改革与实施。

我们不妨从朱熹提示的这两个维度来考察颜之推"礼为教本"的现实渊源与时代价值。

(一)从魏晋南北朝五礼制度的发展来考察

《周礼》、《仪礼》和《礼记》三礼,在汉以来的政权中地位有过颇有意思的变化。在西汉,鲁高堂生所传《士礼》(即今《仪礼》)17篇居于官学主导地位。刘歆为王莽国师,始立《周官经》于学官,名为《周礼》。随着王莽政权的灭亡,《周礼》遂丧失学官地位。刘师培说:"东汉之末,说《礼》者,皆崇郑注。自魏王肃作《三礼解》,复作《仪礼丧服传》,专与郑玄立异。"②三国曹魏时,王肃所注《周官礼》与《仪礼》、《礼记》并列学官,这意味着三礼开始齐头并进。

魏晋南北朝时,《周礼》的地位超过了《仪礼》和《礼记》,出现了"汉代所尊为礼经者,反列于后,而《周官》附于礼经者,反居于前"③的局面。皮锡瑞的解释是:"此由郑君尊《周官》太过,而人后尊崇郑义又太过,一轩一轾,竟成铁案。"④

---

① (宋)黎靖德编:《朱子语类》卷八十七《礼四·小戴礼》,中华书局1986年版,第2227页。

② 刘师培:《经学教科书》,上海古籍出版社2006年版,第75页。

③ (清)皮锡瑞:《经学通论》卷三《三礼》,中华书局2003年版,第5页。

④ (清)皮锡瑞:《经学通论》卷三《三礼》,中华书局2003年版,第6页。

事实上,《仪礼》和《周官》的地位升降和政权礼制的诉求发生变化相关。两汉以《仪礼》所构建的礼学框架为六礼,即冠、婚、丧、祭、乡、相见六礼,这一士礼体系与中央集权体系对国家礼仪制度的建构,出现了明显的不适应。为此,"推士礼以及天子"①为两汉时期的礼制,试图在士礼本身的基础上适应君权政治的需要,但显然无法彻底适应现实,改革礼制势在必然。而《周礼》本身以天、地、春、夏、秋、冬构建的官制及其相应礼仪制度,将理想化的政治制度与礼相结合,加上《仪礼》的具体礼仪规范和《礼记》的礼乐理念和相应诠释,形成三礼结合的礼制体系,显然是更为现实的选择。

为此,相对于两汉的旧礼制,魏晋南北朝时期开始了称之为"新礼"的改革,核心是实行新的五礼制度。《晋书·礼志》载晋文帝命荀颛撰新礼,即《五礼》,包括吉、凶、军、宾、嘉五礼。军礼独立为一礼,和汉末以来诸侯征战的现实相关。相见礼升格为宾礼,也是现实需要使然,三国鼎立、五胡十六国、南北朝对峙,走马灯似的政权更迭与政权对峙,需要规范使节往来、两国相交的宾礼以作应对。曹氏逼刘家天子禅位所肇始的魏晋南朝宿命般的禅位事件,其背后的现实是旧有君臣关系的破坏,而对君权的威胁越大,维护君权的礼制就越成为迫切需要,这也是两晋南北朝不断改革礼制的重要原因。在刘宋时期,颜之推的颜氏先祖颜延之,就参与到新郊礼的建设中,南郊乐舞歌词的创作,就有颜延之的贡献,史载:"宋文帝使颜延之造《郊天夕牲》、《迎送神》、《飨神歌》诗三篇。"②

---

① (东汉)班固撰,(唐)颜师古注:《汉书》卷二《礼乐志》,中华书局 1962 年版,第 1035 页。

② (梁)萧子显撰:《南齐书》卷十一《乐志》,中华书局 1972 年版,第 167 页。

南齐武帝于永明二年(484 年),诏令王俭制定新礼,"撰治五礼,吉、凶、宾、军、嘉也"①。

五礼制度到梁代趋于成熟,"天监初,则何佟之、贺玚、严植之、明山宾等覆述制旨,并撰吉凶军宾嘉五礼,凡一千余卷,高祖称制断疑。"②梁武帝时的五礼制度改进,以明山宾掌吉礼、严植之掌凶礼、贺蒨掌宾礼、陆琏掌军礼、司马褧掌嘉礼,何佟之总参其事。其成果包括《嘉礼仪注》一百一十六卷、《宾礼仪注》一百三十三卷、《军礼仪注》一百八十九卷、《吉礼仪注》二百二十四卷、《凶礼仪注》五百一十四卷,"大凡一百二十秩,一千一百七十六卷,八千一十九条"③。

梁武帝亲自参与治五礼,梁元帝五岁"能诵《曲礼》"④,可见梁代礼学复兴之一斑。

北魏于孝文帝时实行五礼制度,西魏、北周在实行五礼制度的同时,参照《周礼》中的天、地、春、夏、秋、冬六官进行国家官僚体系的制度建设。

东魏高欢说:"江东复有一吴儿老翁萧衍者,专事衣冠礼乐,中原士大夫望之以为正朔所在。"⑤高欢担心的是梁武帝制礼作乐对中原士大夫的心理影响:他们有可能去追随江左所营造的文化正统态势。

五礼制度建设的过程,伴随着魏晋玄学兴起所带来的毁弃礼教的种种放达之行与无君之论,伴随着朝代短祚、禅代频繁的政治

现实,这一切对君权带来了巨大的威胁,对社会风气带来了又一次礼崩乐坏的危机。五礼制度的构建,恰恰反映了最高统治集团应对名教危机的种种努力,颜之推"礼为教本"的提出,呼应的就是两晋南北朝政权试图以礼教解决名教危机的政治现实,是一个儒家学者在复兴礼学的进程中积极回应现实的有力呼唤。

(二)从南朝学者精通三礼的现象来观察

吕思勉说:"南北朝儒家,最为后人所推服者,曰勤于三礼之学。"①吕思勉弟子钱穆总结魏晋南北朝的经学,"若以著作数量作为当时对经学中某一部分重视与否之衡量标准,则此时代之经学最重《礼》,其次《春秋》,《易》居第三位"②。

周一良引日本藤川正数氏《魏晋时代丧服之研究》的统计也得出结论,南北朝时期擅长三礼的学者辈出。"《梁书·儒林传》所收二十二人,除专长不明的三人以外,十九人中精于三礼的学者十二人。《陈书·儒林传》所收十五人,长于礼学者九人。《北史·儒林传》三十三人中,长于礼学者十七人。《隋书·经籍志》经部著录的书共六百二十七种,而礼这部分占一百三十六种。"③

颜之推提及当时的学风时说:"士大夫子弟,数岁已上,莫不被教,多者或至《礼》、《传》,少者不失《诗》、《论》。"④说明随着朝廷五礼制度建设的推动,士大夫子弟受教学《礼》者为数不少。颜之推自己就"还习《礼》、《传》"⑤,从小接受礼学教育。

---

① 吕思勉:《两晋南北朝史》,上海古籍出版社 2005 年版,第 1229 页。
② 钱穆:《中国学术思想史论丛》(三),中华书局 2009 年版,第 145 页。
③ 周一良:《论梁武帝及其时代》,载《魏晋南北朝史论集》,北京大学出版社 1997 年版,第 364 页。
④ 王利器:《颜氏家训集解》卷三《勉学》,中华书局 1993 年版,第 142 页。
⑤ (唐)李百药:《北齐书》卷四十五《颜之推传》,中华书局 1972 年版,第 617 页。

在梁代,史籍中称传主"少好《三礼》"、"尤明《三礼》"、"尤精《三礼》"、"尤长《三礼》"、"通《三礼》"、"善《三礼》"、"受《三礼》"等字眼频繁出现,精通三礼的学者明显增加。如总参五礼的何佟之,"少好《三礼》,师心独学,强力专精,手不辍卷,读《礼》论二百篇,略皆上口"①。严植之则玄礼双修,"精解《丧服》、《孝经》、《论语》。及长,遍治郑氏《礼》、《周易》、《毛诗》、《左氏春秋》。"②贺玚"别诏为皇太子定礼,撰《五经义》。玚悉礼旧事。"③贺玚之子贺革为西中郎湘东王谘议参军,"王初于府置学,以革领儒林祭酒,讲《三礼》,荆楚衣冠听者甚众"④。司马筠"博通经术,尤明《三礼》……子寿,传父业,明《三礼》"⑤。崔灵恩,"少笃学,从师遍通《五经》,尤精《三礼》、《三传》"⑥。孔佥,师事何胤,"通《五经》,尤明《三礼》、《孝经》、《论语》"⑦。梁武帝以贺蒨掌宾礼,其学生皇侃,"尤明《三礼》、《孝经》、《论语》"。"召入寿光殿讲《礼记义》,高祖善之。"⑧皇侃还撰有《礼记义》。

这些专精三礼的学者,有的如何佟之、严植之等人参与官方的五礼制度建设,有的则以授徒讲学的形式弘扬礼学,通过官方和民间两大管道试图复兴礼教。颜之推在这一背景下,提出"礼为教本"的命题,着重于恢复玄风盛行所带来的"风操"问题,也顺应了

① (唐)姚思廉:《梁书》卷四十八《何佟之传》,中华书局1973年版,第663页。
② (唐)姚思廉:《梁书》卷四十八《严植之传》,中华书局1973年版,第671页。
③ (唐)姚思廉:《梁书》卷四十八《贺玚传》,中华书局1973年版,第672页。
④ (唐)姚思廉:《梁书》卷四十八《贺革传》,中华书局1973年版,第673页。
⑤ (唐)姚思廉:《梁书》卷四十八《司马筠传》,中华书局1973年版,第674—676页。
⑥ (唐)姚思廉:《梁书》卷四十八《崔灵恩传》,中华书局1973年版,第676页。
⑦ (唐)姚思廉:《梁书》卷四十八《孔佥传》,中华书局1973年版,第677页。
⑧ (唐)姚思廉:《梁书》卷四十八《儒林传序》,中华书局1973年版,第680页。

当时的学风所向。

二、纵情越礼

颜之推在《书证》篇中引:《礼》云:"定犹豫,决嫌疑。"①此处引文当出自《礼记·曲礼上》:"夫礼者,所以定亲疏,决嫌疑,别同异,明是非也。"②礼是用来确定亲疏的标准、判断疑惑不解的问题、分辨事物的同异、明确事理的是非的。在儒家爱有差等的原则下,礼用以示亲疏远近之别;在"君君、臣臣、父父、子子"的伦常规则下,礼用以示尊卑等级之秩序。儒家的名教,即以名为教,要求君臣父子各守其名分,维护这一切,礼是重要的实现手段。袁宏说:"夫君臣父子,名教之本也。"③对于名教的界定,唐长孺认为:"所谓名教乃是因名立教,其中包括政治制度、人才配合以及礼乐文化等。"④余英时的理解和袁宏相近:"事实上魏晋所谓'名教'乃泛指整个人伦秩序而言,其中君臣与父子两伦更被看作全部秩序的基础。"⑤

汉末以降,名教遭遇空前的危机。阮籍《大人先生传》中"盖无君而庶物定,无臣而万事理"⑥,以及鲍敬言等人的无君论,在思想界对君臣之伦发起了挑战,而曹氏代汉、司马氏代魏,门阀士族的兴起,则在政治现实上动摇了名教中的君臣之伦。至于父子之伦,从玄学"八达"之一胡毋辅之与儿子谦之的关系,可见一斑:谦

① 王利器:《颜氏家训集解》卷六《书证》,中华书局 1993 年版,第 423 页。
② 王文锦译解:《礼记译解·曲礼上》,中华书局 2016 年版,第 2 页。
③ (晋)袁宏:《后汉纪》卷二十六《初平二年》条,《两汉纪》下册,中华书局 2002 年版,第 509 页。
④ 唐长孺:《魏晋南北朝史论丛》,中华书局 2009 年版,第 300 页。
⑤ 余英时:《士与中国文化》,上海人民出版社 2003 年版,第 358 页。
⑥ (清)严可均辑:《全三国文》卷四十六,商务印书馆 1999 年版,第 488 页。

之"至酣醉,常呼其父字,辅之亦不以介意,谈者以为狂。辅之正酣饮,谦之阚而厉声曰:'彦国年老,不得为尔!将令我尻背东壁。'辅之欢笑,呼入与共饮。"①父子之"亲"在这对父子间已取代了父子之"尊卑",对儒家礼法中的父子之伦已然在行动上改变了其内核。

魏晋玄学名教与自然的关系为核心命题之一。何晏、王弼尚站在调和儒道的角度提出名教本于自然,而阮籍、嵇康则持"越名教而任自然"之论,郭象、裴頠又圆融名教与自然,可谓走了正、反、合的轮回。到了东晋,现实政治与大众生活中情与礼的冲突,成为名教危机最突出的问题。

关于情,《礼记·礼运》篇说:"何谓人情?喜、怒、哀、惧、爱、恶、欲,七者弗学而能。"②《荀子·正名》篇说:"性之好、恶、喜、怒、哀、乐谓之情。"③儒家情礼关系的核心命题,当为《毛诗序》"发乎情,止乎礼"④所透露出的"以礼制情"的情礼观。《礼记·礼运》篇说:"故人情者,圣王之田也,修礼以耕之。"⑤这里形象地将人情比作一块田地,需要用圣王的礼乐来耕种它,即用礼义来节制人情。《荀子》认为,礼的产生,源于节制人类欲望的需要;欲,即为情之表现。荀子的"乐合同,礼别异"⑥,说的即是礼以外在强制来规定臣民的等级名分,乐则从内在的自然情感方面使他们心

---

① (唐)房玄龄等撰:《晋书》卷四十九《胡毋辅之传》,中华书局1974年版,第1380页。
② 王文锦译解:《礼记译解·礼运》,中华书局2016年版,第268页。
③ (清)王先谦:《荀子集解》卷十六《正名篇》,中华书局1988年版,第412页。
④ (汉)毛亨传、郑玄笺,(唐)孔颖达疏:《毛诗正义》卷一,北京大学出版社1999年版,第15页。
⑤ 王文锦译解:《礼记译解·礼运》,中华书局2016年版,第274页。
⑥ (清)王先谦:《荀子集解》卷十四《乐论》,中华书局1988年版,第382页。

悦诚服。《论衡·答佞》篇说："君子则以礼防情,以义割欲。"①王充将以礼义节制情欲的泛滥,视为循道的关键。

以礼制情的情礼观,随着魏晋玄学的兴起,也遭遇了挑战。干宝《晋纪总论》说:"学者以庄、老为宗而黜六经,谈者以虚薄为辩而贱名检。"玄学名士崇尚老庄,而老庄一向以排摈儒家礼教为己任,《老子》中说:"夫礼者,忠信之薄,而乱之首。"老子认为礼是"道"不断后退的结果,是为乱祸首。庄子也说:"礼者,道之华而乱之首也。"②在老庄眼里,儒家之礼,为虚饰之华,是致乱之源。玄学名士既然以老庄为宗,自然要捡起老庄对礼教的批判,并以"放达"而付诸行动。

王弼以"圣人有情"说颠覆了何晏的"圣人无情"说:"以为圣人茂于人者神明也,同于人者五情也,神明茂故能体冲和以通无,五情同故不能无哀乐以应物。"③

"圣人有情"说的提出,王弼实际上提高了"情"的价值,向秀对此更有发展,其《难嵇叔夜养生论》认为:"有生则有情,称情则自然。"④玄学倡自然,向秀以为"称情"为导向"自然"的路径之一,进一步肯定了人情的地位。

郭象的"俗内""方外"说,也是"称情"的哲学依据之一。郭象注《大宗师》:"夫知礼意者,必游外以经内,守母以存子,称情而直往也。"⑤郭象认为,礼在俗内,情在方外,玄学名士游于方外,自

---

① 黄晖:《论衡校释》卷十一《答佞篇》,中华书局1990年版,第517页。
② (清)郭庆藩:《庄子集释》卷七下《知北游》,中华书局1961年版,第731页。
③ (晋)陈寿撰,(宋)裴松之注:《三国志·魏书》卷二十八《钟会传》注引何劭《王弼传》,中华书局1959年版,第795页。
④ (晋)向秀:《难嵇叔夜养生论》,载(清)严可均辑:《全晋文》卷七十二,商务印书馆1999年版,第764页。
⑤ (清)郭庆藩:《庄子集释》卷三上《大宗师》,中华书局1961年版,第267页。

然无须顾忌虚伪的礼义,只需"称情而直往",他以此为纵情提供
了理论基石。郭象的"称情直往"说,恰恰是荀子思想的反动。荀
子说:"礼者,人道之极也。然而不法礼,不足礼,谓之无方之民;
法礼,足礼,谓之有方之士。"①郭象不在意成为荀子所说的有方之
士,而是直接跳出荀子的框架。方外之士,实际上就是荀子的"无
方之民",而郭象反而因定位玄谈家于方外而赋予他们称情的
自由。

在这种背景下,清谈名士和任诞名士大多都重"情"而轻
"礼"。《晋书·阮咸传》说阮咸母丧"纵情越礼"②,对于礼的背
弃,对于情的放纵,阮咸的"纵情越礼"不再是个案,而是一时蔚为
风气。如阮籍因嫂子回娘家而与嫂子相见作别,时人因其不避叔
嫂之嫌而讥刺他。阮籍回应说:"礼岂为我辈设耶!"③王衍丧幼
子,山简去看望他,见他悲不自胜,就安慰他说:孩子在襁褓中就离
开了,感情还没那么深,不要这么伤心。王衍的回答是:"圣人忘
情,最下不及于情。情之所钟,正在我辈。"④

阮籍与王衍,一个公开违礼,一个钟情纵情,儒家的以礼制情
在他们身上一反而为越礼纵情,情礼冲突以激烈的形式公开表现
出来。故裴頠批评说:"历观近世,不能慕远,溺于近情。"⑤

到了东晋南朝,玄学南渡,玄学思辨成为强弩之末,但纵情越

---

① (清)王先谦:《荀子集解》卷十三《礼论》,中华书局1988年版,第356页。
② (唐)房玄龄等撰:《晋书》卷四十九《阮咸传》,中华书局1974年版,第
1362页。
③ (南朝宋)刘义庆著,(南朝梁)刘孝标注,余嘉锡笺疏:《世说新语笺疏》,
中华书局2011年版,第631页。
④ (唐)房玄龄等撰:《晋书》卷四十三《王衍传》,中华书局1974年版,第
1237页。
⑤ (唐)房玄龄等撰:《晋书》卷五《裴頠传》,中华书局1974年版,第1043页。

礼却有过之而无不及。如纵酒,时人号为江东步兵的张翰说:"使我有身后名,不如即时一杯酒!"①如荒淫,《世说新语》刘孝标注引邓粲《晋纪》,载王导与周𫖮等朝廷官员去尚书纪瞻家看乐伎表演,"瞻有爱妾,能为新声。𫖮于众中欲通其妾,露其丑秽,颜无怍色。"②葛洪批评玄谈名士"或乱项科头,或裸袒蹲夷,或濯脚于稠众,或溲便于人前,或停客而独食,或行酒而止所亲。此盖左衽之所为,非诸夏之快事也。"③干宝《晋纪总论》也抨击了时人"任情而动"的纵情行为。

情礼冲突作为名教危机在现实生活中的表现,崇尚自由,张扬人性,顺应人情甚至放纵人情,由此引发了士风堕落的现实问题,给统治者的风教带来了挑战。如何调和情礼冲突,成为一项不得不面对的难题。

三、缘情制礼

颜之推在《风操》篇中提出"礼缘人情,恩由义断"④的命题,指出礼是根据人的情感需要而设定的,报答恩情也要根据是否合宜来判断。而人们对于双亲的亡故,往往难以割舍自己的感情,容易触景生情,感慕难抑。颜之推举例说,双亲殁后,儿子媳妇不忍心进他们的卧室,如李构母刘氏亡后,她所住之处,就一直锁着,李构夫妇不忍开门进去。李构之父李奖是扬州刺史,在镇守寿春时

---

① (南朝宋)刘义庆著,(南朝梁)刘孝标注,余嘉锡笺疏:《世说新语笺疏》,中华书局2011年版,第639页。

② (南朝宋)刘义庆著,(南朝梁)刘孝标注,余嘉锡笺疏:《世说新语笺疏》,中华书局2011年版,第641页。

③ (晋)葛洪著,杨明照校笺:《抱朴子外篇校笺》卷二十七《刺骄》,中华书局1991年版,第29页。

④ 王利器:《颜氏家训集解》卷二《风操》,中华书局1993年版,第105页。

遇害。有一次，李构与王松年、祖珽等人相聚，闲谈之际长于画画的祖珽因身边有纸和笔，就随手画了个人。"顷之，因割鹿尾，戏截画人以示构，而无他意。构怆然动色，便起就马而去。举坐惊骇，莫测其情。"①祖珽无意识的举动给李构带来了巨大的心理伤害：异常敏感的李构将割鹿尾、折画像联想到父亲被害的情形。另一例是吴郡陆襄的父亲被斩首，陆襄终身吃素，被刀切过的姜菜都不忍心吃，只吃用手掐断的菜。江宁的姚子笃，因母亲被烧死，终身不忍吃烤肉。豫章熊康因父亲酒醉被杀，终身不再喝酒。颜之推所举之例中的当事人，都是重感情、孝双亲的人，颜之推如何看待他们的举动呢？从颜之推的"亲以噎死，亦当不可绝食也"②，可推知，既然亲人噎死不必绝食，那么，上述诸人的种种反应，也不必如此过头。显然，在颜之推眼里，李构、陆襄、姚子笃、熊康都顺任其情，一定程度上也可称之为纵情，礼源于情，而未加节制的情也须礼来节制，其标准就是"义"，义者宜也，要合乎事理。这里，颜之推将情、礼、义三者视为三位一体的关系，礼缘人情，情合乎义，礼与情不再是相互对立的冲突关系，而是由矛盾对立发展为情礼调和，调和的中介便是"义"。纵情，太过；无情，不及。过与不及，皆为非礼。

(一)礼缘人情的渊源

颜之推的"礼缘人情"，是对魏晋以来情礼观的发展。

伴随魏晋玄学而产生的情礼冲突，必然带来调和情礼的客观需要，缘情制礼便是调和情礼冲突的新情礼观。所谓缘情制礼，即根据人们的情感需要制定适宜的礼仪制度，做到情礼一致。

① 王利器：《颜氏家训集解》卷二《风操》，中华书局1993年版，第104页。
② 王利器：《颜氏家训集解》卷二《风操》，中华书局1993年版，第105页。

缘情之说,渊源有自《论语·八佾》:"林放问礼之本。子曰:'大哉问!礼,与其奢也,宁俭;丧,与其易也,宁戚。'"孔子在讨论"礼之本"时,强调丧礼之本在于哀戚,而哀戚,恰恰是对亲人的情感。《礼记·三年问》:"创钜者其日久,痛甚者其愈迟。三年者,称情而立文,所以为至痛极也。"[1]《礼记》提出三年之丧是顺应人情之痛需要三年来抚平而设定的。郭店楚简《性自命出》明言"礼作于情",《语丛二》也说:"情生于性,礼生于情"。司马迁说:"乃知缘人情而制礼,依人性而作仪,其所由来尚矣。"[2]司马迁提出礼义根源于人性与人情,故需要节人情,也须顺人情。如果说节人情(以礼制情)是玄学之前的情礼观侧重点,那么,顺人情则是魏晋玄学情礼观的侧重点。不论执着于节情还是热衷于纵情,都不合中道。故调和情礼矛盾,转向于"缘情制礼",既赋予情以合适的地位,顺应了玄学名士对情的追求,又避免了纵情越礼的偏颇,使礼法得到维护。

杜佑《通典》,记载了魏晋以来缘情说的诸多言论,反映了当时缘情说在现实中的发展。随着士族社会的发展,士族通过礼来维持门第秩序,而丧服则作为别亲疏的重要礼制手段,从而被加以格外重视。但纯遵照古礼已难以落实,同时对丧服制度的理解,也难以统一。于是,如何实行适合当时社会的丧服制度,成为礼制讨论的重要话题,而缘情说正是在这过程中体现出价值来。

《通典》卷八十七《斩缞丧既葬缉缞议》条,记载了晋宋时期对斩缞之服的讨论,魏休宁、魏颛、虞喜、孔汪、徐邈、周续之、庾蔚之等人的意见囊括其中。斩缞三年,是不是意味着三年都要穿着同

---

① 王文锦译解:《礼记译解·三年问》,中华书局 2016 年版,第 782 页。
② (汉)司马迁撰,(宋)裴骃集解,(唐)司马贞索引,(唐)张守节正义:《史记》卷二十三《礼书一》,中华书局 1959 年版,第 1157 页。

样的丧服呢？人们的观点不尽相同。虞喜认为："斩缞,因丧之称,非为终三年也。"①周续之也认为"卒哭而服齐缞。"庾蔚之谓："昔贺循以为,夫服缘情而制,故情降则服轻。"②庾蔚之援引贺循的观点,虞祭之后,哀痛之心有所缓解,于是丧服以细代粗,以齐缞代斩缞。这就意味着,斩缞三年,而丧服并非一成不变,而是依人情而变,情降则服轻。

又如《通典》卷九十二《嫂叔服》条记载了叔嫂要不要相互服丧的争议。蒋济《万机论》认为"《礼记》嫂叔无服,误。"③何晏、夏侯玄对他发难,认为嫂叔之间授受不亲,是家人之间男女之大防最应注意的,"彼无尊卑之至敬,故交接不可疏;彼无骨肉之不殊,故交疏而无服。"④显然何晏、夏侯玄主张叔嫂无服论。傅玄也持类似的观点："嫂之与叔,异族之人,本之天属,嫂非姊,叔非弟也。"⑤该条又说：

> 中领军曹羲申蒋济议,以为："敌体可服,不必尊卑;缘情制礼,不必同族。"⑥

曹羲为蒋济的观点辩护,打出的也是"缘情制礼"的旗号。

再如,就《通典》卷九十四《为出继母不服议》条载,郑玄与王肃均主张对继母无服,范宣主张出继母无服。

> 河内从事史糜遗议曰："夫礼缘人情而为之制,虽以义督

---

① （唐）杜佑：《通典》卷八十七《斩缞丧既葬缉缞议》,中华书局 1988 年版,第 2396 页。
② （唐）杜佑：《通典》卷八十七《斩缞丧既葬缉缞议》,中华书局 1988 年版,第 2397 页。
③ （唐）杜佑：《通典》卷九十二《嫂叔服》,中华书局 1988 年版,第 2506 页。
④ （唐）杜佑：《通典》卷九十二《嫂叔服》,中华书局 1988 年版,第 2506 页。
⑤ （唐）杜佑：《通典》卷九十二《嫂叔服》,中华书局 1988 年版,第 2507 页。
⑥ （唐）杜佑：《通典》卷九十二《嫂叔服》,中华书局 1988 年版,第 2506 页。

亲,然实以恩断。"①

父在,继母有母之尊,有母之恩,故继母丧则当为之服;继母被出后,养育之恩已断,为母之名不再,故无须为之服丧。这是缘情说在继母服丧问题上的体现。

《通典》卷一百《丧遇闰月议》条说:"丧中遇闰,礼不可略,周忌之月,不可而移,故缘情以立制,变文而示义也。"②这同样是以缘情说来解决礼制的具体细节问题。

又,北魏孝文帝太和十二年,李彪上书陈政事:"《礼》云:臣有大丧,君三年不呼其门。此圣人缘情制礼,以终孝子之情者也。"③

在文学界,陆机《文赋》也提出"诗缘情而绮靡"④,这是从诗人的角度对情感地位的强化。刘勰《文心雕龙·情采》主张"为情而造文"⑤,"情者文之经"⑥,而《文心雕龙·史传》又说:"若任情失正,文其殆哉!"⑦可见,刘勰主张缘情但不任情,取折中态度。

缘情制礼、礼缘人情、缘情立制,说法不一,意思都差不多,均旨在调和情礼冲突,归于情礼合一、情礼合宜。在情礼冲突成为名教危机最为突出的现实问题时,"礼缘人情"成为化解名教危机的

---

① (唐)杜佑:《通典》卷九十四《为出继母不服议》,中华书局 1988 年版,第 2550 页。

② (唐)杜佑:《通典》卷一百《丧遇闰月议》,中华书局 1988 年版,第 2653 页。

③ (北齐)魏收:《魏书》卷六十二《李彪传》,中华书局 1974 年版,第 1388 页。

④ (晋)陆机:《文赋》,载(清)严可均辑:《全晋文》卷九十七,商务印书馆 1999 年版,第 1025 页。

⑤ (梁)刘勰著,王运熙、周锋译注:《文心雕龙译注·情采》,上海古籍出版社 2010 年版,第 154 页。

⑥ (梁)刘勰著,王运熙、周锋译注:《文心雕龙译注·情采》,上海古籍出版社 2010 年版,第 153 页。

⑦ (梁)刘勰著,王运熙、周锋译注:《文心雕龙译注·史传》,上海古籍出版社 2010 年版,第 76 页。

　　重要命题。颜之推作为以儒家为主体思想的学者,在面对魏晋以来儒家礼教遭遇玄学思潮冲击而带来的危机时,提出"礼缘人情,恩由义断"的思考,是他为维护名教所做的积极努力。

　　事实上,玄学名士也在反思中开始思考玄礼合一的问题,如以放达著称的谢鲲,其子谢尚便提出:"典礼之兴,皆因循情理,开通弘胜。"①在南朝,不少学者都是玄礼双修,从空谈自然与名教的合一,转向在实际政治和社会生活中寻找玄礼合流的现实出路。

　　颜之推"礼缘人情"之说,也是对礼之"隆杀"原则的践履。荀子说礼"以隆杀为要"②。即随着时代的需要,礼应有相应的调整变革,或厚,或薄,或突出,或简省。东晋史学家干宝说:"礼有经有变有权。"③《宋书·礼志》说:"有国有家者,礼仪之用尚矣。然而历代损益,每有不同,非务相改,随时之宜故也。"④

　　礼之隆杀权变,在魏晋南北朝也时有发生。如三年之丧的改革,"汉文帝始革三年丧制"⑤,三年之丧被抛弃了。西晋武帝在父死之后,尊汉魏之典既葬除服,但他依旧"深衣素冠,降席撤膳"⑥,并以此礼终三年。泰始元年(265 年),晋武帝下诏"诸将吏二千石以下遭三年丧者,遣宁终丧"⑦。太康七年(286 年),"大鸿胪郑默母丧,既葬,当依旧摄职,固陈不起,于是始制大臣得终丧三年。"⑧

① (唐)房玄龄等撰:《晋书》卷七十九《谢尚传》,中华书局 1974 年版,第 2070 页。
② (清)王先谦:《荀子集解》卷十三《礼论》,中华书局 1988 年版,第 357 页。
③ (唐)房玄龄等撰:《晋书》卷二十《礼志中》,中华书局 1974 年版,第 638 页。
④ (梁)沈约:《宋书》卷十四《礼志序》,中华书局 1974 年版,第 327 页。
⑤ (梁)沈约:《宋书》卷十五《礼志二》,中华书局 1974 年版,第 386 页。
⑥ (唐)房玄龄等撰:《晋书》卷三《武帝纪》,中华书局 1974 年版,第 54 页。
⑦ (唐)房玄龄等撰:《晋书》卷三《武帝纪》,中华书局 1974 年版,第 53 页。
⑧ (唐)房玄龄等撰:《晋书》卷二十《礼志中》,中华书局 1974 年版,第 634 页。

由此确立为父母守丧三年的礼制。在丧服上,这一制度实际上是终三年谅暗之制,即"释服心丧",并不需要披麻戴孝三年。西晋以后至南朝(北朝则从魏孝文帝太和以后),皇帝的丧制基本上都是三年心丧,这是当时丧服制度的一个重大发明。

但在兵荒马乱的魏晋南北朝时期实行三年之丧,同样需要有权变思想,这就是所谓的夺情。如东晋末,刘毅在家守孝,刘裕起兵讨桓玄,刘毅"遂墨绖从事"①。当时社会动荡,"时内外多难,在丧者皆不终其哀"②。夺情,是不得不采用的权宜之策。早在三国时期,孙权于嘉禾六年春正月的诏书中说,对于三年之丧,"世治道泰,上下无事,君子不夺人情,故三年不逮孝子之门。至于有事,则杀礼以从宜,要绖而处事。故圣人制法,有礼无时则不行。遭丧不奔非古也,盖随时之宜,以义断恩。"③可见,孙权是主张在不得已的情况下是可以夺情的。值得注意的是,颜之推的"恩由义断",至少孙权就有这一思想了。

可见,礼缘人情、缘情制礼的思想,有着深厚的历史渊源,并在颜之推之后继续发展。如程颢说:"礼者因人情者也,人情之所宜则义也。"④程颐也说:"礼之本,出于民之情,圣人因而道之耳。礼之器,出于民之俗,圣人因而节文之耳。"⑤礼源自民情,圣人顺民情而制礼,义则是礼与情之间最好的中介。这和颜之推的"礼缘人情、恩由义断"有着惊人的相似。

---

① (唐)房玄龄等撰:《晋书》卷八十五《刘毅传》,中华书局 1974 年版,第 2207 页。
② (梁)沈约:《宋书》卷四十二《王弘传》,中华书局 1974 年版,第 1312 页。
③ (晋)陈寿撰,(宋)裴松之注:《三国志·吴书》卷二《吴主传》,中华书局 1959 年版,第 1141 页。
④ (宋)程颢、程颐:《二程集》,王孝鱼点校,中华书局 1981 年版,第 127 页。
⑤ (宋)程颢、程颐:《二程集》,王孝鱼点校,中华书局 1981 年版,第 327 页。

（二）礼缘人情的把握

礼缘人情，既有荀子所说礼义"养情"的一面，又有王充所谓"以礼防情"的一面，颜之推主张调和礼情冲突，对于礼、情关系的把握显然尤为重要。颜之推在《风操》篇重点涉及这一问题，礼缘人情落实到称谓、避讳、丧礼等日常礼节情境中时，结合当时南北社会的具体风习和人物行为表现，其主要观点如下：

1. 礼依人情而有权变

人之情，变动不居。情有迁移，由情而生的礼自然当有权变。孔子就谈到礼的损益问题，荀子所说的"隆杀"，也是说礼随时代变化而有相应的损益。

《颜氏家训》中记录了诸多细节，显示了礼在南北朝时期的变化，而且对其中的大部分权变之礼，颜之推持肯定态度。这反映了在玄学思潮对名教冲击之下，儒家学者主动对危机中的礼教进行调适的积极尝试。玄学的纵情固然带来越礼的问题，但儒家的"礼"原本就为"情"留下了地盘，此时，在适度原则下肯定情的地位与合法性，既可缓释与玄学在礼这一范畴上的激烈冲突，同时又克服"以礼制情"这一思维定式带来的对人情的负面评价，符合释放人情的时代风气，从而期求在情、礼合一的前提下维护礼教。既然玄学思潮在南朝更多地表现为在行为上的放达与对礼教的破坏性举动，那么，在礼教所涉及的现实生活的层面来探讨通过"礼缘人情"来调和玄儒矛盾，自然是对路的选择。这也说明魏晋以来玄学家提倡的"称情直往"的士风对颜之推带来了不小的影响。在《颜氏家训》中，颜之推从日常礼节上的诸多变化，讨论了礼的权变。

在称谓上，颜之推说："昔侯霸之子孙，称其祖父曰家公；陈思王称其父为家父，母为家母，潘尼称其祖曰家祖：古人之所行，今人之所笑也。"①在长辈的称谓前冠以"家"某的习惯,曹植等人所在的时代尚很流行,直到晋人潘尼时尚且如此,而到颜之推生活的时代这么称呼就被视为笑柄,只有乡下人保留这一习惯了。"蔡邕书集,呼其姑姊为家姑家姊;班固书集,亦云家孙:今并不行也。"②蔡邕、班固为东汉人,他们对姑、姊及晚辈,也冠以"家"某来称呼,在颜氏推的时代也不合时宜了。颜之推肯定了这一变化的合理性,理由是,尊于父者不敢称"家",子孙地位低,也不得称"家",已嫁姑姑、姊妹及其后代,已成外族,也不得称"家"。这一称谓变化符合儒家的尊卑、内外之别。同理,"王羲之书,称彼之母与自称己母同,不云尊字,今所非也。"③与王羲之相比,新的称谓礼节是:称呼别人的祖辈、父辈,皆加尊字,叔父母以下的辈分,则加贤字,这也是体现儒家以礼别尊卑的道理。颜之推还举自己对于亲表们的称谓,父亲的中表姐妹,称为某姓姑,母亲的中表姊妹,称为某姓姨。中外长辈的妻子,俚俗称呼为丈母,而士大夫称呼她们为王母、谢母等。"而《陆机集》有《与长沙顾母书》,乃其从叔母也,今所不行。"④

颜之推举了下面一个例子:

> 别易会难,古人所重;江南饯送,下泣言离。有王子侯,梁武帝弟,出为东郡,与武帝别,帝曰:"我年已老,与汝分张,甚以恻怆。"数行泪下。侯遂密云,赧然而出。坐此被责,飘飘舟渚,一百许日,卒不得去。北间风俗,不屑此事,歧路言离,欢笑分首。然人性自有少涕泪者,肠虽欲绝,目犹烂然;如此

---

① 王利器:《颜氏家训集解》卷二《风操》,中华书局 1993 年版,第 75 页。
② 王利器:《颜氏家训集解》卷二《风操》,中华书局 1993 年版,第 74 页。
③ 王利器:《颜氏家训集解》卷二《风操》,中华书局 1993 年版,第 76 页。
④ 王利器:《颜氏家训集解》卷二《风操》,中华书局 1993 年版,第 89 页。

之人,不可强责。①

别时容易相见难,故古人重离别之礼节,而江南礼数中,作别时往往要洒泪。而梁武帝的弟弟与武帝相别时,并未如武帝那样伤感落泪,尽管很悲伤,却始终掉不下眼泪,只好羞惭而退。别离之礼未为周全,武帝的弟弟在船上飘摇了一百多天还没法离去。对这一极端的情况,颜之推对看似违礼的武帝之弟抱以了深刻的同情。颜之推举此例是为了说明,有的人天生就泪腺不发达,即便伤心欲绝,依然目光烂然,对于这种人,就不应该强之以礼的外在形似,而应看其是否内心里真的合礼。这里,颜之推就人的差异性提出了差别化对待,不强求一致的礼义观。

《风操》篇举了另一个极端的例子:"魏世王修母以社日亡;来岁社日,修感念哀甚,邻里闻之,为之罢社。"②王修的母亲在社日离世,次年社日,王修哀伤难抑,好心的邻居为了成全他的孝心和安抚他的心灵,为之罢社。罢社之举,是乡亲为邻居的哀情所做的努力,而颜之推肯定了这一努力,即肯定了礼顺人情。社日里要祭祀土地神,罢社意味着罢礼,而颜之推在礼与情之间选择了情,在乡里乡亲与土地神之间选择了人,可见颜之推对人的尊重。

2. 反对过情与过礼

过情,则越礼;过礼,则扼情。颜之推主张守礼,但反对过礼;主张缘情,又反对过情。正如余英时所指出的那样:"但是'缘情制礼'并不是完全放纵,容许在礼法上'任情不羁'。事实上这一时代的新礼法有两个方面:一方面是禁止居丧不守礼之类的情况,另一方面则是防止居丧过礼。魏晋以来因'哀毁过礼'以致'毁几

---

① 王利器:《颜氏家训集解》卷二《风操》,中华书局 1993 年版,第 83 页。
② 王利器:《颜氏家训集解》卷二《风操》,中华书局 1993 年版,第 110 页。

灭性'的事例很多,这是大家都知道的。新礼法对过与不及都同样地加以限制,过礼有时候也是要受到批评甚至惩罚的。"①

过情往往表现在丧亲时的哀伤过度。这和汉以来"以孝治天下"对孝道的倡导有关,也和当时礼学重丧礼、丧服的思潮有关。钱穆说:"就《礼》学言,南方重《丧服》,如上述高僧远公,亦精此学,雷次宗以此负盛名,时与郑玄并称。《丧服》本属《仪礼》中一篇,所以别出成为一时显学者,正因当时门第制度鼎盛,家族间之亲疏关系,端赖丧服资识别,故丧服乃维系门第制度一要项。"②

门第士族以丧服别亲疏,宗法血统的远近亲疏,则直接关系到爵位与财产的承袭,故丧礼丧服的意义在南朝得到空前的重视。余英时说:"玄风南渡把名教危机从中土移植到江南,为了消解危机,南方才有玄礼双修的学风,丧服的研究因此特别发达。服制讲究得越敬畏,宗族的亲疏关系也就分辨得越细致。因为唯有如此,普遍化的'礼'才能最大限度地照顾到个别化的'情',使'情礼兼到'的境界成为可能。"③

在颜之推早年生活的梁代,即特重《礼》学,尤其是《丧服》经传。依礼,父母去世,子行三年丧。颜之推引《后汉书》记载东汉安帝时以至孝闻名的薛包的故事,薛包被后娘赶出家门后,日夜号泣,不愿离去,打都打不走。不得已,在父亲的住处外搭了个草庐住下,每天一大早就回家尽洒埽之礼。坚持了一年多,终于感动了父亲和后娘,让他回家生活。"后行六年服,丧过乎哀。"④颜之推肯定了薛包之孝,却否定了他过哀,六年不除丧服,过情,也不合

① 余英时:《士与中国文化》,上海人民出版社 2003 年版,第 382 页。
② 钱穆:《中国学术思想史论丛》(三),中华书局 2009 年版,第 145 页。
③ 余英时:《士与中国文化》,上海人民出版社 2003 年版,第 387 页。
④ 王利器:《颜氏家训集解》卷一《后娶》,中华书局 1993 年版,第 39 页。

礼。颜之推又举了身边亲人的一个例子,说明过情带来的悲剧。

> 思鲁等第四舅母,亲吴郡张建女也,有第五妹,三岁丧母。灵床上屏风,平生旧物,屋漏沾湿,出曝晒之,女子一见,伏床流涕。家人怪其不起,乃往抱持;荐席淹渍,精神伤怛,不能饮食。将以问医,医诊脉云:"肠断矣!"因尔便吐血,数日而亡。中外怜之,莫不悲欢。①

思鲁是颜之推的儿子,他舅母的妹妹三岁时因为丧母,后见到母亲的遗物,竟然触景生情,以至于肠断身亡。这是一个可怜而又可悲的故事,而悲剧的根源,在于哀伤过度,《礼记》云:"丧礼,哀戚之至也。节哀,顺变也。"②这个孩子因未懂节哀顺变之道,失去了宝贵的生命,颜之推对于过情过爱带来的悲剧充满了惋惜。

颜之推又说:"《礼经》:父之遗书,母之杯圈,感其手口之泽,不忍读用。"③此处文句本之《礼记·玉藻》:"父没而不能读父之书,手泽存焉尔。母没而杯圈不能饮焉,口泽之气存焉尔。"④颜之推肯定人之常情,因父亲之书与母亲之杯上留下的手口之泽,而不忍心再用,以免触动感慕之情怀。可他紧接着说:"若寻常坟典,为生什物,安可悉废之乎?"⑤从现实和经济的角度言,父母的遗物事实上不可能都废弃不用的,在这种情况下,就要想办法节制自己的感慕之情,以免触景生情带来与前一故事类似的伤害。

过礼,则可从颜之推对避讳的态度看到他如何反对避讳的绝对化和不尽人情。颜之推指出当时讲究避讳的现实是:"今人避

---

① 王利器:《颜氏家训集解》卷二《风操》,中华书局 1993 年版,第 108 页。
② 王文锦译解:《礼记·檀弓下》,中华书局 2016 年版,第 111 页。
③ 王利器:《颜氏家训集解》卷二《风操》,中华书局 1993 年版,第 107 页。
④ 王文锦译解:《礼记译解·玉藻》,中华书局 2016 年版,第 384 页。
⑤ 王利器:《颜氏家训集解》卷二《风操》,中华书局 1993 年版,第 107 页。

讳,更急于古。"①这就意味着,在颜之推眼里,当时人们讲避讳,有过礼现象。《风操》篇中颜之推以自己的亲身体会为证,他的亲朋中有避讳"襄"、"友"、"同"、"清"、"和"、"禹"等字的,应当避讳的太多,多到避无可避的程度时,违礼者说话很吃力,遭误伤者心里很悲苦,已经背离避讳之礼的初衷了。在这种情况下,颜之推提出"凡名子者,当为孙地。"②给儿子取名,得为孙子留有余地,别让孙子窘于父亲的名讳。但这并不能解决根本问题,因为避讳的烦琐,才是最需要解决的。

颜之推举当时避讳带来的荒诞现象:"凡避讳者,皆须得其同训以代换之。"③这是当时避讳的原则,即用同义词代替需避讳的字。如此带来的结果是:齐桓公名小白,五白这种博戏就有了"五皓"的称呼;淮南厉王名刘长,人性各有长短便说成了"人性各有修短"。长此以往,恐怕要把布帛称为布皓,肾肠唤作肾修了。梁武帝小名阿练,子孙都把练称作绢,而把销链物称为销绢物,就把意思弄错了。"或有讳云者,呼纷纭为纷烟;有讳桐者,呼梧桐树为白铁树,便似戏笑耳。"④上述种种近似荒谬的细节和现象,就是过度避讳的结果。

颜之推提出了改革避讳的主张,即不避同音异字:"其有同音异字,不可悉然。"⑤颜之推逆向推理:吕尚的儿子如果不能写"上"字,赵壹的儿子如果不能写"一"字,那就一下笔就犯难,一写字就犯讳了。因此,行文中的同音异字,就不该避讳。

---

① 王利器:《颜氏家训集解》卷二《风操》,中华书局 1993 年版,第 69 页。
② 王利器:《颜氏家训集解》卷二《风操》,中华书局 1993 年版,第 69 页。
③ 王利器:《颜氏家训集解》卷二《风操》,中华书局 1993 年版,第 65 页。
④ 王利器:《颜氏家训集解》卷二《风操》,中华书局 1993 年版,第 65 页。
⑤ 王利器:《颜氏家训集解》卷二《风操》,中华书局 1993 年版,第 112 页。

为尊者讳,本为尊亲之礼。但避讳过度,造成避无可避,就成过礼,这也是违背人情的表现。颜之推说:

> 《礼》云:"见似目瞿,闻名心瞿。"有所感触,恻怆心眼;若在从容平常之地,幸须申其情耳。①

颜之推肯定人们"申其情"的必要,但面临实在无法避讳的情况,也只好权且忍受。正如伯叔兄弟,和父亲长得很像,难道就为了避免见到他们后想其父亲,伤心肠断,就与伯叔断绝亲情往来吗?颜之推引《礼记·曲礼上》之意:"君所无私讳,大夫之所有公讳。诗书不讳,临文不讳,庙中不讳。"②说明避讳本身是有特殊情况特殊处理的理论依据。

颜之推在《风操篇》中又举拘泥于避讳的两个案例:一是"梁世谢举,甚有声誉,闻讳必哭,为世所讥。"③谢举的故事不是空穴来风,《齐东野语·避讳》:"梁谢举闻家讳必哭。"听到别人称先父母的名字就哭,诚为孝子,但避讳过度。二是臧逢世,萧绎掌治江州时,派他去建昌督促公事,当地黎民百姓纷纷给他写信,信件堆满了办公桌。因臧逢世父名臧严,信中凡是有"严寒"字样,他都会掉眼泪,不再察看回复,因此耽误了公事被召回。可见,拘泥于避讳的情况必须改革,"更急于古"的避讳之礼需要以"杀"礼的手段来解决。

3. 强调守礼

颜之推既肯定礼的变通要斟酌人情,又反对纵情,礼与情的调和,既守礼,又容情。这就意味着礼的有经有权,其不变之"经"乃是对"礼"的维护,即守礼。晋室南渡之初,颜之推的九世祖颜含,

---

① 王利器:《颜氏家训集解》卷二《风操》,中华书局 1993 年版,第 61 页。
② 王文锦译解:《礼记译解·曲礼上》,中华书局 2016 年版,第 29 页。
③ 王利器:《颜氏家训集解》卷二《风操》,中华书局 1993 年版,第 61 页。

就在礼教松动之际,坚持了守礼原则:

> 于时论者以王导帝之师傅,名位隆重,百僚宜为降礼。太
> 常冯怀以问于含,含曰:"王公虽重,理无偏敬,降礼之言,或
> 是诸君事宜。鄙人老矣,不识时务。"①

颜含力排众议,不愿与俗俯仰,坚决不为与司马氏共天下的王导降
礼,显示了颜氏家族对儒家礼教的坚守。

颜之推为维护礼教于不坠,虽以调和论对礼俗变化有所妥协,
但其礼学思想核心,仍为守礼,礼缘人情,也不能越过礼的边界。
我们不妨从颜之推在丧礼及取名、称谓、避讳等方面的训诫,来看
他如何强调守礼。

首先,看颜之推对丧礼的态度。前文叙及颜之推不主张丧亲
后哀伤过度,反对不近人情的居丧过礼,因为这种过礼行为背后实
则纵情。值得注意的是,与此同时,颜之推在对《礼记》和《孝经》
中的丧礼规范加以研究,对南北两地丧礼风俗进行比较考察后,特
别提出了要防止居丧不守礼的现象发生。

> 《礼·间传》云:"斩缞之哭,若往而不反;齐缞之哭,若往
> 而反;大功之哭,三曲而哀;小功缌麻,哀容可也,此哀之发于
> 声音也。"《孝经》云:"哭不哀。"皆论哭有轻重质文之声也。
> 礼以哭有言者为号;然则哭亦有辞也。江南丧哭,时有哀诉之
> 言耳;山东重丧,则唯呼苍天,期功以下,则唯呼痛深,便是号
> 而不哭。②

《礼记》要求丧礼中不同丧服等级的人,其哭有不同的方式,服丧
者与死者的关系亲疏不一,表达的哀容自然有区别。颜之推论述

---

① (唐)房玄龄等撰:《晋书》卷八十八《颜含传》,中华书局 1974 年版,第
2287 页。
② 王利器:《颜氏家训集解》卷二《风操》,中华书局 1993 年版,第 95 页。

了"哭有轻重质文之声",并根据丧礼对边哭边哀诉成为号为依据,说明哀哭可以有言辞。与北方人号而不哭相比,颜之推显然觉得江南居丧哀哭更符合礼数。

在江南,如遭重丧,住在同一个城邑的好朋友如果三天内不来吊丧,就与他断绝关系;除丧以后如果相遇,就会远远地躲开,以此怨艾其不怜悯自己。实在有事或者道路遥远不能来吊丧,写信致吊也可以,如果连书信也没有,就要断绝关系。颜之推说这只是江南的丧俗,北方人则不这样。

江南人在冬至和岁首两个节日,不去丧家吊唁,如果不写信的话,过完节再去。而北方人在这两个节日里则特别重视吊唁之礼。颜之推对这一南北礼俗差异的态度是:北俗"礼无明文,则吾不取"①。

颜之推还描绘了江左官员子孙除服后朝见皇帝和太子时的礼俗:

> 除服江左朝臣,子孙初释服,朝见二宫,皆当泣涕;二宫为之改容。颇有肤色充泽,无哀感者,梁武薄其为人,多被抑退。裴政出服,问讯武帝,贬瘦枯槁,涕泗滂沱,武帝目送之曰:"裴之礼不死也。"②

梁武帝重丧亲之哀,一方面黜退除服后不泣涕、无哀感的人,一方面赞赏"贬瘦枯槁,涕泗滂沱"的裴政,颜之推虽未对武帝的态度明确评价,但显然他认同武帝的观点。

以上都是颜之推对江左丧俗的肯定。不过,北方的丧俗也并非一无是处,丧家与吊丧的宾客之间的相见之礼,颜之推赞赏

---

① 王利器:《颜氏家训集解》卷二《风操》,中华书局1993年版,第77页。
② 王利器:《颜氏家训集解》卷二《风操》,中华书局1993年版,第103页。

北俗：

> 南人宾至不迎，相见捧手而不揖，送客下席而已；北人迎送并至门，相见则揖，皆古之道也，吾善其迎揖。①

北方因胡人统治对礼俗有破坏，但北朝多习郑玄礼，受玄风影响较小，故能保持一些古礼，如颜之推这里肯定的北人迎揖之礼，就是如此。

不管南北丧俗如何有差异，颜之推臧否、选择的原则，是以合礼为准衡的。对于不合礼的行为，颜之推均予以批判。如江南在新生儿满周岁之日有"试儿"之俗，即今天的抓周。每逢"试儿"之日，会聚亲朋，设宴招待。一些无教之徒，在双亲去世后，过生日依旧痛饮酒肉、纵情声色，不知有所感伤。"梁孝元年少之时，每八月六日载诞之辰，常设斋讲；自阮修容薨殁之后，此事亦绝。"②颜之推对有恩于自己的梁元帝也不吝批评，可见他对守礼的坚持。颜之推还批评江东士庶"痛则称祢"的现象，他指出："祢是父之庙号，父在无容称庙，父殁何容辄呼？"③

其次，看看颜之推在取名、称呼、避讳等细节上对礼的维护。

颜之推很重视名字，说："古者，名以正体，字以表德，名终则讳之，字乃可以为孙氏。"④依古礼，长辈的名要避讳，字既然可以作为孙子的氏，就可以不避讳。所以颜之推肯定"江南至今不讳字"⑤的做法，而河北士人名、字不分，二者皆讳，颜之推显然并不认同。

---

① 王利器：《颜氏家训集解》卷二《风操》，中华书局1993年版，第77页。
② 王利器：《颜氏家训集解》卷二《风操》，中华书局1993年版，第115页。
③ 王利器：《颜氏家训集解》卷二《风操》，中华书局1993年版，第117页。
④ 王利器：《颜氏家训集解》卷二《风操》，中华书局1993年版，第92页。
⑤ 王利器：《颜氏家训集解》卷二《风操》，中华书局1993年版，第92页。

名字既然如此重要,故取名应当慎重。颜之推对取古人之名为己名的做法不敢苟同,如司马长卿仰慕蔺相如便取名相如、顾元欢仰慕蔡邕而取名雍,朱伣仰慕荀子而字孙卿,许遄仰慕颜回而字颜回,还有梁代取名晏婴、祖孙登之类的人,"连古人姓为名字,亦鄙事也"①。

对于称谓的违礼现象,颜之推也不惜笔墨指正,如"或有指名为豚犊者"②、称同僚为"陶朱公大儿耳"而"彼比欢笑,不以为嫌"者③,都是称呼上的不敬与违礼。"齐朝士子,皆呼祖仆射为祖公,全不嫌有所涉也,乃有对面以相戏者。"④对祖珽的戏称,实则对自己长辈的亵渎与不尊重,颜之推自然予以批评。

他称须敬慎,自称也不得含糊。颜之推以孔子及门人皆以名自称,从而对北方的自称习俗予以肯定:"北人多称名者,乃古之遗风,吾善其称名焉。"⑤

他称中,颜之推最重视对亲属的称呼。"凡亲属名称,皆须粉墨,不可滥也。"亲属的称呼一定要分辨清楚,不能随意而行。有的人祖父母去世后,称呼外祖父母与称呼祖父母相同,颜之推称之为"无风教者"。颜之推要求称呼外祖父母一定要加"外"字,称呼父母的伯父叔父,应加上他们的长幼顺序来予以区别,称呼父母的伯母、叔母,要加上他们的姓氏来加以区别,称呼父母的堂伯堂叔、堂伯母堂叔母以及堂祖父母,都应当加上他们的爵位或姓氏来区别。"河北士人,皆呼外祖父母为家公家母;江南田里间亦言之。

---

① 王利器:《颜氏家训集解》卷二《风操》,中华书局 1993 年版,第 71 页。
② 王利器:《颜氏家训集解》卷二《风操》,中华书局 1993 年版,第 71 页。
③ 王利器:《颜氏家训集解》卷二《风操》,中华书局 1993 年版,第 72 页。
④ 王利器:《颜氏家训集解》卷二《风操》,中华书局 1993 年版,第 91 页。
⑤ 王利器:《颜氏家训集解》卷二《风操》,中华书局 1993 年版,第 78 页。

以家代外,非吾所识。"①颜之推对北方人及江南乡间"以家代外"的称呼方式不予认同,认为是违礼之举。

江南礼俗中,对外称同辈的宗亲为族人,而江北中原人则没有称族的习惯,颜之推称中土人"于礼未通",说明他肯定的是江南称族的礼俗。

称谓的古今变化和南北差异,特别是对亲属如何称谓才算合礼,颜之推进行了深入细致的探讨,表现出重礼的思想倾向。颜之推讨论了诸多南北礼俗的差异,或认同南俗,或首肯北俗,在融合南北礼乐文化的过程中,他以合礼为最重要的标准。以维护礼教为最终目的,是颜之推礼缘人情的情礼观念的前提。

四、性情礼义

性情关系是儒家思想的核心范畴之一。郭店楚简论性情,《性自命出》云:"性自命出,命自天降。道始于情,情生于性。"论情、礼关系,《语丛二》云:"情生于性,礼生于情。"思孟学派提出"天→命→性→情→礼"这一生发序列,为缘情制礼的学说提出了最初的理论支持。

《中庸》说"天命之谓性",《礼记》以"喜、怒、哀、惧、爱、恶、欲"为七情②。大体言之,人性禀受于天,纯善,情则受外物熏染,故有善有恶。情恶的可能,意味着性情冲突的可能。

颜之推时时以中庸之道为处世原则并希望子孙代代相传,从"时中"的意义上而言,中庸意味着对度与平衡的把握。恰恰因未真正达至中庸之平衡点,而导致思想与行为的失衡,这种失衡,带

---

① 王利器:《颜氏家训集解》卷二《风操》,中华书局 1993 年版,第 86 页。
② 参见王文锦译解:《礼记译解·礼运》,中华书局 2016 年版,第 268 页。

给颜之推终其一生的困惑与心理纠结,使他陷入某种无法消解无法挣脱的悖论中。

这种悖论境遇,使得颜之推"每常心共口敌,性与情竞,夜觉晓非,今悔昨失"①。这种自我折磨是刻骨铭心的,又是无可奈何的,这是南北朝时期不少士人共同的痛苦与创伤。这一矛盾,便是颜之推"性与情竞"的性情冲突。

具体而言,颜之推的性情冲突表现在以下困境中:

比如对生与死的纠结。对于生死的认识,颜之推真实的内心诉求当如下:"夫生不可不惜,不可苟惜。涉险畏之途,干祸难之事,贪欲以伤生,谗慝而致死,此君子之所惜哉:行诚孝而见贼,履仁义而得罪,丧身以全家,泯躯而济国,君子不咎也。"②颜之推珍惜生命,排斥冒险、遭祸、贪欲、谗慝等危害生命、无谓而死的一切行为,同时又抱守儒家舍生取义、为国捐躯、不苟且偷生的生死观。但这种状态的生与死的平衡,在颜氏推的现实境遇中,却是难以达成的。事实上,颜之推三为亡国之人,并未有"泯躯而济国"的举动,而是五朝为官,活下来为其首要选择,并告诫子孙"养生先须虑祸,全身保性"③。这种对自我生死观的现实否定,带来的必然是内心的煎熬与纠结。

再如对夷与夏的纠结。儒家的夷夏之辨立场分明:内诸夏而外夷狄。颜之推举家冒险奔北齐,为的是南归梁土,显然西魏与北齐的鲜卑政权,相对于梁朝的汉族政权而言,夷夏的分量轻重,是不言而喻的。可最终,颜之推仕于西魏、北齐、北周三个少数民族政权,亡国后流离辗转,不得不认同于命运的安排,臣于夷狄与华

---

① 王利器:《颜氏家训集解》卷一《序致》,中华书局 1993 年版,第 4 页。
② 王利器:《颜氏家训集解》卷五《养生》,中华书局 1993 年版,第 362 页。
③ 王利器:《颜氏家训集解》卷五《养生》,中华书局 1993 年版,第 361 页。

夏文化中心主义的行为与心理认同的悖反,给颜之推带来的同样是无法自我派遣的内心痛楚。

又如对君与臣关系的纠结。颜之推反对"忠孝无闻,仁义不足"①,深信"不屈二姓,夷、齐之节也"②,要求"诚臣徇主而弃亲"③,显然颜之推有儒家的忠君思想,但他同时说"君臣固无常分矣"④。后者的说法,某种程度上有一种自我安慰与自我解脱的意味,否则颜之推就不会有"小臣耻其独死,实有愧于胡颜"⑤的羞惭了。

内心认同与行为选择的脱节,这种失衡,恰恰是对他中庸思想的某种反动,这一切造成了颜之推的自我分裂,成为颜之推毕生的人生痛苦之源、内心矛盾之源,颜之推说自己一生都在性与情的冲突中展开生命进程的。颜之推作出了知其无可奈何而安之若命的选择,当痛苦无法消解时,他有时候不得不以自我解释来完成自我解脱。

> 计吾兄弟,不当仕进;但以门衰,骨肉单弱,五服之内,傍无一人,播越他乡,无复资廕;使汝等沈沦厮役,以为先世之耻;故黾冒人间,不敢坠失。兼以北方政教严切,全无隐退者故也。⑥

颜之推的上述表白,是想告诉后人,之所以自己动机与行为出现如此大的背离,一是为了家族门第的传承,一是因为外在的压力。这

---

① 王利器:《颜氏家训集解》卷三《勉学》,中华书局 1993 年版,第 166 页。
② 王利器:《颜氏家训集解》卷四《文章》,中华书局 1993 年版,第 258 页。
③ 王利器:《颜氏家训集解》卷五《归心》,中华书局 1993 年版,第 391 页。
④ 王利器:《颜氏家训集解》卷四《文章》,中华书局 1993 年版,第 258 页。
⑤ 颜之推:《观我生赋》,载(唐)李百药:《北齐书》卷四十五《颜之推传》,中华书局 1972 年版,第 623 页。
⑥ 王利器:《颜氏家训集解》卷七《终制》,中华书局 1993 年版,第 599 页。

种辩解,今天看来应该是可以理解的。而在颜之推,却毕生难以自我解脱。

至于情、礼关系,从冲突角度看,是礼以制情;从融合角度看,是缘情制礼。侧重点不一,故两汉与魏晋南朝的情礼观出现一大变革。颜之推强调"礼缘人情",反映了南朝儒家学者反思魏晋玄学对纲常伦理的破坏性思潮所带来的弊端,试图通过礼的变通及礼与情的调和,在理性基础上维护礼教的地位。

颜之推是在承认被魏晋玄学高扬过的"情"的基础上来论"礼"的。在《风操》篇中,颜之推多处提及人情并由此展开情、礼范畴的论述。

如:"《礼》云:'见似目瞿,闻名心瞿。'有所感触,恻怆心眼;若在从容平常之地,幸须申其情耳。"①这里颜之推引《礼记·杂记下》,承认孝子对于亡亲的形象、名字会触动感慕、悲思之情,这种发自内心的哀戚与思慕之情,是正常的人情,颜之推给予了认可,并提出了"申其情"的主张。于是,下面的礼俗便是符合人情、可"申其情"的情形:"己孤,而履岁及长至之节,无父,拜母、祖父母、世叔父母、姑、兄、姊,则皆泣;无母,拜父、外祖父母、舅、姨、兄、姊,亦如之:此人情也。"②失去了父亲,在元旦和冬至两个节日里,拜见父亲一系的亲人,自然要哭泣,失去母亲亦然。这是礼,也是忍不住的人情。但履礼过度,就容易犯不近人情的毛病。颜之推说:"近在扬都,有一士人讳审,而与沈氏交结周厚,沈与其书,名而不姓,此非人情也。"③为了迎合朋友的避讳,在与朋友书时将自己的姓给省略了,这就是避讳过度、违背人情的举动,颜之推此处显然

---

① 王利器:《颜氏家训集解》卷二《风操》,中华书局 1993 年版,第 61 页。
② 王利器:《颜氏家训集解》卷二《风操》,中华书局 1993 年版,第 102 页。
③ 王利器:《颜氏家训集解》卷二《风操》,中华书局 1993 年版,第 64 页。

更重"情"。

　　颜之推赋予"情"以一定的地位,是追求个性自由与人性尊严的时代进步观念在一个传统儒者身上投射出的结果。

　　颜之推又提出"恩由义断"的命题,这就是礼与情的调和以"义"为标准,从情礼范畴来复兴礼教,将情礼从观念推向道德实践。朱子学生陈淳说:"义就心上论,则是心裁制决断处。宜字乃裁断后字。裁断当理,然后得宜。凡事到面前,便须有剖判,是可是否。"①也就是说,"义"涉及道德判断,或是,或非,须有所决断,决断正确,然后得宜。由此,而有义者宜也的诠释。

　　结合以上背景,我们再综合颜之推的"礼缘人情,恩由义断"②这一命题,可知:礼生于人情,故须缘人情以制礼,情与礼由过往偏于"以礼制情"的冲突关系缓和为情礼合一的关系;情礼之合一,须建立在"义"的基础上,是否合义,则要看是否得理。这样,情、礼、义、理四者便连为一体。颜之推恰恰很注重礼义是否在"理"。

　　如《风操》篇说:"言及先人,理当感慕。"③当先人的名字一旦被提及,即刻生出感慕之心,是理所当然的事。这种被触发的"情",正是颜之推所肯定的人情,也是合礼的,而合礼,则正因其合理。该篇还举了不合礼的情形,如关于取名,周公名子曰禽,孔子名儿曰鲤,这类名字只和被命名的人自身相关,自然说得过去。至于一些人被取名为"虮虱"、"犬子"、"狗子"之类,"上有连及,理未为通"。也就是说,这类不敬的名字涉及当事人的父辈,自然就情理上说不过去了,因为"狗仔"这一名称蕴涵其父为"狗"的逻辑推断。同理,取名"翁归"、"思妣"、"少孤"之类的名字,则蕴涵

————————————

①　(宋)陈淳:《北溪字义·仁义礼智信》,中华书局 1983 年版,第 19 页。

②　王利器:《颜氏家训集解》卷二《风操》,中华书局 1993 年版,第 105 页。

③　王利器:《颜氏家训集解》卷二《风操》,中华书局 1993 年版,第 79 页。

着诅咒父母早死的逻辑。从取名合礼要"通理",可推而广之。

《风操》篇又引《礼记》中"忌日不乐"①的礼的规定性,引出先人忌日不接外宾、不理众务的礼俗。但颜之推更强调的是忌日孝子对先人的追慕之心,而不徒在乎其形式。他尖锐批评忌日里出现的如下现象:"世人或端坐奥室,不妨言笑,盛营甘美,厚供斋食;迫有急卒,密戚至交,尽无相见之理:盖不知礼意乎!"②在颜之推看来,那些在先人忌日里虽然藏身密室,却谈笑生风,美食依旧,并未践行"忌日不乐"的礼敬。而他们对于那天因紧要之事前来拜会的亲戚至友,却认为无相见之理,这是不懂礼的真意。颜之推举此例说明,是否明相见之理,是判断是否真正知礼的前提。《风操》篇还举称谓的例子,兄弟的儿子丧父后,在当着他们的面与别人说话时,直称他们为兄之子或弟之子,是很不忍心的;北方人大多称呼他们为"姪"。颜之推考证,《尔雅》《丧服经》《左传》中,"姪"的称呼虽说男女通用,但都是相对于姑姑而言的。晋代以来,才开始有叔姪的称呼。颜之推说:"今呼为姪,于理为胜也。"③单称"姪"的称谓之礼,颜之推给予了高度肯定,正因从情理上说更为恰当,可避免触发叔姪并称带来已孤之侄的伤心。在这里,颜之推强调"理胜"则礼当。

《孔子家语·论礼》说:"夫礼者,理也;乐者,节也。无礼不动,无节不作。"④颜之推引过《家语》,可知他对《家语》的熟悉。《家语》以理训礼,颜之推则提出理当、理通、理胜等范畴,以理性的态度来调和情礼冲突,为摆脱名教危机作出了自己的积极努力。

---

① 王利器:《颜氏家训集解》卷二《风操》,中华书局 1993 年版,第 109 页。
② 王利器:《颜氏家训集解》卷二《风操》,中华书局 1993 年版,第 109 页。
③ 王利器:《颜氏家训集解》卷二《风操》,中华书局 1993 年版,第 82 页。
④ 《孔子家语》卷六《论礼》,中华书局 2011 年版,第 326 页。

到朱熹提出:"礼者,天理之节文;乐者,天理之和乐。"①应当肯定,颜之推是礼→理学说发展史的关键一环。

第二节　立身之要

国之本在家,家之本在身,作为一本以家庭教育为宗旨的家训著作,颜之推训诫子孙,自然以家庭伦理的坚守,家庭关系的和谐为要务。就家庭成员而言,修身以齐家很重要;就家庭成员的关系而言,父子、夫妇、兄弟以及亲朋之间的相处之道也很重要。由此两个层次,构建和谐的家庭伦常关系。

《大学》云:"古之欲明明德于天下者,先治其国;欲治其国者,先齐其家;欲齐其家者,先修其身;欲修其身者,先正其心;欲正其心者,先诚其意;欲诚其意者,先致其知;致知在格物。"修身、齐家为《大学》八条目中两大重要环节,颜氏家族以儒学传世,颜之推传承家学,教言子弟,自然推重修身、齐家思想,作为家族精神传承的基石。

一、忠信

对于孔子的思想,曾子总结道:"夫子之道,忠恕而已矣。"②《论语·述而》又说:"子以四教:文,行,忠,信。"可见,忠为孔子思想的核心范畴之一。对于君臣关系,孔子的原则是:"君使臣以

---

① (宋)黎靖德编:《朱子语类》卷二十五《论语七·八佾篇》,中华书局1986年版,第604页。

② (魏)何晏注,(宋)邢昺疏:《论语注疏》卷四《里仁》,北京大学出版社1999年版,第51页。

礼,臣事君以忠。"①在《论语》中,还六次出现孔子所力主的"忠信",如《论语·子罕》:子曰:"主忠信,毋友不如己者,过则勿惮改。"

皇侃疏"忠恕","忠谓尽中心也,恕谓忖我以度于人也。"②忠恕也就意味着"内忖己心,外以度物。"对于《学而》篇"主忠信",皇侃疏曰:"忠信为心,百行之主也。"③

忠,皇侃理解为尽己之心,尽心事君,即忠君;尽心事父,即忠孝;尽心待朋友,即忠信。颜之推对于如何事君、事父,提出了自己的忠君、忠孝、忠信观。

关于忠君,事君尽己,即为忠臣,《归心》篇说:"诚臣徇主而弃亲"④,忠臣有尽心进谏之义务,故《勉学》又说:"见危授命,不忘诚谏"⑤。

关于忠孝,颜之推说:"夫圣贤之书,教人诚孝,慎言检迹,立身扬名,亦已备矣。"⑥

关于忠信,《归心》篇说:"如以行善而偶钟祸报,为恶而傥值福徵,便生怨尤,即为欺诡;则亦尧、舜之云虚,周、孔之不实也,又欲安所依信而立身乎?"⑦颜之推提出的疑问中,包含了一个鲜明的逻辑推理:他肯定"依信而立身"。可见,信,在颜之推这里乃立身之本。

① (魏)何晏注,(宋)邢昺疏:《论语注疏》卷三《八佾》,北京大学出版社1999年版,第41页。
② (梁)皇侃:《论语义疏》卷二《里仁第四》,中华书局2013年版,第91页。
③ (梁)皇侃:《论语义疏》卷一《学而第一》,中华书局2013年版,第13页。
④ 王利器:《颜氏家训集解》卷五《归心》,中华书局1993年版,第391页。
⑤ 王利器:《颜氏家训集解》卷三《勉学》,中华书局1993年版,第165页。
⑥ 王利器:《颜氏家训集解》卷一《序致》,中华书局1993年版,第1页。
⑦ 王利器:《颜氏家训集解》卷五《归心》,中华书局1993年版,第385页。

诚臣即忠臣,诚谏即忠谏,诚孝即忠孝。在《颜氏家训》中,"忠"均写为"诚",隋文帝杨坚父名杨忠,隋人为避讳,故以"诚"字代"忠"字。

为什么以"诚"代"忠"?

"诚"为《中庸》的重要范畴,《中庸》说:"诚者,天之道也;诚之者,人之道也。"天道流行,无丝毫之妄,故天道为诚。而人之道,以自己的心合乎天之道,故诚之。就人而言,诚也与"忠"的尽己一样,也需要心的能动性。《孟子》继《中庸》而讲"反身而诚",而讲"诚者,天之道也;思诚者,人之道也"①。从天命而论,人本具诚心;就工夫而论,须反身而诚。正如《中庸》所说:"自诚明,谓之性;自明诚,谓之教。诚则明矣,明则诚矣。"人须以《中庸》所说的"择善而固执之"的力量,以心向善并持之以恒地行善,也就达到了诚的境界。而如果尽己之心到了无丝毫遗漏,也同样达到了诚的境界。可见,忠和诚在人之道上有相通点,故"忠"、"诚"往往连用。颜之推也说"诚己刑物"②,人自明诚,方可为物之范。

那么,颜之推又如何认识"忠"呢?

第一,颜之推对忠的理解,强调的是在经世致用的层面,对于君主的辅佐,对于君命的有效执行。如对于使臣而言,不辱使命即是忠。"五则使命之臣,取其识变从宜,不辱君命。"③对于执政之臣而言,为治国安邦而运筹帷幄,献计献策,以实现国富民强,也即是忠。"入帷幄之中,参庙堂之上,不能为主尽规以谋社稷,君子

① (汉)赵岐注,(宋)孙奭疏:《孟子注疏》卷七下《离娄章句上》,北京大学出版社1999年版,第200页。
② 王利器:《颜氏家训集解》卷三《勉学》,中华书局1993年版,第162页。
③ 王利器:《颜氏家训集解》卷四《涉务》,中华书局1993年版,第315页。

所耻也。"①

第二，颜之推还强调，忠是有原则的，不是无条件的俯首称臣，而是要敢于坚持正确的道路，对于君主要敢于劝谏。《颜氏家训》中就多次出现"谏"二字，如苦谏、谏净、讽谏等，颜之推主张的则是诚谏，也就是忠谏。

> 未知事君者，欲其观古人之守职无侵，见危授命，不忘诚谏，以利社稷，恻然自念，思欲效之也。②

颜之推说，人之所以要读书学问，对于那些不懂事君的人来说，要学古人的笃守职责，不以下陵上；危急时刻挺身而出，不惜牺牲生命；以国家利益为重，不忘忠诚进谏的使命。以上这些，都可以视为对君之忠。

第三，颜之推认为，必要时刻，对君主要有"杀身成仁"以尽忠报国的思想准备。"行诚孝而见贼，履仁义而得罪，丧身以全家，泯躯而济国，君子不咎也。"③

《养生》篇举了两个忠臣的案例，都发生在侯景之乱时。"侯景之乱，王公将相，多被戮辱，妃主姬妾，略无全者。唯吴郡太守张嵊，建义不捷，为贼所害，辞色不挠。"④当时，王公将相，大多想苟且偷生，结果白白忍受了屈辱却照样被杀了头。只有吴郡太守张嵊，不屈不挠而死。

《梁书》载有张嵊本传，记载了他不愿投降、抗敌致死的细节：

> 贼行台刘神茂攻破义兴，遣使说嵊曰："若早降附，当还以郡相处，复加爵赏。"嵊命斩其使，仍遣军主王雄等帅兵于

---

① 王利器：《颜氏家训集解》卷五《诫兵》，中华书局1993年版，第354页。
② 王利器：《颜氏家训集解》卷三《勉学》，中华书局1993年版，第166页。
③ 王利器：《颜氏家训集解》卷五《养生》，中华书局1993年版，第362页。
④ 王利器：《颜氏家训集解》卷五《养生》，中华书局1993年版，第363页。

鱣溆逆击之,破神茂,神茂退走。侯景闻神茂败,乃遣其中军侯子鉴帅精兵二万人,助神茂以击嵊,嵊遣军主范智朗出郡西拒战,为神茂所败,退归。贼骑乘胜焚栅,栅内众军皆土崩。嵊乃释戎服,坐于听事,贼临之以刃,终不为屈,乃执嵊以送景,景刑之于都市,子弟同遇害者十余人。①

王夫之说:"魏、晋以降,廉耻丧而忠臣泯。岂无慷慨之士,气堪一奋者哉?无以自持,而因无以自继,则虽奋而终馁也。持其廉耻以养其忠孝于不衰者,自归诸从容蹈义之君子,非慷慨之能也。于梁之亡而得二君子焉,太子大器及吴兴太守张嵊是已。"②

另一个例子是鄱阳王世子谢夫人,"登屋诟怒,见射而毙"③,登上屋顶怒骂贼军,结果被射死。

《勉学》篇中,颜之推举北齐宦者内参田鹏鸾作为好学的典范,田鹏鸾勤学的不仅仅是学问,还有为主尽忠的品格。北齐后主在北周大军压境后,逃奔青州,派遣田鹏鸾打探敌军动静,为周军抓获。周军问他后主一行往哪跑了,田鹏鸾骗说道:"已走了,恐怕已经出境了。"周军不相信,试图以严刑逼他开口,没想到,他的四肢每打断一条,神色反而更坚毅,结果四肢打断,被活活打死。颜之推感叹:"蛮夷童丱,犹能以学成忠,齐之将相,比敬宣之奴不若也。"④

卢文弨之注说,颜之推上文提到的不忠之将相,指的是:"将相,谓开府仪同三司贺拔伏恩、封辅相、慕容钟葵等宿卫近臣三十余人,西奔周师;穆提婆、侍中斛律孝卿皆降周;高阿那肱召周军,

---

① （唐）姚思廉:《梁书》卷四十三《张嵊传》,中华书局1973年版,第610页。
② （清）王夫之:《读通鉴论》卷十七《简文帝》,中华书局1975年版,第509页。
③ 王利器:《颜氏家训集解》卷五《养生》,中华书局1993年版,第363页。
④ 王利器:《颜氏家训集解》卷三《勉学》,中华书局1993年版,第202页。

约生致齐主,而屡使人告言,贼军在远,以致停缓被获,颜氏故有此愤恨之言。"①

北齐后主的臣子中,在国家危亡、君主险难之际,或投降,或逃跑,更可悲的,高阿那肱还里通外敌,最终害得一国之主落入敌手,自己也成为留下千古骂名的叛臣。田鹏鸾作为一位少数民族的少年,尚且学会了对君主的忠诚,而北齐的将相们,相形之下,其人格高下自然不言而喻。

第四,颜之推的忠,又是矛盾的,或者说有其无可奈何之处。

> 不屈二姓,夷、齐之节也;何事非君,伊、箕之义也。自春秋以来,家有奔亡,国有吞灭,君臣固无常分矣。②

颜之推一方面肯定伯齐、叔夷不食周粟而饿死首阳山有忠君之节,另一方面,他又肯定伊尹何事非君、箕子不弃商纣的做法。《史记·宋微子世家》:"纣为淫泆,箕子谏,不听。人或曰:'可以去矣。'箕子曰:'为人臣谏不听而去,是彰君之恶而自说于民,吾不忍为也。'乃被发佯狂而为奴。"③伊尹的言论,见《孟子·公孙丑上》:"何事非君,何使非民,治亦进,乱亦进,伊尹也。"④不避治乱,依旧为进取之臣,这在某种程度上依然为忠臣的表现。但颜之推又认同"君臣固无常分",这就意味着臣下转投他主有了理论依据。《左传》:"史墨曰:'社稷无常奉,君臣无常位,自古以然。'"⑤

---

① 王利器:《颜氏家训集解》卷三《勉学》注,中华书局1993年版,第204页。
② 王利器:《颜氏家训集解》卷四《文章》,中华书局1993年版,第258页。
③ (汉)司马迁撰,(宋)裴骃集解,(唐)司马贞索引,(唐)张守节正义:《史记》卷三十八《宋微子世家》,中华书局1959年版,第1609页。
④ (汉)赵岐注,(宋)孙奭疏:《孟子注疏》卷三上《公孙丑章句上》,北京大学出版社1999年版,第78页。
⑤ (周)左丘明传,(晋)杜预注,(唐)孔颖达正义:《春秋左传正义》卷五十三,北京大学出版社1999年版,第1528页。

汤武革命的合法性是儒家讨论的重要话题之一,颜之推没有从汤武革命的角度来看君臣关系问题,但他一方面提倡忠君,一方面又说"君臣固无常分",王利器认为:"此颜氏自解之辞也。"[1]颜之推一生在梁、西魏、北齐、北周、隋五朝为官,并没有如他激赏的张嵊、田鹏鸾那样尽忠尽节。江陵陷没,颜之推未如爷爷颜见远那样绝食殉节,而是心怀耻辱踏上北行之路,当时心态"小臣耻其独死,实有愧于胡颜"[2]。颜之推一生中的矛盾心态,"每常心共口敌,性与情竞,夜觉晓非,今悔昨失"[3]当是最恰当的写照,而这种自我折磨,多源自于流转数朝之间的经历,与不能尽忠于君的现实。这一切,对于长于儒家门庭的颜之推而言,其内心的挣扎可想而知,他转而以何事非君的思想来寻找自我安慰的理由,也是情理之中的事。

在忠孝思想面临佛教信仰的矛盾时,颜之推同样为自己开脱:"求道者,身计也;惜费者,国谋也。身计国谋,不可两遂。诚臣徇主而弃亲,孝子安家而忘国,各有行也。"[4]崇信佛教,是身计;不损赋算,是国谋。颜之推认为二者不可兼得,犹如忠孝不能两全,以此来解释,归心佛教,有其可理解处。

颜之推为什么如此强调忠君思想呢?

魏晋以降,名教遭遇空前的危机,君君、臣臣的君臣名分,在玄学的越名教而任自然乃至无君论的思潮中,遭到严峻的挑战。曹氏逼刘氏禅位引发的一系列权臣夺位事件,特别是在东晋门阀政

---

[1] 王利器:《颜氏家训集解》卷四《文章》,中华书局1993年版,第259页。

[2] 颜之推:《观我生赋》,载(唐)李百药:《北齐书》卷四十五《颜之推传》,中华书局1972年版,第623页。

[3] 王利器:《颜氏家训集解》卷一《序致》,中华书局1993年版,第4页。

[4] 王利器:《颜氏家训集解》卷五《归心》,中华书局1993年版,第391页。

治体系中,主弱臣强、权臣制主的局面,由王、谢所代表的士族门第接棒维持,固有的君臣关系被逆转。于是,在魏晋南北朝,君不得为臣纲,故忠君思想弱化;士族门第壮大,故孝悌思想强化。

在这一历史背景下,颜之推所经历的"侯景之乱"和北齐灭亡事件中,苟且偷生为臣下普遍行为。《观我生赋》如此感慨台城被围时的情形:"勤王踰于十万,曾不解其搤吭,嗟将相之骨鲠,皆屈体于犬羊。"①当时勤王之兵号称 10 万,却逡巡不进,致使侯景叛军攻陷台城,梁武帝饿死。

钱穆说:"侯景围台城,如纶、如绎、如纪、如詧之徒,皆拥兵不救,忍委其祖、父以喂寇贼之口。盖南朝除门第名士外,人才意气率更不成。"②不仅梁武帝子孙无忠孝之举,还上演了叔侄相残的家庭悲剧。《观我生赋》就直言"子既损而侄攻,昆亦围而叔袭","骨肉相诛而涕泣"的结局,正是因为无人愿意"丧身而全家",只为自身利益着想,抛弃了忠孝之义。让我们来看当时的一个细节:

> 景败,克迎候王僧辩,问克曰:"劳事夷狄之君",克不能对。次问玺绂何在?克默然良久曰:"赵平原将去。"平原名思贤,景腹心也,景授平原太守,故克呼焉。僧辩乃诮克曰:"王氏百世卿族,便是一朝而坠。"③

王克在"侯景之乱"中屈臣于侯景,王僧辩同为王氏,故对王克去就夷狄之君的行为痛心疾首,认为辱没了王氏百世门风。钱穆如此总结:"南朝世族无功臣,亦无殉节者。"④类似说法,王鸣盛《十

---

① (唐)李百药:《北齐书》卷四十五《颜之推传》,《观我生赋》,中华书局1972年版。

② 钱穆:《国史大纲》,商务印书馆1996年版,第269页。

③ (唐)李延寿:《南史》卷二十三《王球传》附《王克传》,中华书局1975年版。

④ 钱穆:《国史大纲》,商务印书馆1996年版,第273页。

七史商榷》卷四十九《晋书七》有《晋少贞臣》条目,而赵翼《陔余丛考》卷第十七则感叹:"六朝忠臣无殉节者。"[1]

在这种历史背景下,颜之推重提忠信思想,便有了时代的价值。一方面,随着隋朝大一统的恢复,君主集权的政治需要提振君权,扭转主弱臣强的君臣关系,故提倡忠君思想、恢复君君臣臣的君臣之伦,为大势所趋。另一方面,魏晋南北朝两百余年的政治实践,臣下对君主的制衡力量也有其积极价值所在,故颜之推没有简单地迷信忠君,而是提出以忠谏的方式避免君权失控。颜之推"君臣固无常分"[2]的思想,则是他建立新型君臣关系的理论贡献。而这一切,是在"性与情竞"的痛苦中探索出来的,他的纠结,正是谋求突破的必经之路。

二、慕贤

《颜氏家训》中特撰写《慕贤》篇,足见对贤者的推崇。贤,《说文》云:"贤,多才也。"贤才,往往德行与才能兼具,颜之推所慕之贤,当德才兼备。

颜之推的慕贤思想,主要表现在:

第一,从身心修为的角度,要敬重贤者、亲近贤者、与贤者交游、以贤者为仿效对象,进而成为贤人。

慕贤的理由,在于圣贤难得,古人云:"千载一圣,犹旦暮也;五百年一贤,犹比髆也。"[3]一千年出一个圣人,有如从早上到晚上那么快;五百年出一个贤士,就像比肩而出这么多了。圣贤既如此

① (清)赵翼:《陔余丛考》卷十七《六朝忠臣无殉节者》,河北人民出版社1990年版,第308页。
② 王利器:《颜氏家训集解》卷四《文章》,中华书局1993年版,第258页。
③ 王利器:《颜氏家训集解》卷二《慕贤》,中华书局1993年版,第127页。

稀缺,一旦有幸与之遭遇,自然当攀附景仰,特别是对于深受乱世之苦、流徙之痛的颜之推而言,在人生际遇中碰到过形形色色的人,更觉得贤人的可贵,故而对他们生出心醉、魂迷、向慕之心。

这种慕贤思想,实乃上承孔孟。孔子即主张"益者三乐":"乐节礼乐,乐道人之善,乐多贤友,益矣。"①与贤者为友,为三乐之一。孟子也说:"仁者无不爱也,急亲贤之为务。"②

孔子进而提出:"见贤思齐焉,见不贤而内自省也。"③向贤者看齐,在颜之推看来,能使少年时心智发育尚未定型的阶段,经常接受贤者言行举止、品格才华的熏染,能产生潜移默化的影响,从而自己不知不觉间向贤人靠拢。

颜之推引《说苑·杂言篇》所载孔子之语:"与善人居,如入兰芷之室,久而不闻其香,则与之化矣;与恶人居,如入鲍鱼之肆,久而不闻其臭,亦与之化矣。"④又引墨子染丝悲叹的典故:"子墨子见染丝者而叹曰:'染于苍则苍,染于黄则黄,所入者变,其色亦变,五入必而已则为五色矣。故染不可不慎也!'"⑤染丝不可不慎,交游自然更不可不慎。颜之推引孔子"无友不如己者",确立了慕贤的标准:既然颜、闵之徒难得,"但优于我,便足贵之"⑥。只要比我更为贤达,即可以之为贵,仰慕之,思齐之。

---

① (魏)何晏注,(宋)邢昺疏:《论语注疏》卷十六《季氏》,北京大学出版社1999年版,第227页。
② (汉)赵岐注,(宋)孙奭疏:《孟子注疏》卷十三下《尽心章句上》,北京大学出版社1999年版,第378页。
③ (魏)何晏注,(宋)邢昺疏:《论语注疏》卷四《里仁》,北京大学出版社1999年版,第52页。
④ (汉)刘向撰,向宗鲁校证:《说苑校证》卷十七《杂言》,中华书局1987年版,第434页。
⑤ (清)孙诒让:《墨子闲诂》卷一《所染》,中华书局2001年版,第12页。
⑥ 王利器:《颜氏家训集解》卷二《慕贤》,中华书局1993年版,第128页。

第二,强调任用贤人,让贤者有用武之地,甚至贤者是否见用,事关国家成败兴亡。

任贤思想也是儒家政治思想的重要范畴,如《论语·子路》:"仲弓为季氏宰,问政。子曰:'先有司,赦小过,举贤才。'"孟子也主张任人唯贤,"见贤焉,然后用之"①。孟子提出尊贤使能的政治主张:"贤者在位,能者在职。"②"尊贤使能,俊杰在位,则天下之士皆悦,而愿立于其朝矣。"③

荀子亦有类似主张:"故尊圣者王,贵贤者霸,敬贤者存,慢贤者亡,古今一也。"④荀子要求对圣贤贵之、敬之,如果怠慢了他们,就会自取灭亡。故荀子的王霸思想体系中,其方法论即是:"隆礼尊贤而王,重法爱民而霸。"⑤

颜之推认为只要比自己贤,就当见贤思齐。这就意味着,可以在身边发现贤才,颜之推恰恰批评的就是不重视身边贤才的现象:"世人多蔽,贵耳贱目,重遥轻近。少长周旋,如有贤哲,每相狎侮,不加礼敬;他乡异县,微藉风声,延颈企踵,甚于饥渴。"⑥用今天的话来说,就是俗语所说的"外来的和尚好念经",这一流弊今天依旧让多少人才被埋没掉!事实上,真正比较起来,那些得宠的"外来和尚",并没高明到哪里去,甚至比身边的人才还要差。颜

---

① (汉)赵岐注,(宋)孙奭疏:《孟子注疏》卷三二下《梁惠王章句下》,北京大学出版社1999年版,第51页。
② (汉)赵岐注,(宋)孙奭疏:《孟子注疏》卷三下《公孙丑章句上》,北京大学出版社1999年版,第88页。
③ (汉)赵岐注,(宋)孙奭疏:《孟子注疏》卷三下《公孙丑章句上》,北京大学出版社1999年版,第90页。
④ (清)王先谦:《荀子集解》卷十七《君子》,中华书局1988年版,第453页。
⑤ (清)王先谦:《荀子集解》卷十九《大略》,中华书局1988年版,第485页。
⑥ 王利器:《颜氏家训集解》卷二《慕贤》,中华书局1993年版,第130页。

之推分析这种心理时,以孔子为例,在孔子身边的鲁人眼里,他并未被当成圣人来看待,而只是一个普通的邻居而已,当外人问到孔子的情况,他们只是说:"他呀,就是东边那个叫丘的人,东家丘嘛!"颜之推还举例说,虞国的宫之奇,因为和国君关系密切,他进谏的话,国君也就不当回事,结果,当晋国提出假道于虞以伐虢时,国君不听宫之奇的劝阻,让晋军从自己的国土上开过去灭了虢国,晋师在回军的时候,顺便把虞国也灭了。正因虞国国君不留心身边贤者的意见,所以才导致了亡国的悲剧。

颜之推还举自己身边的贤才为例,梁元帝萧绎坐镇荆州时,有一个叫丁觇的,文笔很好,还写得一手好字,尤其擅长草书和隶书,萧绎府中的文书,基本上都靠他代劳。但幕府中的人并不看重他,不允许自己的子弟学他的书法,还如此攻击他:"丁君十纸,不敌王褒数字。"①萧绎有一次让人送文章给祭酒萧子云看,萧子云是王褒的姑父,也擅长草隶,见到丁觇的书法,大为称奇:"这么好的字,谁写的啊? 怎么会默默无闻呢? 真是咄咄怪事!"王褒因为是萧子云的亲戚,为世人所重。而萧子云夸了丁觇的书法后,丁觇也才慢慢为人所知。颜之推从小喜欢书法,收藏了丁觇不少真迹。随着江陵陷殁,萧绎让丁觇写的文书信札慢慢就弄丢了,丁觇不久后也在扬州离世。"前所轻者,后思一纸,不可得矣。"②如果当时收藏热如今天,唯一欣赏且收藏丁觇书法的颜之推,恐怕要因自己懂得赏识身边贤才而身价倍增了。

第三,对治国安邦、经天纬地之才应当推重,如何用好这些人才,是慕贤的重中之重。

---

① 王利器:《颜氏家训集解》卷二《慕贤》,中华书局1993年版,第133页。
② 王利器:《颜氏家训集解》卷二《慕贤》,中华书局1993年版,第133页。

颜之推依旧举例说明,先举南朝,看看羊侃在"侯景之乱"中的表现:

> 侯景初入建业,台门虽闭,公私草扰,各不自全。太子左卫率羊侃坐东掖门,部分经略,一宿皆办,遂得百余日抗拒凶逆。于时,城内四万许人,王公朝士,不下一百,便是恃侃一人安之,其相去如此。①

羊侃当时的身份是都官尚书,侯景包围台城后,羊侃划出防御区,安排萧家宗室各守一区,而自己则防卫东掖门。侯景攻城,台城守军大乱,纷纷抢夺武库兵器,羊侃杀一儆百;并又谎称得到城外射来的书信,说是救兵马上赶到。很快,他便安定了城内的人心。

颜之推又举北朝的例子,说明任用贤人的重要。北齐文宣帝高洋即位几年后,便沉湎酒色,纵欲恣睢,无视法纪,可他还能委政于尚书令杨愔,"凡有善政,皆遵彦之为;是以主昏于上,国治于下,朝野贵贱,至于今称之。"②后来,孝昭帝高演猜忌杨愔,设下鸿门宴,在酒席上把杨愔抓走之后杀了。从此,北齐政治走向衰微。

北齐大将斛律明月的冤死,则为北齐走向灭亡的道路雪上加霜。斛律明月即斛律光,为斛律金之子,自小勇武过人,为射雕英雄,为北齐对阵北周屡建战功。北周将军韦孝宽忌恨其英勇,便向齐都邺城传播谣言说:"百升飞上天,明月照长安"、"高山不推自崩,槲树不扶自竖"。谣言暗示斛律明月谋反篡位,结果,君臣合谋,谎称帝赐骏马,骗来斛律明月将其杀死,还下诏称他谋反,后尽灭其族。周武帝后来灭北齐,进入邺城,指诏书曰:"此人若在,朕

---

① 王利器:《颜氏家训集解》卷二《慕贤》,中华书局 1993 年版,第 137 页。
② (隋)卢思道:《北齐兴亡论》,载《文苑英华》,转引自王利器:《颜氏家训集注》卷二《慕贤》,中华书局 1993 年版,第 139 页。

岂能至邺?"①

颜之推叹息:"斛律明月齐朝折冲之臣,无罪被诛,将士解体,周人始有吞齐之志,关中至今誉之。此人用兵,岂止万夫之望而已也! 国之存亡,系其生死。"②

颜之推还举例说明,任用贤才的反面即任用群小,其中危害有如溃穴之蝼蚁。如张延俊担任晋州行台左丞,这是北齐与北周的边境重镇,张延俊在此坐镇,辅佐将帅,筹措军备,储备粮食,爱护百姓。但一批不得志的小人,却合伙把他整走了,结果,贤人去,小人出,北周大军压境,晋州第一个沦亡。"齐亡之迹,启于是矣。"③颜之推从群小得志这一小小细节,看到了国家危亡的可怕后果。

任贤思想是儒家的传统,颜之推以专篇讨论,究竟有什么特别的意义呢?

这和魏晋以来才性问题的讨论有关。西汉以来流行的选拔官吏的制度中,举贤良即为重要的察举方式之一。王仲荦指出:"在国家统一时代,官吏的来源,大要不出'察举'和'征辟'两途。察举是由中央政府下诏规定政府所需要的人才的性质,如'贤良方正'、'直言极谏'、'武猛堪将帅'之类,要地方政府在其辖境下发现这种人才,推荐上去。至于各级官府选拔有才能的人做官僚,或者是中央政府直接从'布衣'或地方上卑微的官吏或做过高官的人中挑选人才,给他大官做,那就叫做征辟了。"④

不论察举还是征辟,在才性(即人的才能与德性)上是统一的,德行正是衡量人才的重要标准。刘劭《人物志》从材质论人,

① (唐)李百药:《北齐书》卷十七《斛律光传》,中华书局 1972 年版,第 226 页。
② 王利器:《颜氏家训集解》卷二《慕贤》,中华书局 1993 年版,第 138 页。
③ 王利器:《颜氏家训集解》卷二《慕贤》,中华书局 1993 年版,第 141 页。
④ 王仲荦:《魏晋南北朝史》,中华书局 2007 年版,第 131 页。

《九征》篇说:"盖人物之本,出乎情性。"①刘劭禀阴阳以立性,故牟宗三说:"此言情性是从人之材质一面言,不从人之德性一面言。故刘昞注云:'性质禀之自然,情变由于习染。'"②

《人物志》开启了才性名理的讨论后,钟会《四本论》继续讨论了才性同异分合问题。《世说新语·文学》中《钟会撰〈四本论〉》条注引《魏志》说:"四本者:言才性同,才性异,才性合,才性离也。尚书傅嘏论同,中书令李丰论异,侍郎钟会论合,屯骑校尉王广论离。"③

曹操唯才是举,在制度上开启用人上的才性分离,而刘劭以材质论人即为魏国的用人制度提出理论依据。李丰、王广属于曹魏集团,故主张才性异、才性离。

曹丕篡汉,制"九品官人法",这一制度的实施初期,尚有才性合一的基础。马端临《文献通考·选举考一》:"州、郡、县俱置大小中正,各取本处人在诸府公卿及台省郎吏有德充才盛者为之,区别所管人物,定为九等。其有言行修著则升进之,或以五升四,以六升五;倘或道义亏缺则降下之,或自五退六,自六退七矣。"可见不仅任中正之职者需考察德、才,被中正考察的对象,如果德行不好,会被降品。阎步克说:"中正根据德行和才能把士人评定为上上到下下九等。从这些'品'被系于个人一点看,'中正品'是一种'人之品',它所区分的是士人的个人才德;但与此同时,王朝也为各个具体官职规定了相应的中正品资格,即如某官须用第几品之

① 王晓毅:《人物志校注今译·九征》,载王晓毅:《知人者智:〈人物志〉解读》,中华书局 2008 年版,第 64 页。
② 牟宗三:《才性与玄理》,吉林出版集团有限责任公司 2010 年版,第 43 页。
③ (南朝宋)刘义庆著,(南朝梁)刘孝标注,余嘉锡笺疏:《世说新语笺疏》,中华书局 2011 年版,第 170 页。

类,那么这时'中正品'就不仅仅是'人之品'了,它也构成了一种'官之品',也区分着官职的资望高下。"①阎步克承认中正品首先是关乎人品,且德行和才能是考量的两大主要标准。笔者认为,"官之品"并非与"人之品"同时,而只是一种为官资质,是"人之品"之后的事。宋人岳珂说:"择以州郡之贤有识鉴者为之,区别人物,第其高下。则其初立品,似非品秩也,乃人品也。"②既然是人品,自然会受到汉末以来品题人物的风气影响,才能、贤德自然是考虑的基本要素。又如卫瓘说:"魏氏承颠覆之运,起丧乱之后,人士流移,考详无地,故立九品之制,粗且为一时选用之本耳。其始造也,乡邑清议,不拘爵位,褒贬所加,足为劝励,犹有乡论余风。"③而乡论,正是汉以来考察人物所依据的民间舆论。川胜义雄如此解释:"所谓乡论,当然是各地的舆论,再具体地说,就是在各地进行的人物评论,主要是甄别、支持当地的贤者、有德者。"④就乡论而言,才能与德性兼具,是考察人物的标准。川胜义雄进一步说,九品中正制一开始的基本精神实则乡论主义,"九品中正制度如果单纯沿着它的基本精神发展下去,应该以贤德为基准决定每个人物的等级顺序,产生贤德者的等级秩序,而不是建立门第高下的贵族之社会"。但现实则偏离了轨道,"九品中正制脱离其本来的精神,归根结底是因为授予乡品的'中正'官并非如字面所表

---

① 阎步克:《品位与职位——秦汉魏晋南北朝官阶制度研究》,中华书局2001年版,第313页。
② (宋)岳珂:《愧郯录》卷七《官品名意之讹》,中华书局2016年版,第87页。
③ (唐)房玄龄等撰:《晋书》卷三十六《卫瓘传》,中华书局1974年版,第1058页。
④ [日]川胜义雄:《六朝贵族制社会研究》,上海古籍出版社2007年版,第43页。

示的那样中正，而是偏向权利者一方。"①这一点唐代的柳芳在讨论士族时有如下概括："魏氏立九品，置中正，尊世胄，卑寒士，权归右姓已。其州大中正、主簿、郡中正、功曹，皆取著姓士族为之，以定门胄，品藻人物。晋、宋因之，始尚姓已。"②

随着九品官人法的进一步发展，大中正、中正逐渐由门阀士族所把持，结果，由乡论依才性合一为标准评判人物、自下而上推举官员的传统一改为由中正自上而下品评人物。宫崎市定由此分析："那就是本来应该根据个人的才德，却不知从什么时候开始被置换为贵族主义。中正本来的职责是收集下面的舆论向上传达，但是，自从中央的司徒决定州中正、州中正决定邑中正之后，自上而下的道路大敞，中正评定乡品也由下情上达陷入为迎合上意而捏造基层舆论的结果。"③随着九品官人法的实施，以德行品藻人物的举贤良制度受到削弱，才德标准被门第高低所置换，正如宫崎市定所指出："中正给予的乡品，原来应是对个人才德的评价，故不应该考虑家世等因素。然而，随着上品无寒门的贵族制度盛行，乡品就变成依据门第来决定了。"④故这一制度先后遭到了刘毅、卫瓘、李重等人的批判，特别是刘毅，提出了"九品八损"之说，他的上疏批评得十分尖锐：

> 或以货赂自通，或以计协登进，附托者必达，守道者困悴。无报于身，必见割夺；有私于己，必得其欲。是以上品无寒门，

---

① ［日］川胜义雄：《六朝贵族制社会研究》，上海古籍出版社 2007 年版，第 73 页。

② （宋）欧阳修、宋祁：《新唐书》卷一百九十九《柳冲传》，中华书局 1975 年版，第 5677 页。

③ ［日］宫崎市定：《九品官人法研究》，中华书局 2008 年版，第 96 页。

④ ［日］宫崎市定：《九品官人法研究》，中华书局 2008 年版，第 147 页。

下品无势族。①

后来又有卫瓘上疏,提出"尽除中正九品之制,使举善进才,各由乡论"②。即恢复古时候的乡里选举制度。刘毅和卫瓘的上疏得到了肯定,但并没有被采纳。薛琡也提出:"臣请依汉氏更立四科,令三公贵臣各荐时贤,以补郡县,明立条格,防其阿党之端。"③薛琡的建议得到了一次廷议的机会,但最终也不了了之。恢复乡论,意味着对以德行即才性相合为标准选人的恢复。

随着小名寄奴、家贫无势的宋武帝刘裕代晋,"寒门掌机要"逐渐在江南政权中浮现。如中书之职,"宋文世,秋当、周纠并出寒门。孝武以来,士庶杂选,如东海鲍照,以才学知名。"④梁武帝也有类似的举动,如天监八年下诏:"其有能通一经,始末无倦者,策实之后,选可量加叙录。虽复牛监羊肆,寒品后门,并随才试吏,勿有遗隔。"⑤《隋书》载梁时"五经馆生皆引,寒门俊才,不限人数。"⑥颜之推记载当时"举世怨梁武帝父子爱小人而疏士大夫"⑦,士大夫们抱怨的就是梁武帝父子启用寒门子弟。不分寒庶,通经即可为吏,这意味着在制度上回归了才性相合的儒家任贤思想。

---

① (唐)房玄龄等撰:《晋书》卷四十五《刘毅传》,中华书局1974年版,第1274页。

② (唐)房玄龄等撰:《晋书》卷三十六《卫瓘传》,中华书局1974年版,第1058页。

③ (唐)李百药:《北齐书》卷二十六《薛琡传》,中华书局1972年版,第370页。

④ (梁)萧子显撰:《南齐书》卷五十六《倖臣传序》,中华书局1972年版,第972页。

⑤ (唐)姚思廉:《梁书》卷二《武帝纪中》,中华书局1973年版,第49页。

⑥ (唐)魏徵等撰:《隋书》卷二十六《百官志上》,中华书局1973年版,第724页。

⑦ 王利器:《颜氏家训集解》卷四《涉务》,中华书局1993年版,第318页。

在北朝,苏绰也批判了当时的现实:"自昔以来,州郡大吏,但取门资,多不择贤良;末曹小吏,唯试刀笔,并不问志行。"①苏绰起草的《六条诏书》,其中第四条即为"擢贤良",这也意味着对重门第、才性分离的门阀制度的挑战。日本学者谷川道雄对此有精彩的分析:"第四条的基本趣旨,概言之即才能与德行的兼备。才能是行政的实际能力,德行则指对行政道德化的人格。如果称前者为务实性的话,后者则可称为道义性。为了政治理想的实现,二者必须相互激励并存。一方面,道义性通过务实性首先被实现;另一方面,务实性正是由于与道义性结合才被赋予了正当的意义。而能够体现这二者相互关系的人格,就构成了官吏的理想形象。"②

颜之推生活的时代,选举制度积弊犹在,故他对慕贤的强调有切肤之感。颜之推的先祖还有典选举的职履,如颜竣即以擢人严肃认真而著称,标准也当参照儒家任贤思想:

> 孝建元年,转吏部尚书,领骁骑将军。留心选举,自强不息,任遇既隆,奏无不可。其后谢庄代竣领选,意多不行。竣容貌严毅,庄风姿甚美,宾客喧诉,常欢笑答之。时人为之语曰:"颜竣嗔而与人官,谢庄笑而不与人官。"③

综上所述,颜之推的慕贤思想,在修身上主张见贤思齐,在治国上主张任贤使能,同时指出慕贤不分大小,身边的贤人尤须注意。贤才事关身心修为与国家兴亡,可不慎乎?颜之推的慕贤思想,是才性离、才性异思想及九品中正制对举贤良这一推崇德才兼备的用人制度的破坏后,在人才观上的拨乱反正,为日后科举取士以儒家兼重德性与才能的用人标准,提供了理论准备。正如谷川

---

① (唐)李延寿:《北史》卷六十三《苏绰传》,中华书局1974年版,第2234页。

② [日]谷川道雄:《中国中世社会与共同体》,中华书局2002年版,第224页。

③ (梁)沈约:《宋书》卷七十五《颜竣传》,中华书局1974年版,第1960页。

道雄所说:"贤才主义理念很快就作为科举制度而得以具体化了,如果是这样的话,支撑隋唐帝国的科举制,就的确成为超越了门阀制度的狭隘性,而以机会均等来吸引广大士大夫层的事物了。"①吉川忠夫也说:"在对于不是以个人的能力而是家格的高下来决定一切的贵族社会予以批判的同时,也作为理念而开启了向着依靠专门学问就能够获得官职的科举官僚社会的一种展望。即他在学问中看到了绝对的价值,而且他承认学问是'伎'也与此不是没有关系的。所谓科举官僚社会,不言而喻就是开始于隋唐时代的新体制。"②

第三节　整齐门内

颜之推在《序致》篇中这样解释自己写作《颜氏家训》一书的用意:

夫圣贤之书,教人诚孝,慎言检迹,立身扬名,亦已备矣。魏、晋已来,所著诸子,理重事复,递相模学,犹屋下架屋,床上施床耳。吾今所以复为此者,非敢轨物范世也,业以整齐门内,提撕子孙。③

颜之推谓,古代圣贤写的书,教人忠孝、言语谨慎、行为端正,立身扬名等道理,已经说得很完备了。而魏晋以来所做的诸子之书,道理重复,内容因袭,犹如叠床架屋,多此一举。而自己之所以不避嫌疑又来写子书,不敢说用来作为人们出世的规范,只是想以此整

---

① 　[日]谷川道雄:《中国中世社会与共同体》,中华书局 2002 年版,第 160 页。
② 　[日]吉川忠夫:《六朝精神史研究》,江苏人民出版社 2010 年版,第 234 页。
③ 　王利器:《颜氏家训集解》卷一《序致》,中华书局 1993 年版,第 1 页。

顿自家门风、提醒子孙后辈而已。故从《颜氏家训》,可一窥其家庭伦理思想,其中包括家风俭奢的选择、家庭伦常的维护、家人关系的和谐等。

一、俭而不吝

对于治家而言,是奢侈浪费,还是勤俭节约;是节俭持家,还是吝啬待人,是判断家风门风的重要参照。

> 孔子曰:"奢则不孙,俭则固;与其不孙也,宁固。"又云:"如有周公之才之美,使骄且吝,其余不足观也已。"然则可俭而不可吝已。俭者,省约为礼之谓也;吝者,穷急不邮之谓也。
>
> 今有施则奢,俭则吝;如能施而不奢,俭而不吝,可矣。①

颜之推反对奢侈及由此而来的傲慢不恭,同时也反对吝啬。过犹不及,颜之推做了折中,核心观点是"可俭而不可吝"。他定义"俭"为俭省节约而又合乎礼数,定义"吝"为不关照穷困急难中的人。现实中多见的是,能施舍者很奢侈,能节俭者很吝啬,颜之推认同的是能施予而不奢侈,能节俭又不吝啬。

具体而言,颜之推关于治家奢俭问题,主要有以下观念:

第一,反对奢侈,力主俭约。

颜之推身仕南北,《颜氏家训》对南北文化及其风尚多有比较,在奢、俭范畴上,颜之推如此评价两地风气。

> 今北土风俗,率能躬俭节用,以赡衣食;江南奢侈,多不逮焉。②

总体而言,北土俭朴,江南奢侈,这是恰当的置评。

---

① 王利器:《颜氏家训集解》卷一《治家》,中华书局1993年版,第43页。
② 王利器:《颜氏家训集解》卷一《治家》,中华书局1993年版,第43页。

　　魏晋以来,渐兴奢侈浮华的社会风气。被学者广为引用的即是西晋初期石崇与王恺竞相比奢的事件:"恺作紫丝布步障四十里,崇作锦步障五十里以敌之。崇涂屋以椒,恺用赤石脂。崇、恺争豪如此。"①这一奢华竞赛甚至吸引了皇帝的参与。

　　晋室南渡,奢侈之风吹遍江南。世家大族,不乏因豪门而豪奢的高门富第。如刘宋时期,"内总朝政,外供军旅"、官至尚书仆射的刘穆之,"性奢豪,食必方丈,旦辄为十人馔。穆之既好宾客,未尝独餐,每至食时,客止十人以还者,帐下依常下食,以此为常。"②

　　宋高祖刘裕生性俭约,可他最宠爱的儿子江夏王刘义恭,却与其父迥异:"而奢侈无度,不爱财宝,左右亲幸者,一日乞与,或至一二百万;小有忤意,辄追夺之。"③

　　谢灵运以文才流誉至今,同时亦以奢侈而闻名于世:"性奢豪,车服鲜丽,衣裳器物,多改旧制,世共宗之,咸称谢康乐也。"④

　　南齐第一个皇帝萧道成,在夺取刘宋政权之前,曾上书提出禁断民间奢华饰品的 17 条建议:

　　　　大明、泰始以来,相承奢侈,百姓成俗。太祖辅政,罢御府,省二尚方诸饰玩。至是又上表禁民间华伪杂物:不得以金银为箔,马乘具不得金银度,不得织成绣裙,道路不得著锦履,不得用红色为幡盖衣服,不得剪彩帛为杂花,不得以绫作杂服饰,不得作鹿行锦及局脚棕柏床、牙箱笼杂物、彩帛作屏郭、锦缘荐席,不得私作器仗,不得以七宝饰乐器又诸杂漆物,不得

---

① (唐)房玄龄等撰:《晋书》卷三十三《石崇传》,中华书局 1974 年版,第 1007 页。
② (梁)沈约:《宋书》卷四十二《刘穆之传》,中华书局 1974 年版,第 1306 页。
③ (梁)沈约:《宋书》卷六十一《刘义恭传》,中华书局 1974 年版,第 1650 页。
④ (梁)沈约:《宋书》卷六十七《谢灵运传》,中华书局 1974 年版,第 1743 页。

以金银为花兽,不得辄铸金铜为像。①

从萧道成的上书,可反过来推测当时奢侈之风不仅为皇室与豪门专属,而且已经流入民间,渗透进日用器物服饰之间。宋帝禅位后,萧道成便力刹奢华之风,且从宫廷做起:"太祖创命,宫禁贬约,毁宋明之紫极,革前代之逾奢,衣不文绣,色无红采,永巷贫空,有同素室。"②

到梁时,豪门奢侈风尚犹在,如夏侯夔"性奢豪,后房伎妾曳罗縠饰金翠者亦有百数"③。羊侃也生性豪侈,"姬妾侍列,穷极奢靡"④。

贺琛向梁武帝上书陈事,其中就包括谏止淫奢:

> 淫奢之弊,其事多端,粗举二条,言其尤者。夫食方丈于前,所甘一味。今之燕喜,相竞夸豪,积果如山岳,列肴同绮绣,露台之产,不周一燕之资,而宾主之间,裁取满腹,未及下堂,已同臭腐。又歌姬舞女,本有品制,二八之锡,良待和戎。今畜妓之夫,无有等秩,虽复庶贱微人,皆盛姬姜,务在贪污,争饰罗绮。⑤

贺琛举例所指斥的,主要是饮食上的奢靡浪费与娱乐上的荒淫过度。值得注意的是,梁武帝对贺琛的上书写了长文进行辩解,他并不苟同贺琛的看法:"昔之牺牢,久不宰杀,朝中会同,菜蔬而已,意粗得奢约之节。"⑥梁武帝的反驳,是基于他自己的节俭行为。

---

① (梁)萧子显撰:《南齐书》卷一《高帝纪上》,中华书局 1972 年版,第 14 页。

② (梁)萧子显撰:《南齐书》卷二十《皇后传·史臣曰》,中华书局 1972 年版,第 394 页。

③ (唐)姚思廉:《梁书》卷二十八《夏侯夔传》,中华书局 1973 年版,第 422 页。

④ (唐)姚思廉:《梁书》卷三十九《羊侃传》,中华书局 1973 年版,第 561 页。

⑤ (唐)姚思廉:《梁书》卷三十八《贺琛传》,中华书局 1973 年版,第 544 页。

⑥ (唐)姚思廉:《梁书》卷三十八《贺琛传》,中华书局 1973 年版,第 548 页。

确实,梁武帝是崇尚俭约,甚至是以身作则的,《梁书》不惜肯定他"以俭先海内"①。我们不妨来看看下面的细节:

> 日止一食,膳无鲜腴,惟豆羹粝食而已。庶事繁拥,日傥移中,便漱口以过。身衣布衣,木绵皂帐,一冠三载,一被二年……贵妃以下,六宫袆褕三翟之外,皆衣不曳地,傍无锦绮。②

梁朝时的士大夫,身居高位而力行俭约的人也不少,如文坛领袖、尚书令沈约:"性不饮酒,少嗜欲,虽时遇隆重,而居处俭素。"③又如周舍:"性俭素,衣服器用,居处床席,如布衣之贫者。"④又如到溉:"冠履十年一易,朝服或至穿补。"⑤

颜之推欣赏的同时代文人为裴子野,"裴子野有疏亲故属饥寒不能自济者,皆收养之;家素清贫,时逢水旱,二石米为薄粥,仅得遍焉,躬自同之,常无厌色。"⑥裴子野能接济家境贫寒的亲朋与老部下,可以说是"能施",和收养到自家中的人一起喝粥度日,可以说是"可俭"。以上二者合起来,与颜之推批判的"有施则奢"恰恰形成鲜明的对照。《梁书》说裴子野"遗命俭约,务在节制"⑦。可以说俭约当是裴子野的一贯作风。

第二,俭而不吝,诫贪诫吝。

俭到极致,就难免流于吝啬、悭吝之人,自古有恶评,所以颜之推没有多讲道理,只举几例,便足以警醒后生。

---

① (唐)姚思廉:《梁书》卷五十三《良吏传序》,中华书局1973年版,第765页。
② (唐)姚思廉:《梁书》卷三《武帝纪下》,中华书局1973年版,第97页。
③ (唐)姚思廉:《梁书》卷十三《沈约传》,中华书局1973年版,第236页。
④ (唐)姚思廉:《梁书》卷二十五《周舍传》,中华书局1973年版,第376页。
⑤ (唐)姚思廉:《梁书》卷四十《到溉传》,中华书局1973年版,第568页。
⑥ 王利器:《颜氏家训集解》卷一《治家》,中华书局1993年版,第44页。
⑦ (唐)姚思廉:《梁书》卷三十《裴子野传》,中华书局1973年版,第444页。

《治家》篇举了个吝啬鬼的故事,说南阳有个人家里很有钱,却秉性非同一般地俭省吝啬。

> 冬至后女婿谒之,乃设一铜瓯酒,数脔獐肉;婿恨其单率,一举尽之。主人愕然,俛仰命益,如此者再;退而责其女曰:"某郎好酒,故汝常贫。"及其死后,诸子争财,兄遂杀弟。[1]

女婿来看望,只摆出一小铜盆酒、几块獐子肉来招待,气得女婿故意一口气把酒喝光把肉吃尽。这个南阳人靠吝啬积累的钱财,在他死后却引发了儿子之间的遗产争夺战,导致了兄长杀弟的家庭悲剧。

《治家》篇还讲了一个吝啬鬼的悲剧。梁元帝时代,有一位中书舍人,治家没把握好分寸,待家人过于严苦苛刻,结果,妻妾合谋,"遂共货刺客,伺醉而杀之"[2]。

还有一个贪与吝集合于一身的故事。北齐时邺下有一位领军,过于贪婪,聚敛财物,家中童仆已超过800人,他发誓要凑满1000人。而他对待这些童仆,"朝夕每人肴膳,以十五钱为率,遇有客旅,更无以兼"[3]。后来这位将军触犯法律,官方罚没其家产,发现他家竟然麻鞋藏了一屋子,朽坏的衣服堆了好几仓库,其余的财宝,多得不计其数。

从上述种种,施与取,奢与俭,颜之推清晰地作出了选择:施而能俭,不事奢华。

第三,主张薄葬,反对厚葬。

颜之推在给子孙写的遗书《终制》中,提出死后只需"殓以常衣",寿材"松棺二寸"即可,陪葬品中不要"粮罂明器",碑志铭旌

---

[1] 王利器:《颜氏家训集解》卷一《治家》,中华书局1993年版,第46页。
[2] 王利器:《颜氏家训集解》卷一《治家》,中华书局1993年版,第44页。
[3] 王利器:《颜氏家训集解》卷一《治家》,中华书局1993年版,第45页。

也省略了事,墓地要"平地无坟"①,筑一堵低墙做个记号就行,祭祀也从俭,只能用白粥清水干枣做祭品,甚至要婉拒亲友的祭奠。颜之推可以说是薄葬的倡导者与践行者。从南京老虎山颜氏家族墓发掘情况来看,颜之推在江南的先祖,墓葬也不算奢侈。

秦汉时期,厚葬风行。秦始皇兵马俑、汉中山靖王刘胜之金缕玉衣、马王堆汉墓等,可谓厚葬之风的明证。汉末,生性节俭的曹操于建安十年,"禁厚葬"②。近年曹操墓的发现,之所以为社会质疑,原因之一就是陪葬品似不合帝王规格,但事实上,曹操自己也是薄葬的践行者。《三国志·魏书·武帝纪》裴松之注引《魏书》:"常以送终之制,袭称之数,繁而无益,俗又过之,故预自制终亡衣服,四箧而已。"③曹操临终前的遗令就要求"敛以时服,无藏金玉珍宝"④。

颜之推提倡薄葬,上遵曹操所下厚葬禁令。值得一提的是,颜之推不要求墓碑墓志,也顺应着时代风气。"建安十年,魏武帝以天下雕弊,下令不得厚葬,又禁立碑。"⑤碑禁之后,曾有松弛现象,故晋武帝咸宁四年,又下诏禁碑。元帝太兴元年,下诏特许为江左土著士族首领顾荣立碑,立碑之风又起。"义熙中,尚书祠部郎中裴松之又议禁断,于是至今。"⑥颜之推坚持薄葬,移风易俗,反映

---

① 王利器:《颜氏家训集解》卷七《终制》,中华书局1993年版,第601—602页。
② (晋)陈寿撰,(宋)裴松之注:《三国志·魏书》卷一《武帝纪》,中华书局1959年版,第27页。
③ (晋)陈寿撰,(宋)裴松之注:《三国志·魏书》卷一《武帝纪》注引《魏书》,中华书局1959年版,第54页。
④ (晋)陈寿撰,(宋)裴松之注:《三国志·魏书》卷一《武帝纪》,中华书局1959年版,第53页。
⑤ (梁)沈约:《宋书》卷十五《礼志二》,中华书局1974年版,第407页。
⑥ (梁)沈约:《宋书》卷十五《礼志二》,中华书局1974年版,第407页。

了他顺时通变的人生态度。

二、明于孝悌

孝悌是儒家修身的重要课目，孔子说："弟子入则孝，出则弟。"①孔子的弟子有子如此理解孝悌的地位："君子务本，本立而道生。孝弟也者，其为仁之本与！"②荀子论礼，"能以事亲谓之孝，能以事兄谓之弟"③。荀子理解的孝悌，包含以礼义事亲和以礼义事兄。曾子以明孝著称，在《礼记》中，曾子对孝的理解，表诠的说法如："孝有三，大孝尊亲，其次弗辱，其下能养。"④遮诠的说法如："居处不庄，非孝也。事君不忠，非孝也。莅官不敬，非孝也。朋友不信，非孝也。战阵无勇，非孝也。"⑤

汉代以来，"以孝治天下"成为一个颇受瞩目的政治命题。

首先，孝悌者会得到朝廷褒奖。汉惠帝四年，"春正月，举民孝弟力田者复其身"⑥。此后，孝悌者获得赐物和减免徭役的朝廷褒奖连绵不绝。高后元年二月，"初置孝弟力田二千石者一人"⑦。汉文帝十二年的一份诏书中奖励"悌者、力田二匹"，并"以户口率

① （魏）何晏注，（宋）邢昺疏：《论语注疏》卷一《学而》，北京大学出版社1999年版，第7页。
② （魏）何晏注，（宋）邢昺疏：《论语注疏》卷一《学而》，北京大学出版社1999年版，第3页。
③ （清）王先谦：《荀子集解》卷九《王制》，中华书局1988年版，第165页。
④ 王文锦译解：《礼记译解·祭义》，中华书局2016年版，第620页。
⑤ 王文锦译解：《礼记译解·祭义》，中华书局2016年版，第621页。
⑥ （东汉）班固撰，（唐）颜师古注：《汉书》卷二《惠帝纪》，中华书局1962年版，第90页。
⑦ （东汉）班固撰，（唐）颜师古注：《汉书》卷三《高后纪》，中华书局1962年版，第96页。

置三老孝悌力田常员,令各率其意以道民焉"①。依诏书所称,孝悌者不仅可得到物资奖励,还可能与力田、三老同为掌教化的乡官,成为定员。

其次,举孝廉成为选拔官吏的重要途径之一,孝悌者获得进入仕途及升迁的制度化保障。汉武帝于元光元年冬十一月,"初令郡国举孝廉各一人"②,自此举孝廉成为历久不绝的重要选官制度。宋代徐天麟说,汉代"得人之盛,则莫如孝廉,斯为后世所不能及"。

再次,《孝经》在汉武帝时期得到重视,与《论语》一道进入"七经"之列。钱穆说:

> 惟其崇尚孝行,故当时于《孝经》一书亦特重视。《隋志》载有关《孝经》之著述,凡十八部六十三卷。若通计亡佚,则有五十九部一百一十四卷。张鹏一《隋志补》,又得十一部。③

魏晋玄学兴起,但孝悌与《孝经》依然得到尊重,《晋书》还载穆帝、孝武帝亲讲《孝经》。《晋书》特增《孝友传》,可见当时对孝悌的重视。

颜之推所生活的南北朝时代,孝悌之风颇盛。梁武帝就是孝道的倡导者,著作中有《制旨孝经义》,他还是孝道的身体力行者:

> 高祖生知淳孝。年六岁,献皇太后崩,水浆不入口三日,哭泣哀苦,有过成人,内外亲党,咸加敬异。及丁文皇帝忧,时为齐随王谘议,随府在荆镇,髣髴奉闻,便投劾星驰,不复寝

---

① (东汉)班固撰,(唐)颜师古注:《汉书》卷四《文帝纪》,中华书局1962年版,第124页。

② (东汉)班固撰,(唐)颜师古注:《汉书》卷六《武帝纪》,中华书局1962年版,第160页。

③ 钱穆:《中国学术思想史论丛》(三),中华书局2009年版,第172页。

食,倍道就路,愤风惊浪,不暂停止。高祖形容本壮,及还至京都,销毁骨立,亲表士友,不复识焉。望宅奉讳,气绝久之,每哭辄欧血数升。服内不复尝米,惟资大麦,日止二溢。拜扫山陵,涕泪所洒,松草变色。①

有其父必有其子,梁武帝之子昭明太子萧统与简文帝萧纲,都以孝著称。如萧统自小即学《孝经》,以生性仁孝闻名,还在寿安殿讲过《孝经》。萧统的至孝,在下面的记载中可以管窥其一斑:

> 七年十一月,贵嫔有疾,太子还永福省,朝夕侍疾,衣不解带。及薨,步从丧还宫,至殡,水浆不入口,每哭辄恸绝。高祖遣中书舍人顾协宣旨曰:"毁不灭性,圣人之制。《礼》,不胜丧比于不孝。有我在,那得自毁如此! 可即强进饮食。"太子奉敕,乃进数合……体素壮,腰带十围,至是减削过半。每入朝,士庶见者莫不下泣。②

母亲之死对生性孝顺的萧统来说无疑是巨大的打击,他的痛苦达到了以孝灭性的程度,人瘦得不成模样,让人见之忍不住伤心落泪,梁武帝不得不屡下敕令加以劝止。萧统的英年早逝,恐怕与悲伤过度不无关系。萧统的弟弟萧纲,也有过类似的孝行:"在穆贵嫔忧,哀毁骨立,昼夜号泣不绝声,所坐之席,沾湿尽烂。"③

《颜氏家训》记载有不少梁代风俗,其中描述了子孙如何对待被控罪或遭弹劾的人:"梁世被系劾者,子孙弟姪,皆诣阙三日,露跣陈谢;子孙有官,自陈解职。子则草屩粗衣,蓬头垢面,周章道路,要候执事,叩头流血,申诉冤枉。若配徒隶,诸子并立草庵于所

---

① (唐)姚思廉:《梁书》卷三《武帝纪下》,中华书局1973年版,第96页。
② (唐)姚思廉:《梁书》卷八《昭明太子传》,中华书局1973年版,第167页。
③ (唐)姚思廉:《梁书》卷四《简文帝纪》,中华书局1973年版,第109页。

署门,不敢宁宅,动经旬日,官司驱遣,然后始退。"①在江南,如果弹劾别人遭致对方被系狱而身死狱中,两家就会结下世仇,子孙三代都不相往来。上述情形,可窥见孝道在政治和法律层面的现实呈现。

值得注意的是,颜之推生活的北齐时代,尽管为文化较为落后的少数民族政权统治,但也不乏力行孝道的帝王,如北齐废帝高殷曾集诸儒讲《孝经》。北齐孝昭帝高演,也留下了为母尽孝的记载,太后生病期间,高演亲自服侍母亲食饮药物:"太后常心痛不自堪忍,帝立侍帷前,以爪掐手心,血流出袖。"②

鲜卑统治者重视《孝经》,践行孝道,一方面是主动融合中原文化的结果,另一方面也是受当时推崇孝道的风气熏染使然。

以上我们追溯了孝悌思想之源及颜之推所处时代的孝道观念和风气。作为"世以儒雅为业"的重要士族之一,颜氏家族以孝悌作为传家门风,是情理之中的选择。从颜之推描述自己的家风,即可看出颜氏家族对孝悌之道的代代相传。

> 吾家风教,素为整密。昔在龆龀,便蒙诱诲;每从两兄,晓夕温清,规行矩步,安辞定色,锵锵翼翼,若朝严君焉。赐以优言,问所好尚,励短引长,莫不恳笃。③

颜之推所在的家庭,素来家教严肃缜密,从小就在长辈的教育下,兄弟三人依《礼记》所言,"冬温而夏清,昏定而晨省。"④对于父母双亲,举手投足,神色言语,莫不举止合宜,恭恭敬敬;父母之于儿子,也是谆谆教导,鼓励他们发扬优点,克服缺点。显然,这是一个

---

① 王利器:《颜氏家训集解》卷二《风操》,中华书局 1993 年版,第 120 页。
② (唐)李百药:《北齐书》卷六《孝昭纪》,中华书局 1972 年版,第 84 页。
③ 王利器:《颜氏家训集解》卷一《序致》,中华书局 1993 年版,第 4 页。
④ 王文锦译解:《礼记译解·曲礼上》,中华书局 2016 年版,第 6 页。

诗礼传家、讲究孝悌的儒门世家。

颜之推的孝道观,其理论基础在于:"夫有人民而后有夫妇,有夫妇而后有父子,有父子而后有兄弟:一家之亲,此三而已矣。自兹以往,至于九族,皆本于三亲焉,故于人伦为重者也,不可不笃。"①

人伦之中,九族本于三亲,父子之间以孝相连,兄弟之间以悌相依。《颜氏家训》作为训诫子孙后代的家训,促进家庭和谐是其主旨之一,故多着墨于对兄弟之爱的重视。颜之推说:

> 兄弟者,分形连气之人也,方其幼也,父母左提右挈,前襟后裾,食则同案,衣则传服,学则连业,游则共方,虽有悖乱之人,不能不相爱也。②

兄弟之间,形体各别,但气息相通,而且自小耳鬓厮磨,亲情之爱自然深厚。如果说父母在世时,孝之与否还相对好把握。那么,父母谢世后,兄弟之悌就很难说了。这也是颜之推更多嘱托兄弟之情的原因。"二亲既殁,兄弟相顾,当如形之与影,声之与响;爱先人之遗体,惜己身之分气,非兄弟何念哉?"③在颜之推看来,兄弟之间互相关爱照护,犹如形影之不离,声响之合一。悌的根源在于孝,因为爱兄弟,即是爱父母遗下的骨肉。兄弟均分得父母的血气,兄弟相爱也是爱自己。

颜之推举江陵人王玄绍、王孝英、王子敏兄弟为例,三兄弟特别友爱,有福同享,有难同当。"及西台陷没,玄绍以形体魁梧,为兵所围,二弟争共抱持,各求代死,终不得解,遂并命尔。"④当西魏

---

① 王利器:《颜氏家训集解》卷一《兄弟》,中华书局 1993 年版,第 23 页。
② 王利器:《颜氏家训集解》卷一《兄弟》,中华书局 1993 年版,第 23 页。
③ 王利器:《颜氏家训集解》卷一《兄弟》,中华书局 1993 年版,第 26 页。
④ 王利器:《颜氏家训集解》卷一《兄弟》,中华书局 1993 年版,第 30 页。

攻陷江陵时,兄长被敌兵包围,两个弟弟抱着哥哥,争为代死,结果,三兄弟一起罹难。这个催人泪下的故事,体现的是兄弟之悌的力量。

反观孝悌的另一面,颜之推也给后人指出了不事孝悌的后果:"兄弟不睦,则子姪不爱;子姪不爱,则群从疏薄;群从疏薄,则僮仆为雠敌矣。如此,则行路皆踏其面而蹈其心。谁救之哉?"①

显然,兄弟之间不和睦的后果是严重的。颜之推还提醒,维护好兄弟之情,处理好妯娌关系相当重要。"娣姒者,多争之地也,使骨肉居之,亦不若各归四海,感霜露而相思,伫日月之相望也。"②颜之推解决妯娌矛盾的方法是,"恕己而行,换子而抚。"③将心比心、推己及人,颜之推仍是在孔子的框架下,从妯娌关系的角度来探讨兄弟之悌。

从统治者的角度而言,东晋门阀政治体系下,忠君思想被弱化,孝悌思想便上升为主流意识形态;从士族的角度而言,孝悌思想正是维系家族和谐与凝聚力的理论基石。颜之推在士族走向衰落的情况下,试图挽士族于不坠,故其强调孝悌思想,有着特定的历史原因。在士族不振的大趋势下,颜之推一系人才辈出,可见他的努力是有效果的。

三、谨于后娶

颜之推身处乱离之世,战乱之际,家破人亡者并不鲜见,故对很多人来说,丧妻续玄之事在所难免。但颜之推对续玄一事高度

---

① 王利器:《颜氏家训集解》卷一《兄弟》,中华书局 1993 年版,第 27 页。
② 王利器:《颜氏家训集解》卷一《兄弟》,中华书局 1993 年版,第 28 页。
③ 王利器:《颜氏家训集解》卷一《兄弟》,中华书局 1993 年版,第 28 页。

警惕,连呼"慎之哉!慎之哉!"①后母虐待遗孤、离间骨肉,发生一家人相互伤害的悲剧,这样的现实屡屡发生,在严酷的现实面前,颜之推不禁对续玄持谨慎态度,还写下专门的《后娶》篇。

颜之推举尹吉甫、尹伯奇父子的案例来说明。吉甫是贤父,伯奇是孝子,但中间插进一个后母,问题就来了。东汉蔡邕的《琴操·履霜操》说:"尹吉甫子伯奇,母早亡,更娶后妻,乃谮之吉甫曰:'伯奇见妾美,有邪念。'吉甫曰:'伯奇慈心,岂有此也?'妻曰:'置妾空房中,君登楼察之。'乃取蜂置衣领,令伯奇掇之。于是吉甫大怒,放伯奇于野。宣王出游,吉甫从,伯奇作歌以感之。宣王曰:'此放子之词也。'"伯奇唱歌感动父亲,意识到儿子是冤枉的,之后便把后妻杀了。

曾参是著名的孝子,《孔子家语》中说后妈对他不好,他也照样孝敬。这个后妈还把曾参的妻子给休了,借口是饭没蒸熟。妻子给赶跑了,要不要再娶?儿子曾元请求他续玄时,曾参的回答是:"高宗以后妻杀孝己,尹吉甫以后妻放伯奇,吾上不及高宗,中不及吉甫,庸知其得免于非乎?"②曾参此后终身未娶。

颜之推又举西汉王骏的案例,《汉书》说王骏妻子死后不再续玄,有人问他是怎么回事,王骏回答说:"德非曾参,子非华、元,亦何敢娶?"③曾元与曾华是曾参的两个儿子,《大戴礼记》说:"曾子疾病,曾元抑首,曾华抱足。"④王骏以自己不如曾参、儿子不如曾

---

① 王利器:《颜氏家训集解》卷一《后娶》,中华书局1993年版,第31页。
② 《孔子家语》卷九《七十二弟子解》,中华书局2011年版,第430页。
③ (东汉)班固撰、(唐)颜师古注:《汉书》卷七十二《王吉传》,中华书局1962年版,第3067页。
④ (清)王聘珍撰:《大戴礼记解诂》卷五《曾子疾病》,中华书局1983年版,第96页。

参之子,而终身不娶。

　　颜之推举上述三个连环影响的故事,旨在说明先贤尚不敢轻言后娶,自己的子孙更当以此为慎。

　　后娶之危害,颜之推以为源自于嫡庶之分及其由此带来的家庭纷争。颜之推写作《颜氏家训》时,颜氏家族已经展开了第三次大迁徙:迁往长安。此时的江南,不讳庶孽,原配去世后,妾媵往往能主持家事,小摩擦在所难免,但兄弟内讧的事情还是很少。如果颜之推能如愿在江南生息,也许就不用担心后娶的事情了。但北方就不一样了,这里的风气是,侧室所生的儿子没有地位,嫡妻死后,就得重娶,有的人甚至娶三四次,以至于母亲的年纪比儿辈的还小。由此带来的后果是:"后母之弟,与前妇之兄,衣服饮食,爰及婚宦,至于士庶贵贱之隔,俗以为常。身没之后,辞讼盈公门,谤辱彰道路,子诬母为妾,弟黜兄为佣,播扬先人之辞迹,暴露祖考之长短,以求直己者,往往而有。悲夫!"①

　　因为续玄再娶而带来的家庭矛盾升级、后妈不容前妻之子、同父异母兄弟反目为仇,诸如此类的家庭悲剧一再上演,颜之推在北齐社会亲眼目睹、亲耳所闻,故告诫自家子弟深以为诫。《北史·崔亮传》说,崔僧深的原配生了两个儿子,后妻生四子,崔僧深死后,嫡庶子弟对簿公堂,甚至"并以刀剑自卫,若怨雠焉"②。《北史·酷吏传》说,李洪之先娶张氏,后宠刘氏,"为两宅别居,偏厚刘室,由是二妻妒竞,两宅母子,往来如仇"。

　　因后娶而带来上述种种家庭丑闻,这对于注重家族荣光的士族大家而言是难以承受的,颜之推显然担心自己的家族在落入北

---

　　① 王利器:《颜氏家训集解》卷一《后娶》,中华书局1993年版,第34页。
　　② (唐)李延寿:《北史》卷四十四《崔亮传》,中华书局1974年版,第1640页。

土后沦于此类窘境。颜之推进一步提出续玄谨慎的现实理由：

> 凡庸之性,后夫多宠前夫之孤,后妻必虐前妻之子;非唯妇人怀嫉妒之情,丈夫有沈惑之僻,亦事势使之然也。前夫之孤,不敢与我子争家,提携鞠养,积习生爱,故宠之;前妻之子,每居己生之上,宦学婚嫁,莫不为防焉,故虐之。异姓宠则父母被怨,继亲虐则兄弟为仇,家有此者,皆门户之祸也。①

颜之推从社会地位和经济利益的角度来分析后娶带来的风险。后夫往往宠爱前夫的遗孤,关键在于他不敢和自己的儿子来争夺家产,加上从小对他养育照护,日子久了就会积累感情,所以反而会宠爱他。而前妻的儿子,作为嫡子,地位在自己的儿子之上,不论是读书做官还是男婚女嫁,事事都需要提防,所以难免会虐待他。这样带来的后果是:异性的孩子受宠,自家的孩子就会怨恨父母;后妈虐待前妻的孩子,兄弟之间往往会反目为仇。在颜之推看来,这就是续玄带来的灾难性后果:门户之祸。

颜之推举了自家亲戚的例子,儿子思鲁的表舅父殷外臣,生有两个儿子,儿子成人后,又娶了王氏为妻。没想到,儿子殷基每次拜见后妈,总是"感慕呜咽,不能自持,家人莫忍仰视"②。这事弄得王氏也悲戚伤感,不知如何是好,才过了十来天,就请求退亲。殷家只好以礼遣退,颜之推举身边的事例,旨在以此为鉴,希望自己的子孙不出现此类追悔莫及的事情。

《颜氏家训》的《序致》、《勉学》、《治家》、《教子》、《兄弟》、《后娶》等篇,集中讨论了修身、齐家的基本原则与具体方法,可以

---

① 王利器:《颜氏家训集解》卷一《后娶》,中华书局 1993 年版,第 37 页。
② 王利器:《颜氏家训集解》卷一《后娶》,中华书局 1993 年版,第 38 页。

　　说是对《大学》所提"八条目"中两个重要范畴第一次在践行的层面进行了系统的深化与发展。颜之推以家训的形式,从个人问学与家庭教育的视角,对儒家家庭伦理进行了比较全面而立体的阐发,其思想带有强烈的时代烙印,其中不乏创造性的发挥和时代的进步性。颜之推对儒家家庭伦理的深化主要表现在以下方面:

　　第一,倡导子弟勤于学问,确立"务先王之道,绍家世之业"①的勉学宗旨,为儒家形成诗书传家、礼义传家的书香门第观念提供了思想范本。

　　第二,提出了以儒家思想为核心的系统性家庭教育理论,如弘扬慕贤思想,主张见贤思齐、任贤使能,呼唤实干型人才,他的人才观是对《人物志》及九品官人法从理论到实践上百年探索后进一步修正的结果,特别是他指出"重遥轻近"的人才观流弊,至今仍值得提醒;又如提倡自我教育与家庭教育中博闻与精专相结合,既反对皓首穷经的空疏之学,也反对博而不专的肤浅之学,重视眼学的实证主义,反对耳受的空穴来风,具有时代进步性。

　　第三,以儒家"齐家"这一核心范畴,系统探讨了家庭伦理诸多层面的具体实践原则与方法论,对处理父子、夫妇、兄弟之间的伦常关系,提出了进一步深化入微的伦理观。如父子关系强调父母威严与慈爱并重,并延续了两汉以来的孝道观念,夫妻关系方面提出对后娶的谨慎,兄弟关系上坚持兄弟之悌。颜之推重视家庭伦理,虽为南北朝时期士族门第走向衰落的勉力之举,但客观上是对儒家三纲五常学说的维护与传承。将家庭伦理扩而充之,即上升到君臣关系,颜之推重视为臣之忠,但同时主张"君臣固无常分",认同"何事非君"的观念,在看似矛盾的心理冲突下,实际上

---

　　①　王利器:《颜氏家训集解》卷三《勉学》,中华书局1993年版,第204页。

凸显了对君臣关系的再认识与新突破,为忠君思想的理性回归准备了理论基础。

第四节　应世经务

颜之推是较早提倡经世致用的思想家之一,他的经世致用思想,更多的是通过批判现实的方法而体现出来的,如批判浮华无用的学风、华而不实的士风、才不堪用的官场风气等。在《颜氏家训》中,对学场、职场、官场中种种不学无术、尸位素餐、不切实际的行为和现象,都给予了白描式的揭露和讥讽。

> 吾见世中文学之士,品藻古今,若指诸掌,及有试用,多无所堪。居承平之世,不知有丧乱之祸;处庙堂之下,不知有战陈之急;保俸禄之资,不知有耕稼之苦;肆吏民之上,不知有劳役之勤,故难可以应世经务也。①

颜之推指陈当时的文学之士,谈古论今时显得了如指掌,但干起实事来却往往无法胜任。这些不懂国家兴亡、不晓军事机谋、不知稼穑之苦、不识吏民之勤的文士,最大的缺陷就是"难可以应世经务"。

颜之推从反面入手,推重的即是文士们没做到的"应世经务"。从正面入手,颜之推的"应世经务",包含他所提倡的"人生在世,会当有业",即:"农民则计量耕稼,商贾则讨论货贿,工巧则致精器用,伎艺则沈思法术,武夫则惯习弓马,文士则讲议经

---

① 　王利器:《颜氏家训集解》卷四《涉务》,中华书局 1993 年版,第 317 页。

书。"①在颜之推看来,不论从事什么职业,都要在自己的行业领域有所建树,能掌握职业要领,能干出一番实事,才是一种值得肯定的人生态度。而颜之推痛惜的是,与此相反的情况却在士大夫身上并不鲜见:"多见士大夫耻涉农商,羞务工伎,射则不能穿札,笔则才记姓名,饱食醉酒,忽忽无事,以此销日,以此终年。"②正是这种让人痛心疾首的现实,激发了颜之推对经世致用的呼唤。

一、不事浮华

颜之推的经世致用思想,蕴含于他对当时浮华学风、士风的批判中,在《颜氏家训》中,颜之推对士大夫子弟不学无术、平庸无能的描绘屡见笔尖,如:

> 梁朝全盛之时,贵游子弟,多无学术,至于谚云:"上车不落则著作,体中何如则秘书。"无不熏衣剃面,傅粉施朱,驾长檐车,跟高齿屐,坐棋子方褥,凭斑丝隐囊,列器玩于左右,从容出入,望若神仙。明经求第,则顾人答策;三九公宴,则假手赋诗。③

颜之推笔端素描下的士族子弟,表面上光鲜一时,生活优渥,排场不小,可谓当时浮华之风中的典型表现。而事实上,这些金玉其外的贵族公子,却依靠雇人代考求取功名,通过借人赋诗出席公卿宴会,正如谚语中所说,上车不掉下来就能当著作郎,能提笔写自己身体如何,就能做秘书郎。颜之推给他们的评语是:"诚驽材也。"④

---

① 王利器:《颜氏家训集解》卷三《勉学》,中华书局 1993 年版,第 143 页。
② 王利器:《颜氏家训集解》卷三《勉学》,中华书局 1993 年版,第 143 页。
③ 王利器:《颜氏家训集解》卷三《勉学》,中华书局 1993 年版,第 148 页。
④ 王利器:《颜氏家训集解》卷三《勉学》,中华书局 1993 年版,第 148 页。

颜之推指明驽材充斥梁朝官场的现实,已经涉及对当时选官制度的批判。杜佑《通典》:"宋、齐秘书郎皆四员,尤为美职,皆为甲族起家之选,待次入补,其居职,例十日便迁。梁亦然。自齐、梁之末,多以贵游子弟为之,无其才实。"①秘书郎在齐梁时代堪称美职,基本上被无才无实的豪门子弟所垄断,以此作为他们的进身之阶。这种选官制度,是当时士族政治的结果。晋室衣冠南渡,优待士族,他们中有才干的可以身居要职,典章机要。"其余文义之士,多迂诞浮华,不涉世务;纤微过失,又惜行捶楚,所以处于清高,盖护其短也。"②

颜之推说这些因出身豪门而得到祖上荫护的人,取得一阶半级便自为足,将提升自我的修学问道抛到了九霄云外。"及有吉凶大事,议论得失,蒙然张口,如坐云雾;公私宴集,谈古赋诗,塞默低头,欠伸而已。"③这种愚昧无知的场面,连旁人都为之汗颜。不仅学养缺乏,颜之推还指出,江南朝士,南渡之后,"至今八九世,未有力田,悉资俸禄而食耳"④。这些人对衣食之本的农耕力田,从未有过实践体验,即便占有田地,也是靠僮仆来耕种,自己从未见过翻一块土、种一株苗,不知道哪个月该下种,哪个月该收获。他们做官不懂为官之道,治家不明经营之道,都是生活优闲带来的问题。

士族垄断官场的结果,其流弊就是那些迂诞浮华不学无术的士族文士,也可以身居位清高之职,是典型的尸位素餐。与之相照的是,诸如尚书省的令史、主书、监、帅,藩王的典签、省事等职,

---

① (唐)杜佑:《通典》卷二十六《职官》,中华书局1988年版,第735页。

② 王利器:《颜氏家训集解》卷四《涉务》,中华书局1993年版,第318页。

③ 王利器:《颜氏家训集解》卷三《勉学》,中华书局1993年版,第143页。

④ 王利器:《颜氏家训集解》卷四《涉务》,中华书局1993年版,第324页。

则多启用那些真正懂得处理政务的人来担任,显然,这些人往往并非出自豪门,当为"寒人掌机要"在梁朝的表现,故"举世怨梁武帝父子爱小人而疏士大夫"①。所谓小人,出自寒门;所谓士大夫,往往出自士族。梁武帝被抱怨,正是士族大家在行将走向衰落之际,对寒门子弟在政坛上逐步抬头的一种反动。

为此,颜之推主张学以致用,利民济世,反对能言不能行的无用之学:"世人读书者,但能言之,不能行之,忠孝无闻,仁义不足;加以断一条讼,不必得其理;宰千户县,不必理其民;问其造屋,不必知楣横而棁竖也;问其为田,不必知稷早而黍迟也。"②颜之推所说的行,不仅仅包括大到断讼、治民的社会治理,小到造屋、耕田的生产生活技能,还包括忠孝、仁义等道德实践。学以致用,为己,也为人。颜之推说:"古之学者为人,行道以利世也;今之学者为己,修身以求进也。夫学者犹种树也,春玩其华,秋登其实;讲论文章,春华也,修身利行,秋实也。"③颜之推谓,问学所要达到的根本目的是内在于心灵的自我修养提升,以及外在于行动的致用之道,即为学重在"利行"。具体而言,利行表现在哪些方面呢? 颜之推做了详细的说明:

> 夫所以读书学问,本欲开心明目,利于行耳。未知养亲者,欲其观古人之先意承颜,怡声下气,不惮劬劳,以致甘腝,惕然惭惧,起而行之也;未知事君者,欲其观古人之守职无侵,见危授命,不忘诚谏,以利社稷,恻然自念,思欲效之也;素骄奢者,欲其观古人之恭俭节用,卑以自牧,礼为教本,敬者身基,瞿然自失,敛容抑志也;素鄙吝者,欲其观古人之贵义轻

---

① 王利器:《颜氏家训集解》卷四《涉务》,中华书局 1993 年版,第 318 页。
② 王利器:《颜氏家训集解》卷三《勉学》,中华书局 1993 年版,第 166 页。
③ 王利器:《颜氏家训集解》卷三《勉学》,中华书局 1993 年版,第 171 页。

财,少私寡欲,忌盈恶满,赒穷恤匮,赧然悔耻,积而能散也;素
暴悍者,欲其观古人之小心黜己,齿弊舌存,含垢藏疾,尊贤容
众,苶然沮丧,若不胜衣也;素怯懦者,欲其观古人之达生委
命,强毅正直,立言必信,求福不回,勃然奋厉,不可恐慑也:历
兹以往,百行皆然。纵不能淳,去泰去甚。①

颜之推所倡导的学以利行,涉及养亲、事君、去骄奢、去鄙吝、去暴
悍、去怯懦等忠孝之道与个人道德践行,还由此可类推到"百行皆
然",意即致用之学可涵盖修身、齐家、治国、平天下的儒家人生几
乎所有科目。可见颜之推对经世致用哲学的推重。具体到士大夫
为官的层面,颜之推给出致用之道的行动指南为:

> 国之用材,大较不过六事:一则朝廷之臣,取其鉴达治体,
> 经纶博雅;二则文史之臣,取其著述宪章,不忘前古;三则军旅
> 之臣,取其断决有谋,强干习事;四则藩屏之臣,取其明练风
> 俗,清白爱民;五则使命之臣,取其识变从宜,不辱君命;六则
> 兴造之臣,取其程功节费,开略有术,此则皆勤学守行者所能
> 辨也。②

颜之推反对士大夫清谈误国、食君之禄而不分君之忧,提出自己的
"六材六事"说,将治理国家的臣子分为六大类,为每一类用材提
出了一条致用原则,以此要求为学者照此标准去勤学,为官者照此
标准去践行。颜之推还理性地提出因才施用,只要在自己专注的
领域里扬其所长,忠于职守,也就问心无愧了。

二、利行涉务

颜之推致用崇实,且在自己的一生中身体力行,从他所创事功

---

① 王利器:《颜氏家训集解》卷三《勉学》,中华书局 1993 年版,第 166 页。
② 王利器:《颜氏家训集解》卷四《涉务》,中华书局 1993 年版,第 315 页。

也可见其对学以用世思想的践履。

第一,颜之推以文人而曾建军功。因为父亲颜协追随萧绎的缘故,颜之推兄弟在父殁之后受到萧绎的关照,亦供职于萧绎的藩国。身处乱世,烽火不断,颜之推作为文人,他的第一份工作是在军队里开始的。《观我生赋》自注云:"时年十九,释褐湘东国右常侍,以军功,加镇西墨曹参军。"①具体因何功而受职,存世文献难闻其详,但颜之推有过军功应为事实。

侯景之乱中,萧绎遣徐州刺史徐文盛屯武昌,抵御侯景将任约的来犯,并拜世子萧方诸为中抚军将军郢州刺史,以壮声势。《观我生赋》说自己"滥充选于多士,在参戎之盛列"②。颜之推当时的身份为中抚军外兵参军,掌管记,是军队中的文官。湘东王萧绎身边笼络了一大批文士,堪为一时之盛,此时萧绎将他们遣为萧方诸所用,颜之推便与文圭、刘民英等文人作为随从,来到了前线。郢州陷落,萧方诸被杀,颜之推被俘,他的从军生涯也就此结束。

第二,在梁元帝江陵政权期间,颜之推参与了校雠图书的工作。

齐梁期间,搜集图书典籍为文人雅士的一大风气。萧绎有爱书之癖,他所撰著《金楼子·聚书篇》,自称四十年来得书八万卷。《隋书·经籍志》说"元帝克平侯景,收文德之书及公私经籍,归于江陵,大凡七万余卷"③。

---

① 颜之推:《观我生赋》自注,载(唐)李百药:《北齐书》卷四十五《颜之推传》,中华书局 1972 年版,第 620 页。
② 颜之推:《观我生赋》,载(唐)李百药:《北齐书》卷四十五《颜之推传》,中华书局 1972 年版,第 620 页。
③ (唐)魏徵等撰:《隋书》卷三十二《经籍志一》,中华书局 1973 年版,第 907 页。

可见，萧绎掌握了十五万册左右的图书。侯景乱平，萧绎建立江陵政权，搜聚图籍的整理工作，便提上了议事日程。《观我生赋》颜之推自叙"摄绛衣以奏言，忝黄散于官谤。或校石渠之文，时参柏梁之唱"。其自注："时为散骑侍郎，奏舍人事也。"①颜之推作为散骑侍郎，处理上奏之事。"参柏梁之唱"，说明颜之推是宫廷文人宴集中与元帝和诗作赋的参与者之一。当然，最重要的是，颜之推参与了宫廷藏书的整理工程。

《观我生赋》自注："王司徒表送秘阁旧事八万卷。乃诏比校，部分为正御、副御、重杂三本。左民尚书周弘正、黄门侍郎彭僧郎、直省学士王圭、戴陵校经部，左仆射王褒、吏部尚书宗怀正、员外郎颜之推、直学士刘仁英校史部，廷尉卿殷不害、御史中丞王孝纯、中书郎邓荩、金部郎中徐报校子部，右卫将军庾信、中书郎王固、晋安王文学宗菩善、直省学士周确校集部也。"②王司徒即王僧辩。《陈书·周弘正传》："及侯景平，僧辩启送秘书图籍，敕弘正雠校。"③王僧辩将建康的八万卷藏书送往江陵，在萧绎的诏书中，按照经史子集的分类法进行校雠，他所拟定的任务名单中，颜之推为史部的校书者之一。可以说，颜之推作为主创人员，参与了梁元帝时代最大的文化工程之一。

可惜的是，西魏攻陷江陵，元帝命舍人高善宝焚古今图书十四万卷，颜之推他们所校正的图书，也许就在这场大火中化为灰烬了。

① 颜之推：《观我生赋》，载（唐）李百药：《北齐书》卷四十五《颜之推传》，中华书局 1972 年版，第 622 页。
② 颜之推：《观我生赋》自注，载（唐）李百药：《北齐书》卷四十五《颜之推传》，中华书局 1972 年版，第 622 页。
③ （唐）姚思廉：《陈书》卷二十四《周弘正传》，中华书局 1972 年版，第 309 页。

第三,在北齐时代,颜之推待诏文林馆,迁任黄门侍郎,是北齐的重要文臣之一。

文林馆的成立与图书编撰工程,可谓北齐最重要的文化工程。颜之推《观我生赋》云:"篡书盛化之旁,待诏崇文之里。"①崇文之里,当为对文林馆的譬称。《唐六典》:"魏文帝招文儒之士,始置崇文馆,王肃以散骑常侍领崇文馆祭酒。"②文林馆为北齐幼主时创立,"帝幼而令善,及长,颇学缀文,置文林馆,引诸文士焉"③。颜之推为文林馆延引文士之一,文林馆的盛况,可于《北齐书·文苑传序》中见其一斑:

> 三年,祖珽奏立文林馆,于是更召引文学士,谓之待诏文林馆焉。珽又奏撰《御览》,诏珽及特进魏收、太子太师徐之才、中书令崔劼、散骑常侍张雕、中书监阳休之监撰。珽等奏追通直散骑侍郎韦道逊、陆乂、太子舍人王劭、御尉丞李孝基、殿中侍御史魏澹、中散大夫刘仲威、袁奭、国子博士朱才、奉车都尉睦道闲、考功郎中崔子枢、左外兵郎薛道衡、并省主客郎中卢思道、司空东阁祭酒崔德、太学博士诸葛汉、奉朝请郑公超、殿中侍御史郑子信等入馆撰书,并敕放、悫、之推等同入撰例。④

进入文林馆的其他士人还有封孝琰、郑元礼、杜台卿、王训、羊肃、马元熙、刘珉、李师上、温君悠、崔季舒、刘逖、李孝贞、李德林、李

---

① 颜之推:《观我生赋》,载(唐)李百药:《北齐书》卷四十五《颜之推传》,中华书局 1972 年版,第 624 页。

② (唐)李林甫等撰:《唐六典》卷二十六《太子三师三少詹事府左右春坊内官·崇文馆》,中华书局 1992 年版,第 665 页。

③ (唐)李百药:《北齐书》卷八《幼主纪》,中华书局 1972 年版,第 112 页。

④ (唐)李百药:《北齐书》卷四十五《文苑传序》,中华书局 1972 年版,第 604 页。

蒿、魏骞、萧溉、陆仁惠、江旰、辛德源、陆开明、封孝謇、张德冲、高行恭、古道子、刘颐、崔德儒、李元楷、阳师孝、刘儒行、阳辟疆、卢公顺、周子深、王友伯、崔君洽、魏师謇等,号称"当时操笔之徒,搜求略尽"①。以上名单可以说将北齐文人一网打尽,故为"一时盛事"②,颜之推在这一重要的编撰工程中为主要编者。

文林馆的编撰成果,《太平御览》卷六〇一引《三国典略》:

> 齐主如晋阳,尚书右仆射祖珽等上言:"……仿天地之数,为五十五部,象乾坤之策,成三百六十卷……"齐主命付史阁。初,齐武成令宋士素录古来帝王言行要事三卷,名为《御览》,置于齐王巾箱;阳休之创意,取《芳林遍略》,加《十六国春秋》、《六经拾遗录》、《魏史》等书,以士素所撰之名称为《玄洲苑御览》,后改为《圣寿堂御览》。至是珽等又改为《修文殿》上之。③

颜之推《观我生赋》自注:"齐武平中,署文林馆待诏者仆射阳休之、祖孝徵以下三十余人,之推专掌,其撰《修文殿御览》、《续文章流别》等,皆诣进贤门奏之。"④

可见,除了大部头的类书《修文殿御览》,还有《续文章流别》等作。《隋书·经籍志》:"《续文章流别》三卷,孔宁撰。"⑤文林馆还当有诗集的编撰,如《隋书·经籍志》:"《文林馆诗府》八卷,后

---

① (唐)李百药:《北齐书》卷四十五《文苑传序》,中华书局 1972 年版,第604 页。
② (唐)李百药:《北齐书》卷四十五《文苑传序》,中华书局 1972 年版,第604 页。
③ (宋)李昉:《太平御览》卷六百一,河北教育出版社 1994 年版,第730 页。
④ (隋)颜之推:《观我生赋》自注,载(唐)李百药:《北齐书》卷四十五《颜之推传》,中华书局 1972 年版,第624 页。
⑤ (唐)魏徵等撰:《隋书》卷三十五《孔宁传》,中华书局 1973 年版,第1082 页。

齐文林馆作。"①

文林馆的辉煌,随着祖珽的失势与崔季舒事件而走入低潮。

颜之推大难不死,后为黄门侍郎,这是颜之推最愿意自我指称的官职。黄门侍郎为皇帝随从官员,可尽劝谏纠偏之职,这一职务的贵重之处,可从下面的对话中见其一斑:

> 高宗常谓凝曰:"我欲用义兴主婿钱肃为黄门郎,卿意何如?"凝正色对曰:"帝乡旧戚,恩由圣旨,则无所复问。若格以金议,黄散之职,故须人门兼美,惟陛下裁之。"高宗默然而止。②

可见,朝廷对黄门侍郎一职颇为重视,不仅看重才华与美德,还讲究门第出身,而这二者都是颜之推所注重的。

第四,颜之推于隋文帝开皇年间与魏澹等人修撰《后魏书》。《后魏书》是相对于魏收所撰《魏书》而对言之。因被目为"秽史"的魏收版《魏书》,"突出东魏、北齐,而对西魏之事捆而不书,且多为北齐讳"③,而杨坚政权渊源于西魏、北周,便下诏再撰魏史。"至隋开皇,敕著作郎魏澹与颜之推、辛德源更撰《魏书》,矫正收失。澹以西魏为真,东魏为伪,故文、恭列纪,孝靖称传。合纪、传、论例,总九十二篇。"④新版《魏书》突出西魏,杨坚阅后称善。

第五,颜之推在缓解北齐财政困局上也有贡献。《隋书·食货志》载,武平之后,因皇帝挥霍、恩赐权臣不加节制,加上大旱蝗

---

① (唐)魏徵等撰:《隋书》卷三十五《经籍志四》,中华书局 1973 年版,第 1084 页。

② (唐)姚思廉:《陈书》卷三十四《蔡凝传》,中华书局 1972 年版,第 470 页。

③ 谢保成:《隋唐五代史学》,商务印书馆 2007 年版,第 15 页。

④ (唐)刘知几撰,(清)浦起龙通释:《史通》卷一二《古今正史》"后魏书"条,上海古籍出版社 2008 年版,第 261 页。

灾影响,国家财政出现困难。"乃料境内六等富人,调令出钱。而给事黄门侍郎颜之推奏请立关市邸店之税,开府邓长颙赞成之,后主大悦。于是以其所入以供御府声色之费,军国之用不豫焉。"①在北齐末期,颜之推上奏开征立关市邸店之税,以缓解政府的财政危机,补充军费开支,也是其贡献之一。

第六,颜之推对隋礼乐制度的贡献。隋朝时,颜之推还上言用梁乐来作为制定礼乐的参考,此时《隋书·音乐志》有载:"开皇二年,黄门侍郎颜之推上言:'礼崩乐坏,其来自久。今太常雅乐,并用胡声,请冯梁国旧事,考寻古典。'高祖不从,曰:'梁乐亡国之音,奈何遣我用邪?'"②颜之推的上奏引发了中国音乐史上一场著名的大辩论:"开皇乐论"。尽管隋高祖以梁乐为亡国之音而拒绝了颜之推的建议,但事实上,在这场辩论中,何妥后来上书说:"宋、齐已来,至于梁代,所行乐事,犹皆传古,三雍四始,实称大盛。"③何妥实际上建议的也是用梁乐,因为梁乐为南渡的古乐。何妥的建议得到首肯,"于是作清、平、瑟三调声,又作八佾、《鞞》、《铎》、《巾》、《拂》四舞"④。何妥又奏请宗庙雅乐用黄钟,他说:"黄钟者,以象人君之德。"⑤结果听到黄钟之调,高祖杨坚说:"滔滔和雅,甚与我心会。"⑥何妥只是猜对了杨坚的心思,而让梁乐成为主流音乐。何妥出身于商人家族,17岁时以伎巧事湘东王,江陵陷,入长安,周武帝授太学博士。何妥和颜之推同为梁人,同在

① (唐)魏徵等撰:《隋书》卷二十四《食货志》,中华书局1973年版,第679页。
② (唐)魏徵等撰:《隋书》卷十四《音乐志中》,中华书局1973年版,第345页。
③ (唐)魏徵等撰:《隋书》卷七十五《何妥传》,中华书局1973年版,第1714页。
④ (唐)魏徵等撰:《隋书》卷七十五《何妥传》,中华书局1973年版,第1715页。
⑤ (唐)魏徵等撰:《隋书》卷十四《音乐志》,中华书局1973年版,第348页。
⑥ (唐)魏徵等撰:《隋书》卷十四《音乐志》,中华书局1973年版,第348页。

萧绎王府中任职,两人上书结果不一样,但并不改变一个事实:杨坚其实并不反对梁乐,事实上最后颜之推的意见变成了现实。

三、明哲保身

颜之推的处世之道,体现了鲜明的中庸之道。"中庸"思想为孔子所推重,他说:"中庸之为德也,其至矣乎! 民鲜久矣。"①孔子视中庸为至德,且人们久未具备此德,故极力倡导中庸之道,提出"叩其两端",推尊尧帝"允执其中"。《中庸》发挥孔子的中庸思想,提出"时中"的说法,即不偏不倚,应时而调整到恰到好处的程度。

颜之推深谙孔子中庸之道,在生命都随时难以保全的乱世,颜之推不论在思想深处还是为人处世,都贯穿着中庸思想,而其在世俗社会的突出表现,便是明哲保身的处世原则。

第一,颜之推明哲保身的处世之道,首先表现在言语谨慎。

《说苑·敬慎》载孔子至周,观于太庙,看见有个三缄其口的铜人,上面刻有铭文。颜之推引用这段铭文:"无多言,多言多败;无多事,多事多患。"多言致败,多事招患,颜之推对这段铭文深有同感:"至哉斯戒也!"②

言说的困难是中国哲学的一道命题。颜之推为训诫子弟,故多从言说不当的危害处着手,提醒子孙避免因言取祸。颜之推对言说的警醒态度,首推对上书陈事之风的指责。他将上书陈事者归为四类:"攻人主之长短,谏净之徒也;讦群臣之得失,讼诉之类

---

① （魏）何晏注,（宋）邢昺疏:《论语注疏》卷六《雍也》,北京大学出版社1999 年版,第 82 页。
② 王利器:《颜氏家训集解》卷五《省事》,中华书局 1993 年版,第 327 页。

也;陈国家之利害,对策之伍也;带私情之与夺,游说之俦也。"①颜
之推对这四类人的所为均予以否定,认为他们都是出卖忠诚以谋
求职位,出卖言论以换取利禄,即便一时侥幸成功,最终也难逃不
测之诛。颜之推的论断,来自血淋淋的历史教训与身为人臣生命
朝不保夕的政治现实。

上述四类人,颜之推对谏诤之徒的态度,持有鲜明的中庸观
念。一方面他认为,"谏诤之徒,以正人君之失尔,必在得言之地,
当尽匡赞之规,不容苟免偷安,垂头塞耳。"②颜之推对恰如其分的
谏诤是持肯定态度的,这也是他积极用世、忠于职守观念在谏诤问
题上的表现。但同时,他谨守《论语·宪问》曾子所说"君子思不
出其位",不是分内之事,就不要多管闲事,否则可能成为朝廷罪
人。颜之推引《礼记·表记》:"事君远而谏则谄也,近而不谏则尸
利也。"③又引《论语》曰:"未信而谏,人以为谤己也。"④事奉人君,
关系疏远而去进谏,近乎谄媚;关系亲近而不谏,则尸位素餐;未被
君主信任而进谏,会有毁谤君主之嫌。可见,如何进谏,颜之推认
为需要把握中庸之道。

第二,颜之推明哲保身的思想,表现在日常行为的折中原则。
人当以怎样的态度融入社会? 怎样对待他人? 颜之推说:"墨翟
之徒,世谓热腹,杨朱之侣,世谓冷肠;肠不可冷,腹不可热,当以仁
义为节文尔。"⑤热腹与冷肠都为颜之推所不取,为朋友两肋插刀、
郭解代人报仇,灌夫怒斥田蚡索取魏其侯之地,诸如此类游侠之徒

① 王利器:《颜氏家训集解》卷五《省事》,中华书局 1993 年版,第 330 页。
② 王利器:《颜氏家训集解》卷五《省事》,中华书局 1993 年版,第 333 页。
③ 王文锦译解:《礼记译解·表记》,中华书局 2016 年版,第 731 页。
④ 王利器:《颜氏家训集解》卷五《省事》,中华书局 1993 年版,第 333 页。
⑤ 王利器:《颜氏家训集解》卷五《省事》,中华书局 1993 年版,第 338 页。

的热腹行为,颜之推并不提倡。而杨朱之流拔一毛利天下而不为,颜之推也有所不齿。颜之推主张"为善则预,为恶则去,不欲党人非义之事也"①。以仁人之心,悲悯之怀,即便为正义而死,也甘心瞑目。对待亲友,以自己家财为亲友解救急难,当无所吝;但如果心生算计,提出无理要求,则可不予理会怜悯。对待亲友的吝啬与否,与颜之推治家之俭吝,都遵循折中原则:俭而不奢,俭而不吝。又如,在教育子女的态度上,颜之推主张"威严而有慈",也以中庸之道为归宿。

第三,颜之推明哲保身的思想,还表现于为官的进退之道。

颜之推认为一个人官阶禄位的大小,来源于天命。"君子当守道崇德,蓄价待时,爵禄不登,信由天命。"②颜之推相信儒家传统的天命观,官位与命运相关,时来运转,官位不求自来。既然禀之于天命,故不可勉强,静退未遇,强求无益,切不可为达目的不择手段。在颜之推看来,那些汲汲于名利官位,以不义手段达到目的的人,与盗贼并无二致。颜之推主张不要躁进得官,除了基于天命理论,还根源于他的天道观。天道和谐,秩序井然,在于"天道不使物有兼焉也"③,即天道法则是不让人好处占尽,有此长必有彼短,能奔跑,便无翅膀;善飞行,前腿不发达;头上长角,嘴上没有上齿;后肢发达,前肢就退化。天道维持的某种均衡性,同样适用于官场。颜之推举例说,北齐末期那些以金钱收买外戚而得以成为封疆大员、煊赫一时的人,最终免不了身危家败,就是因为破坏了天道的平衡。

颜之推给后人提出了自己的安全为官原则:"仕宦称泰,不过

① 王利器:《颜氏家训集解》卷五《省事》,中华书局1993年版,第337页。
② 王利器:《颜氏家训集解》卷五《省事》,中华书局1993年版,第334页。
③ 王利器:《颜氏家训集解》卷五《省事》,中华书局1993年版,第327页。

处在中品,前望五十人,后顾五十人,足以免耻辱,无倾危也。高此者,便当罢谢,偃仰私庭。"①

颜之推告诫子孙为官以中品为限,即俗语所说"比上不足,比下有余",这是典型的中庸原则,也是为官的安全警戒线。高于二千石的职位,就当全身而退。颜之推认为,自己做到黄门侍郎,便该知足告退了。颜之推看到了太多的人贪图高位,可他们在乱世之中,早上还大权在握,晚上却身首异处了,这样的教训实在太深刻了。故颜之推千叮咛万嘱咐,告诫子弟"慎之哉!慎之哉!"②

第五节　成人之教

公元 577 年,北周灭北齐,颜之推举家被掳,从邺城驱往长安。儿子思鲁和颜之推曾有如下的对话:

> 思鲁尝谓吾曰:"朝无禄位,家无积财,当肆筋力,以申供养。每被课笃,勤劳经史,未知为子,可得安乎?"吾命之曰:"子当以养为心,父当以学为教。使汝弃学徇财,丰吾衣食,食之安得甘?衣之安得暖?若务先王之道,绍家世之业,藜羹缊褐,我自欲之。"③

思鲁提出在家境困难的情况下自己去找活干挣钱养家,暂时放弃经史之学,但颜之推则把子女的教育作为大事,宁愿忍受衣食之窘。在国破家贫的境况下,颜之推以子弟的教育为不二之选,为了让子弟学业上进,颜之推可谓一片苦心。颜之推心甘情愿吃粗茶

① 王利器:《颜氏家训集解》卷五《止足》,中华书局 1993 年版,第 347 页。
② 王利器:《颜氏家训集解》卷五《止足》,中华书局 1993 年版,第 347 页。
③ 王利器:《颜氏家训集解》卷三《勉学》,中华书局 1993 年版,第 204 页。

淡饭、穿麻布衣衫,是为了让颜氏子孙能"务先王之道,绍家世之业"①,即世世代代传承儒家文化,故颜之推勉学的宗旨,实以弘扬儒家思想、以儒家文化修养身心为准则。

既以儒家之道为奉行方向,颜之推勉学的内容自然集中于儒学。当时的教育现状,颜之推如是描述:"士大夫子弟,数岁已上,莫不被教,多者或至《礼》《传》,少者不失《诗》《论》。"②可见,儒家经史为当时问学的主要内容。

儒家学问,与修身做人分不开,故颜之推的勉学,又是学会做人的成人之教。儒家思想,以成圣成贤为人生目标,《颜氏家训》中也不时流露出这一思想。《风操》篇称"孔子圣师"③,《勉学》篇提出"尊贤容众"的思想,颜之推又专作《慕贤》篇,探讨慕贤之要、成贤之道。该篇引古语"千载一圣,犹旦暮也;五百年一贤,犹比髆也"④。极言圣贤之难得,可推断颜之推对圣贤的尊重。学为圣贤,从读圣贤书开始。故颜之推重视儒家经典,《风操》篇说:"吾观《礼经》,圣人之教。"⑤不仅《礼》如此,其他圣贤书亦如是,故《治家》篇说:"吾每读圣人之书,未尝不肃敬对之。"⑥圣贤书的重要,正如《序致》篇开场所言:"夫圣贤之书,教人诚孝,慎言检迹,立身扬名,亦已备矣。"⑦如此看来,圣贤书为立身扬名、实现儒家治世理想的基石。而颜之推教育子孙,正是以孝悌传家、忠信事君、经世致用为归要,达到务先王之道、立身扬名的个人价值与社

---

① 王利器:《颜氏家训集解》卷三《勉学》,中华书局 1993 年版,第 204 页。
② 王利器:《颜氏家训集解》卷三《勉学》,中华书局 1993 年版,第 143 页。
③ 王利器:《颜氏家训集解》卷二《风操》,中华书局 1993 年版,第 79 页。
④ 王利器:《颜氏家训集解》卷二《慕贤》,中华书局 1993 年版,第 127 页。
⑤ 王利器:《颜氏家训集解》卷二《风操》,中华书局 1993 年版,第 59 页。
⑥ 王利器:《颜氏家训集解》卷一《治家》,中华书局 1993 年版,第 55 页。
⑦ 王利器:《颜氏家训集解》卷一《序致》,中华书局 1993 年版,第 1 页。

会价值实现的双重目标。

成人之教，不局限于成人之道，还包括道德实践。当时举国上下所重视的孝道，在颜之推看来也是学习的重点。颜之推举例说，北齐孝昭帝高演为了照顾生病的母亲娄太后，弄得自己面容憔悴，茶饭不思。他请来精通医术的徐之才给娄太后艾灸两个穴位，太后痛不可忍，孝昭帝让母亲握着自己的手，指甲刺进了手掌心，满手都是血。太后的病好了，孝昭帝却一病不起，27岁即英年早逝。孝昭帝在遗诏中说自己为不能为母亲操办后事尽孝而深感遗恨。颜之推叹息的是，孝昭帝天性至孝，却又如此不识忌讳，实在是不学习造成的。"孝为百行之首，犹须学以修饰之，况余事乎！"①

颜之推的成人之教，还崇尚务实，即学以致用。学以问道，学以成人，与之并重的是学以成才、学以就业。颜之推认为，人成年之后，在体质性情逐渐成形的时候，需要加倍进行教育诱导。"有志尚者，遂能磨砺，以就素业；无履立者，自兹堕慢，便为凡人。"②那些有志气、能经得起磨炼的，就会成就大业；那些没操守、偷懒的，就会自甘堕落，成为凡人。颜之推将勤学与否，视为人们命运之别的重要原因。

在颜之推所处的乱离时代，命运多舛为众多人难以避免的，但即便在乱世之中，有学问与否，也是能否安身立命的关键所在。颜之推自己辗转南北，身仕五朝，之所以能苟全于乱世，和他自身的才华不无关系。故对此，颜之推有着深刻的切身体会。

> 有学艺者，触地而安。自荒乱已来，诸见俘虏。虽百世小人，知读《论语》、《孝经》者，尚为人师，虽千载冠冕，不晓书记

---

① 王利器：《颜氏家训集解》卷三《勉学》，中华书局1993年版，第196页。
② 王利器：《颜氏家训集解》卷三《勉学》，中华书局1993年版，第143页。

者,莫不耕田养马。以此观之,安可不自勉耶? 若能常保数百卷书,千载终不为小人也。[1]

颜之推发现,有学问有一技之长的人,走到哪里都可以站稳脚跟。颜之推几次当过俘虏,他观察到,俘虏的命运分化发人深省:一些人世世代代都是平民百姓,但懂得《孝经》《论语》,还可以去做老师;而那些家族源远流长的世家豪门子弟,不会动笔的,大都沦落到给别人耕田养马。颜之推体会到了学习儒家经典作为立身之本的现实价值:"夫明《六经》之指,涉百家之书,纵不能增益德行,敦厉风俗,犹为一艺,得以自资。"[2]在"父兄不可常依,乡国不可常保"[3]的严峻现实面前,在随时可能流离失所、无人庇护的乱世中,自我生存能力显得尤为重要。这种情况下,谚语"积财千万,不如薄伎在身"[4]就显示出它的实用性,而儒家学问,至少是可以拿来讨生活的。

颜之推往往以案例作为自己观点的佐证。为激发子弟的求学热情,颜之推举了不少勤学苦读的人物以为榜样。古人勤学,如苏秦引锥刺股、文党投斧远学、孙康映雪读书、武子萤火夜读、儿宽带经而锄、路温舒牧羊时以蒲编简习字作文等故事。近人苦学,颜之推更是如数家珍,如梁朝的彭城人刘绮,用荻草照明夜读,官至金紫光禄大夫。东莞人臧逢世,二十出头的时候,想读班固《汉书》,苦于借来的书无法长久研读,就向姐夫刘缓求来名片、书札的边角纸头,亲手抄写了一部《汉书》,最终成了《汉书》的研究专家。义阳人朱詹,家里穷得揭不开锅,经常吞废纸充饥,没有被子盖,就抱

---

[1]　王利器:《颜氏家训集解》卷三《勉学》,中华书局 1993 年版,第 148 页。
[2]　王利器:《颜氏家训集解》卷三《勉学》,中华书局 1993 年版,第 157 页。
[3]　王利器:《颜氏家训集解》卷三《勉学》,中华书局 1993 年版,第 157 页。
[4]　王利器:《颜氏家训集解》卷三《勉学》,中华书局 1993 年版,第 157 页。

着狗睡觉,狗饿得不行,出去偷东西吃,朱詹喊破嗓子也不见狗回家,哀声惊动邻里。如此贫寒,却不废学业,终于学有所成,官至镇南录事参军,得到孝元帝礼遇。

孝元帝也是好学的典范:

> 梁元帝尝为吾说:"昔在会稽,年始十二,便已好学。时又患疥,手不得拳,膝不得屈。闲斋张葛帏避蝇独坐,银瓯贮山阴甜酒,时复进之,以自宽痛。率意自读史书,一日二十卷,既未师受,或不识一字,或不解一语,要自重之,不知厌倦。"[①]

颜之推父兄与梁元帝萧绎交往颇深,萧绎以甜酒缓解疥疮之痛的好学故事,为当事人亲口所言,颜之推记忆深刻。颜之推身边的好学者,还包括北齐文林馆的同事田鹏鸾。

> 齐有宦者内参田鹏鸾,本蛮人也。年十四五,初为阉寺,便知好学,怀袖握书,晓夕讽诵。所居卑末,使役苦辛,时伺间隙,周章询请。每至文林馆,气喘汗流,问书之外,不暇他语。及睹古人节义之事,未尝不感激沈吟久之。吾甚怜爱,倍加开奖。[②]

颜之推的教育思想和方法论,其特色主要在提倡早教、博闻与爱严兼具的教育原则等。

一、早教

教育的可能性源自人的可塑性,这须追溯到对人性的认识。孟子主张性善,认为恶的来源在于人们对仁义本心的放失,即所谓"放心",既有了"放心"的行为,便有了追回已放之心的必要,这就

---

① 王利器:《颜氏家训集解》卷三《勉学》,中华书局 1993 年版,第 197 页。
② 王利器:《颜氏家训集解》卷三《勉学》,中华书局 1993 年版,第 202 页。

是教育与学问的缘由。"学问之道无他,求其放心而已矣。"①荀子主张人性恶,"人之性恶,其善者伪也。"②人既有恶的本性,顺性而为,便会生出争夺、残贼、淫乱等行为,这就需要加以矫正,"故必将有师法之化,礼义之道,然后出于辞让,合于文理,而归于治"③。人性善恶,孟子与荀子各执一端,而都承认教育的必要,只是,孟子更重视内在的自我教育,即对仁义本心的回归,荀子则强调外力的约束,即化性起伪,导而之善。

在《论语》中,"性"字只出现了两次。一次出现在《公冶长》中:"子贡曰:'夫子之文章,可得而闻也;夫子之言性与天道,不可得而闻也。'"另一次出现在《阳货》中:"子曰:'性相近也,习相远也。'"孔子未明言性之善恶,但他提出了"习相远"的现实,这即是教育的来源。因为,人为外物所感,习于善则为君子,习于恶则为小人,故须教育来导人向善。孔子又说:"唯上知与下愚不移。"④"上知"者为圣人,不学而知,"生而知之者,上也"⑤。"上知"的圣人不可使之为恶,下愚者不可使之为贤,故孔子教育的重点在于所谓"中人"。颜之推恰恰接过了孔子的思想衣钵:"上智不教而成,下愚虽教无益,中庸之人,不教不知也。"⑥中,和也;庸,常也。人有中和可常行之德,即为中庸之人,也称为中材之人,这是可塑性

---

① (汉)赵岐注,(宋)孙奭疏:《孟子注疏》卷十一下《告子章句上》,北京大学出版社 1999 年版,第 311 页。

② (清)王先谦:《荀子集解》卷十七《性恶》,中华书局 1988 年版,第 434 页。

③ (清)王先谦:《荀子集解》卷十七《性恶》,中华书局 1988 年版,第 435 页。

④ (魏)何晏注,(宋)邢昺疏:《论语注疏》卷十七《阳货》,北京大学出版社 1999 年版,第 233 页。

⑤ (魏)何晏注,(宋)邢昺疏:《论语注疏》卷十六《季氏》,北京大学出版社 1999 年版,第 228 页。

⑥ 王利器:《颜氏家训集解》卷一《教子》,中华书局 1993 年版,第 8 页。

最强的人群,是施教的主要对象。

颜之推的早教思想,主要表现在以下方面:

(一)重视胎教

> 古者,圣王有胎教之法:怀子三月,出居别宫,目不邪视,
> 耳不妄听,音声滋味,以礼节之。书之玉版,藏诸金匮。①

胎教之法,由来有渐,王利器《颜氏家训集解》援引赵曦明曰:《大戴礼·保傅》篇:"青史氏之记曰:'古者胎教:王后腹之七月,而就宴室,太史持铜而御户左,太宰持斗而御户右;比及三月者。王后所求声音非礼乐,则太师缊瑟而称不习,所求滋味非正味,则太宰倚斗而言曰,不敢以待王太子。'"②赵曦明注还引《大戴礼·保傅》篇,说胎教之道之所以"书之玉版,藏之金匮",其目的是"置之宗庙,以为后世戒"③。可见历来对胎教的重视。

(二)重视早期教育

颜之推说,圣王对后代的教育是从幼儿时开始的,"生子咳嗁,师保固明孝仁礼义,导习之矣。"④咳嗁,一作"孩提",赵岐注《孟子·尽心上》"孩提之童":"孩提,二三岁之间,在襁褓,知孩笑可提抱者也。"⑤可见王子受教育之早。其具体执行,又有师保制度来做保障,如周成王在襁褓之中,召公为太保,周公为太傅,太公为太师,这就是三公;又设置三位上大夫为三少,即少保、少傅、少师。三公三少对成王的教育内容,则是颜之推所说的孝、仁、

---

① 王利器:《颜氏家训集解》卷一《教子》,中华书局 1993 年版,第 8 页。
② 王利器:《颜氏家训集解》卷一《教子》,中华书局 1993 年版,第 9 页。
③ 王利器:《颜氏家训集解》卷一《教子》,中华书局 1993 年版,第 9 页。
④ 王利器:《颜氏家训集解》卷一《教子》,中华书局 1993 年版,第 8 页。
⑤ (汉)赵岐注,(宋)孙奭疏:《孟子注疏》卷十三上《尽心章句上》,北京大学出版社 1999 年版,第 359 页。

礼、义。

颜之推主张将圣王早教之举推向普通人,让他们在幼年能辨认大人的脸色、明白大人的喜怒时,就加以教诲,让他可以做的才做,不可做的就不做,这样,等他长到几岁时,行为举止自然合乎礼义,就不需要用打板子的方式来惩罚了。

颜之推分析早教的生理基础:"人生小幼,精神专利,长成已后,思虑散逸,固须早教,勿失机也。"①颜之推从人的生命现象来解释,即幼小的时候,精神专注,思维敏锐,成年之后,注意力分散,思想难以集中,所以教育要趁早。颜之推还以自身体会做例证:"吾七岁时,诵《灵光殿赋》,至于今日,十年一理,犹不遗忘;二十之外,所诵经书,一月废置,便至荒芜矣。"②颜之推从自己儿童时与成年后的记忆力对比,前者十年不忘,后者一月荒疏,足见早教的必要。

二、晚学

值得注意的是,颜之推重早教,同时提倡晚学。"然人有坎壈,失于盛年,犹当晚学,不可自弃。"③人总有遭遇困厄的时候,如果壮年时失去了求学的机会,晚年就要抓紧时间学习,不能自暴自弃。

颜之推引历史人物中晚学成功的例子以为资证。如孔门之中,孔子自己说"五十以学《易》,可以无大过矣。"④可见孔子在知天命之年,读"穷理尽性以至于命"的知命之《易》,故可无大过,这

---

① 王利器:《颜氏家训集解》卷三《勉学》,中华书局 1993 年版,第 172 页。
② 王利器:《颜氏家训集解》卷三《勉学》,中华书局 1993 年版,第 172 页。
③ 王利器:《颜氏家训集解》卷三《勉学》,中华书局 1993 年版,第 173 页。
④ 王利器:《颜氏家训集解》卷三《勉学》,中华书局 1993 年版,第 173 页。

是 50 岁晚学。"古者年八岁而出就外舍,学小艺焉,履小节焉。"①曾子于 17 岁入仕之年始学,也能名闻天下。荀子亦 50 岁游学,成就一代硕儒。此后以晚学而成大儒的人,颜之推举例说,西汉的公孙弘,"四十余,方读《春秋》,以此遂登丞相"②。"武帝初继位,招贤良文学士,是时弘年六十,以贤良征为博士。"③皓首入学的公孙弘最终成为汉武帝的丞相;朱云 40 岁时从博士白子友学《易经》、从萧望之学《论语》;晋朝的皇甫谧 20 岁才受《孝经》、《论语》,但都终成大儒,这些人是早年迷失而晚年醒悟的例子。如皇甫谧,"年二十,不好学,游荡无度所,或以为痴。尝得瓜果,辄进所后叔母任氏。任氏曰:'《孝经》云:三牲之养,犹为不孝。汝今年余二十,目不存教,心不入道,无以慰我。'因叹曰:'昔孟母三徙以成仁,曾父烹豕以存教,岂我居不卜邻,教有所阙,何尔鲁钝之甚也!修身笃学,自汝得之,于我何有!'因对之流涕。谧乃感激,就乡人席坦受书,勤力不怠。居贫,躬自稼穑,带经而农,遂博综典籍百家之言。"④此二人可谓从小学到老却孜孜不倦的典范。

于是,颜之推主张早教与晚学并重,"幼而学者,如日出之光,老而学者,如秉烛夜行,犹贤乎瞑目而无见者也。"⑤在颜之推看来,不论是幼时学还是老了学,都是与光明同行,比那些闭着眼睛、目无见识的人要强得多。

早教到晚学的贯通,实际上意味着终身教育的实践,颜之推可

① (清)王聘珍撰:《大戴礼记解诂》卷三《保傅》,中华书局 1983 年版,第 60 页。
② 王利器:《颜氏家训集解》卷三《勉学》,中华书局 1993 年版,第 173 页。
③ (东汉)班固撰,(唐)颜师古注:《汉书》卷五十八《公孙弘传》,中华书局 1962 年版,第 2613 页。
④ (唐)房玄龄等撰:《晋书》卷二十一《皇甫谧传》,中华书局 1974 年版,第 1409 页。
⑤ 王利器:《颜氏家训集解》卷三《勉学》,中华书局 1993 年版,第 173 页。

以说是终身教育思想的先驱。

三、博闻

颜之推的教育问学之道,重视博闻:"夫学者贵能博闻也。"①颜之推认为,不论是关于郡国、山川的地理知识,官位、姓族、衣服、饮食、器皿、制度方面的政治文化背景,还是语言文字的准确使用,都需要寻根究底,掌握其根本。

博闻需要耳闻目睹,但颜之推强调的是眼学,而不是耳受,即重视亲眼目睹,不轻信传闻之辞。"谈说制文,援引古昔,必须眼学,勿信耳受。"②如果为了附庸风雅,以示自己的博雅多才,用一些道听途说的东西捡来自我炫耀,颜之推是持批判意见的。颜之推提倡的是,不论是谈话还是写文章,援引古代的例证,一定是自己亲眼所学而来的,这样引经据典才不至于闹笑话。

至于具体如何算是博闻,下面的一段话相当精彩:

> 世人但知跨马被甲,长槊强弓,便云我能为将;不知明乎天道,辨乎地利,比量逆顺,鉴达兴亡之妙也。但知承上接下,积财聚谷,便云我能为相;不知敬鬼事神,移风易俗,调节阴阳,荐举贤圣之至也。但知私财不入,公事夙办,便云我能治民;不知诚己刑物,执辔如组,反风灭火,化鸱为凤之术也。但知抱令守律,早刑晚舍,便云我能平狱;不知同辕观罪,分剑追财,假言而奸露,不问而情得之察也。爰及农商工贾,厮役奴隶,钓鱼屠肉,饭牛牧羊,皆有先达,可为师表,博学求之,无不利于事也。③

---

① 王利器:《颜氏家训集解》卷三《勉学》,中华书局 1993 年版,第 222 页。
② 王利器:《颜氏家训集解》卷三《勉学》,中华书局 1993 年版,第 207 页。
③ 王利器:《颜氏家训集解》卷三《勉学》,中华书局 1993 年版,第 162 页。

上引文字，颜之推从正反两面揭示了几大重要职业所需具备的广博才艺，如将才：善骑术，能武艺，明天道，辨地利，权衡军事形势的逆顺优劣，洞悉国家兴亡的微妙所在；如相才：秉承上意，指挥僚属，积累财富，囤储粮食，敬奉鬼神，移风易俗，调节阴阳，荐举贤能；如治才：不徇私枉法，高效处理公事，反身而诚，以身作则，治理百姓如驾驭车马般娴熟，懂得降雨灭火，止风消灾，明白隐恶扬善，将恶人感化为良民；如吏才：谨守法令，秉公判案，熟悉侦破案件的种种秘诀。推而广之，在颜之推看来，农夫、商贾、工匠、童仆、奴隶、渔民、屠夫、牧民等，都有值得学习效法的贤达之人，广泛地向他们学习，是通往博学之路。

颜之推重博闻，如何处理博闻与精专的关系呢？颜之推提倡的是博览与精专的两全其美："当博览机要，以济功业；必能兼美，吾无间焉。"①

颜之推从不同时代的学风衍变来观照博与专的关系。"汉时贤俊，皆以一经弘圣人之道，上明天时，下该人事，用此致卿相者多矣。末俗已来不复尔，空守章句，但诵师言，施之世务，殆无一可。"②汉代学风，贵能专精，通一经者即可为博士，甚至可以贵为卿相。但后来发展到空守章句，解一句经文动辄上万言，毫无实用价值。这一学风，到颜之推时代仍有流弊遗风，如他指斥"俗间儒士，不涉群书，经纬之外，义疏而已。"③颜之推举当时邺下一句谚语："博士买驴，书券三纸，未有驴字。"④颜之推认为，明了圣贤之书的经文大意，能对自己的言行有所裨益即可，何必对"仲尼居"

---

① 王利器：《颜氏家训集解》卷三《勉学》，中华书局 1993 年版，第 177 页。
② 王利器：《颜氏家训集解》卷三《勉学》，中华书局 1993 年版，第 177 页。
③ 王利器：《颜氏家训集解》卷三《勉学》，中华书局 1993 年版，第 183 页。
④ 王利器：《颜氏家训集解》卷三《勉学》，中华书局 1993 年版，第 177 页。

三个字,就要用两张纸的疏义来解释呢? 颜之推又举出自己在北齐首都邺城所亲历的故事,当时,他与崔文彦交游,曾说起《王粲集》中诘难郑玄注解《尚书》的事。崔文彦转而又与一些儒生谈及此事,没想到,那些儒生竟然说先儒之中,没听说有王粲这个人。魏收曾与一些博士讨论宗庙之事,引《汉书》为论据,博士们取笑他说:"未闻《汉书》得证经术。"魏收一怒之下,将《韦玄成传》扔下就走,博士们整夜研读这篇《汉书》中的传记,第二天早上向魏收道歉:"不谓玄成如此学也。"①

专精之风到汉末走向了极致,也就走向了空疏之学的穷途末路。为此,学风遂倾向于博闻。颜之推时代士大夫子弟的学风,"皆以博涉为贵,不肯专儒"②。当时,既能投身仕途,又能学术有成的,颜之推点名赞赏何胤、刘瓛、明山宾、周舍、朱异、周弘正、贺琛、贺革、萧子政、刘绍等人能兼通文史,而不仅仅只会讲解经书。

颜之推又表彰崔浩、张伟、刘芳、邢子才四位儒者,"虽好经术,亦以才博擅名。如此诸贤,故为上品"③。颜之推欣赏的是他们能博闻与精专兼善兼美。

如果只做到了博而不专,颜之推也是持否定态度的。颜之推未点名批评当时的两个人,说他们都很聪明,涉猎广泛,却未能成名,经学经不起人家的拷问,史学不足以与学者讨论,文章够不上结集流传,书法不值得留存欣赏,"卜筮射六得三,医药治十差五,音乐在数十人下,弓矢在千百人中,天文、绘画、棋博,鲜卑语、胡书,煎胡桃油,炼锡为银,如此之类,略得梗概,皆不通熟"④。颜之

---

① 王利器:《颜氏家训集解》卷三《勉学》,中华书局 1993 年版,第 184 页。
② 王利器:《颜氏家训集解》卷三《勉学》,中华书局 1993 年版,第 177 页。
③ 王利器:《颜氏家训集解》卷三《勉学》,中华书局 1993 年版,第 177 页。
④ 王利器:《颜氏家训集解》卷五《省事》,中华书局 1993 年版,第 327 页。

推惋惜这两位万精油式的学者,什么都知道点,却只懂得点皮毛。如果他们能专精一点,肯定会更有成就。

可见,颜之推提倡博闻,同时对汉代空疏之学与南北朝博而不精的学风都予以纠偏,主张博学与专精兼而善之。

四、严慈

颜之推的子女教育,主要包括如下原则:

第一,父母要威严慈爱,不可溺爱。

"父母威严而有慈,则子女畏慎而生孝矣。"[1]做父母的威严而有慈爱,做子女的就会敬畏谨慎,心生孝顺。威严与慈爱并举,是颜之推教育子女的原则,二者不可偏废。

鉴于父母往往容易慈爱有余,威严不足,颜之推便更多地强调对子女从严教育。这种严格,还包括关键时刻不得不使用的体罚。"治家之宽猛,亦犹国焉。"[2]治家如治国,需要宽猛并济。颜之推引孔子:"刑罚不中则民无所措手足。"[3]又引《吕氏春秋》:"家无怒笞,则竖子婴儿之有过也立见。"[4]治国需要刑罚,治家也不可无怒笞。怒者,严厉斥责;笞者,荆条伺候也。当然,今天的教育已不提倡体罚,但严格教子,仍为必须。事实上,颜之推又申明,对子女的怒责与打骂,"诚不得已也"[5]。父母之心,谁不爱子,对子女不严厉,也不是想陷子女于罪恶,只是不忍心看到孩子受怒笞后那种

---

① 王利器:《颜氏家训集解》卷一《教子》,中华书局1993年版,第8页。

② 王利器:《颜氏家训集解》卷一《治家》,中华书局1993年版,第41页。

③ (魏)何晏注,(宋)邢昺疏:《论语注疏》卷十三《子路》,北京大学出版社1999年版,第171页。

④ 廖明春、陈兴安译注:《吕氏春秋全译·劝学》,巴蜀社2004年版,第415页。

⑤ 王利器:《颜氏家训集解》卷一《教子》,中华书局1993年版,第12页。

沮丧的脸色,不忍心孩子承受皮肉之苦罢了。而那些勤于督导训教子女的父母,难道会忍心虐待自己的骨肉吗? 这一切,在颜之推看来,只是犹如良药苦口利于病而已,"当以疾病为谕,安得不用汤药针艾救之哉?"①

颜之推强调威严而慈爱,反对"无教而有爱",这种爱就是今天所谓"溺爱",具体表现为:"饮食运为,恣其所欲,宜诫翻奖,应诃反笑,至有识知,谓法当尔。"②任意放纵子女吃喝玩乐,该警诫的反而奖励,该呵叱的反而微笑,久而久之,做子女的会以为本来就该是这个样子的。溺爱的结果只能是:等到子女养成骄慢之习才去制止,已经错失时机,即便把他打死也无法树立父母的威信,父母对孩子的愤怒与日俱增,孩子对父母的怨恨也日甚一日。子女长大以后,难免道德败坏。颜之推由此感叹孔子"少成若天性,习惯如自然"与俗谚"教妇初来,教儿婴孩"的正确性。③

颜之推举例证明自己的观点,正面的案例来自南梁的王僧辩母子,反面的案例亦来自南梁,值得一提的是,都是颜之推所熟知的同时代人物。先看正面的案例:

> 王大司马母魏夫人,性甚严正;王在溢城时,为三千人将,年逾四十,少不如意,犹捶挞之,故能成其勋业。④

王大司马,即王僧辩,梁元帝先后任命他为征东将军、开府仪同三司、江州刺史、太尉、车骑大将军等职。侯景叛,梁武帝饿死台城,北齐高洋欲以贞阳侯萧渊明南下,王僧辩迎萧渊明践位,被授大司马,领太子太傅、扬州牧,故有"王大司马"之称。后王僧辩为

---

① 王利器:《颜氏家训集解》卷一《教子》,中华书局1993年版,第12页。
② 王利器:《颜氏家训集解》卷一《教子》,中华书局1993年版,第8页。
③ 王利器:《颜氏家训集解》卷一《教子》,中华书局1993年版,第8页。
④ 王利器:《颜氏家训集解》卷一《教子》,中华书局1993年版,第13页。

陈霸先所杀。

颜之推提到溢城,湘东王萧绎于梁武帝大同六年出任江州刺史,镇守江州七年之久。当时,追随萧绎的王僧辩为云骑将军司马之职,"王为江州,仍除云骑将军司马,守溢城"①。

王僧辩的母亲"性甚安和,善于绥接,家门内外,莫不怀之"②。王僧辩身为三千人将领,年逾不惑,母亲依旧鞭挞督责,可见其母教子之严。

《梁书》王僧辩本传又记载,萧绎当年命令王僧辩和鲍泉进讨长沙,王僧辩因部下还没有赶到,想等甲士全部集结才开拔,生性严忌的萧绎误以为王僧辩想拖延时日不愿从命,就很生气。"世祖因斫之,中其左髀,流血至地。僧辩闷绝,久之方苏。"③萧绎亲自砍伤王僧辩,将其打入大牢,此事发生后,王僧辩的母亲再次表现其爱子之切与责子之严:

> 初,僧辩下狱,夫人流泪徒行,将入谢罪,世祖不与相见。时贞惠世子有宠于世祖,军国大事多关领焉。夫人诣阁,自陈无训,涕泗呜咽,众并怜之。及僧辩免出,夫人深相责励,辞色俱严。云:"人之事君,惟须忠烈,非但保祐当世,亦乃庆流子孙。"及僧辩克复旧京,功盖天下,夫人恒自谦损,不以富贵骄物。朝野咸共称之,谓为明哲妇人也。④

长沙一役,鲍泉久违不克,最终是由王僧辩取代鲍泉,平定湘土,乃母之严,不可谓无功。后魏夫人薨殒,萧绎命尚书左仆射王褒为文祭祀。

---

① (唐)姚思廉:《梁书》卷四十五《王僧辩传》,中华书局1973年版,第623页。
② (唐)姚思廉:《梁书》卷四十五《王僧辩传》,中华书局1973年版,第631页。
③ (唐)姚思廉:《梁书》卷四十五《王僧辩传》,中华书局1973年版,第624页。
④ (唐)姚思廉:《梁书》卷四十五《王僧辩传》,中华书局1973年版,第631页。

颜之推又举溺爱之反例,以见"有爱而无教"的危害:同为梁元帝的僚属,某学士的父亲对他太过宠爱,疏于管教:"一言之是,偏于行路,终年誉之;一行之非,掩藏文饰,冀其自改。"①儿子一句话说得好,当爹的恨不得让过往行人都知道,一年到头都挂在嘴上;儿子一件事做得不好,当爹的又为他百般掩饰,心里寄希望于儿子自己偷偷改掉。结果,这个被父亲过分宠爱的学士,凶暴傲慢的习气一天比一天厉害,终究因为说话不当,被周逖杀了,肠子被抽出来,血也被用来祭祀时涂在鼓上。

第二,父母之爱要均衡,不可偏宠。

颜之推主张父母对子女严而有爱,如何爱子女呢? 颜之推认为应均爱,不偏爱;应分宠,而不专宠。

> 人之爱子,罕亦能均;自古及今,此弊多矣。贤俊者自可赏爱,顽鲁者亦当矜怜,有偏宠者,虽欲以厚之,更所以祸之。②

将爱心惠泽所有子女,且如雨露般均而洒之,颜之推承认很难一视同仁。但自古因为做不到这一点,历史的经验证明,积弊是很严重的。孩子聪慧漂亮,自然要赏识喜爱;但孩子愚笨顽皮,也该怜悯同情。如果偏爱一个孩子,本意是想厚爱他,事实上到头来会害了他。

颜之推举历史教训来做证明:

> 共叔之死,母实为之。赵王之戮,父实使之。刘表之倾宗覆族,袁绍之地裂兵亡,可为灵龟明鉴也。③

《左传》载,郑武公的妻子武姜,生下庄公和共叔段两个儿子,

---

① 王利器:《颜氏家训集解》卷一《教子》,中华书局1993年版,第13页。
② 王利器:《颜氏家训集解》卷一《教子》,中华书局1993年版,第19页。
③ 王利器:《颜氏家训集解》卷一《教子》,中华书局1993年版,第19页。

姜氏偏爱共叔段,想立他为太子,被郑武公拒绝了。庄公即位后,姜氏仍不甘心,不断为共叔段争取扩大势力,还想与共叔段里应外合谋反,结果失败,大叔出奔共。颜之推总结共叔段的悲剧时,认为其根源就在于母亲武姜的偏宠。

汉高祖刘邦宠幸的戚夫人,为了儿子赵隐王如意,日日夜夜在刘邦面前哭泣,想让刘邦废嫡立庶,废吕后所生的太子刘盈,立赵王如意为太子。刚好刘盈生性柔弱,刘邦曾公开说他"不类我",也有了废太子的念头。张良为吕后谋划,让太子请来刘邦都请不来的隐士四皓,刘邦以为太子羽翼已成,只好作罢。高祖崩,吕后"乃令永巷囚戚夫人,而召赵王"。赵王被鸩而死,"太后遂断戚夫人手足,去眼,辉耳,饮瘖药,使居厕中,命曰'人彘'"①。

颜之推认为,赵王如意母子的悲剧,要归因于刘邦对戚夫人的偏宠,进而纵容了她的非分之想,结果反而害了自己本来最喜欢的儿子。

东汉末荆州牧刘表,也因接班人问题没处理好而带来家庭悲剧。刘表有两个儿子:刘琦、刘琮。一开始刘表因刘琦长得像自己,很爱这个长子。后来,刘琮娶了后妻蔡氏的侄女,蔡氏便偏向刘琮,老在刘表面前说刘琦的坏话,刘表都相信了她的话,便疏远了刘琦。刘表的得力干将,小舅子蔡瑁、外甥张允,也都和刘琮关系好,刘琦一看不对头,便在诸葛亮的建议下,出为江夏太守。刘表寝疾,刘琦回荆州探望,张允等人不让他和父亲见面,刘表遂以刘琮为嗣。随后,"会曹操军至新野,琦走江南"②,刘琮后来举州

---

① (汉)司马迁撰,(宋)裴骃集解,(唐)司马贞索引,(唐)张守节正义:《史记》卷九《吕太后本纪》,中华书局1959年版,第379页。

② (南朝宋)范晔:《后汉书》卷七十四下《刘表传》,中华书局1965年版,第2424页。

降于曹操。

冀州牧袁绍,有三子:谭、熙、尚。"谭长而惠,尚少而美。绍后妻刘氏有宠,而偏爱尚,数称于绍,绍亦奇其姿容,欲使传嗣。"①于是袁绍将袁尚留在身边,将长子谭继出为青州刺史,中子熙为幽州刺史。官渡之战,袁绍兵败病死,还没确定后嗣,一帮权臣为了自己的私利,便矫诏奉袁尚为嗣。由此引发了兄弟之间的自相残杀。最终,曹操讨袁谭,谭堕马见杀。袁熙、袁尚被部将张纲追杀,逃奔辽西乌桓,又遭曹操截击,乃奔辽东,为公孙康斩杀。

刘表和袁绍本来割据一方,均实力雄厚,却因内人偏宠,延误了立嗣的时机,最终倾宗覆族、地裂兵亡,颜之推由此力证父母偏宠于家、于国的莫大危害。

颜之推还举了自己亲眼所见的例子,北齐琅邪王高俨的故事。

高俨是北齐武成帝高湛的第三子,父母的宠爱,让高俨的待遇与太子无异,高湛甚至有了废立的念头。

> 俨器服玩饰,皆与后主同,所须悉官给。于南宫尝见新冰早李,还,怒曰:"尊兄已有,我何意无!"从是,后主先得新奇,属官及工匠必获罪。太上、胡后犹以为不足。俨常患喉,使医下针,张目不瞬。又言于帝曰:"阿兄懦,何能率左右?"帝每称曰:"此黠儿也,当有所成。"以后主为劣,有废立意。②

颜之推说,高俨的行为,当时的有识之士很容易联想到共叔段的教训。高俨与权臣和士开的矛盾,最终导致了矫诏杀宰相的行为。高俨讨厌和士开,并非毫无道理。"俨以和士开、骆提婆等奢

---

① (南朝宋)范晔:《后汉书》卷七十四上《袁绍传》,中华书局1965年版,第2383页。

② (唐)李百药:《北齐书》卷十二《高俨传》,中华书局1972年版,第161页。

恣,盛修第宅,意甚不平。"①而且,和士开和太后的不正当男女关系,也让高俨心生厌恶。

和士开面对高俨眼光奕奕、数步射人的样子,不由得惊出一身冷汗,于是猜忌高俨,削其官职,不让他与太后相见,并欲夺其兵权。高俨在治书侍御史王子宜、左右开府高舍洛、中常侍刘辟疆、侍中冯子琮等人的劝说下,安排王子宜上疏弹劾和士开并治其罪,冯子琮将上书和其他文书杂在一起上奏,后主没有看仔细,就准奏了。结果,高俨骗得了领军库狄伏连的信任,伏连埋伏五十人于神兽门外,在早朝时将和士开执送御史,高俨让冯永洛在御史台将和士开斩首。

高俨杀了和士开,事态进一步恶化,在同伙的逼迫下,高俨率京畿军士三千余人屯于千秋门,本来并无反心,但事实上已势同叛乱。结果,事件的主谋都被射杀并肢解,暴尸街头。不久,高俨也因此事件而被杀,年仅 14 岁便失去了生命。

颜之推以高俨因受宠而夭亡的惨痛教训,告诫子孙后代,爱孩子一定不能偏爱,偏爱可谓父母带给子女的灾难。

第三,与子女保持距离,不可太随意。

父子之间,宽与严的尺度如何把握? 父子之间的距离又该如何掌握分寸? 颜之推认为:

> 父子之严,不可以狎;骨肉之爱,不可以简。简则慈孝不接,狎则怠慢生焉。由命士以上,父子异宫,此不狎之道也;抑搔痒痛,悬衾箧枕,此不简之教也。②

从严的尺度出发,父子之间自然不可过分亲昵;从宽的尺度出

---

① (唐)李百药:《北齐书》卷十二《高俨传》,中华书局 1972 年版,第 161 页。
② 王利器:《颜氏家训集解》卷一《教子》,中华书局 1993 年版,第 15 页。

发,骨肉之爱,也不能宽到不拘礼节的程度。这就是颜之推认可的父子距离。之所以这么说,原因在于:如果不拘礼节,父母之慈与子女之孝就无法体现;如果过分亲昵呢,那么子女就容易生出行为放肆、怠慢父母之心。

颜之推援引《礼记》的言论进一步说明。《礼记·内则》:"由命士以上,父子皆异宫。昧爽而朝,慈以旨甘;日出而退,各从其事;日入而夕,慈以旨甘。"①读书做官者即为士,有爵命之士即命士。命士以上的读书人,父与子是分室而居的。这就是《礼记》中体现的"不狎之道。"

《礼记·内则》又云:"以适父母舅姑之所,及所,下气怡声,问衣燠寒,疾痛苛痒,而敬抑搔之。出入则或先或后,而敬扶持之。"②抑搔,郑玄注解为按摩。也就是说,长辈有个病痛不适,晚辈要嘘寒问暖,替他们挠痒按摩。又《礼记·内则》:"父母舅姑将坐,奉席请何乡。将衽,长者奉席请何趾。少者执床与坐。御者举几,敛席与簟,悬衾箧枕,敛簟而襡之。"③长辈起床后,晚辈应给长辈收拾卧具,把被子捆好悬挂起来,把枕头放进箱子里,把席子卷起收好。以上细节,就是《礼记》所体现的"不简之教。"

避免过分亲昵、拒绝不拘礼节,落实到细节上,颜之推提出了君子不亲自教授儿子的做法。这是孔子弟子陈亢悟出的道理,《论语·季氏》载,陈亢问孔子的儿子孔鲤:老师有没有给你开小灶教你点特别的?孔鲤只想到,自己和父亲两次在中庭相遇,父亲只问过有没有学诗、学礼而已。陈亢由此悟出"君子之远其子"的道理。

---

① 王文锦译解:《礼记译解·内则》,中华书局 2016 年版,第 328 页。
② 王文锦译解:《礼记译解·内则》,中华书局 2016 年版,第 325 页。
③ 王文锦译解:《礼记译解·内则》,中华书局 2016 年版,第 328 页。

之所以君子不亲教其子原因在于："《诗》有讽刺之辞,《礼》有嫌疑之诫,《书》有悖乱之事,《春秋》有衰僻之讥,《易》有备物之象:皆非父子之可通言,故不亲授耳。"①

父子之间,很多话是不好开口说的,上引六经中的不方便言教处,即是君子不亲授其子的缘由。正如《白虎通》所言:"父所以不自教子何? 为渫渎也。又授之道当极说阴阳夫妇变化之事,不可父子相教也。"②

第四,教育子女有风骨,不谄媚权贵。

北齐时有一士大夫,曾经与颜之推有如下的对话:

> 齐朝有一士大夫,尝谓吾曰:"我有一儿,年已十七,颇晓书疏,教其鲜卑语及弹琵琶,稍欲通解,以此伏事公卿,无不宠爱,亦要事也。"吾时俛而不答。③

这位士大夫教儿子学鲜卑语、弹琵琶,以便为王公大人效劳,并将此视为要紧之事。颜之推听了,低下头来沉默不语。颜之推的沉默,即是对这位士大夫的否定。

颜之推自己的真实想法是:"异哉,此人之教子也! 若由此业,自致卿相,亦不愿汝曹为之。"④

颜之推如此惊异且不苟同于同僚的想法,我们不妨对北齐时鲜卑语、琵琶之流行做一考察。

北齐统治者高氏出自鲜卑族,性喜琵琶,故鲜卑语与琵琶为北齐之习尚。《隋书·经籍志》载有《鲜卑语五卷》、《鲜卑语十卷》,又有周武帝撰《鲜卑号令》一卷。《隋书·经籍志》"小学"类序

---

① 王利器:《颜氏家训集解》卷一《教子》,中华书局 1993 年版,第 15 页。
② (清)陈立撰:《白虎通疏证》卷六《辟雍》,中华书局 1994 年版,第 257 页。
③ 王利器:《颜氏家训集解》卷一《教子》,中华书局 1993 年版,第 21 页。
④ 王利器:《颜氏家训集解》卷一《教子》,中华书局 1993 年版,第 21 页。

第三章 儒学为本

云："后魏初定中原，军容号令，皆以夷语。后染华俗，多不能通，故录其本言，相传教习，谓之'国语'。"①《隋书·经籍志》"小学类"著录了以"国语"为名的书籍九种，如《国语物名》四卷后魏侯伏侯可悉陵撰、《国语真歌》十卷、《国语杂物名》三卷侯伏侯可悉陵撰、《国语十八传》一卷、《国语御歌》十一卷、《国语号令》四卷、《国语杂文》十五卷等。②又"孝经"类序："魏氏迁洛，未达华言，孝文帝命侯伏侯可悉陵以夷言译《孝经》之旨，教于国人，谓之《国语孝经》。"③

《北齐书》载，孙骞"又能通鲜卑语，兼宣传号令"④。《北齐书》载，并州定国寺建成后，高欢问陈元康、温子升该请谁来做碑文，"元康因荐珽才学并解鲜卑语。"⑤祖珽因碑文写得很华丽，速度也很快，当时所犯之事被高欢饶恕。

《北齐书》高昂本传说："于时，鲜卑共轻中华朝士，唯惮服于昂。高祖每申令三军，常鲜卑语，昂若在列，则为华言。"⑥

琵琶为北齐宫廷所尚，武成帝高湛特别喜欢琵琶。"世宗尝令章永兴于马上弹胡琵琶，奏十余曲，试使文略写之，遂得其八。"⑦高湛宠幸的和士开，就是因为投其所好，而得到特别恩幸。

---

① （唐）魏徵等撰：《隋书》卷三十二《经籍志一》，中华书局1973年版，第947页。
② 参见（唐）魏徵等撰：《隋书》卷三十二《经籍志一》，中华书局1973年版，第945页。
③ （唐）魏徵等撰：《隋书》卷三十二《经籍志一》，中华书局1973年版，第935页。
④ （唐）李百药：《北齐书》卷二十四《孙搴传》，中华书局1972年版，第341页。
⑤ （唐）李百药：《北齐书》卷三十九《祖珽传》，中华书局1972年版，第295页。
⑥ （唐）李百药：《北齐书》卷二十一《高昂传》，中华书局1972年版，第514页。
⑦ （唐）李百药：《北齐书》卷四十八《尔朱文略传》，中华书局1972年版，第667页。

世祖性好握槊,士开善于此戏,由是遂有斯举。加以倾巧便僻,又能弹胡琵琶,因此亲狎。尝谓王曰:"殿下非天人也,是天帝也。"王曰:"卿非世人也,是世神也。"其深相爱如此。①

祖珽的琵琶演奏水平与和士开不相伯仲,"又自解弹琵琶,能为新曲。"②祖珽的声色之游,琵琶是一大项目。在一次宫廷游宴中,祖珽与和士开各展才艺,还发生了一次争宠事件。"帝于后园使珽弹琵琶,和士开胡舞,各赏物百段。士开忌之,出为安德太守,转齐郡太守,以母老乞还侍养,诏许之。"③和士开嫉妒祖珽弹琵琶的水准实在太精湛,不惜找茬将他外放。

北齐最后一个皇帝,幼主高恒,"盛为无愁之曲,帝自弹胡琵琶而唱之,侍和之者以百数。人间谓之无愁天子。"④这位无愁天子最后成为北周的俘虏,身首异处。广宁王孝珩被俘后在北周做官,琵琶成为他感时溅泪、触物惊心的伤心之物。

后周武帝在云阳,宴齐君臣,自弹胡琵琶,命孝珩吹笛。辞曰:"亡国之音,不足听也。"固命之,举笛裁至口,泪下呜咽,武帝乃止。⑤

由此看来,颜之推眼里的鲜卑语与琵琶,不再单纯为语言,也不再单纯为娱乐,而是与人的尊严相关,与夷夏之辨维护中原文化主体地位的正统意识相关。为了谋求仕进,为了附庸权贵,而去学

① (唐)李百药:《北齐书》卷五十《和士开传》,中华书局 1972 年版,第 686 页。
② (唐)李百药:《北齐书》卷三十九《祖珽传》,中华书局 1972 年版,第 514 页。
③ (唐)李百药:《北齐书》卷三十九《祖珽传》,中华书局 1972 年版,第 516 页。
④ (唐)李百药:《北齐书》卷八《幼主纪》,中华书局 1972 年版,第 112 页。
⑤ (唐)李百药:《北齐书》卷十一《广宁王孝珩传》,中华书局 1972 年版,第 146 页。

鲜卑语、学弹琵琶，或者去做同类性质的其他事情，颜之推深以为耻，故切切谆告子弟千万不可造次。顾炎武《日知录》说自己读到这一段，不由得对颜之推赞叹道："嗟乎，之推不得已而仕于乱世，犹为此言，尚有《小宛》诗人之意；彼阘然媚于世者，能无愧哉！"①

颜之推的教育思想，至今有其闪光之处和现代价值，具体表现在：

第一，提倡早期教育，提出胎教方法和早期记忆特点等，至今仍为积极有效的教育方法。

第二，提倡晚学，早教与晚学的结合，实际上是今天奉行的终生教育思想的滥觞。

第三，提倡博闻与专精的结合，提倡眼学，重视实践和学以致用，至今为至理之言。

第四，提出了威严与慈爱相结合的教育原则，教育者既能树立威信，又能和受教育者建立彼此融洽的关系。

第五，家庭教育反对溺爱、偏爱，强调对子女的平等之爱，与子女保持适度距离，这在今天独生子女时代尤其具有借鉴意义。

第六，强调对德育和"风骨"等有利于建立完善人格的教育内容，将知识教育与成人之教相结合，是早期素质教育的雏形。

第六节　经学思想

颜之推的经学史观，有着鲜明的时代性，认为学术的兴衰与所

---

① （清）顾炎武著，黄汝成集释：《日知录集释》卷十三《廉耻》，上海古籍出版社 2006 年版，第 773 页。

处的历史环境有关,经学亦如是,即"学之兴废,随世轻重"①。

汉晋南北朝经学的发展,正是沿着颜之推所总结的方向前行。汉文帝设一经博士,即《诗》博士。汉武帝建元五年,立《诗》、《书》、《易》、《礼》、《春秋》五经博士。12年后的元朔五年,公孙弘上奏汉武帝,提出"为博士官置弟子五十人,复其身……一岁皆辄试,能通一艺以上,补文学掌故缺;其高弟可以为郎中者,太常籍奏"②。公孙弘的奏议为汉武帝首肯,这意味着为儒生开辟了利禄之途,不仅博士弟子可以成为候补官员,进入官僚阶层,那些有志于儒家经学的低层官吏,也可以获得晋升的机会。"而公孙弘以《春秋》白衣为天子三公,封以平津侯,天下之学士靡然乡风矣。"③公孙弘以通一经而位列三公,这恰如颜之推所说,"汉时贤俊,皆以一经弘圣人之道,上明天时,下该人事,用此致卿相者多矣"④。

西汉元帝、成帝至东汉,为经学繁荣时期,皮锡瑞以"极盛"二字概括:

> 宰相须用读书人,由汉武开其端,元、成及光武、明、章继其轨。经学所以极盛者,此其一。武帝为博士官置弟子五十人,复其身。昭帝增满百人。宣帝末,增倍之。元帝好儒,能通一经者,皆复。数年,以用度不足,更为设员千人,郡国置五经百石卒史。成帝增弟子员三千人。平帝时,增元士之子得

---

① 王利器:《颜氏家训集解》卷三《勉学》,中华书局1993年版,第176页。

② (汉)司马迁撰,(宋)裴骃集解,(唐)司马贞索引,(唐)张守节正义:《史记》卷一百二十一《儒林列传》,中华书局1959年版,第2119页。

③ (汉)司马迁撰,(宋)裴骃集解,(唐)司马贞索引,(唐)张守节正义:《史记》卷一百二十一《儒林列传》,中华书局1959年版,第2118页。

④ 王利器:《颜氏家训集解》卷三《勉学》,中华书局1993年版,第176页。

受业如弟子,勿以为员。岁课甲乙丙科,为郎中、太子舍人、文学掌故。后世生员科举之法,实本于此。经生即不得大用,而亦得有出身,是以四海之内,学校如林。汉末太学诸生至三万人,为古来未有之盛事。①

两汉经学,今、古文经学相争,门派分明,各宗师法,蔚为大观。但其流弊也就此产生,即颜之推所说"空守章句,但诵师言,施之世务,殆无一可"②。当时,儒生皓首穷经,冗长烦琐,渐入空疏之路:"说五字之文,至于二三万言。后进弥以驰逐,故幼童而守一艺,白首而后能言;安其所习,毁所不见,终以自蔽。此学者之大患也。"③"自武帝立《五经》博士,开弟子员,设科射策,劝以官禄,讫于元始,百有余年,传业者浸盛,支叶蕃滋,一经说至百余万言,大师众至千余人,盖禄利之路然也。"④皮锡瑞指出:"一经说至百余万言,则汉之经学所以由盛而衰者,弊正坐此。"⑤

汉末,郑玄遍注群经,融合今古文,但兼采今古,带来的是独尊郑氏的后果:经有数家、家有数说的繁荣局面风光不再,故皮锡瑞说:"郑学虽盛,而汉学终衰"、"郑学之盛在此,汉学之衰亦在此"⑥。

魏晋时期,玄学大盛,尽管有崇儒兴学之举,如荀崧说晋武帝时"台省有宗庙太府金墉故事,太学有石经古文先儒典训。

---

① (清)皮锡瑞:《经学历史》,中华书局1959年版,第101页。
② 王利器:《颜氏家训集解》卷三《勉学》,中华书局1993年版,第177页。
③ (东汉)班固撰,(唐)颜师古注:《汉书》卷三十《艺文志》,中华书局1962年版,第1723页。
④ (东汉)班固撰,(唐)颜师古注:《汉书》卷八十八《儒林传》,中华书局1962年版,第3620页。
⑤ (清)皮锡瑞:《经学历史》,中华书局1959年版,第141页。
⑥ (清)皮锡瑞:《经学历史》,中华书局1959年版,第142页。

贾、马、郑、杜、服、孔、王、何、颜、尹之徒,章句传注众家之学,置博士十九人。九州之中,师徒相传,学士如林"①。但相对而言,魏晋为经学中衰时期。皮锡瑞说"郑学出而汉学衰,王肃出而郑学亦衰。"②

南北朝时期,经学分立,南朝与北朝经学各行其是。《隋书·儒林传序》谓:"南北所治,章句好尚,互有不同。江左《周易》则王辅嗣,《尚书》则孔安国,《左传》则杜元凯。河、洛《左传》则服子慎,《尚书》、《周易》则郑康成。《诗》则并主于毛公,《礼》则同遵于郑氏。大抵南人约简,得其英华,北学深芜,穷其枝叶。"③此为南北朝经学的大致区别与走向。

皮锡瑞说:"南学之可称者,惟晋宋间诸儒善说礼服。宋初雷次宗最著,与郑君齐名,有雷、郑之称。当崇尚老、庄之时,而说礼谨严,引证详实,有汉石渠、虎观遗风。"④但南朝经学并不成气候,《南史·儒林传序》说,宋、齐时期"国学时或开置,而劝课未博,建之不及十年,盖取文具而已"⑤。到了梁武帝时期,有了复兴儒学的举措:天监四年,乃诏开五馆,建立国学,总以五经教授,置五经博士各一人。"于是以平原明山宾、吴郡陆琏、吴兴沈峻、建平严植之、会稽贺玚补博士,各主一馆。馆有数百生,给其饩廪。其射策通明经者,即除为吏,于是怀经负笈者云会矣。又选学生遣就会

① (唐)房玄龄等撰:《晋书》卷七十五《荀崧传》,中华书局 1974 年版,第 1977 页。
② (清)皮锡瑞:《经学历史》,中华书局 1959 年版,第 155 页。
③ (唐)魏徵等撰:《隋书》卷七十五《儒林传序》,中华书局 1973 年版,第 1706 页。
④ (清)皮锡瑞:《经学历史》,中华书局 1959 年版,第 170 页。
⑤ (唐)李延寿:《南史》卷七十一《儒林传序》,中华书局 1975 年版,第 1730 页。

稽云门山,受业于庐江河胤。分遣博士、祭酒,到州郡立学。"①七年,又诏皇太子、皇子、宗室、王侯就学受业。"武帝亲屈舆驾,释奠于先师先圣,申之以宴语,劳之以束帛,济济焉,洋洋焉,大道之行也如是。"②但梁武帝晚年倾心于佛教,刘裕篡梁立陈,经学亦无起色。纵贯南朝,重文学而不重经术,宋、齐、陈三朝,经学无所成就,梁武帝崇儒,算是一笔亮色。

北朝时期,北魏道武帝"始建都邑,便以经术为先。立太学,置《五经》博士生员千有余人。天兴二年春,增国子太学生员至三千人"③。随后诸帝,多有崇尚儒学的政策与举措,如起太学、立乡学、开皇子之学、四门小学,擢升儒者等,"时天下承平,学业大盛,故燕、齐、赵、魏之间,横经著录,不可胜数。大者千余人,小者犹数百"④。北朝经学不像南朝那样受玄学清言、浮华之风浸染,"故能专宗郑、服,不为伪孔、王、杜所惑。此北学所以纯正胜南也"⑤。

颜之推身历南北,反对俗谚所讥的"博士买驴,书券三纸,未有驴字"⑥的空疏学风,以通经致用为治学鹄的;颜之推既力避皓首一经的无用专经,故其经学有涉猎广博的特征,对《诗》、《礼》、《论语》、《易》乃至《左传》,均有深研,并提出"文章原出《五经》"的经学思想;颜之推不喜玄风,受典正家风及北学质朴学风熏染,故有对汉儒精华的传承,重音韵、训诂即是其问学严整的表现,这

---

① (唐)李延寿:《南史》卷七十一《儒林传序》,中华书局1975年版,第1730页。
② (唐)李延寿:《南史》卷七十一《儒林传序》,中华书局1975年版,第1730页。
③ (唐)李延寿:《北史》卷八十一《儒林传序》,中华书局1974年版,第2704页。
④ (唐)李延寿:《北史》卷八十一《儒林传序》,中华书局1974年版,第2704页。
⑤ (清)皮锡瑞:《经学历史》,中华书局1959年版,第182页。
⑥ 王利器:《颜氏家训集解》卷三《勉学》,中华书局1993年版,第177页。

也是北朝经学所重。颜之推在经学、小学上都提出了颇有建树的思想。

一、世善《周官》、《左氏》之学

颜之推说自己"吾每读圣人之书,未尝不肃敬对之;其故纸有《五经》词义,及贤达姓名,不敢秽用也"①。敬惜字纸,是中国人对文字及其所承载的先贤思想的尊重,颜之推敬圣人贤达,敬《五经》字纸,足见他对经学的推尊。这种尊崇与敬意,来自家学的传承。颜氏家族"世善《周官》、《左氏》,之推早传家业"②。颜之推的祖传家业,就是世代传承的儒家之学。

汉兴,"言《春秋》,于齐则胡毋生"③。汉景帝时博士胡毋生专治公羊春秋学,其学经嬴公、孟卿、眭孟传至颜安乐。

"颜安乐字公孙,鲁国薛人,眭孟姊子也。家贫,为学精力,官至齐郡太守丞,后为仇家所杀。"④颜安乐是眭孟的外甥,胡毋生的三传弟子,宣帝时,立为博士。颜安乐与严彭祖在求学时,深得眭孟喜爱:"孟弟子百余人,唯彭祖、安乐为明,质问疑谊,各持所见。孟曰:'《春秋》之意,在二子矣!'"⑤

眭孟死后,严彭祖、颜安乐分别成春秋颜氏学、春秋严氏学的

① 王利器:《颜氏家训集解》卷一《治家》,中华书局1993年版,第55页。
② (唐)李百药:《北齐书》卷四十五《颜之推传》,中华书局1972年版,第617页。
③ (东汉)班固撰,(唐)颜师古注:《汉书》卷八十八《儒林传》,中华书局1962年版,第3593页。
④ (东汉)班固撰,(唐)颜师古注:《汉书》卷八十八《儒林传》,中华书局1962年版,第3617页。
⑤ (东汉)班固撰,(唐)颜师古注:《汉书》卷八十八《儒林传》,中华书局1962年版,第3616页。

的开创者。颜安乐弟子中有淮阳人泠丰，淄博人任公，泰山人冥都，琅琊人筦路等，故颜家先有泠、任之学，后又有筦、冥之学。光武中兴，立《五经》博士，春秋颜氏学被立为十四博士之一。

　　颜安乐既以《春秋》公羊学名世，颜氏家族为何又世传《左传》之学？究其渊源，我们仍可从颜安乐那里寻找线索。

　　我们先来看看《左传》的流传及成为官方经学的历程。

　　左氏之学属古文经学，据《汉书·儒林传》，北平侯张苍与梁王太傅贾谊，皆传授过《左氏春秋》，贾谊后学一直传至王莽。西汉末到东汉年间的四次今古文之论争，都能看到《左传》的身影。第一次是西汉哀帝时，刘歆欲立《左氏春秋》、《毛诗》、《逸礼》、《古文尚书》列于学官，《五经》博士们无动于衷，刘歆便写出著名的《移让太常博士书》，掀起一场激烈的论争。汉平帝元始年间，王莽摄政，《左传》、《古文尚书》等古文经传立于学官，《左传》首次成为正统官学，但随着新莽政权的覆亡而夭折。第二次是东汉武帝建武年间，韩歆上疏要求为费氏《易》和《左氏春秋》立博士，反对派范升与支持派陈元往复辩难十余次，光武帝刘秀遂立《左氏》学，以司隶从事李封为博士，引发朝廷哗然，随着李封不久病死，《左氏》立学官一事再次夭折。第三次论争发生在章帝建初元年，贾逵奉诏入讲《左氏传》，认为《左氏传》大义长于《公羊》、《穀梁》，激起李育的反驳。建初四年，白虎观会议上，李育公开以《公羊》大义诘难贾逵。"八年，乃诏诸儒各选高才生，受《左氏》、《穀梁春秋》、《古文尚书》、《毛诗》，由是四经遂行于世。"[1]东汉灵帝时，卢植上书又提出立《左传》于学官，引发了第四次论争。其间

----

① 　（南朝宋）范晔：《后汉书》卷三十六《贾逵传》，中华书局1965年版，第1239页。

今文学家何休与古文学家服虔、郑玄展开论难,何休"以《春秋》驳汉事六百余条,妙得《公羊》本意。"①作有《春秋左氏传解》的服虔则"又以《左传》驳何休之所驳汉事六十条。"②何休"与其师博士羊弼,追述李育意以难二传,作《公羊墨守》、《左氏膏肓》、《穀梁废疾》"③,郑玄"乃发《墨守》,针《膏肓》,起《废疾》。休见而叹曰:'康成入吾室,操吾矛,以伐我乎!'"④古文经学终占上风。曹魏黄初元年设立《左传》博士,终于立为学官。西晋时,司马昭的小舅子杜预,自陈"有《左传》癖",撰《春秋左氏传集解》及《释例》,为孔颖达《春秋左传正义》的主要依据,当为汉晋时期《左传》研究最重要的成果。

我们可以看到,立古文《左传》为官学的努力中,反对派多为今文学派的春秋公羊学家,颜安乐为春秋公羊学大家,颜氏家族何以又有世传左氏之学的传统了呢?《后汉书·贾逵传》也许透露了一些玄机。贾逵上书推尊《左传》后,章帝"令逵自选《公羊》严、颜诸生高才者二十人,教以《左氏》,与简纸经传各一通"⑤。贾逵从公羊春秋颜氏一派中选拔高材生教授《左传》,传承春秋颜氏学的颜氏子弟,必有高材生做了贾逵的学生,从而颜氏家族便有了兼修《春秋公羊传》与《春秋左传》的可能。

① (南朝宋)范晔:《后汉书》卷七十九《儒林传下》,中华书局1965年版,第2583页。
② (南朝宋)范晔:《后汉书》卷七十九《儒林传下》,中华书局1965年版,第2583页。
③ (南朝宋)范晔:《后汉书》卷七十九《儒林传下》,中华书局1965年版,第2583页。
④ (南朝宋)范晔:《后汉书》卷三十五《郑玄传》,中华书局1965年版,第1208页。
⑤ (南朝宋)范晔:《后汉书》卷三十六《贾逵传》,中华书局1965年版,第1239页。

《后汉书·郑兴传》:"世言《左氏》者多祖于兴,而贾逵自传其父业,故有郑、贾之学。"①贾逵的左氏之学传承其父,而其父贾徽,"从刘歆受《左氏春秋》。"②《左传》有郑、贾之学,郑学即指郑兴,"郑兴字少赣,河南开封人也。少学《公羊春秋》。晚善《左氏传》,遂积精深思,通达其旨,同学者皆师之"③。"兴好古学,尤明《左氏》、《周官》"④。

看来,郑兴与颜氏家族有着共同的趣尚。

颜之推所生活的梁、北齐时代,《左传》之学盛行,从《梁书》记载可见梁代经学家对《左传》的重视。

刘之遴:"是时《周易》、《尚书》、《礼记》、《毛诗》并有高祖义疏,惟《左氏传》尚阙。之遴乃著《春秋大意》十科,《左氏》十科,《三传同异》十科,合三十事以上之。"⑤

严植之:"及长,遍治郑氏《礼》、《周易》、《毛诗》、《左氏春秋》。"⑥

崔灵恩:"灵恩《集注毛诗》二十二卷,《集注周礼》四十卷,制《三礼义宗》四十七卷,《左氏经传义》二十二卷,《左氏条例》十卷,《公羊穀梁文句义》十卷。"⑦

---

① (南朝宋)范晔:《后汉书》卷三十六《郑兴传》,中华书局 1965 年版,第 1223 页。

② (南朝宋)范晔:《后汉书》卷三十六《贾逵传》,中华书局 1965 年版,第 1234 页。

③ (南朝宋)范晔:《后汉书》卷三十六《郑兴传》,中华书局 1965 年版,第 1217 页。

④ (南朝宋)范晔:《后汉书》卷三十六《郑兴传》,中华书局 1965 年版,第 1223 页。

⑤ (唐)姚思廉:《梁书》卷四十《刘之遴传》,中华书局 1973 年版,第 574 页。

⑥ (唐)姚思廉:《梁书》卷四十八《严植之传》,中华书局 1973 年版,第 671 页。

⑦ (唐)姚思廉:《梁书》卷四十八《崔灵恩传》,中华书局 1973 年版,第 677 页。

沈文阿："传父业，尤明《左氏传》。"①

贺革："少通《三礼》，及长，遍治《孝经》、《论语》、《毛诗》、《左传》。"②

王筠："幼年读《五经》，皆七八十遍。爱《左氏春秋》，吟讽常为口实，广略去取，凡三过五抄。"③

北齐时的经学家中，亦不乏精《左传》者，如《北齐书·儒林传载》：

邢峙，字士峻，河间郑人也。少好学，耽玩坟典，游学燕、赵之间，通《三礼》、《左氏春秋》。④

马敬德，河间人也。少好儒术，负笈随大儒徐遵明学《诗》、《礼》，略通大义而不能精。遂留意于《春秋左氏》，沉思研求，昼夜不倦，解义为诸儒所称。⑤

张思伯，河间乐城人也。善说《左氏传》，为马敬德之次。⑥

《左传》学在南北朝的传承，《隋书·儒林传序》称，江左，《左传》主要习杜预注，河洛，《左传》主要习服虔注。此为南北左氏之学的大致趣尚，但随着南北的战乱，经师的迁徙，服注南下、杜注北上，彼此融合的情形也是一大趋势。

在南朝，宋、齐初，尚以服注为主。齐武帝永明年间，王俭、陆澄推崇杜注，此后至梁陈，杜注占绝对优势。随着"尤精《三礼》、

---

① （唐）姚思廉：《梁书》卷四十八《沈峻传》，中华书局 1973 年版，第 679 页。
② （唐）姚思廉：《梁书》卷四十八《贺革传》，中华书局 1973 年版，第 673 页。
③ （唐）姚思廉：《梁书》卷三十三《王筠传》，中华书局 1973 年版，第 486 页。
④ （唐）李百药：《北齐书》四十四《邢峙传》，中华书局 1972 年版，第 589 页。
⑤ （唐）李百药：《北齐书》四十四《马敬德传》，中华书局 1972 年版，第 590 页。
⑥ （唐）李百药：《北齐书》卷四十四《张思伯传》，中华书局 1972 年版，第 594 页。

《三传》"的崔灵恩于天监十三年归梁,梁都的《左传》学发生了微妙的变化。"灵恩先习《左传》服解,不为江东所行,及改说杜义,每文句常申服以难杜,遂著《左氏条义》以明之。时有助教虞僧诞又精杜学,因作《申杜难服》,以报灵恩,世并行焉。"①崔灵恩从北入南,因江左不流行服注,故由服注而改行杜注,但他新瓶子里装的还是老酒,借来杜注的形式来诘难杜注,即所谓"申服以难杜"。这自然引起了江左经学家的不满,崇尚杜学的虞僧诞便与崔灵恩针锋相对,写作《申杜难服》来反驳崔灵恩。这一学术之争发生后,杜注与服注在江南并行,杜注的垄断被打破。此后,针对杜预左氏之学的问难余波不断,如《南史·王元规传》:"自梁代诸儒相传为《左氏》学者,皆以贾逵、服虔之义难驳杜预,凡一百八十条。元规引证通析,无复疑滞。"②

在北朝,"河北诸儒能通《春秋》者,并服子慎所注,亦出徐生之门。张买奴、马敬德、邢峙、张思伯、张雕、刘昼、鲍长暄、王元则并得服氏之精微"③。这里说的徐生,指的是徐遵明,《北齐书》说:"凡是经学诸生,多出自魏末大儒徐遵明门下。"④

徐遵明一系《左传》学以服虔为宗主,但杜注也在北魏渗透。如贾思伯、思同兄弟即传授杜学。贾思伯授明帝杜氏《春秋》,贾思同则与国子祭酒韩子熙并为侍讲,授静帝杜氏《春秋》。为魏主讲授杜注《左传》,在北朝也引发了持续的服、杜之争:

---

① (唐)姚思廉:《梁书》卷四十八《崔灵恩传》,中华书局1973年版,第677页。
② (唐)李延寿:《南史》卷七十一《王元规传》,中华书局1975年版,第1756页。
③ (唐)李百药:《北齐书》卷四十四《儒林传序》,中华书局1972年版,第584页。
④ (唐)李百药:《北齐书》卷四十四《儒林传序》,中华书局1972年版,第583页。

思同之侍讲也，国子博士辽西卫冀隆精服氏之学，上书难《杜氏春秋》六十三事。思同复驳冀隆乖错者十一条。互相是非，积成十卷。诏下国学集诸儒考之，事未竟而思同卒。卒后，魏郡姚文安、乐陵秦道静复述思同意。冀隆亦寻物故，浮阳刘休和又持冀隆说。至今未能裁正焉。①

上述史料显示，冀隆为捍卫北土的服虔之学，向魏帝上书诘难杜注《左传》六十三处问题，贾思同予以驳斥，反揭对手错处十余条，双方论难竟有十卷之多。这次论战以贾思同的离世而暂告一段落。此后，姚文安、秦道静站在贾思同的立场上挑战冀隆，又以冀隆的去世而息战。后来，冀隆的拥护者刘休和又站出来论难杜氏左传之学。姚文安的对手还有李崇祖，"姚文安难服虔《左传解》七十七条，名曰《驳妄》。崇祖申明服氏，名曰《释谬》。"②

在南北两地此起彼伏的服、杜《左传》学的论争，使得北宗服注、南宗杜注的学术地域性特点被打破，南北经学的融合势成必然。

颜之推的经学思想中，将经学的基本功视为特别重要的环节，《颜氏家训》对音韵训诂以较大的篇幅加以反复切磋。颜之推多处引《左传》讨论音韵训诂问题，如：

《左传》云："以其良马二。"亦精骏之称，非通语也。③——此引《左传》论良马非雌马，其详上文已备。

《左传》曰："齐侯痁，遂痁。"说文云："痎，二日一发之疟。痁，有热疟也。"④——此引《左传》述齐侯疟疾加重，论世间

---

① （北齐）魏收：《魏书》卷七十二《贾思同传》，中华书局 1974 年版，第 1616 页。
② （唐）李延寿：《北史》卷八十一《李崇祖传》，中华书局 1974 年版，第 2726 页。
③ 王利器：《颜氏家训集解》卷六《书证》，中华书局 1993 年版，第 415 页。
④ 王利器：《颜氏家训集解》卷六《书证》，中华书局 1993 年版，第 427 页。

传本"痎"写作"疥"之误。

　　必如《左传》止戈为武，反正为乏，皿虫为蛊，亥有二首六身之类，后人自不得辄改也，安敢以《说文》校其是非哉?[1] ——此引《左传》文字构成情况，论及对《说文解字》的不盲从态度。

再看下面一段文字：

　　太公《六韬》，有天陈、地陈、人陈、云鸟之陈。《论语》曰："卫灵公问陈于孔子。"《左传》："为鱼丽之陈。"俗本多作阜傍车乘之车。案诸陈队，并作陈、郑之陈。夫行陈之义，取于陈列耳，此六书为假借也，《苍》、《雅》及近世字书，皆无别字；唯王羲之《小学章》，独阜傍作车，纵复俗行，不宜追改《六韬》、《论语》、《左传》也。[2]

以上文字，颜之推论述上引《六韬》、《论语》、《左传》的"陈"字，为六书之假借，王羲之《小学章》写为"阵"，颜之推认为即便人们从其流俗，也不该将《六韬》、《论语》、《左传》中的"陈"字改为"阵"字。

　　颜之推还引《左传》讨论语法问题，如他论述"焉"字作为语气词时，举出各种相关用法，其中"晋、郑焉依"[3]，即出自《左传·隐公六年》文句。又如：

　　邪者，未定之词。《左传》曰："不知天之弃鲁邪？抑鲁君有罪于鬼神邪？"[4]

这里说的是"邪"作为疑问词的语法使用情况，并引《左传》以为

---

① 王利器：《颜氏家训集解》卷六《书证》，中华书局 1993 年版，第 509 页。
② 王利器：《颜氏家训集解》卷六《书证》，中华书局 1993 年版，第 432 页。
③ 王利器：《颜氏家训集解》卷七《音辞》，中华书局 1993 年版，第 559 页。
④ 王利器：《颜氏家训集解》卷七《音辞》，中华书局 1993 年版，第 561 页。

例证。

　　除了音韵训诂，颜之推表达自己的思想主张时，也多从《左传》发掘思想渊源。如说自己写作家训，目的是"业以整齐门内，提撕子孙"①，且谦称"非敢轨物范世也"，"轨物"一词，即出自《左传·隐公五年》："君，将纳民于轨物者也。"②又如颜之推有知识产权意识，提出"凡有一言一行，取于人者，皆显称之，不可窃人之美，以为己力。"③此观念即来自《左传·僖公二十四年》："窃人之财犹谓之盗，况贪天之功以为己力乎？"④颜之推抱持儒家礼教思想，提出"礼为教本，敬者身基"⑤，这一思想也可在《左传·成公十三年》找到渊源："礼，身之干也；敬，身之基也。"⑥颜之推对幸灾乐祸之人深恶痛绝，认为"若居承平之世，睥睨宫阃，幸灾乐祸，首为逆乱，诖误善良"，"此皆陷身灭族之本也"⑦。幸灾乐祸，亦见于《左传》，《左传·僖公十四年》："庆郑曰：'背施无亲，幸灾不仁。'"⑧又《左传·庄公二十年》："今王子颓歌舞不倦，乐祸也。"⑨

① 王利器：《颜氏家训集解》卷一《序致》，中华书局 1993 年版，第 1 页。
② （周）左丘明传，（晋）杜预注，（唐）孔颖达正义：《春秋左传正义》卷三，北京大学出版社 1999 年版，第 91 页。
③ 王利器：《颜氏家训集解》卷二《慕贤》，中华书局 1993 年版，第 132 页。
④ （周）左丘明传，（晋）杜预注，（唐）孔颖达正义：《春秋左传正义》卷十五，北京大学出版社 1999 年版，第 417 页。
⑤ 王利器：《颜氏家训集解》卷三《勉学》，中华书局 1993 年版，第 166 页。
⑥ （周）左丘明传，（晋）杜预注，（唐）孔颖达正义：《春秋左传正义》卷二十七，北京大学出版社 1999 年版，第 753 页。
⑦ 王利器：《颜氏家训集解》卷五《诫兵》，中华书局 1993 年版，第 354 页。
⑧ （周）左丘明传，（晋）杜预注，（唐）孔颖达正义：《春秋左传正义》卷十三，北京大学出版社 1999 年版，第 370 页。
⑨ （周）左丘明传，（晋）杜预注，（唐）孔颖达正义：《春秋左传正义》卷九，北京大学出版社 1999 年版，第 264 页。

　　《颜氏家训》还引《左传》中的历史故事,以表达自己的观念。《诫兵》篇:"春秋世,颜高、颜鸣、颜息、颜羽之徒,皆一斗夫耳。"①颜之推提到的这些颜氏成员的事迹,分别载于《左传·定公八年》、《左传·昭公廿六年》、《左传·哀公十一年》,可见颜之推对《左传》的熟悉。颜之推以先人的教训,表达崇文偃武的思想。又如:

　　　　昔者,周公一沐三握发,一饭三吐餐,以接白屋之士,一日所见者七十余人。晋文公以沐辞竖头须,致有图反之诮。②

　　晋文公一事见《左传·僖公二十四年》:

　　　　初,晋侯之竖头须,守藏者也,其出也,窃藏以逃,尽用以求纳之。及入,求见。公辞焉以沐。谓仆人曰:"沐则心覆,心覆则图反,宜吾不得见也。居者为社稷之守,行者为羁绁之仆,其亦可矣,何必罪居者? 国君而仇匹夫,惧者甚众矣。"仆人以告,公遽见之。③

　　又如,颜之推以宫之奇谏假道的史实,讨论君主纳谏之道:

　　　　昔虞国宫之奇,少长于君,君狎之,不纳其谏,以至亡国。④

　　虞公不听宫之奇之谏,任晋军借道灭虢,结果,晋师回军途中,顺便灭了虞国,此事《左传》记载甚详:

　　　　《左传·僖公二年》:"晋荀息请以屈产之乘与垂棘之璧,假道于虞,以伐虢。……虞公许之,且请先伐虢。宫之奇谏,

---

① 王利器:《颜氏家训集解》卷五《诫兵》,中华书局 1993 年版,第 348 页。
② 王利器:《颜氏家训集解》卷二《风操》,中华书局 1993 年版,第 124 页。
③ (周)左丘明传,(晋)杜预注,(唐)孔颖达正义:《春秋左传正义》卷十五,北京大学出版社 1999 年版,第 417 页。
④ 王利器:《颜氏家训集解》卷二《慕贤》,中华书局 1993 年版,第 130 页。

不听,遂起师。"①

《左传·僖公五年》:"晋侯复假道于虞以伐虢。宫之奇谏曰……弗听,许晋使。宫之奇以其族行,曰:'虞不腊矣,在此行也,晋不更举矣。'……冬十二月丙子,朔,晋灭虢,虢公丑奔京师。师还,馆于虞,遂袭虞,灭之。"②

《文章》篇中,颜之推提出"君臣故无常分"③的思想,典出《左传·昭公三十二年传》史墨之言:"社稷无常奉,君臣无常位,自古以然。"④《治家》篇中,颜之推提出父慈、子孝、兄友、弟恭的家庭伦理:"是以父不慈则子不孝,兄不友则弟不恭,夫不义则妇不顺矣。"⑤典出《左传·僖公三十三年》:"《康诰》曰:'父不慈,子不祗,兄不友,弟不共,不相及也。'"⑥

《教子》篇论及子女教育中的溺爱之患,举北齐武成帝高湛之子琅邪王高俨因过宠而身死的案例,说当时"识者多有段叔、州吁之讥";又以"共叔之死,母实为之"的教训,类比刘邦欲立赵王如意带来的悲剧。段叔、州吁之讥,出典《左传·隐公元年》。段叔即共叔段,为郑庄公之兄,因庄公难产,母亲武姜便偏爱共叔段,帮助他扩充势力,结果导致叛乱被伐,出奔共。这就是"郑伯克段于

---

① (周)左丘明传,(晋)杜预注,(唐)孔颖达正义:《春秋左传正义》卷十二,北京大学出版社1999年版,第324页。

② (周)左丘明传,(晋)杜预注,(唐)孔颖达正义:《春秋左传正义》卷十二,北京大学出版社1999年版,第342—346页。

③ 王利器:《颜氏家训集解》卷四《文章》,中华书局1993年版,第258页。

④ (周)左丘明传,(晋)杜预注,(唐)孔颖达正义:《春秋左传正义》卷五十三,北京大学出版社1999年版,第1528页。

⑤ 王利器:《颜氏家训集解》卷一《治家》,中华书局1993年版,第51页。

⑥ (周)左丘明传,(晋)杜预注,(唐)孔颖达正义:《春秋左传正义》卷十七,北京大学出版社1999年版,第477页。

鄢"的著名故事。州吁之事,出典《左传·隐公三年》:"公子州吁,
嬖人之子也,有宠而好兵。公弗禁,庄姜恶之。石碏谏曰:'臣闻
爱子,教之以义方,弗纳于邪,骄、奢、淫、泆,所自邪也。四者之来,
宠禄过也。'"①颜之推引《左传》而论偏宠之害。

　　颜之推的《观我生赋》,也多引《左传》之意。如"已生民而立
教,乃司牧以分疆",当本于《左传·襄公十四年》:"师旷曰:'天生
民而立之君,使司牧之,勿使失性。'"②又如:"及荆王之定霸,始
雠耻而图雪,舟师次乎武昌,抚军镇于夏汭。""定霸"一词,出自
《左传·僖公二十七年》:"报施救患,取威定霸,于是乎在矣。"③

　　颜之推重《左传》,除了家学渊源之外,还与他崇实、重质、不
事浮华、治学严谨的学术观念有关,而《左传》正是以史实见长,以
质朴见长,恰好与颜之推的典正文风遥相契合。

　　再来看《周官》的传承与发展。

　　颜之推时代,《周礼》仍习称为《周官》。在西汉,只有鲁高堂
生所传《士礼》(即今《仪礼》)进入官学。王莽当政,刘歆立《周官
经》于学官,置博士,并依《周礼》改革官制爵制,恢复井田制。东
汉末郑玄遍注群经而以《周礼》为主,这意味着传统的注重士大夫
礼仪的礼学,其重点转向了注重天子礼仪的政治制度礼学。此后,
以《周礼》为主的《三礼》之学取得权威地位。

　　东晋南朝经学中,尤重礼学,《周礼》居《三礼》之首,自然最受

---

①　(周)左丘明传,(晋)杜预注,(唐)孔颖达正义:《春秋左传正义》卷三,北
　京大学出版社1999年版,第80页。

②　(周)左丘明传,(晋)杜预注,(唐)孔颖达正义:《春秋左传正义》卷三十
　二,北京大学出版社1999年版,第927页。

③　(周)左丘明传,(晋)杜预注,(唐)孔颖达正义:《春秋左传正义》卷十六,
　北京大学出版社1999年版,第436页。

重视。

北齐熊安生，为《周官》学大师，史称其"博通《五经》。然专以《三礼》教授。弟子自远方至者，千余人"①。其受业擅名于后者，刘焯、刘炫尤著。孔颖达《五经正义》，多采二刘之说。北周灭北齐，熊安生对自己所通《周礼》表示了极大的自信心与预见性。

> 及高祖入邺，安生遽令扫门。家人怪而问之，安生曰："周帝重道尊儒，必将见我矣。"俄而高祖幸其第，诏不听拜，亲执其手，引与同坐。②

熊安生预判北周武帝的来访，命童仆洒扫门庭以待，预言果成真。此事可见《周官》学之重。

北周皇帝重视《周官》，是有传统的。钱穆说："然北人所重，更在《周官》。因北方胡汉杂糅，欲实行改进当时政制，乃转趋于古制度之钻研。苏绰为宇文泰定制，即根据《周官》。下迄隋唐，遂重开中国历史之光昌盛运。苏氏之功不为小。"③

钱穆所说宇文泰据《周官》改革官制，《周书·文帝纪》载："（废帝）三年春正月丁丑，初行《周礼》，建六官。以太祖为太师、大冢宰，柱国李弼为太傅、大司徒，赵贵为太保、大宗伯，独孤信为大司马，于谨为大司寇，侯莫陈崇为大司空。初，太祖以汉魏官繁，思革前弊。大统中，乃命苏绰、卢辩依周制改创其事，寻亦置六卿官，然为撰次未成，众务犹归台阁。至是始毕，乃命行之。"④《北

---

① （唐）令狐德棻等撰：《周书》卷四十五《熊安生传》，中华书局1971年版，第812页。

② （唐）令狐德棻等撰：《周书》卷四十五《熊安生传》，中华书局1971年版，第813页。

③ 钱穆：《中国学术思想史论丛》（三），中华书局2009年版，第146页。

④ （唐）令狐德棻等撰：《周书》卷二《文帝纪下》，中华书局1971年版，第36页。

史·卢辩传》也记载:"初,太祖欲行周官,命苏绰专掌其事。未几而绰卒,乃令辩成之。于是依周礼建六官,置公、卿、大夫、士,并撰次朝仪,车服器用,多依古礼,革汉、魏之法。"①据《北周六典》,宇文泰时将三省等行政结构依《周礼》改成六官:天官府、地官府、春官府、夏官府、秋官府、冬官府,分领冢宰、司徒、宗伯、司马、司寇、司空等职。可见,颜之推所处的时代,是《周官》学见重的时代。

颜氏家族世传《周官》之学,又有何渊源呢? 前面论及《左传》有郑、贾之学,而两家又习《周官》。如《后汉书·儒林传》:"中兴,郑众传《周官经》,后马融作《周官传》,授郑玄,玄作《周官注》。"②

不妨做一合理推断:贾逵既兼善《左传》与《周官》,故承帝旨选春秋颜氏学高材生授课时,当不单教《左传》,也许颜氏家族世善《周官》、《左氏》之学,即渊源于此。

此外,颜氏先祖颜之推的先祖曾典选举,如"颜竣嗔而与人官,谢庄笑而不与人官。"③负责选拔官吏,自然对《周官》这一理想的先代官制要详加熟悉。事实上,颜氏一门经学传家,对礼仪多有研习并为世见用。如始迁琅琊的颜盛之子颜钦,《颜氏家庙碑》说:"(颜)钦,字公若,精《韩诗》、《礼》、《易》、《尚书》,学者宗之。"颜钦博宗经学,《礼》尤为精。又如江左颜氏,颜延之就被钦定造作"宋南郊雅乐登歌三篇"④,即天地郊夕牲歌、天地郊迎送神歌、天地飨神歌,《宋书·乐志二》还详载歌词。

颜延之之子颜竣,也曾参与郊乐之议,以为:"郊之有乐,盖生

---

① (唐)李延寿:《北史》卷三十《卢辩传》,中华书局1974年版,第1101页。
② (南朝宋)范晔:《后汉书》卷七十九《儒林传下》,中华书局1965年版,第2577页。
③ (梁)沈约:《宋书》卷七十五《颜竣传》,中华书局1974年版,第1960页。
④ (梁)沈约:《宋书》卷二十《乐志二》,中华书局1974年版,第568页。

《周易》、《周官》，历代著议，莫不援准。夫'扫地而祭，器用陶匏'，唯质与诚，以章天德，文物之备，理固不然。《周官》曰：'国有故，则旅上帝及四望。'又曰：'四圭有邸，以祀天旅上帝。两圭有邸，以祀地旅四望。'四望非地，则知上帝非天……"①颜竣之议，援引《周官》十分谙熟，信手拈来。作为朝廷礼乐大事的重要议臣之一，亦可见颜竣在礼学上的地位。

接下来，我们再从《颜氏家训》的字里行间中，看看"世善《周官》、《左氏》"的家学在颜之推的学术血脉中如何呈现。

《颜氏家训》对《周官》或直接引用原文，或用词出处为《周官》。如"商贾则讨论货贿"②，《周礼·天官》说大宰以九职任万民，其中："六曰商贾，阜通货贿。"③又如："梁朝全盛之时，贵游子弟，多无学术。"④《周礼·地官》："凡国之贵游子弟学焉。"郑玄注："贵游子弟，王公之子弟；游，无官司者。"⑤再如："及离乱之后，朝市迁革，铨衡选举，非复曩者之亲。"⑥这里说的朝市，即朝廷之意。《周礼·考工记》说匠人营国："面朝后市，市朝一夫。"⑦即市之前为朝，朝之后为市，故多以朝市指朝廷。

《颜氏家训》还多次以《周官》文句讨论训诂。如《书证》篇："《尚书》曰：'惟影响。'《周礼》云：'土圭测影，影朝影夕。'《孟

---

① （梁）沈约：《宋书》卷十九《乐志一》，中华书局 1974 年版，第 543 页。
② 王利器：《颜氏家训集解》卷三《勉学》，中华书局 1993 年版，第 143 页。
③ （汉）郑玄注，（唐）贾公彦疏：《周礼注疏》卷二《太宰》，北京大学出版社 1999 年版，第 32 页。
④ 王利器：《颜氏家训集解》卷三《勉学》，中华书局 1993 年版，第 148 页。
⑤ （汉）郑玄注，（唐）贾公彦疏：《周礼注疏》卷十四《师氏》，北京大学出版社 1999 年版，第 351 页。
⑥ 王利器：《颜氏家训集解》卷三《勉学》，中华书局 1993 年版，第 148 页。
⑦ （汉）郑玄注，（唐）贾公彦疏：《周礼注疏》卷四十一《匠人》，北京大学出版社 1999 年版，第 1150 页。

子》曰:'图影失形。'《庄子》云:'罔两问影。'如此等字,皆当为光
景之景。"①颜之推认为上引当时的《周礼》等书中的"影"字,本来
为"光景"的"景"字,因为阴影是由光的照射而形成的,所以称为
"景",葛洪《字苑》时才将"景"写作"影",世人便随之改写,造成
大错。再如:

> 《诗》云:"骊骊牝马。"江南书皆作牝牡之牝,河北本悉为
> 放牧之牧。邺下博士见难云:"《骊颂》既美僖公牧于坰野之
> 事,何限草骘乎?"余答曰:"案:《毛传》云:'骊骊,良马腹干肥
> 张也。'其下又云:'诸侯六闲四种:有良马,戎马,田马,驽
> 马。'若作牧放之意,通于牝牡,则不容限在良马独得骊骊之
> 称。良马,天子以驾玉辂,诸侯以充朝聘郊祀,必无草也。
> 《周礼·圉人职》:'良马,匹一人。驽马,丽一人。'圉人所养,
> 亦非草也;颂人举其强骏者言之,于义为得也。《易》曰:'良
> 马逐逐。'《左传》云:'以其良马二。'亦精骏之称,非通语也。
> 今以《诗传》良马,通于牧草,恐失毛生之意,且不见刘芳《义
> 证》乎?"②

《诗经》"骊骊牝马"一句,江北流传的版本为"骊骊牧马",江
南流传的版本为"骊骊牝马。"颜之推为论证江南版本的正确,以
问难形式进行解释。邺下博士认为,既然《骊颂》一诗旨在赞美僖
公在远郊放牧之事,就无须计较马之雌雄。颜之推先从《毛传》得
出"骊骊"形容的是良马膘肥体壮,再引《周官·夏官》:"天子十有
二闲,马六种;邦国六闲,马四种;家四闲,马二种。"这里说的邦国
有六个马厩,四种马,即上引《毛诗传》所说:"诸侯六闲四种:有良

---

① 王利器:《颜氏家训集解》卷六《书证》,中华书局 1993 年版,第 430 页。
② 王利器:《颜氏家训集解》卷六《书证》,中华书局 1993 年版,第 415 页。

马,戎马,田马,驽马。"如果"骊骊牧马"中的"牡"作"牧",则既可赞美雄马,亦可赞美雌马,就不是仅限于赞美"良马"了。良马,天子以之驾玉车,诸侯以之朝觐天子或郊祀天地,必为雄马。颜之推进一步引《周礼·圉人职》文句,说明圉人所养的马也非雌马。可见,《诗经》以良马之壮而赞僖公,可谓得其深意。颜之推还引《易》、《左传》以资论证,此不赘述。

二、《颜氏家训》之引经

颜之推主张问学博闻,并身体力行,故他博览群书,对儒、释、道三教经典非常熟悉。颜之推思想的核心当为儒学,故对儒家经学、史学颇有研究,特重诗学、礼学、左氏学。《颜氏家训》引儒家经典以绍家世之业,几乎随处可见。有学者不完全统计,《颜氏家训》引经次数,《诗经》37 次,《礼记》19 次,《周礼》6 次,《仪礼》1 次,《周易》7 次,《尚书》7 次,《左传》12 次,《穀梁传》1 次。[①]

前文已叙及《颜氏家训》引《左传》情况,下面我们再看看颜之推引用其他儒家经典的情况。

(一)引《论语》、《孟子》

写家训的目的乃提斯子孙,传承家学精神,而颜氏家族世以儒雅为业,故儒家圣人的言行与经典,自然是教育子孙最权威最有说服力的材料。《颜氏家训》中多处谈到孔子及其弟子的事迹,如:"孔子弟子记事者,皆称仲尼。"[②]"鲁人谓孔子为东家丘。"[③]"孔子力翘门关,不以力闻。"[④]等等。颜之推对《论语》的称引,或直引

---

① 参见卓志峰:《颜之推思想研究》,山西师范大学硕士论文,2010 年。
② 王利器:《颜氏家训集解》卷二《风操》,中华书局 1993 年版,第 92 页。
③ 王利器:《颜氏家训集解》卷二《慕贤》,中华书局 1993 年版,第 130 页。
④ 王利器:《颜氏家训集解》卷五《诫兵》,中华书局 1993 年版,第 348 页。

其文,或引其中孔子之言,或词句出典《论语》,而引述的目的,主要为借圣人之言阐明自己的思想和观点,而其称引,又凸显了他对孔孟之道的传承与发挥。

颜之推的勉学思想,鼓励子弟博闻勤学,故引《论语》:

孔子曰:"不学《诗》,无以言。""自卫返鲁,乐正,《雅》、《颂》各得其所。"①(《论语》之《季氏》、《子罕》)

孔子云:"五十以学《易》,可以无大过矣。"②(《论语·述而》)

颜之推主张学以存世、学以致用,其依据为:

孔子曰:"学也禄在其中矣。"③(《论语·卫灵公》)

颜之推举例说明:"朱云亦四十,始学《易》、《论语》;皇甫谧二十,始受《孝经》、《论语》。"④又举离乱之世的现实案例:"虽百世小人,知读《论语》、《孝经》者,尚为人师。"⑤可知,即便兵荒马乱,亦可依《论语》而谋生。

颜之推之勉学观,重知识,更重行动,提倡知行合一。《勉学》篇云:"古之学者为己,以补不足也;今之学者为人,但能说之也。"⑥语出《论语·宪问》:"古之学者为己,今之学者为人。"孔安国云:"为己,履而行之。为人,徒能言之。"⑦颜之推信奉的是,言行一致,道德意识与道德行为的统一。故其学,不单指学书本知

①　王利器:《颜氏家训集解》卷四《文章》,中华书局1993年版,第259页。
②　王利器:《颜氏家训集解》卷三《勉学》,中华书局1993年版,第173页。
③　王利器:《颜氏家训集解》卷三《勉学》,中华书局1993年版,第177页。
④　王利器:《颜氏家训集解》卷三《勉学》,中华书局1993年版,第173页。
⑤　王利器:《颜氏家训集解》卷三《勉学》,中华书局1993年版,第148页。
⑥　王利器:《颜氏家训集解》卷三《勉学》,中华书局1993年版,第171页。
⑦　(魏)何晏注,(宋)邢昺疏:《论语注疏》卷十四《宪问》,北京大学出版社1999年版,第195页。

识,还包括儒家思想。《归心》篇云:"又君子处世,贵能克己复礼。"①其思想源自《论语·颜渊》:"克己复礼,仁也。"孔子之礼、孔子之仁,都是为学的核心。

颜之推劝学,强调行动,主张通过学习以改变孤陋之自我,从而从容处世。《勉学》篇:"素暴悍者,欲其观古人之小心黜己,齿弊舌存,含垢藏疾,尊贤容众,茶然沮丧,若不胜衣也。"②尊贤容众,出自《论语·子张》:"君子尊贤而容众,嘉善而矜不能。"颜之推主张求学目的,为达经世致用之效,故《涉务》篇说:"使命之臣,取其识变从宜,不辱君命。"③此处语出《论语·子路》:"使于四方,不辱君命。"

《勉学》篇又引孔子"生而知之者上,学而知之者次。"④语出《论语·季氏》:"孔子曰:'生而知之者,上也;学而知之者,次也;困而学之者,又其次也;困而不学,民斯为下矣。'"

颜之推的早教思想,亦本孔子:孔子云:"少成若天性,习惯如自然"⑤是也。

颜之推的慕贤思想,在《学而》篇中寻找依据:孔子曰:"无友不如己者。"⑥

颜之推的文学思想,主张"行有余力,则可习之。"语出《论语·学而》:"行有余力,则以学文。"

颜之推的齐家思想,主张俭而不奢,直引孔子言论:

① 王利器:《颜氏家训集解》卷五《归心》,中华书局1993年版,第395页。
② 王利器:《颜氏家训集解》卷三《勉学》,中华书局1993年版,第166页。
③ 王利器:《颜氏家训集解》卷四《涉务》,中华书局1993年版,第315页。
④ 王利器:《颜氏家训集解》卷三《勉学》,中华书局1993年版,第158页。
⑤ 王利器:《颜氏家训集解》卷一《教子》,中华书局1993年版,第8页。
⑥ 王利器:《颜氏家训集解》卷二《慕贤》,中华书局1993年版,第128页。

孔子曰:"奢则不孙,俭则固;与其不孙也,宁固。"又云:"如有周公之才之美,使骄且吝,其余不足观也已。"①(《论语》之《述而》、《泰伯》)

颜之推认为家庭教育,要宽猛相济,《治家》篇云:"笞怒废于家,则竖子之过立见;刑罚不中,则民无所措手足。治家之宽猛,亦犹国焉。"②家无家法,废止责罚,正如国无国法。刑罚不中,其危害,《论语·子路》中孔子已谈及:"刑罚不中,则民无所措手足。"

颜之推的孝悌观,要求兄友弟恭,并举例彰之:"江陵王玄绍,弟孝英、子敏,兄弟三人,特相爱友,所得甘旨新异,非共聚食,必不先尝,孜孜色貌,相见如不足者。"③"相见如不足者"语出《论语·乡党》:"其言似不足者。"邢疏:"其言似不足者,下气怡声,似如不足者也。"从兄弟三人勤勉不怠,相见时仍有做得不够之感,颜之推描绘了兄弟相亲的感人场面。

颜之推的君臣关系论,涉及进谏的尺度问题。《颜氏家训》引《论语》曰:"未信而谏,人以为谤己也。"④语出《论语·子张》:"君子……信而后谏,未信,则以为谤己也。"

颜之推还引《论语》讨论文字训诂等问题。

太公《六韬》,有天陈、地陈、人陈、云鸟之陈。《论语》曰:"卫灵公问陈于孔子。"《左传》:"为鱼丽之陈。"⑤

颜之推认为"陈"不能随意改为"阵"字。"唯王羲之《小学

---

① 王利器:《颜氏家训集解》卷一《治家》,中华书局1993年版,第42页。
② 王利器:《颜氏家训集解》卷一《治家》,中华书局1993年版,第41页。
③ 王利器:《颜氏家训集解》卷一《兄弟》,中华书局1993年版,第30页。
④ 王利器:《颜氏家训集解》卷五《省事》,中华书局1993年版,第333页。
⑤ 王利器:《颜氏家训集解》卷六《书证》,中华书局1993年版,第432页。

章》，独阜傍作车，纵复俗行，不宜追改《六韬》、《论语》、《左传》也。"①

　　　　又《三辅决录》云："灵帝殿柱题曰：'堂堂乎张，京兆田郎。'"盖引《论语》，偶以四言，目京兆人田凤也。②

此处所说引《论语》，指的是《子张》篇："堂堂乎张也，难与并为仁矣。"

　　颜之推也引《孟子》讨论文字训诂。如：

　　　　《尚书》曰："惟影响。"《周礼》云："土圭测影，影朝影夕。"《孟子》曰："图影失形。"《庄子》云："罔两问影。"如此等字，皆当为光景之景。③

　　颜之推主张儒佛一体，《归心》篇："儒家君子，尚离庖厨，见其生不忍其死，闻其声不食其肉。"④这里以儒家君子远庖厨来论证佛教的戒杀思想，即所谓援儒证佛。语本《孟子》："君子之于禽兽也，见其生，不忍见其死；闻其声，不忍食其肉：是以君子远庖厨也。"⑤

　　君子远庖厨，君子还要远其子。《教子》篇：或问曰："陈亢喜闻君子之远其子，何谓也？"⑥颜之推易子而教的思想也源于《孟子》：

　　　　公孙丑曰："君子之不教子，何也？"

　　　　孟子曰："势不行也。教者必以正；以正不行，继之以怒，

---

① 王利器：《颜氏家训集解》卷六《书证》，中华书局 1993 年版，第 432 页。
② 王利器：《颜氏家训集解》卷三《勉学》，中华书局 1993 年版，第 206 页。
③ 王利器：《颜氏家训集解》卷六《书证》，中华书局 1993 年版，第 430 页。
④ 王利器：《颜氏家训集解》卷五《归心》，中华书局 1993 年版，第 399 页。
⑤ （汉）赵岐注，（宋）孙奭疏：《孟子注疏》卷一下《梁惠王章句上》，北京大学出版社 1999 年版，第 20 页。
⑥ 王利器：《颜氏家训集解》卷一《教子》，中华书局 1993 年版，第 15 页。

继之以怒,则反夷矣。"①

颜之推有忠君思想,但又认为君臣五常分,《文章》篇说:"何事非君,伊、箕之义也。"②也本之《孟子》。《公孙丑上》说:"何事非君,何使非民,治亦进,乱亦进,伊尹也。"《万章下》也说:"伊尹曰:何事非君,何使非民,治亦进,乱亦进。"

颜之推不鼓励女人预闻国事和主持家政,《治家》篇:"河北人事,多由内政,绮罗金翠,不可废阙,羸马悴奴,仅充而已;倡和之礼,或尔汝之。"③这里指出北方由妇女主内政,导致夫妇融洽唱和之礼,为相互轻贱所取代,此处所谓"尔汝",出自《孟子·尽心下》:"人能充无尔汝之实,无所往而不为义也。"

（二）引《诗》

《颜氏家训》中引《诗》最多,可见颜之推对《诗经》的重视与熟悉。颜之推认为"文章原出《五经》",其中,"歌咏赋颂,生于《诗》者也。"④颜之推对诗歌的态度,从下面一段文字可管窥一二:

> 或问扬雄曰:"吾子少而好赋?"雄曰:"然。童子雕虫篆刻,壮夫不为也。"余窃非之曰:虞舜歌《南风》之诗,周公作《鸱鸮》之咏,吉甫、史克《雅》、《颂》之美者,未闻皆在幼年累德也。孔子曰:"不学《诗》,无以言。""自卫返鲁,乐正,《雅》、《颂》各得其所。"大明孝道,引《诗》证之。扬雄安敢忽之也? 若论"诗人之赋丽以则,辞人之赋丽以淫",但知变之

① （汉）赵岐注,（宋）孙奭疏:《孟子注疏》卷七下《离娄章句上》,北京大学出版社 1999 年版,第 205 页。

② 王利器:《颜氏家训集解》卷四《文章》,中华书局 1993 年版,第 258 页。

③ 王利器:《颜氏家训集解》卷一《治家》,中华书局 1993 年版,第 49 页。

④ 王利器:《颜氏家训集解》卷四《文章》,中华书局 1993 年版,第 237 页。

而已,又未知雄自为壮夫何如也?①

颜之推对扬雄《法言·吾子》中对诗赋的态度毫不留情地大肆挞伐,甚至对扬雄的整体评价也贬斥得体无完肤,将他视为只懂点数术阴阳的妖言惑众者。至于扬雄的《太玄经》,颜之推讽刺它毫无用处,只能用来盖盖酱缸而已。扬雄被颜之推如此责难,起因于他在《法言·吾子》中将诗赋视为小孩子的雕虫小技,是成年人不屑为之的东西。颜之推举虞舜、周公、尹吉甫、史克作风、雅、颂,举孔子言"不学《诗》,无以言",以证《诗》的重要。孔子亲自删诗,并以《诗》昌明孝道,足见扬雄对《诗》的轻忽实乃不当。在颜之推看来,扬雄所说,诗人的赋华丽而合乎规则,辞人的赋华丽得过分,只是看到了二者的区别而已。

颜之推对《诗》的引用可谓信手拈来。

首先,在《文章》、《书证》等篇,多处引《诗》,讨论文字训诂等问题。兹列举如下:

> 《诗》云:"有鷕雉鸣。"又曰:"雉鸣求其牡。"毛《传》亦曰:"鷕,雌雉声。"又云:"雉之朝雊,尚求其雌。"郑玄注《月令》亦云:"雊,雄雉鸣。"潘岳赋曰:"雉鷕鷕以朝雊。"是则混杂其雄雌矣。②

> 《诗》云:"父母孔迩。"而呼二亲为孔迩,于义通乎?③

> 王籍《入若耶溪》诗云:"蝉噪林逾静,鸟鸣山更幽。"江南以为文外断绝,物无异议。简文吟咏,不能忘之,孝元讽味,以为不可复得,至《怀旧志》载于《籍传》。范阳卢询祖,邺下才

---

① 王利器:《颜氏家训集解》卷四《文章》,中华书局 1993 年版,第 259 页。
② 王利器:《颜氏家训集解》卷四《文章》,中华书局 1993 年版,第 287 页。
③ 王利器:《颜氏家训集解》卷四《文章》,中华书局 1993 年版,第 287 页。

俊,乃言:"此不成语,何事于能?"魏收亦然其论。《诗》云:"萧萧马鸣,悠悠旆旌。"毛《传》曰:"言不喧哗也。"吾每叹此解有情致,籍诗生于此耳。①

《诗》云:"参差荇菜。"《尔雅》云:"荇,接余也。"字或为莕。先儒解释皆云:水草,圆叶细茎,随水浅深。今是水悉有之,黄花似莼,江南俗亦呼为猪莼,或呼为荇菜。刘芳具有注释。而河北俗人多不识之,博士皆以参差者是苋菜,呼人苋为人荇,亦可笑之甚。②

《诗》云:"谁谓荼苦?"《尔雅》、《毛诗传》并以荼,苦菜也。③

《诗》云:"有杕之杜。"江南本并木傍施大,传曰:"杕,独皃也。"④

《诗》云:"駉駉牡马。"江南书皆作牝牡之牡,河北本悉为放牧之牧。⑤

《诗》云:"将其来施施。"《毛传》云:"施施,难进之意。"郑《笺》云:"施施,舒行皃也。"《韩诗》亦重为施施。河北《毛诗》皆云施施。⑥

《诗》云:"有渰萋萋,兴云祁祁。"毛《传》云:"渰,阴云皃。萋萋,云行儿。祁祁,徐儿也。"《笺》云:"古者,阴阳和,风雨时,其来祁祁然,不暴疾也。"⑦

① 王利器:《颜氏家训集解》卷四《文章》,中华书局1993年版,第295页。
② 王利器:《颜氏家训集解》卷六《书证》,中华书局1993年版,第409页。
③ 王利器:《颜氏家训集解》卷六《书证》,中华书局1993年版,第410页。
④ 王利器:《颜氏家训集解》卷六《书证》,中华书局1993年版,第413页。
⑤ 王利器:《颜氏家训集解》卷六《书证》,中华书局1993年版,第414页。
⑥ 王利器:《颜氏家训集解》卷六《书证》,中华书局1993年版,第420页。
⑦ 王利器:《颜氏家训集解》卷六《书证》,中华书局1993年版,第421页。

诗云："黄鸟于飞,集于灌木。"《传》云:"灌木,丛木也。"
此乃《尔雅》之文,故李巡注曰:"木丛生曰灌。"《尔雅》末章
又云:"木族生为灌。"族亦丛聚也。①

其次,颜之推引《诗》为典,以阐明自己的思想。如《兄弟》篇,
颜之推认为双亲亡故后,"兄弟相顾,当如形之与影,声之与响"②。
兄弟相爱,爱的是双亲所遗之形体,惜的是自己同禀之血气。相反
的情形是:"如雀鼠之不恤,风雨之不防,壁陷楹沦,无可救矣。仆
妾之为雀鼠,妻子之为风雨,甚哉!"③雀鼠之喻,出自《诗》的比兴
手法,其出处为《诗·召南·行露》:

> 谁谓雀无角,何以穿我屋?谁谓女无家,何以速我狱?虽
> 速我狱,室家不足。谁谓鼠无牙,何以穿我墉?谁谓女无家,
> 何以速我讼?虽速我讼,亦不女从。

麻雀和老鼠如果防备不及时,可能让楹柱摧折、墙壁倒塌。颜
之推以《诗》中雀鼠,譬家中之仆妾,他们可能离间兄弟之亲,让亲
情蒙上阴影,故不得不防。

此外,《颜氏家训》中不少词句,出自《诗经》。如:

《治家》篇:"妇主中馈,惟事酒食衣服之礼耳,国不可使预政,
家不可使干蛊;如有聪明才智,识达古今,正当辅佐君子,助其不
足,必无牝鸡晨鸣,以致祸也。"④颜之推不主张妇女主持国事和家
政,主张的是妇女"辅佐君子",此意出自《诗·卷耳序》:"卷耳,后
妃之志也,又当辅佐君子,求贤审官。"

《治家》篇:"太公曰:'养女太多,一费也。'陈蕃曰:'盗不过

---

① 王利器:《颜氏家训集解》卷六《书证》,中华书局1993年版,第434页。
② 王利器:《颜氏家训集解》卷一《兄弟》,中华书局1993年版,第26页。
③ 王利器:《颜氏家训集解》卷一《兄弟》,中华书局1993年版,第26页。
④ 王利器:《颜氏家训集解》卷一《治家》,中华书局1993年版,第47页。

五女之门。'女之为累,亦以深矣。然天生蒸民,先人传体,其如之何?"①颜之推反对杀女婴,从孝的角度看,女人也是先人所遗,故不可妄杀。"天生蒸民",出自《诗·大雅·荡》:"天生烝民,其命匪谌。"烝民,众民也。

《勉学》篇:"不知诚己刑物,执辔如组,反风灭火,化鸱为凤之术也。"②颜之推指出世人不懂得地方官员需要以身作则为民表率,需要御民有术懂得为政之道。"执辔如组",拽着马缰绳犹如舞动丝带般流畅,可见驾驶马车技术之高明,御马有道往往被喻作御民有方。四字出自《诗·邶风·简兮》:"有力如虎,执辔如组。"

《勉学》篇:"素怯懦者,欲其观古人之达生委命,强毅正直,立言必信,求福不回,勃然奋厉,不可恐慑也。"③这里谈及生性怯懦的人,可通过为学达到的种种境界。其中"求福不回",指的是祈求福运而不违背先祖之道。见《诗·大雅·旱麓》:"岂弟君子,求福不回。"

此外,《颜氏家训》中一些词句虽未全为《诗》中原文,但明显源自《诗》中之义。如:

《序致》篇:"年始九岁,便丁荼蓼,家涂离散,百口索然。"④"荼蓼"一词,分而言之,分别出自《国风》、《周颂》,《诗·国风·谷风》:"谁谓荼苦,其甘如荠。"《诗·周颂·小毖》曰:"未堪家多难,予又集于蓼。"

《兄弟》篇:"娣姒者,多争之地也,使骨肉居之,亦不若各归四海,感霜露而相思,伫日月之相望也。况以行路之人,处多争之地,

---

① 王利器:《颜氏家训集解》卷一《治家》,中华书局 1993 年版,第 51 页。
② 王利器:《颜氏家训集解》卷三《勉学》,中华书局 1993 年版,第 162 页。
③ 王利器:《颜氏家训集解》卷三《勉学》,中华书局 1993 年版,第 166 页。
④ 王利器:《颜氏家训集解》卷一《序致》,中华书局 1993 年版,第 4 页。

能无间者鲜矣。"①颜之推看到妯娌相争的危害,故提出用空间捍卫骨肉亲情。"感霜露"的相思之情,本自《诗·秦风·蒹葭》:"蒹葭苍苍,白露为霜。所谓伊人,在水一方。"

《风操》篇:"若居围城之中,憔悴容色,除去饰玩,常为临深履薄之状焉。"②这里,"临深履薄",本自《诗·小雅·小旻》:"战战兢兢,如临深渊,如履薄冰。"

《勉学》篇:"《书》曰:'好问则裕。'《礼》云:'独学而无友,则孤陋而寡闻。'盖须切磋相起明也。"③此处,"切磋"一词,本于《诗·卫风·淇奥》:"如切如磋,如琢如磨。"《尔雅》释训:"如切如磋,道学也。"④

《终制》篇:"今虽混一,家道馨穷,何由办此奉营资费?且扬都污毁,无复孑遗,还被下湿,未为得计。自咎自责,贯心刻髓。"⑤这里,"孑遗"一词,本之《诗·大雅·云汉》:"周余黎民,靡有孑遗。"

(三)引《尚书》

《颜氏家训》直接引《尚书》者有两处,一处为:

　　《书》曰:"好问则裕。"⑥

此处颜之推引《尚书·商书·仲虺之诰》:"好问则裕,自用则小"⑦,以倡勤学好问。

---

①　王利器:《颜氏家训集解》卷一《兄弟》,中华书局 1993 年版,第 28 页。
②　王利器:《颜氏家训集解》卷二《风操》,中华书局 1993 年版,第 122 页。
③　王利器:《颜氏家训集解》卷三《勉学》,中华书局 1993 年版,第 206 页。
④　(晋)郭璞注,(宋)邢昺疏:《尔雅注疏》卷四《释训》,北京大学出版社 1999 年版,第 110 页。
⑤　王利器:《颜氏家训集解》卷七《终制》,中华书局 1993 年版,第 599 页。
⑥　王利器:《颜氏家训集解》卷三《勉学》,中华书局 1993 年版,第 206 页。
⑦　(汉)孔安国传,(唐)孔颖达疏:《尚书正义》卷八《商书·仲虺之诰》,北京大学出版社 1999 年版,第 198 页。

　　关于最佳的学习年龄,颜之推提倡早教,同时重视晚学。《勉学》篇:"世人婚冠未学,便称迟暮,因循面墙,亦为愚耳。"①面墙,语出《尚书·周书·周官》:"不学墙面,莅事惟烦。"②"墙面",意为面向墙站着,什么也看不见。颜之推批评那些错过了早教年龄的人不再想办法补救的人为"因循面墙",以此提出晚学也可有所成就的道理。

　　颜之推提倡慕贤,他批评说:"世人多蔽,贵耳贱目,重遥轻近。少长周旋,如有贤哲,每相狎侮,不加礼敬;他乡异县,微借风声,延颈企踵,甚于饥渴。"③这里指出了在用人问题上至今尚存的轻信外来和尚的不良风气,身边的贤才往往被忽视不用,而对外面小有名气的人便表现出求贤若渴的样子,"树之风声",语出《尚书·周书·毕命》:"彰善瘅恶,树之风声。"④

　　论文章与五经关系,颜之推认为五经为文章之源,《文章》篇:"歌咏赋颂,生于《诗》者也。"⑤本之《尚书·虞书·舜典》:"诗言志,歌永言,声依永,律和声。"⑥

　　颜之推的家庭伦理思想中,特重孝悌,其中对兄弟之悌多有关切。如《兄弟》篇:"夫有人民而后有夫妇,有夫妇而后有父子,有父子而后有兄弟:一家之亲,此三而已矣。自兹以往,至于九族,皆

①　王利器:《颜氏家训集解》卷三《勉学》,中华书局 1993 年版,第 173 页。
②　(汉)孔安国传,(唐)孔颖达疏:《尚书正义》卷十八《周书·周官》,北京大学出版社 1999 年版,第 489 页。
③　王利器:《颜氏家训集解》卷二《慕贤》,中华书局 1993 年版,第 130 页。
④　(汉)孔安国传,(唐)孔颖达疏:《尚书正义》卷十九《周书·毕命》,北京大学出版社 1999 年版,第 523 页。
⑤　王利器:《颜氏家训集解》卷四《文章》,中华书局 1993 年版,第 237 页。
⑥　(汉)孔安国传,(唐)孔颖达疏:《尚书正义》卷三《虞书·舜典》,北京大学出版社 1999 年版,第 79 页。

本于三亲焉。"①从三亲而至九族,九族之说,《颜氏家训》赵曦明注曰:"《诗·王风·葛藟》序:'周室道衰,弃其九族焉。'笺:'九族者,据己上至高祖,下及元孙之亲。'正义:'此古《尚书》说,郑取用之。'"②

颜之推主张女人在家庭中的主要任务在主中馈而已,故不提倡女人主政。《治家》篇:"必无牝鸡晨鸣,以致祸也。"③此意出典《尚书·周书·牧誓》:"牝鸡无晨;牝鸡之晨,惟家之索。"④

颜之推有崇实思想,《涉务》篇:"夫食为民天,民非食不生矣。三日不粒,父子不能相存。"⑤吃米饭,即为"粒"。语出《尚书·虞书·益稷》:"烝民乃粒,万邦作乂。"⑥

欲有饭吃必先种田,故颜之推承袭以农为本的思想,《涉务》篇:"古人欲知稼穑之艰难,斯盖贵谷务本之道也。"⑦此处本之《尚书·周书·无逸》中周公之言:"先知稼穑之艰难。"⑧

颜之推提醒子孙本职之外不可轻易上书言事。《省事》篇:"良史所书,盖取其狂狷一介,论政得失耳,非士君子守法度者所为也。"⑨《尚书·周书·秦誓》:"如有一介臣。"一介,耿介之意。

① 王利器:《颜氏家训集解》卷一《兄弟》,中华书局1993年版,第23页。
② 王利器:《颜氏家训集解》卷一《兄弟》,中华书局1993年版,第23页。
③ 王利器:《颜氏家训集解》卷一《治家》,中华书局1993年版,第47页。
④ (汉)孔安国传,(唐)孔颖达:《尚书正义》卷十一《周书·牧誓》,北京大学出版社1999年版,第285页。
⑤ 王利器:《颜氏家训集解》卷四《涉务》,中华书局1993年版,第324页。
⑥ (汉)孔安国传,(唐)孔颖达疏:《尚书正义》卷五《虞书·益稷》,北京大学出版社1999年版,第113页。
⑦ 王利器:《颜氏家训集解》卷四《涉务》,中华书局1993年版,第324页。
⑧ (汉)孔安国传,(唐)孔颖达疏:《尚书正义》卷十六《周书·无逸》,北京大学出版社1999年版,第429页。
⑨ 王利器:《颜氏家训集解》卷五《省事》,中华书局1993年版,第330页。

《省事》篇又云:"人主外护声教,脱加含养,此乃侥幸之徒,不足与比肩也。"①颜之推意为,那些上书者被人揭发怀有奸情私谋,当面对质时反而畏惧自己有罪过,可见上书还可能带来灾殃。声教,即声威文教,出自《尚书·夏书·禹贡》:"东渐于海,西被于流沙,朔、南暨声教,讫于四海。"②

颜之推讨论音韵训诂,博引群经,《尚书》亦不例外。《音辞》篇:"自兹厥后,音韵锋出,各有土风,递相非笑,指马之谕,未知孰是。"③自兹厥后,意为从此以后,本于《尚书·周书·无逸》:"自时厥后,亦罔或克寿。"④

《颜氏家训》第二处直引《尚书》之处为:

> 《尚书》曰:"惟影响。"《周礼》云:"土圭测影,影朝影夕。"《孟子》曰:"图影失形。"《庄子》云:"罔两问影。"如此等字,皆当为光景之景。⑤

颜之推认为,以上引文提及的"影"字,因与阳光有关,故当作"景"字。语出《尚书·虞书·大禹谟》:"禹曰:'惠迪吉,从逆凶,惟影响。'"⑥

（四）引《礼记》

颜之推所处的时代,礼学见重于世。颜之推受时风熏染,加上

---

① 王利器:《颜氏家训集解》卷五《省事》,中华书局1993年版,第330页。

② (汉)孔安国传,(唐)孔颖达疏:《尚书正义》卷六《夏书·禹贡》,北京大学出版社1999年版,第171页。

③ 王利器:《颜氏家训集解》卷七《音辞》,中华书局1993年版,第529页。

④ (汉)孔安国传,(唐)孔颖达疏:《尚书正义》卷十六《周书·无逸》,北京大学出版社1999年版,第433页。

⑤ 王利器:《颜氏家训集解》卷六《书证》,中华书局1993年版,第430页。

⑥ (汉)孔安国传,(唐)孔颖达疏:《尚书正义》卷四《虞书·大禹谟》,北京大学出版社1999年版,第87页。

世传儒家经学,以及政权频繁易手,南北血火争战的现实,自然希望出现一个君臣有礼、邻邦有礼、人人有礼的世界。关于礼的重要性,《礼记·曲礼上》说:"人有礼则安,无礼则危,故曰:礼者,不可不学也。"①

颜之推的礼学思想,核心为《勉学》篇所云:"礼为教本,敬者身基。"②将礼提升到风教之本的高度,可见颜之推对礼的推崇。关于敬,《礼记》中有孔子之论:

> 孔子遂言曰:"昔三代明王之政,必敬其妻子也有道。妻也者,亲之主也,敢不敬与? 子也者,亲之后也,敢不敬与? 君子无不敬也,敬身为大。身也者,亲之枝也,敢不敬与? 不能敬其身,是伤其亲;伤其亲,是伤其本;伤其本,枝从而亡。三者,百姓之象也。身以及身,子以及子,妃以及妃,君行此三者,则忾乎天下矣,大王之道也。如此则国家顺矣。"③

以上是说孔子的王道、王政,从敬妻、敬子起步。敬身到敬亲再顺推之敬天下,才能达到家顺国顺的境界。

颜之推的文学观,以五经为文章源头:"祭祀哀诔,生于《礼》者也。"④颜之推认为,三礼为几大文体的渊源所在。

颜之推引经据典讨论文字训诂,于《礼》亦然。如:

> 《太史公》论英布曰:"祸之兴自爱姬,生于妒媚,以至灭国。"又《汉书·外戚传》亦云:"成结宠妾妒媚之诛。"此二"媚"并当作"媢",媢亦妒也,义见《礼记》、《三苍》。⑤

---

① 王文锦译解:《礼记译解·曲礼上》,中华书局 2016 年版,第 4 页。
② 王利器:《颜氏家训集解》卷三《勉学》,中华书局 1993 年版,第 166 页。
③ 王文锦译解:《礼记译解·哀公问》,中华书局 2016 年版,第 658 页。
④ 王利器:《颜氏家训集解》卷四《文章》,中华书局 1993 年版,第 237 页。
⑤ 王利器:《颜氏家训集解》卷六《书证》,中华书局 1993 年版,第 454 页。

《月令》云:"荔挺出。"郑玄注云:"荔挺,马薤也。"《说文》云:"荔,似蒲而小,根可为刷。"《广雅》云:"马薤,荔也。"①

《诗》云:"谁谓荼苦?"《尔雅》、《毛诗传》并以荼,苦菜也。又《礼》云:"苦菜秀。"②

《礼》云:"定犹豫,决嫌疑。"③

或以侍祠猥朝,侯非列侯,故曰小侯,《礼》云:"庶方小侯。"则其义也。④

颜之推的思想,或承袭《三礼》之学,或引《礼》以为资证。

如论学习方法:"《礼记·学记》云:'独学而无友,则孤陋而寡闻。'盖须切磋相起明也。"⑤颜之推引《礼》以说明朋友相切磋琢磨有益于提高学习效率。

如论忌盈诫满,《止足》篇引《礼》云:"欲不可纵,志不可满。"⑥

如论闲情逸致,《杂艺》篇引《礼》曰:"君子无故不彻琴瑟。"⑦

如论早期教育,颜之推说:"古者,圣王有胎教之法:怀子三月,出居别宫,目不邪视,耳不妄听,音声滋味,以礼节之。书之玉版,藏诸金匮。"⑧

---

① 王利器:《颜氏家训集解》卷六《书证》,中华书局 1993 年版,第 418 页。
② 王利器:《颜氏家训集解》卷六《书证》,中华书局 1993 年版,第 410 页。
③ 王利器:《颜氏家训集解》卷六《书证》,中华书局 1993 年版,第 423 页。
④ 王利器:《颜氏家训集解》卷六《书证》,中华书局 1993 年版,第 462 页。
⑤ 王利器:《颜氏家训集解》卷三《勉学》,中华书局 1993 年版,第 206 页。
⑥ 《礼记·曲礼上》作:"欲不可从,志不可满。"王文锦译解:《礼记译解·曲礼上》,中华书局 2016 年版,第 1 页。
⑦ 《礼记·曲礼下》作:"士无故不彻琴瑟。"王文锦译解:《礼记译解·曲礼下》,中华书局 2016 年版,第 41 页。
⑧ 王利器:《颜氏家训集解》卷一《教子》,中华书局 1993 年版,第 8 页。

圣王胎教之法，《大戴礼记·保傅》篇："古者胎教，王后腹之七月，而就宴室。太史持铜而御户左，太宰持斗而御户右。比及三月者，王后所求声音非礼乐，则太师缊瑟而称不习。所求滋味者非正味，则太宰倚斗而言曰：'不敢以待王太子。'"①该篇又说："胎教之道，书之玉版，藏之金匮，置之宗庙，以为后世戒。"②

颜之推又说："年十八九，少知砥砺，习若自然，卒难洗荡。"③少年养成的习惯可能延续终生，此意也出典《大戴礼记》："孔子曰：'少成若天性，习贯之为常。'"④可知颜之推发挥了《大戴礼记》的早教思想。

颜之推的教育思想中还包括易子而教，《教子》篇："盖君子之不亲教其子也，《诗》有讽刺之辞，《礼》有嫌疑之诫，《书》有悖乱之事，《春秋》有邪僻之讥，《易》有备物之象：皆非父子之可通言，故不亲授耳。"⑤嫌疑之诫，出自《礼记·曲礼上》："夫礼者所以定亲疏、决嫌疑、别同异、明是非也。"⑥

又如论南北女子习尚之异，《治家》篇："河北妇人，织纴组紃之事，黼黻锦绣罗绮之工，大优于江东也。"⑦在颜之推的眼里，大致北朝妇女比南朝女人要能干。"织纴组紃"，语出《礼记·内则》："女子十年不出，姆教婉娩听从，执麻枲，治丝茧，织纴组紃。"⑧

---

① （清）王聘珍撰：《大戴礼记解诂》卷三《保傅》，中华书局1983年版，第60页。
② （清）王聘珍撰：《大戴礼记解诂》卷三《保傅》，中华书局1983年版，第59页。
③ 王利器：《颜氏家训集解》卷一《序致》，中华书局1993年版，第4页。
④ （清）王聘珍撰：《大戴礼记解诂》卷三《保傅》，中华书局1983年版，第51页。
⑤ 王利器：《颜氏家训集解》卷一《教子》，中华书局1993年版，第15页。
⑥ 王文锦译解：《礼记译解·曲礼上》，中华书局2016年版，第2页。
⑦ 王利器：《颜氏家训集解》卷一《治家》，中华书局1993年版，第51页。
⑧ 王文锦译解：《礼记译解·内则》，中华书局2016年版，第358页。

值得注意的是,颜之推在家训中将《三礼》中的诸多礼节,在讨论父子、夫妇、兄弟等家庭伦理时,在探讨进退、揖让、丧葬等日常礼仪时,融入大量的为礼细节,使得礼与家庭生活融为一体,这是颜之推重礼进而付诸践行的贡献。我们不妨具体枚举如下:

> 吾家风教,素为整密。昔在龆龀,便蒙诱诲;每从两兄,晓夕温凊。规行矩步,安辞定色,锵锵翼翼,若朝严君焉。①

"温凊",出自《礼记·曲礼》:"凡为人子之礼,冬温而夏凊。"②

安辞定色,本于《礼记·曲礼上》:"安定辞。"③又《礼记·冠义》:"凡人之所以为人者,礼义也。礼义之始,在于正容体,齐颜色,顺辞令。"④

> 由命士以上,父子异宫,此不狎之道也;抑搔痒痛,悬衾箧枕,此不简之教也。⑤

"由命士以上",语出《礼记·内则》:"由命士以上,父子皆异宫,昧爽而朝,慈以旨甘,日出而退,各从其事。日入而夕,慈以旨甘。"⑥

"抑搔痒痛",亦本《礼记·内则》:"以适父母舅姑之所,及所,下气怡声,问衣燠寒,疾痛苛痒,而敬抑搔之。出入则或先或后,而敬扶持之。"⑦"悬衾箧枕",同出《礼记·内则》:"父母舅姑将坐,奉席请何乡。将衽,长者奉席请何趾。少者执床与坐,御者举几。

---

① 王利器:《颜氏家训集解》卷一《序致》,中华书局1993年版,第4页。
② 王文锦译解:《礼记译解·曲礼上》,中华书局2016年版,第6页。
③ 王文锦译解:《礼记译解·曲礼上》,中华书局2016年版,第1页。
④ 王文锦译解:《礼记译解·曲礼上》,中华书局2016年版,第817页。
⑤ 王利器:《颜氏家训集解》卷一《教子》,中华书局1993年版,第15页。
⑥ 王文锦译解:《礼记译解·内则》,中华书局2016年版,第328页。
⑦ 王文锦译解:《礼记译解·内则》,中华书局2016年版,第325页。

歛席与簟,悬衾,篋枕,歛簟而襡之。"①

> 吾观礼经,圣人之教:箕帚匕箸,咳唾唯诺,执烛沃盥,皆有
> 节文,亦为至矣。但既残缺,非复全书;其有所不载,及世事变
> 改者,学达君子,自为节度,相承行之,故世号士大夫风操。②

"箕帚匕箸",出自《礼记·曲礼上》:"凡为长者粪之礼,必加帚于
箕上,以袂拘而退,其尘不及长者,以箕自乡而扱之。"③又:"饭黍
毋以箸。"④

"咳唾",本于《礼记·内则》:"在父母舅姑之所……不敢哕
噫、嚏咳、欠伸、跛倚、睇视,不敢唾洟。"⑤

"唯诺",本于《礼记·曲礼上》:"抠衣趋隅,必慎唯诺。"⑥

"执烛"之礼,见《礼记·少仪》:"执烛,不让,不辞,不歌。"⑦

"沃盥"之礼,见《礼记·内则》:"进盥,少者奉槃,长者奉水,
请沃盥,盥卒,授巾。问所欲而敬进之,柔色以温之。"⑧

礼有节文,见《礼记·坊记》:"礼者,因人之情而为之节文,以
为民坊者也。"⑨

> 未知养亲者,欲其观古人之先意承颜,怡声下气,不惮
> 劬劳。⑩

---

① 王文锦译解:《礼记译解·内则》,中华书局 2016 年版,第 328 页。
② 王利器:《颜氏家训集解》卷二《风操》,中华书局 1993 年版,第 59 页。
③ 王文锦译解:《礼记译解·曲礼上》,中华书局 2016 年版,第 11 页。
④ 王文锦译解:《礼记译解·曲礼上》,中华书局 2016 年版,第 18 页。
⑤ 王文锦译解:《礼记译解·内则》,中华书局 2016 年版,第 329 页。
⑥ 王文锦译解:《礼记译解·曲礼上》,中华书局 2016 年版,第 9 页。
⑦ 王文锦译解:《礼记·少仪》,中华书局 2016 年版,第 457 页。
⑧ 王文锦译解:《礼记译解·内则》,中华书局 2016 年版,第 325 页。
⑨ 王文锦译解:《礼记译解·坊记》,中华书局 2016 年版,第 674 页。
⑩ 王利器:《颜氏家训集解》卷三《勉学》,中华书局 1993 年版,第 165 页。

养亲之礼,在于日常细节之注意,"先意承颜,怡声下气"即是难能可贵的日常坚持。语出《礼记·祭义》:"曾子曰:'君子之所谓孝者,先意承志,谕父母于道。'"①又《礼记·内则》:"父母有过,下气怡色柔声以谏。"②

礼经:父之遗书,母之杯圈,感其手口之泽,不忍读用。③

如何对待作古父母留下的遗书、杯圈,《礼记·玉藻》:"父没而不能读父之书,手泽存焉尔。母没而杯圈不能饮焉,口泽之气存焉尔。"④

父母没后,亦要循礼。《风操》篇:《礼》云:"忌日不乐。"⑤出自《礼记·檀弓上》。⑥

孔子之葬亲也,云:"古者墓而不坟。丘东西南北之人也,不可以弗识也。"于是封之崇四尺。⑦

颜之推告诫子孙对自己的丧葬要从简,依《礼记·檀公》孔子之意可封坟,而颜之推更简单,要求平地不坟,做个标记就行了。

（五）引《易》

颜之推所处的南北朝时期,易学延续魏晋以来以玄注《易》的特点,又出现易佛交糅的倾向,且南北易学各有所宗。唐孔颖达《周易正义序》:"唯魏世王辅嗣之《注》独冠古今。所以江左诸儒,并传其学;河北学者,罕能及之。其江南义疏,十有余家,皆尚虚

①　王文锦译解:《礼记译解·祭义》,中华书局2016年版,第621页。
②　王文锦译解:《礼记译解·内则》,中华书局2016年版,第332页。
③　王利器:《颜氏家训集解》卷二《风操》,中华书局1993年版,第107页。
④　王文锦译解:《礼记译解·玉藻》,中华书局2016年版,第384页。
⑤　王利器:《颜氏家训集解》卷二《风操》,中华书局1993年版,第109页。
⑥　王文锦译解:《礼记译解·檀弓上》,中华书局2016年版,第58页。
⑦　王利器:《颜氏家训集解》卷七《终制》,中华书局1993年版,第607页。

玄，义多浮诞。"①江南经师多本王弼注，河北学者，多尊郑玄注。当然，郑王易学在彼此论争中，随着南北学术的融合又相互影响、吸收。以上为南北朝易学发展的大势。

颜之推称道的梁代儒者，庐江何胤著《周易》十卷，刘瓛著《周易乾坤义》一卷、《周易四德例》一卷、《周易系辞义疏》二卷。伏曼容、周弘正、张讥都精通《周易》。周弘正著有《周易义疏》，其学生张讥著《周易讲疏》。周弘正讲易，多取王弼义。梁武帝萧衍，则糅合易佛。梁武帝造"《周易讲疏》，及六十四卦、二《系》、《文言》、《序卦》等义"②，也是易学家，曾与周弘正探讨易学问题："弘正启梁武帝《周易》疑义五十条，又请释《乾》、《坤》、《二系》。"③

魏晋以降，玄学家以老庄思想注解《周易》，颜之推总结："《庄》、《老》、《周易》，总谓'三玄'。"④颜之推显然是最早在著作中提出"三玄"这一学术现象的思想家之一。但颜之推对玄学并不热衷，且以冷静批判为主，故他的易学思想，和玄学保持距离。

但不尚玄学，并不意味着颜之推忽视易学。颜之推的文学源流说，提出文章原出五经，其中就说："序述论议，生于《易》者也。"⑤颜之推的自传性赋作《观我生赋》，即取《周易》经文以名赋。观卦爻曰："九五，观我生，君子无咎。《象》曰：'观我生'，观民也。"

从颜之推对《周易》的称引，可知他对易学思想的传承。

---

① （魏）王弼注，（唐）孔颖达疏：《周易正义》，北京大学出版社1999年版，第2页。
② （唐）姚思廉：《梁书》卷三《武帝纪下》，中华书局1973年版，第96页。
③ （唐）姚思廉：《陈书》卷二十四《周弘正传》，中华书局1972年版，第307页。
④ 王利器：《颜氏家训集解》卷三《勉学》，中华书局1993年版，第187页。
⑤ 王利器：《颜氏家训集解》卷四《文章》，中华书局1993年版，第237页。

颜之推重贤才,敬君子,故在《颜氏家训》中对斛律明月之死耿耿于怀:"斛律明月齐朝折冲之臣,无罪被诛,将士解体,周人始有吞齐之志,关中至今誉之。此人用兵,岂止万夫之望而已也!国之存亡,系其生死。"①颜之推认为,斛律明月被杀,是北齐灭亡的征兆之一,原因在于他远出"万夫之望"。《系辞下》:"君子知微知彰,知柔知刚,万夫之望。"见微知著,刚柔结合,这种君子人格正是百姓所盼望的,也是颜之推慕贤思想所推崇的。

《杂艺》篇说:"弧矢之利,以威天下,先王所以观德择贤,亦济身之急务也。"②操弓引箭,可以威震天下,语出《系辞下》:"弦木为弧,剡木为矢,弧矢之利,以威天下,盖取诸《睽》。"颜之推主张每个人要有存身于世的本领,武艺与文德的结合,为保全生命的当务之急。

颜之推为子弟总结出为人处世的中庸之道,其中关键一条就是不在其位不谋其政。"至于就养有方,思不出位,干非其任,斯则罪人。"③《艮》卦《象》曰:"兼山,艮;君子以思不出其位。"艮,止也。人要知止,做到时行则行,时止则止,这样才能平安无事。颜之推在崔季舒事件的关键时刻放弃了在联名进谏书上签字,推脱家中有事请假走人,正是《艮》卦的知止原则在起作用。《颜氏家训》中对臣下进谏如何把握好分寸,做了诸多反思,正是吸取了崔季舒等六人因谏取祸的血之教训。

思不出位,于国于家,其理一也。故颜之推说:"国不可使预政,家不可使干蛊。"④干蛊,《蛊》卦爻辞及《象》传,四处出现"干

---

① 王利器:《颜氏家训集解》卷二《慕贤》,中华书局1993年版,第138页。
② 王利器:《颜氏家训集解》卷七《杂艺》,中华书局1993年版,第581页。
③ 王利器:《颜氏家训集解》卷五《省事》,中华书局1993年版,第333页。
④ 王利器:《颜氏家训集解》卷一《治家》,中华书局1993年版,第47页。

父之蛊。"干父之蛊,即干父之事。颜之推引《蛊》卦之意,推论女人不可当家。这也是"思不出位"的具体表现。

要做到思不出位,谦虚冲损非常重要。故颜之推又说:"天地鬼神之道,皆恶满盈。谦虚冲损,可以免害。"①《周易》《谦》卦《象》传:"天道亏盈而益谦,地道变盈而流谦,鬼神害盈而福谦,人道恶盈而好谦。"天道的法则为损盈满而增谦虚,地道的法则为变异盈满而充实谦虚,鬼神的法则为损害盈满来福佑谦虚,人道的法则为厌恶盈满而喜欢谦虚。以上即颜之推所说的"天地鬼神之道"。颜之推的忌盈恶满思想,既是家族思想的传承,也是在颠沛流离的兵荒马乱世道中总结出的处世经验。故颜之推的勉学思想中,要学习的条目中包括止足忌满的观念。"素鄙吝者,欲其观古人之贵义轻财,少私寡欲,忌盈恶满,赒穷恤匮,赧然悔耻,积而能散也。"②可见,颜之推将《谦》卦思想与家族意识、自我人生体验相结合,为子孙留下了存身处世的重要智慧。

> 人之虚实真伪在乎心,无不见乎迹,但察之未熟耳。一为察之所鉴,巧伪不如拙诚,承之以羞大矣。③

一个人的内心是虚是实是真是伪,总会表现出来。一旦你的虚伪被发现,掩饰带来的羞耻将远远大于老实承认。承之以羞,语出《恒》卦爻辞:"九三,不恒其德,或承之羞。"如果一个人不能长久保持自己的德行,就有可能蒙受羞辱。

颜之推的《观我生赋》中说:"竮既定以鸣鸾,修东都之大

---

① 王利器:《颜氏家训集解》卷五《止足》,中华书局1993年版,第345页。
② 王利器:《颜氏家训集解》卷三《勉学》,中华书局1993年版,第166页。
③ 王利器:《颜氏家训集解》卷四《名实》,中华书局1993年版,第306页。

壮。"①《大壮》,为六十四卦之一。《系辞下》云:"圣人易之以宫室,上栋下宇,以待风雨,盖取诸大壮。"《观我生赋》以大壮之意,比兴梁元帝主政后对都城宫室的选择。

颜之推重音韵训诂,其中也引《周易》。如:"《易》曰:'良马逐逐。'"②其原委前文已叙及,兹不赘述。

综上所述,颜之推诸多思想,都渊源自《周易》,也可以说,颜之推体认和践行易理,用个体生命的践履,为后人留下了事关生命存在与生命尊严的智慧。

三、文章原出"五经"

颜之推所处的南朝是文学繁荣的时代,也是绮丽浮华之文风盛行的时代,沈约、范云、任昉、庾信等文人雅集,连梁武帝父子等皇家贵胄也愿为文坛盟主,"盖由时主儒雅,笃好文章,故才秀之士,焕乎俱集。"③颜之推的经学思想中,"文章原出'五经'"之说为中国文论史上的重要观点之一,视《五经》为文学之源。

具体而言,《文章》篇如是阐述:"夫文章者,原出'五经':诏命策檄,生于《书》者也;序述论议,生于《易》者也;歌咏赋颂,生于《诗》者也;祭祀哀诔,生于《礼》者也;书奏箴铭,生于《春秋》者也。"④这里,颜之推将二十种文体的源头追溯到"五经"之中。

颜之推以儒家"五经"为文章之宗,一则和"世以儒雅为业"的家族传统有关,二则和经学在梁代开始有一定起色有关。梁武帝

---

① 颜之推:《观我生赋》,载(唐)李百药:《北齐书》卷四十五《颜之推传》,中华书局 1972 年版,第 622 页。

② 王利器:《颜氏家训集解》卷六《书证》,中华书局 1993 年版,第 415 页。

③ (唐)李延寿:《南史》卷七《文学传序》,中华书局 1975 年版,第 1762 页。

④ 王利器:《颜氏家训集解》卷四《文章》,中华书局 1993 年版,第 237 页。

在天监七年的诏书中说:"建国君民,立教为首,砥身砺行,由乎经术。"①此外,刘勰的《文心雕龙》,也以儒家之经为宗,认为儒家经典"辞约而旨丰,事近而喻远"②。刘勰也将儒家经典视为文章的渊源:"故论、说、辞、序,则《易》统其首;诏、策、章、奏,则《书》发其源;赋、颂、歌、赞,则《诗》立其本;铭、诔、箴、祝,则《礼》统其端;纪、传、盟、檄,则《春秋》为根。"③

显然,颜之推受刘勰的影响,其文章原出"五经"的观点与刘勰《宗经》篇所论异曲同工。儒家经典要旨在于格物致知、修齐治平,颜之推也提倡学以致用,在《文章》篇中以席毗与刘逖的对谈,认同刘逖提出"既有寒木,又发春华"④的观点,将学与用相统一,将问学所得用之于修身干世。颜之推认为,内涵《五经》精髓的文章,就个人修养而言,可"陶冶性灵",就社会责任而言,"朝廷宪章,军旅誓诰,敷显仁义,发明功德,牧民建国,施用多途"⑤。

关于文学内容与形式的关系问题,颜之推认为:"文章当以理致为心肾,气调为筋骨,事义为皮肤,华丽为冠冕。"⑥理致,即义理情致,文章的思想与情感;气调,即气韵才调;事义,即"用事",文章之用典。刘勰《文心雕龙·附会》篇云:"夫才童学文,宜正体

① (唐)姚思廉:《梁书》卷四十八《儒林传序》,中华书局 1973 年版,第 662 页。
② (梁)刘勰著,王运熙、周锋译注:《文心雕龙译注·宗经》,上海古籍出版社 2010 年版,第 10 页。
③ (梁)刘勰著,王运熙、周锋译注:《文心雕龙译注·宗经》,上海古籍出版社 2010 年版,第 11 页。
④ 王利器:《颜氏家训集解》卷四《文章》,中华书局 1993 年版,第 265 页。
⑤ 王利器:《颜氏家训集解》卷四《文章》,中华书局 1993 年版,第 237 页。
⑥ 王利器:《颜氏家训集解》卷四《文章》,中华书局 1993 年版,第 267 页。

制,必以情志为神明,事义为骨髓,辞采为肌肤,宫商为声气。"①颜之推和刘勰一样,都以人体为喻,颜之推以心肾、筋骨喻文章的理致、气调这两种内容元素,以皮肤、冠冕喻文章的形式元素事义、华丽,即用典与语言风格。刘勰以神明、骨髓喻内容因素情致、事义,以肌肤、声气喻形式因素辞采、宫商(即声律)。两人对用典归属于内容还是形式看法不一,但都主张内容重于形式。萧统《文选序》也说:"事出于沉思,义归于翰藻。"②

颜之推的文质观,强调文质的统一。"今世相承,趋末弃本,率多浮艳。辞与理竞,辞胜而理伏;事与才争,事繁而才损。放逸者流宕而忘归,穿凿者补缀而不足。"③颜之推既反对当时所盛行的浮靡文风,希望"盛才重誉"者"改革体裁",主张既摒弃文学创作上的形式主义,又不排斥文章的形式之美。如他评王籍诗"蝉噪林逾静,鸟鸣山更幽",④叹其有情致;兰陵萧悫《秋诗》"芙蓉露下落,杨柳月中疏"之句,"吾爱其萧散,宛然在目"⑤;又赞"何逊诗实为清巧,多形似之言。"⑥颜之推喜清巧而斥浮艳,"凡为文章,犹人乘骐骥,虽有逸气,当以衔勒制之,勿使流乱轨躅,放意填坑岸也"⑦。显然,颜之推认为作文当与骑马,既让良马不失俊逸之气,又要有所节制,以免飞进深沟里去。这里,颜之推不简单否定文风

---

① (梁)刘勰著,王运熙、周锋译注:《文心雕龙译注·附会》,上海古籍出版社 2010 年版,第 203 页。
② (梁)萧统:《文选序》,载(梁)萧统编,(唐)李善注:《文选》,上海古籍出版社 1986 年版,第 3 页。
③ 王利器:《颜氏家训集解》卷四《文章》,中华书局 1993 年版,第 267 页。
④ 王利器:《颜氏家训集解》卷四《文章》,中华书局 1993 年版,第 295 页。
⑤ 王利器:《颜氏家训集解》卷四《文章》,中华书局 1993 年版,第 296 页。
⑥ 王利器:《颜氏家训集解》卷四《文章》,中华书局 1993 年版,第 298 页。
⑦ 王利器:《颜氏家训集解》卷四《文章》,中华书局 1993 年版,第 266 页。

的华丽,强调的是文辞与义理的统一,而不是一味"标举兴会,发引性灵"①。

颜之推改革当时浮靡文风的具体方法是古今结合:"宜以古之制裁为本,今之辞调为末,并须两存,不可偏弃也。"②颜之推认为,古人之文,才华横溢、气势超迈,体态风格,和今天相去甚远,只是遣词造句简略质朴,不够严密细致。而今人之文音律和谐靡丽,语句对偶整齐,避讳精确细致,又强于古人。颜之推认同沈约的三易说:"文章当从三易:易见事,一也;易识字,二也;易读诵,三也。"③可见,颜之推崇尚"五经"之质朴与厚重,肯定当世文章的声律之美与形式对称,实际上传承了孔子文质彬彬的文艺观,还有以"典正"著称的颜氏家族文风,而《颜氏家训》正是这种文风的践行范本。

四、夫文字者,坟籍根本

"夫文字者,坟籍根本。"④颜之推将文字视为典籍的根本,足见他对文字的重视。对于文字的研究,重在字形的文字学、重在字音的音韵学(又称声韵学)、重在字义的训诂学,以及以此为主要手段的校勘学,颜之推都有深入的了解和研究,并颇有建树。通文字、音韵、训诂是经学家的入门功课,汉代著名的经学大师,同时也是成就斐然的训诂学家,由此可见训诂学和经学的关系,音韵学亦然。只是,魏晋以后,文字、音韵、训诂逐渐摆脱经学附庸的地位,而有新的发展而已。

---

① 王利器:《颜氏家训集解》卷四《文章》,中华书局 1993 年版,第 238 页。
② 王利器:《颜氏家训集解》卷四《文章》,中华书局 1993 年版,第 237 页。
③ 王利器:《颜氏家训集解》卷四《文章》,中华书局 1993 年版,第 272 页。
④ 王利器:《颜氏家训集解》卷三《勉学》,中华书局 1993 年版,第 220 页。

就三者关系,颜之推说:"书音是其枝叶,小学乃其宗系。"①隋唐以前,小学为文字训诂学的专称,隋唐以后小学才作为文字学、训诂学、音韵学的总称。故颜之推沿汉代之称,仍将小学与音韵并举,并将语音譬作枝叶,字义譬作根本,显然颜之推视训诂重于音韵。不过,这并不意味着颜之推轻音韵,事实上,颜之推对文字学、训诂学、音韵学都很重视,并继颜延之撰《诂幼》、《纂要》、阮籍《咏怀诗》注等小学成果之后,为颜氏家族的家学增添了新的内涵。颜之推之孙、唐代训诂学大家颜师古说:"师古家传《苍》、《雅》,广综流略,尤精训故。"②

缪钺《颜之推的文字、训诂、声韵、校勘之学》一文,评价颜之推说:"他对于文字、训诂、声韵之学,特别努力,造诣很深。颜之推对于古人以及他同时人撰写的字书、韵书与各种古书的音注,都很精熟,能批评其得失。《家训》中所引到的这一类书籍有四十种。"③

缪钺提到《颜氏家训》所引文字、训诂、音韵类书籍和涉及的学者,秦汉:《三仓》(《仓颉篇》、赵高《爰历篇》、胡毋敬《博学篇》)、《尔雅》(颜之推谓周公所作,存疑)、许慎及其《说文解字》、刘熙及其《释名》、孙叔言及其《尔雅音义》、《汉书集解音义》作者应劭及其《风俗通》、高诱及其《吕氏春秋注》、郑玄及其《礼记注》和《毛诗笺》、蔡邕及其《月令章句》、毛氏及其《毛诗传》、服虔及其《通俗文》、延笃及其《战国策音义》、扬雄及其《方言》;曹魏:苏

---

① 王利器:《颜氏家训集解》卷三《勉学》,中华书局 1993 年版,第 220 页。

② 颜师古:《急就篇注叙》,(宋)王应麟辑:《玉海》所附《急就篇补注》卷一,江苏古籍出版社、上海书店联合出版 1987 年版。

③ 缪钺:《缪钺全集》第一卷下《冰茧庵读史存稿》,河北教育出版社 2004 年版,第 352 页。

林、张揖及其《广雅》和《古今字训》、李登及其《声类》;晋代:《五经音训》、《礼音》、《毛诗音》作者徐邈、吕静《韵集》、郭璞及其《尔雅注》、杜预及其《左传注》、葛洪及其《字苑》、王羲之及其《小学章》、《周礼音》、《仪礼音》、《礼记音》作者刘昌宗、殷仲堪及其《常用字训》、《汉书音义》作者晋灼;南朝宋:《史记音义》作者徐野民、周续之及其《毛诗注》、《礼记音》作者徐爰、《史记注》作者裴骃;南朝梁:中书舍人褚诠、《史记音》作者邹诞生、《汉书音》作者刘显、《字林》作者吕忱、王褒及其《童约》、阮孝绪《正史削繁音义》;南朝陈:顾野王及其《玉篇》;北朝:北魏《毛诗笺音义证》作者刘芳;北齐:《修续音韵决疑》作者李季节、阳休之及其《韵略》;等等。从颜之推对以上字书、音书的熟悉和信手拈来的引用,可见他涉猎之广博。

(一)文字:随代损益

颜之推的文字学,对文字持历史发展观,即文字是随着时代的变化而有所变化的。当时的文字学者"不通古今,必依小篆,是正书记"①,对于他们不研究字体的演变规律,拘泥于依据小篆的字形来矫正当下文字的风气,颜之推并不苟同。在颜之推看来,《尔雅》、《三苍》、《说文》等字书,哪能尽合仓颉造字时的本意呢?"亦是随代损益,互有同异。"②字书随时代而变化,字形的笔画有增有减,相互之间有同有异。既然字形的演变是一客观事实,那么,西晋以来的字书,怎么可以一概否定呢? 只需体例完备自成系统而不是任意发挥就可以了。

颜之推坚持"随代损益"的文字演变观,接踵而来需要解决的

是：如何对那些变化了的文字？颜之推的态度是："考校是非，特
须消息。"①也就是说，要仔细斟酌以考订校对文字的对错。颜之
推认可《三苍》、《说文》有不合仓颉之处，但也不主张盲从其错误
之处，如他举例说，"仲尼居"三个字中，就有两个字不合正体：《三
苍》中的"尼"字旁边加了个"丘"字，《说文》的"尼"字是"尸"字
下面加"几"字，像这种情况，显然是错误的，就不能盲从。还有一
种字形的变化，是正确的，就不需要改变："古无二字，又多假借，
以中为仲，以说为悦，以召为邵，以间为闲：如此之徒，亦不劳
改。"②古时候不存在一个字两种字形的情况，如今出现了，只可能
是两种情况：一为不合法存在，如前所举"尼"字的两种错误写法；
一为合法存在，即通假字，颜之推承认通假字的合法性，且主张通
假字不需要改过来。

　　颜之推列举了当时出现的一些讹误错谬的文字，视之为不得
不改的鄙俗：

　　　　自有讹谬，过成鄙俗，"乱"旁为"舌"，"揖"下无"耳"，
　　"鼋"、"鼍"从"龟"，"奋"、"夺"从"雚"，"席"中加"带"，
　　"恶"上安"西"，"鼓"外设"皮"，"凿"头生"毁"，"离"则配
　　"禹"，"壑"乃施"豁"，"巫"混"经"旁，"皋"分"泽"片，"猎"
　　化为"獦"，"宠"变成"寵"，"业"左益"片"，"灵"底著"器"，
　　"率"字自有律音，强改为别；"单"字自有善音，辄析成异：如
　　此之类，不可不治。③

颜之推已有正体字和俗体字之分，以上所举，就是当时的俗体字。
还有一种人为改变字形并牵强附会字义的情况，颜之推予以了彻

---

①　王利器：《颜氏家训集解》卷六《书证》，中华书局 1993 年版，第 515 页。
②　王利器：《颜氏家训集解》卷六《书证》，中华书局 1993 年版，第 515 页。
③　王利器：《颜氏家训集解》卷六《书证》，中华书局 1993 年版，第 516 页。

底否定。如纬书《春秋说》以"人十四心"为"德"字,纬书《诗说》以"二在天下"附会"酉"字,《汉书》中将王莽时钱币上的"货泉"二字拆开组合为"白水真人"四字,桓谭《新论》以"金昆"二字的组合来附会"银"字,说"银者金之昆弟也。"《三国志》因《说文》中"吴"字从天从口,故以"天上有口"为"吴",《吴书·薛综传》说:"无口为天,有口为吴,君临万邦,天子之都。"①《晋书》以"黄头小人"为"恭"字,典出《宋书·五行志》,王恭在京口时,民谣说:"黄头小人欲做贼,阿公在城下,指缚得。"②"黄头小人"影射王恭。还有《宋书》以"召刀"为"邵"字,魏伯阳《周易参同契》以"人负告"为"造"字,等等,诸如此类,不一而足。对于此类情况,颜之推说:"如此之例,盖数术谬语,假借依附,杂以戏笑耳。如犹转贡字为项,以叱为七,安可用此定文字音读乎? 潘、陆诸子《离合诗》、《赋》,《栻卜》、《破字经》,及鲍照《谜字》,皆取会流俗,不足以形声论之也。"③

"以叱为七"典出《东方朔传》:"武帝时,上林献枣。上以所持杖击未央前殿槛,呼朔曰:'叱叱先生来来! 先生知此箧中何等物也?'朔曰:'上林献枣四十九枚。'上曰:'何以知之?'朔曰:'呼朔者,上也;以杖击槛,两木;两木者,林也;来来者,枣也;叱叱,四十九枚。'上大笑,赐帛十匹。"④以上显然是颜之推所指斥的"杂以戏笑"的情形。

---

① (晋)陈寿撰,(宋)裴松之注:《三国志·吴书》卷五十三《薛综传》,中华书局 1959 年版,第 1250 页。
② (梁)沈约:《宋书》卷三十一《五行志二》,中华书局 1974 年版,第 918 页。
③ 王利器:《颜氏家训集解》卷六《书证》,中华书局 1993 年版,第 521 页。
④ (宋)李昉:《太平御览》卷九百六十五《东方朔传》,河北教育出版社 1994 年版,第 739 页。

以上颜之推所举纬书、道书、史籍中的谣谶以及一些文人的诗赋及拆字、字谜等,已越出俗体字的范围而转为"流俗"了,或出于数术之荒谬,或"杂以戏笑",是极不严肃地对文字的滥用与亵渎,已经不能够用形声字的造字理论来规范评论它们了,自然是需要弃之不用的。

颜之推还注意到,像《尚书》中"惟影响"。《周礼》中:"土圭测影,影朝影夕。"《孟子》中:"图影失形。"《庄子》中:"罔两问影。"这些典籍中出现的"影"字,应当为光景的"景"字,因为所有的阴影都是依托光明而产生的。如《淮南子》称"景柱"、《广雅》中说"晷柱挂景"即是。到了东晋葛洪写的《字苑》里,才在"景"字旁加"彡",写成了"影"字。此后,人们依据葛洪的字书,擅自把《尚书》、《周礼》、《庄子》、《孟子》中的"景"字改成"影"字,这就造成了极大的谬误。① 颜之推之意,像"影"字这类文字变化的出现,即使字形演变造成了既定的事实,演变后的文字已成为通行文字,也最好不要追改古籍中的原字。

字形的演变既然不可抗拒,那么,如何处理正体字和俗体字?颜之推说自己一开始看《说文解字》时,也很看不起俗体字,纠结的情况便出现了:"从正则惧人不识,随俗则意嫌其非,略是不得下笔也。"②想依正体书写,怕人不认识;想顺俗体字书写,又觉得没写对,结果没办法写下去了。后来,颜之推明白了对于正、俗文字,要有"通变"的观念,纠正对俗体字的偏见和对正体字的偏执,将正、俗字体结合起来,具体解决方案是:"若文章著述,犹择微相

---

① 参见王利器:《颜氏家训集解》卷六《书证》,中华书局 1993 年版,第 430 页。

② 王利器:《颜氏家训集解》卷六《书证》,中华书局 1993 年版,第 516 页。

影响者行之,官曹文书,世间尺牍,幸不违俗也。"①写文章做学问,选择与《说文解字》字体相近的文字;写作官府文书、与人往返书信,就不违背通行的用字习惯了。这样,正体字、俗体字各得其用,以通变之法以解决文字演变带来的现实矛盾。

颜之推之子颜愍楚也有文字学著作,清人辑有其《俗书证误》一卷,收入《续修四库全书》"经部·小学类",《提要》称此书"既正俗体,又复略举字音"。《续修四库全书》还收入愍楚《子鹄》一卷。从愍楚对正俗字体的关注,可推测他对于颜之推的家学传承。颜之推的孙子颜师古也撰有《颜氏字样》,师古侄孙颜元孙则撰《干禄字书》,其"序"说该书"具言俗、通、正三体",这是在颜之推讨论正、俗字体的基础上,第一次明确地把字分为正、通、俗三类,为正字学历史的关键一环。

(二)小学乃其宗系

颜之推说:"孔子存其义而不论其文也。先儒尚得改文从意,何况书写流传耶?"②孔子重义而不重文,先儒改文从意,都是对字义的重视,颜之推以此论证训诂的重要性大于字形和字音的重要性,得出"小学乃其宗系"的结论。我们从以下视角来考察颜之推的训诂之学。

1. 重视《说文》、《三苍》、《尔雅》

《颜氏家训》中,提及《说文》19 处,提及其作者许慎 5 次,提及《苍》、《三苍》、《苍雅》、仓颉者共 12 处,提及《雅》、《尔雅》、《苍雅》者共 21 处,另提及与《尔雅》相关的著作《广雅》5 处、《尔雅音义》1 处。可见,在仅数十条关于训诂的文字中,《说文解字》、《三

---

① 王利器:《颜氏家训集解》卷六《书证》,中华书局 1993 年版,第 516 页。
② 王利器:《颜氏家训集解》卷六《书证》,中华书局 1993 年版,第 509 页。

苍》、《尔雅》被提及的频率相当高。颜师古自称"师古家传《苍》、《雅》,广综流略,尤精训故"①。颜师古的家传训诂之学,多上承其父祖辈,颜之推为重要源头。这也间接说明颜之推对《苍》、《雅》之学研究之深。颜之推说:

> 文字者,坟籍根本。世之学徒,多不晓字:读《五经》者,是徐邈而非许慎;习赋诵者,信褚诠而忽吕忱;明《史记》者,专徐、邹而废篆籀;学《汉书》者,悦应、苏而略《苍》、《雅》。不知书音是其枝叶,小学乃其宗系。至见服虔、张揖音义则贵之,得《通俗》、《广雅》而不屑。一手之中,向背如此,况异代各人乎?②

颜之推指出了当时学风:读《五经》者,肯定撰有《五经音训》的徐邈,而非难《五经异义》的作者许慎;学习辞赋者,信服《百赋因》作者褚诠而忽略写《字林》的吕忱;通《史记》者,只对徐野民、邹诞生的《史记音义》、《史记音》感兴趣,而荒废了对篆书、籀文的研究;学《汉书》者,喜欢应劭的《汉书集解音义》和汉魏之际的博士苏林,而忽略了《三苍》、《尔雅》。即便对于同样一个人,他们会喜欢服虔、张揖的音义之学,而对服虔的《通俗文》、张揖的《广雅》却不屑一顾。颜之推指出当时学风不通字义、重音韵而轻训诂的现状,重在说明就文字而言,"书音是其枝叶,小学乃其宗系",侧重字义的训诂显然要比侧重字音的音韵更为重要。同时,我们也不难看出,对于非难许慎、忽略《三苍》、《尔雅》的现象,颜之推是很不以为然的,这也反衬出颜之推对《说文》与《苍雅》的重视。

---

① 颜师古:《急就篇注叙》,(宋)王应麟辑:《玉海》所附《急就篇补注》卷一,江苏古籍出版社、上海书店联合出版 1987 年版。
② 王利器:《颜氏家训集解》卷三《勉学》,中华书局 1993 年版,第 220 页。

颜之推说："许慎检以六文,贯以部分,使不得误,误则觉之。"①这里肯定了《说文解字》的象形、指事、会意、形声、假借、转注六书来辨析字形解释字义,将文字按部首分类,使之不容易出错误,即使有差错也容易发现。颜之推此说相当精准地道出了《说文解字》的优势和价值。颜之推对《左传》"止戈为武,反正为乏,皿虫为蛊,亥有二首六身"②之类处于萌芽状态的训诂,给予了肯定,而这恰恰是许慎六书中的会意之法,后人对《左传》中的这些字无法随意改变,推论出六书当有同样的效果。

出于对《说文解字》权威性的认同,颜之推在《颜氏家训》中多处以《说文解字》作为训诂的依据。如:

> 尝游赵州,见柏人城北有一小水,土人亦不知名。后读城西门徐整碑云:"洦流东指。"众皆不识。吾案《说文》,此字古魄字也,洦,浅水貌。此水汉来本无名矣,直以浅貌目之,或当即以洦为名乎?③

这是颜之推以碑铭中的文字,考以《说文》的解释,确认了一条小河的名字。又如:

> 世中书翰,多称勿勿,相承如此,不知所由,或有妄言此忽忽之残缺耳。案:《说文》:"勿者,州里所建之旗也,象其柄及三斿之形,所以趣民事。故恩遽者称为勿勿。"④

这是以《说文解字》的解释来推原写信多有"勿勿"二字的出处。

当然,颜之推对《说文解字》并非一味盲从,"且余亦不专以

① 王利器:《颜氏家训集解》卷六《书证》,中华书局 1993 年版,第 509 页。
② 王利器:《颜氏家训集解》卷六《书证》,中华书局 1993 年版,第 509 页。
③ 王利器:《颜氏家训集解》卷三《勉学》,中华书局 1993 年版,第 227 页。
④ 王利器:《颜氏家训集解》卷三《勉学》,中华书局 1993 年版,第 228 页。

《说文》为是也,其有援引经传,与今乖者,未之敢从"①。譬如,司马相如《封禅书》中"导一茎六穗于庖,牺双觡共抵之兽"中的"导"字当训"择",而《说文》云:"稌是禾名"。对此,颜之推的态度是:"吾尝笑许纯儒,不达文章之体,如此之流,不足凭信。"②但总体而言,颜之推对于许慎之《说文》,"大抵服其为书,隐括有条例,剖析穷根源,郑玄注书,往往引以为证;若不信其说,则冥冥不知一点一画,有何意焉。"③颜之推肯定了《说文》两大优点:对文字的分类有明确的条例,通过辨析字形可探求字的含义。如果不信服许慎的学说,对字的形体结构不了解,就不懂字有什么意义。

2. 颜之推训诂特点举隅

(1)破假借以训诂

颜之推既重《说文》,借助《说文》六书来破解字义,实为理所当然。《说文》论假借:"本无其字,依声托事,令长是也。"声同而形不同,故给读者带来迷惑,一些古籍便在假借字上造就了天然的阅读屏障。一旦找到假借的本字,迷惑就豁然而解,故寻找本字来训诂,就是"破假借"之法。

颜之推举《后汉书·杨震传》所说"鹳雀衔三鳝鱼。"因"鳝"字多假借为"鳣",不明就里的学士往往误为"鹳雀衔三鳣鱼"。而曹操《四时食制》说:"鳣鱼大如五斗奁,长一丈。"郭璞注《尔雅》也说:"鳣长二三丈。"鹳雀怎能叼起如此庞然大鱼,更何况是三条呢?明白通假字的渊源,就不会产生如此荒唐的误读了。④

又,《后汉书·杨由传》云:"风吹削肺。"如果照字面意思理

---

① 王利器:《颜氏家训集解》卷六《书证》,中华书局 1993 年版,第 509 页。
② 王利器:《颜氏家训集解》卷六《书证》,中华书局 1993 年版,第 509 页。
③ 王利器:《颜氏家训集解》卷六《书证》,中华书局 1993 年版,第 510 页。
④ 参见王利器:《颜氏家训集解》卷六《书证》,中华书局 1993 年版,第 464 页。

解,就是风一吹,把肺都削掉了。这就大误了。此处"肺"为通假字,其本字为"削札牍之柿耳",古人在竹简木牍上写字,写错字,就把这个字削掉,"柿"就是削出来的小竹屑和碎木屑。由于不懂通假由来,无知的学士竟然辗转将削肺写成了削脯、削哺,还得出了"屏障之名"的解释,已然风马牛不相及了。①

针对皇甫谧《帝王世纪》中"伏羲或谓之宓羲"的说法,颜之推引经据典,得出"虙之与伏,古来通字"的结论,由此指出皇甫谧称伏羲为"宓羲"的错误。② 另一个例子,对于《古乐府》中"百里奚,五羊皮。忆别时,烹伏雌,吹扊扅;今日富贵忘我为!"③颜之推依据通假,指出"吹"当作炊煮之"炊"。

> 太公《六韬》,有天陈、地陈、人陈、云鸟之陈。《论语》曰:"卫灵公问陈于孔子。"《左传》:"为鱼丽之陈。"俗本多作阜傍车乘之车。案诸陈队,并作陈、郑之陈。夫行陈之义,取于陈列耳,此六书为假借也,《苍》《雅》及近世字书,皆无别字;唯王羲之《小学章》,独阜傍作车,纵复俗行,不宜追改《六韬》、《论语》、《左传》也。④

上引文句颜之推指出"陈"与"阵"为通假字,王羲之写成"阵"字后遂通行于世,但颜之推虽认可调和正、俗文字,仍主张不要追改古籍中的通假字。这又是颜之推赋予通假字以合法地位的一例。

(2)参俗语以训诂

前文叙及颜之推对俗字一定程度的宽容态度与融合正俗字体的主张。事实上,不仅文字学,在训诂学上,颜之推在俗语词领域,

---

① 参见王利器:《颜氏家训集解》卷六《书证》,中华书局 1993 年版,第 467 页。
② 参见王利器:《颜氏家训集解》卷六《书证》,中华书局 1993 年版,第 448 页。
③ 王利器:《颜氏家训集解》卷六《书证》,中华书局 1993 年版,第 479 页。
④ 王利器:《颜氏家训集解》卷六《书证》,中华书局 1993 年版,第 430 页。

利用俗语词丰富了训诂的手段,笔者总结为"参俗语以训诂",颜之推以此开拓了训诂学的新领域。

> 吾在益州,与数人同坐,初晴日晃,见地上小光,问左右:"此是何物?"有一蜀竖就视,答云:"是豆逼耳。"相顾愕然,不知所谓。命取将来,乃小豆也。穷访蜀土,呼粒为逼,时莫之解。吾云:"《三苍》、《说文》,此字白下为匕,皆训粒,《通俗文》音方力反。"众皆欢悟。①

对于益州童仆呼"豆粒"为"豆逼",当地学者都无法解释这一现象,颜之推不仅找到了原字"白下为匕"及其义训"皆训粒",还从《通俗文》中的音训找到了读音的根据。这是从俗称口语引发的训诂行为。

俗语词有方言词和口语词,扬雄著《方言》,服虔著《通俗文》。《文选·琴赋》"喔噱终日"李善注引服虔《通俗篇》:"乐不胜谓之喔噱。喔,乌没切;噱,巨略切。"②从此例可推知《通俗文》当以对俗语词的义训和音训为主。颜之推在《颜氏家训》中数处提及扬雄及其《方言》,特别是《通俗文》。如为指正郑玄《月令注》将"荔挺出"中"荔挺"训为"马薤"之误,颜之推除引《说文》和《广雅》,还说"《通俗文》亦云马兰"③。指出"荔"而非"荔挺"为"马薤"。颜之推不仅引《通俗文》以证训诂,还专门讨论了《通俗文》的作者问题,对该书为"河南服虔字子慎造"提出了质疑。颜之推的疑点有三:一是服虔是汉人,而《叙》因魏人苏林、张揖之言;二是郑玄以前,没有反切,而《通俗文》有反切;三是阮孝绪就作者归属提出

---

① 王利器:《颜氏家训集解》卷三《勉学》,中华书局1993年版,第230页。

② (魏)嵇康:《琴赋》,载(梁)萧统编,(唐)李善注:《文选》卷十八,上海古籍出版社1986年版,第847页。

③ 王利器:《颜氏家训集解》卷六《书证》,中华书局1993年版,第418页。

了"李虔所造"的异说;四是《晋中经簿》及《七志》两部目录学著作,未收入该书。故此,颜之推对《通俗文》的作者存疑,但他又承认"然其文义允惬,实是高才"①。说明颜之推对以俗语词为对象的《通俗文》不仅了解颇深,还深表赞赏。

> 或问:"俗名傀儡子为郭秃,有故实乎?"答曰:"《风俗通》
> 云:'诸郭皆讳秃。'当是前代人有姓郭而病秃者,滑稽戏调,
> 故后人为其象,呼为郭秃,犹《文康》象庾亮耳。"②

以上是从《风俗通》中的俗语,加以合理的推测,而探究了木偶戏俗名"郭秃"的由来。

颜之推儿子愍楚连襟窦如同从河州得来的一只青鸟俗称为"鹖",颜之推提出疑问:鹖鸟出自上党,我亲眼见过好几次,羽毛黄黑色,没有别的颜色,曹植《鹖赋》也说"扬玄黄之劲羽"。后来颜之推从《说文》里找到了答案:"鸠雀似鹖而青,出羌中。《韵集》音介。"③原来,所谓的"鹖"应该是"鸠"。这里,颜之推从俗语入手,进行名物训诂的考察。

对于名物的训诂,颜之推论证《诗经》"参差荇菜"中的"荇菜"非"苋菜",而是莼菜,除了引《尔雅》和先儒的解释,还引俗语为证:"黄花似莼,江南俗亦呼为猪莼,或呼为荇菜。"④在这里,俗语词对名物的含义确认提供了实证的功能。

颜之推对《礼记》中"定犹豫,决嫌疑"的"犹豫"一词,备有一解。有人引《尔雅》:"犹如麂,善登木。"颜之推故从"犹"为兽名,而狐狸多猜疑,听到河里冰下面没有流水声才敢渡河,故推测这种

---

① 王利器:《颜氏家训集解》卷六《书证》,中华书局 1993 年版,第 505 页。
② 王利器:《颜氏家训集解》卷六《书证》,中华书局 1993 年版,第 505 页。
③ 王利器:《颜氏家训集解》卷三《勉学》,中华书局 1993 年版,第 231 页。
④ 王利器:《颜氏家训集解》卷六《书证》,中华书局 1993 年版,第 409 页。

情状为犹豫。颜之推又引俗语为证："今俗云:'狐疑,虎卜。'则其义也。"①

颜之推对当时文士所作《三妇诗》将"妇"理解为妻妾颇有微词,他举《古乐府》歌词指出"妇"是相对于公公婆婆而言的称呼,又举俗称以资佐证:"丈人亦长老之目,今世俗犹呼其祖考为先亡丈人。又疑'丈'当作'大',北间风俗,妇呼舅为大人公。'丈'之与'大',易为误耳。"②这里,颜之推以雅俗共举的方式,训释了"妇"的指称含义。

当然,颜之推并非一概以俗语为是。事实上,俗语中很多错误,一为理解错误,一为传抄错误,对于这两种错误,颜之推都要求避免。如《史记》中的"宁为鸡口,无为牛后"③,颜之推据延笃《战国策音义》:"尸,鸡中之王。从,牛子。"得出正确的写法当为"宁为鸡尸,无为牛從"的结论,以此指正俗写之误。④

颜之推一方面正俗语、俗写之误,一方面大量引俗语词进行训诂,通过俗语来进行鸟兽草木之名的辨析,将俗语词作为训诂的工具。这一训诂学的新探索,意义在于:一是开拓了训诂的新途径,二是践行了训诂随文字音、形、义的演变而变化的变通观念,三是将训诂的用力范围从狭窄的六经拓展到日常生活的诸多领域,丰富和扩展了学术领域,四是俗语词进入训诂之学,为训诂学摆脱经学的附庸地位逐步走向独立学科创造了新的可能。

---

① 王利器:《颜氏家训集解》卷六《书证》,中华书局 1993 年版,第 424 页。
② 王利器:《颜氏家训集解》卷六《书证》,中华书局 1993 年版,第 477 页。
③ (汉)司马迁撰,(宋)裴骃集解,(唐)司马贞索引,(唐)张守节正义:《史记》卷六十九《苏秦列传》,中华书局 1959 年版,第 2253 页。
④ 参见王利器:《颜氏家训集解》卷六《书证》,中华书局 1993 年版,第 451 页。

（3）据古探源以训诂

据古训、探求语源的训诂之法，参照古往今来的字书和古籍的解释，或从字词所出的文献源头，来探究字义，是普遍采用的训诂方式。

颜之推往往以字书与古籍、俗语与实证相结合的方式进行训诂，最典型的例子是证苦菜不是龙葵。此训出自《诗经》"谁谓荼苦"一句，荼是什么呢？颜之推先引字书和经典的解释："《尔雅》、《毛诗传》并以荼，苦菜也。又《礼》云：'苦菜秀。'"再引《易统通卦验玄图》对苦菜的解释："苦菜生于寒秋，更冬历春，得夏乃成。"随后，以南北两地的苦菜作实证："今中原苦菜则如此也。一名游冬，叶似苦苣而细，摘断有白汁，花黄似菊。"①而江南以郭璞注《尔雅》所称"黄蒢"为苦菜，实际上是北方所说的龙葵。颜之推由此得出江南学者之误。

又如，对于《庄子》"蝛二首"中的"蝛"究竟是什么，颜之推先从《韩非子》找线索，发现蝛是一种有两张嘴的虫子，为争夺食物而相互撕咬以致自相残杀，但没弄明白读成什么音。又查《尔雅》诸书，发现"蚕蛹名蝛"，但蚕蛹并不是那种有两个头两张嘴贪婪凶残的动物。颜之推最后从《古今字诂》中找到答案：蝛是一种毒蛇，"此亦古之虺字，积年凝滞，豁然雾解。"②

颜之推还据字书和音书进行地名考证。如他随从齐帝巡并州，来到上艾县，对于此地猎闾村和亢仇城的来历，半天也没人能弄明白。"检《字林》、《韵集》"③，终于弄明白了。

（4）通语法以训诂

颜之推从"也"字的使用，说明通语法在训诂中的重要性。

---

① 王利器：《颜氏家训集解》卷六《书证》，中华书局1993年版，第411页。
② 王利器：《颜氏家训集解》卷三《勉学》，中华书局1993年版，第226页。
③ 王利器：《颜氏家训集解》卷三《勉学》，中华书局1993年版，第225页。

"也"是语已及助句之辞,文籍备有之矣。①

颜之推说,"也"字用作句末语气词和句中语助词,北方的经书和传本中多省略"也"字,但有的是不能省略的:

> 至如"伯也执殳","于旅也语","回也屡空","风,凤也,教也",及《诗传》云:"不戢,戢也;不傩,傩也。""不多,多也。"如斯之类,傥削此文,颇成废阙。②

以上出现的"也"字,不论在句中或句末,都不能省略,否则意思就残缺不全了。颜之推又举例说:

> 《诗》言:"青青子衿。"《传》曰:"青衿,青领也,学子之服。"③

意思很清楚:青青子衿就是指青色的衣领。但如果把诗《传》中的"也"字省略,就变成了:"青衿,青领,学子之服。"北齐都城邺下的《诗》传本就省略了"也"字,儒生便误解为"青衿、青领"是衣服上两个部分的名称,这就大错特错了。

该省的不能省,不该加的也不能加,颜之推指出,一些平庸书生,听说经书的传注中常用到"也"字,就妄下判断随意增补,往往"也"字加得不是地方,这就更可笑了。

3. 颜之推训诂学的家族传承

颜之推的训诂学留下了清晰的家学传承序列,子思鲁"善属文"④,思鲁子师古"少传家业,博览群书,尤精诂训"⑤,师古弟勤

---

① 王利器:《颜氏家训集解》卷六《书证》,中华书局1993年版,第436页。

② 王利器:《颜氏家训集解》卷六《书证》,中华书局1993年版,第437页。

③ 王利器:《颜氏家训集解》卷六《书证》,中华书局1993年版,第437页。

④ (唐)颜真卿:《颜鲁公集》卷十六《唐故通议大夫行薛王友柱国赠秘书少监国子祭酒太子少保颜君庙碑铭并序》,上海古籍出版社1992年版,第103页。

⑤ (后晋)刘昫等撰:《旧唐书》卷七十三《颜师古传》,中华书局1975年版,第2594页。

礼"工于篆籀,尤精诂训"①,勤礼子昭甫"尤明诂训,工篆籀草隶书……特为伯父师古所赏,凡所注释,必令参定焉"②。

颜之推曾注汉代史游所撰《急就章》,"书凡三十二章,杂记姓名、诸物、五官等字,以教童蒙"③。这本以童蒙识字为目的的文字书,是当时流行的启蒙读物。继颜之推之后,颜思鲁也欲注释《急就章》,中道而卒。只有颜师古的《急就篇》流传至今,其《叙》曰:"师古家传《苍》、《雅》,广综流略,尤精训故,待问质疑,事非精考,不妄谈说,必则古昔,信而有征。"④颜师古承认自己所作源自家学,其间自然有颜之推的成果。"事非精考,不妄谈说"的原则,恰恰是颜之推"观天下书未遍,不得妄下雌黄"⑤的翻版。

颜师古还著有《匡谬正俗》一书,《四库全书总目》说:"前四卷凡五十五条,皆论诸经训诂、音释。后四卷凡一百二十七条,皆论诸书字义、字音及俗语相承之异。考据极为精密。"⑥可见颜师古也涉及了颜之推讨论的俗语词和字形字音的演变问题。颜师古还接受了颜之推"书音是其枝叶,小学乃其宗系"⑦的训诂学观念,

---

① （唐）颜真卿:《颜鲁公集》卷十六《唐故通议大夫行薛王友柱国赠秘书少监国子祭酒太子少保颜君庙碑铭并序》,上海古籍出版社1992年版,第103页。

② （唐）颜真卿:《颜鲁公集》卷十六《唐故通议大夫行薛王友柱国赠秘书少监国子祭酒太子少保颜君庙碑铭并序》,上海古籍出版社1992年版,第103页。

③ （宋）晁公武撰,孙猛校证:《郡斋读书志校证》卷四"小学类":"《急就章》一卷"条,上海古籍出版社2011年版,第149页。

④ 颜师古:《急就篇注叙》,（宋）王应麟辑:《玉海》所附《急就篇补注》卷一,江苏古籍出版社、上海书店联合出版1987年版。

⑤ 王利器:《颜氏家训集解》卷三《勉学》,中华书局1993年版,第235页。

⑥ 《四库全书总目》卷四十"经部·小学类","《匡谬正俗》"条。

⑦ 王利器:《颜氏家训集解》卷三《勉学》,中华书局1993年版,第220页。

《汉书·司马相如传上》卷首,颜师古注云:"近代之读相如赋者多矣,皆改易文字,竞为音说,徐广、邹诞生、褚诠之、陈武之属是也。今依《班书》旧文为正,于彼数家,并无取焉。"①颜师古批判"改易文字,竞为音说"的现象,正合颜之推重训诂轻音韵的倾向。而颜之推主张"改文从意",故颜师古要批改文从音。颜之推非议"是徐邈而非许慎"、"信褚诠而忽吕忱"、"专徐、邹而非篆籀"②,而颜师古也批判邹诞生、褚诠之(即褚诠)和徐邈之弟徐广。可见颜师古对颜之推训诂思想的领悟之深。

颜师古注解《汉书》,也受其祖颜之推和叔父颜游秦的影响。颜师古《汉书叙例》自称其训诂"上考典谟,旁究《苍》、《雅》,非苟臆说,皆有援据"③。而重视《三苍》、《尔雅》,正是颜之推的训诂学特点之一。

颜之推对《汉书》也颇有研究,在《书证》篇中,颜之推多处讨论涉及《汉书》的训诂和校勘问题。如:

《汉书》中"田肎贺上"中的"肎"字,江南版本都写作"宵"字。唯独号称梁代《汉》圣的沛国刘显,其子刘臻读作"田肎"。后来颜之推到了北齐,果真看到北方版本写作"肎"。

颜之推强调训诂禁忌为望文生义,便举《汉书·王莽赞》:"紫色蛙声,余分闰位。"颜之推说本意是以紫色非玄黄之色,蛙声不中律吕之音,影射王莽政权的合法性有问题。而一位名望很高的学者却理解为:王莽不仅像鸢鸟那样双肩高耸,像老虎那样雄视四

---

① (唐)颜师古:《汉书叙例》,载(东汉)班固撰,(唐)颜师古注:《汉书》,中华书局 1962 年版,第 3 页。

② 王利器:《颜氏家训集解》卷三《勉学》,中华书局 1993 年版,第 220 页。

③ (东汉)班固撰,(唐)颜师古注:《汉书》卷八十八《儒林传》,中华书局 1962 年版,第 3593 页。

方,还有这紫色的皮肤和青蛙般的叫声,结果闹出了大笑话。

颜之推论伏羲非谓虙羲,以伏通虙,但本不为虙,故皇甫谧"伏羲或谓之虙羲"为传写之误。为此,颜之推不仅引张揖《广雅》,还引孟康《汉书》古文注:"虙,今伏。"①

> 太史公论英布曰:"祸之兴自爱姬,生于妒媢,以至灭国。"又《汉书·外戚传》亦云:"成结宠妾妒媢之诛。"此二"媢"并当作"媚",媚亦妒也。②

颜之推认为,引文中"媢"并当作"媚",英布祸起"妒媚"而非"妒媢",媚训妒。

《汉书》云:"中外禔福。"颜之推认定"禔"字当从示。"禔,安也,音匙匕之匙,义见《苍雅》、《方言》。"③而江南书本写作"提",恐为误。

《汉书注》提及为避元后父之讳,"改禁中为省中",为何以"省"代"禁"呢?颜之推的解释是:"案:《周礼·宫正》:'掌王宫之戒令纠禁。'郑注云:'纠,犹割也,察也。'李登云:'省,察也。'张揖云:'省,今省詧也。'然则小井、所领二反,并得训察。其处既常有禁卫省察,故以'省'代'禁'。詧,古察字也。"④

颜师古字籀,这是一个和文字有关的名字。颜师古生于杨坚建立隋朝的那一年(581年),颜之推尚在世,颜师古当有机会亲聆乃祖教导。王利器谈及《颜氏家训》的价值时,便总结了颜之推父子对颜师古《汉书注》的影响:

> 此书对于研究汉书,可供参考。《旧唐书·颜师古传》写

---

① 王利器:《颜氏家训集解》卷六《书证》,中华书局1993年版,第447页。
② 王利器:《颜氏家训集解》卷六《书证》,中华书局1993年版,第454页。
③ 王利器:《颜氏家训集解》卷六《书证》,中华书局1993年版,第460页。
④ 王利器:《颜氏家训集解》卷六《书证》,中华书局1993年版,第461页。

道:"父思鲁,以学艺称……叔父游秦……撰《汉书决疑》十二卷,为学者所称;后师古注《汉书》,亦多取其义。"大颜、小颜之精通《汉书》,或多或少地都受了《家训》的影响。如《书证》篇言"犹豫"之"犹"为兽名,《汉书·高后纪》师古注即以犹为兽名;同篇引太公《六韬》以说《贾谊传》之日中必戾蒦,师古注亦引《六韬》为说;同篇又引司马相如《封禅书》"导一茎六穗于庖",而训"导"为"择",师古注亦从郑氏说,训"导"为"择"。这些地方,师古都暗用之推之说,尤足考见其遵循祖训,墨守家法,步趋惟谨,渊源有自也。①

王利器这里所说大颜为颜游秦,小颜即颜师古。颜师古《汉书注》吸取了叔父颜游秦《汉书决疑》的不少成果。以至于有颜师古对叔父的抄袭之说。

颜师古对叔父及祖父训诂学成果的传承,日本学者吉川忠夫在《六朝精神史研究》中列举了《汉书注》中 15 条与颜游秦相符之注,同时考证了 10 条与《颜氏家训》相合之注。② 如:

《勉学》篇:"江南有一权贵,读误本《蜀都赋》注,解'蹲鸱,芋也',乃为'羊'字;人馈羊肉,答书云:'损惠蹲鸱。'"③而《汉书·货殖传》:"吾闻岷山之下沃壄,下有踆鸱,至死不饥。"师古注云:"踆鸱谓芋也,其根可食,以充粮,故无饥年。"④

《书证》篇:"《汉书·王莽赞》云:'紫色蛙声,余分闰位。'盖

---

① 王利器:《颜氏家训集解·叙录》,中华书局 1993 年版,第 8 页。
② 参见[日]吉川忠夫:《六朝精神史研究》,江苏人民出版社 2010 年版,第 278—281 页。
③ 王利器:《颜氏家训集解》卷三《勉学》,中华书局 1993 年版,第 207 页。
④ (东汉)班固撰,(唐)颜师古注:《汉书》卷九十一《货殖传》,中华书局 1962 年版,第 3690 页。

谓非玄黄之色,不中律吕之音也。"师古注曰:"蛙者乐之淫声,非正曲也。"①

《勉学》篇:"又《礼乐志》云:'给太官挏马酒。'李奇注:'以马乳为酒也,挏挏乃成。'二字并从手。挏挏,此谓撞捣挺挏之,今为酪酒亦然。"②师古曰:"挏音动,马酪味如酒,而饮之亦可醉,故呼马酒也。"③

《勉学》篇:"愍楚友婿窦如同从河州来,得一青鸟,驯诚意爱玩,举俗呼之为鶂。"而颜之推考证这一被俗称为"鶂"的青鸟实际上应为《说文》中所说的:"鸲雀似鶂而青,出羌中。"同时依《韵集》"音介"。④《汉书·黄霸传》:"时京兆尹张敞舍鶂雀飞集丞相府",师古注:"此鶂音芬,字本作鸲。"⑤

《书证》篇对于"定犹豫,决嫌疑",颜之推解释为:"吾以为人将犬行,犬好豫在人前,待人不得,又来迎候,如此往还,至于终日,斯乃豫之所以为未定也,故称犹豫。"⑥而《汉书·高后纪》中"或以为不便,计犹豫",师古曰:"一曰陇西俗谓犬子为犹,犬随人行,每豫在前,待人不得,又来迎候,故云犹豫也。"⑦

《书证》篇:"《汉书》云'中外禔福。'字当从示。禔,安也,音

---

① (东汉)班固撰,(唐)颜师古注:《汉书》卷九十九《王莽传下》,中华书局1962年版,第4195页。
② 王利器:《颜氏家训集解》卷三《勉学》,中华书局1993年版,第207页。
③ (东汉)班固撰,(唐)颜师古注:《汉书》卷二十二《礼乐志》,中华书局1962年版,第1075页。
④ 王利器:《颜氏家训集解》卷三《勉学》,中华书局1993年版,第231页。
⑤ (东汉)班固撰,(唐)颜师古注:《汉书》卷八十九《黄霸传》,中华书局1962年版,第3633页。
⑥ 王利器:《颜氏家训集解》卷六《书证》,中华书局1993年版,第424页。
⑦ (东汉)班固撰,(唐)颜师古注:《汉书》卷三《高后纪》,中华书局1962年版,第102页。

匙匕之匙。"①《汉书·司马相如传》:"遐迩一体,中外禔福,不亦康乎?"师古注曰:"禔,安也。康,乐也。禔音土支反。"②

《书证》篇中颜之推将《贾谊传》中"日中必熭"中的"熭"如此解释:"此语本出太公《六韬》,案字书,古者暴曬字与暴疾字相似,唯下少异,后人专辄加傍日耳。言日中时,必须暴曬,不尔者,失其时也。"③师古曰:"此语见《六韬》,熭谓暴曬之也。"④

以上条目,足可管窥颜师古对颜之推训诂学的继承。

对颜氏家族文字、训诂的家学传承,清人王昶襃扬说:

> 然颜氏自之推以后,类能研罩经史,著书立说,而于六书声韵之学尤有专长。其所撰述,此书(《干禄字书》)之外,载隋唐两志"经、小学类"者则有:之推《急就章注》一卷、《训俗文字略》一卷、《笔墨法》一卷;愍楚《证俗音略》一卷;师古《匡谬正俗》八卷、《急就章注》一卷;真卿《韵海镜源》三百六十卷。余如之推《家训·书证篇》,游秦《汉书决疑》、师古《汉书注》诸书,皆于小学家言再三致意,是则一门著作,多有渊源,其讨论之功,非止旦夕。元孙《字书》,繁简得中,辨正确凿,为历代楷模者,宜也。⑤

从颜之推及其后人的著作,可见颜氏一门在训诂学上的斐然成就,而这家族传承有序的文化成就,颜之推有开山之功。

---

① 王利器:《颜氏家训集解》卷六《书证》,中华书局 1993 年版,第 460 页。
② (东汉)班固撰,(唐)颜师古注:《汉书》卷五十七《司马相如传下》,中华书局 1962 年版,第 2588 页。
③ 王利器:《颜氏家训集解》卷六《书证》,中华书局 1993 年版,第 526 页。
④ (汉)班固撰,(唐)颜师古注:《汉书》卷四十八《贾谊传》,中华书局 1962 年版,第 3234 页。
⑤ (清)王昶:《金石萃编》卷九十九王昶跋颜元孙《干禄字书》,上海古籍出版社 2002 年版,第 160 页。

（三）书音是其枝叶

颜之推论文字，"书音是其枝叶"是相对于训诂而言的，只是认为训诂重于音韵。事实上，颜之推也很重视音韵，且有很深的造诣。理由是：

首先，从前文所叙《颜氏家训》对音韵著作及学者的旁征博引，可略知他对音韵学了解的程度。对于当世音韵学的现状，颜之推也了如指掌，并能作出客观评价："至邺已来，唯见崔子约、崔瞻叔侄，李祖仁、李蔚兄弟，颇事言词，少为切正。李季节著《音韵决疑》，时有错失；阳休之造《切韵》，殊为疏野。"①

其次，颜之推对音韵学的发展进程非常熟悉，如：扬雄《方言》"不显声读之是非。逮郑玄注《六经》，高诱解《吕览》、《淮南》，许慎造《说文》，刘熹制《释名》，始有譬况假借以证音字耳"②。"孙叔言创《尔雅音义》，是汉末人独知反语。至于魏世，此事大行。"③"且郑玄以前，全不解反语，《通俗》反音，甚会近俗。"④连起来看，就是一部汉以来音韵学的简史。

再次，颜之推对音韵学的诸多范畴信手拈来，如：

"譬况"：古代注音方法之一，以近似的字来比照说明某字发音。

"假借"：通过一对通假字，从此字发音可推彼字发音，因通假字往往为同音字。

"内言外言"：周祖谟说"所谓内外者，盖指韵之洪细而言。言

① 王利器：《颜氏家训集解》卷七《音辞》，中华书局1993年版，第530页。
② 王利器：《颜氏家训集解》卷七《音辞》，中华书局1993年版，第529页。
③ 王利器：《颜氏家训集解》卷七《音辞》，中华书局1993年版，第529页。
④ 王利器：《颜氏家训集解》卷六《书证》，中华书局1993年版，第481页。

内者洪音,言外者细音"①。

"急言徐言":周祖谟说:"急气、缓气之说,可有两解,一解指声调不同,一解指韵母洪细不同。盖凡言急气者,均为平声字,凡言缓气者,除蛟字外均为仄声字。此一解也。别有一解即指韵母之洪细而言。"②

"读若":注音用语,如某字读若某字。

"呼":音韵学依据口、唇的形态将韵母分为开口呼、齐齿呼、合口呼、撮口呼四类,即四呼。如《音辞》篇:"莒、矩必不同呼。"③

"反语"、"反音":即反切注音法,以两个字为另一个汉字注音,被切字的声母和清浊跟反切上字同,韵母和声调跟反切下字同。

颜之推还通过明语法来辨声韵,如"邪者,未定之词"④。邪既然是疑问词,读作"也"就错了,因邪、也虽有相通,但此处作为疑问词,"邪"与"也"声调不同。

诸如此类,不再赘述。

复次,颜之推对音韵学的发展和家学传承的贡献也可圈可点,后文将叙及。

颜之推的音韵学思想及其造诣,我们不妨从以下方面分而论之:

1. 九州之人,言语不同

颜之推自南入北,本身即为南北文化交融的代表性人物,而语

---

① 周祖谟:《〈颜氏家训·音辞篇·注〉补》,载《周祖谟文选》,北京大学出版社 2010 年版,第 47 页。
② 周祖谟:《〈颜氏家训·音辞篇·注〉补》,载《周祖谟文选》,北京大学出版社 2010 年版,第 48 页。
③ 王利器:《颜氏家训集解》卷七《音辞》,中华书局 1993 年版,第 554 页。
④ 王利器:《颜氏家训集解》卷七《音辞》,中华书局 1993 年版,第 529 页。

言恰为文化的载体,他的音韵学思想,自然首先关注到南北两地的语音差异。颜之推说:"夫九州之人,言语不同,生民已来,固常然矣。"①

语音的地域差异,颜之推最关注的是南北之别。《春秋公羊传》对齐国方言进行了解释,《离骚》被视为楚人语言词汇的经典,颜之推将二者视为典籍文献中关注语言差异之滥觞。具体而言,南北语言的特点与优劣,颜之推论述如下:

> 南方水土和柔,其音清举而切诣,失在浮浅,其辞多鄙俗。
> 北方山川深厚,其音沈浊而铦钝,得其质直,其辞多古语。②

俗话说,"一方水土养一方人。"颜之推讨论语音问题,也着重水土之性对人的影响,这是传统气论思想在音韵学上的体现。早在《淮南子·坠形训》中,就说:"清水音小,浊水音大。"③颜之推就延续了这一思想,以水土论语音清浊:南方水土和柔,故南人语言清亮悠扬、发音急切,其弱点在于发音浮而浅,言辞大多鄙陋粗俗;北方地区山高水深,故北方人语音低沉浊重、浑厚迟缓,因染水土而得质朴平实的特点,言辞中保留着很多古语。对于南方人的语言弱点,周祖谟解释说:"颜谓南人之音辞多鄙俗者,以其去中原雅音较远,而言辞多俚俗,于古无征故也。"④对于当时南人与北人、士族与庶族的语言差异,颜之推记载了这样一种有意思的现象:

> 然冠冕君子,南方为优;闾里小人,北方为愈。易服而与

---

① 王利器:《颜氏家训集解》卷七《音辞》,中华书局1993年版,第529页。
② 王利器:《颜氏家训集解》卷七《音辞》,中华书局1993年版,第529页。
③ 刘文典:《淮南鸿烈集解》卷四《坠形训》,中华书局1989年版,第141页。
④ 周祖谟:《〈颜氏家训·音辞篇·注〉补》,载《周祖谟文选》,北京大学出版社2010年版,第51页。

之谈,南方士庶,数言可辩;隔垣而听其语,北方朝野,终日难分。而南染吴、越,北杂夷虏,皆有深弊,不可具论。①

士大夫的口音,之所以南方为优,原因是五胡乱华之际随晋室南渡的中原士族,尽管已侨居江左,仍操中原口音。《南齐书·王敬则传》载王敬"接士庶皆吴语,而殷勤周悉"②,陈寅恪由此分析:"东晋南朝官吏接士人则用北语,庶人则用吴语,则士人皆北语阶级,而庶人皆吴语阶级。"③而江北的士大夫则因与胡人杂处,口音反不如南方士大夫那样纯正。而南方庶族的语言,多操吴语,故北方庶族的口音更纯正。所以,假如南方的士大夫和市井小民穿同样的衣服,彼此交谈没几句,就能辨别出他们的身份。而隔着墙听北方人的谈话,因官员和平民说几乎同样的话,所以听一整天也难以分辨出他们的身份。正如陈寅恪所言:"南北所以有如此不同者,盖江左士族操北语,而庶人操吴语;河北则社会阶级虽殊,而语音无别故也。"④

至于南北两地在发音上的谬失,颜之推说:

> 其谬失轻微者,则南人以钱为涎,以石为射,以贱为羡,以是为舐;北人以庶为戍,以如为儒,以紫为姊,以洽为狎。⑤

颜之推所举南方人的发音错误,主要在于声母不分,如钱—涎、石—射、贱—羡,都属于韵同声不同的情况,而南方人混淆了声

---

① 王利器:《颜氏家训集解》卷七《音辞》,中华书局 1993 年版,第 530 页。
② (梁)萧子显撰:《南齐书》卷二十六《王敬则传》,中华书局 1972 年版,第 484 页。
③ 陈寅恪:《东晋南朝之吴语》,载《金明馆丛稿二编》,三联书店 2001 年版,第 306 页。
④ 陈寅恪:《东晋南朝之吴语》,载《金明馆丛稿二编》,三联书店 2001 年版,第 305 页。
⑤ 王利器:《颜氏家训集解》卷七《音辞》,中华书局 1993 年版,第 530 页。

母。至于上举北方人的发音缺点，周祖谟说："此论北人语言，分韵之宽，不若南人之密。"①北人分韵不细，颜之推还有一例：

> 北人之音，多以举、莒为矩；唯李季节云："齐桓公与管仲于台上谋伐莒，东郭牙望见桓公口开而不闭，故知所言者莒也。然则莒、矩必不同呼。"此为知音矣。②

在《切韵》中，举、莒音居许反，在鱼韵，而矩音俱羽反，在虞韵。可见北人鱼、虞二韵不分。而李季节《音韵决疑》分析，《管子·小问》所载齐桓公和管仲在台上商量攻伐莒国，东郭牙看见齐桓公的嘴巴是张开的而不是合上的，因而知道他们将要讨伐的是莒国。由此可见，莒和矩，必有开口呼与合口呼的不同。颜之推认为李季节的分析很有道理。

而江南声母不分的弱点，颜之推也有新例：

> 江南学士读《左传》，口相传述，自为凡例，军自败曰败，打破人军曰败。③

自败、败人中的"败"字，汉魏以后的发音是有区别的。自败中的"败"，音蒲迈反；败人中的"败"，音补败反。而江南学者的记传中没有补败反，分不清自败与败人中"败"字发音的不同，可见其不分声母之失。

2.古今言语，时俗不同

颜之推不仅注意到了语音的地域差异，更难能可贵的是其对语音演变规律的观察：语音是随时代不同而有变化的。

> 古今言语，时俗不同；著述之人，楚、夏各异。《仓颉训

---

① 周祖谟：《〈颜氏家训·音辞篇·注〉补》，载《周祖谟文选》，北京大学出版社 2010 年版，第 52 页。
② 王利器：《颜氏家训集解》卷七《音辞》，中华书局 1993 年版，第 554 页。
③ 王利器：《颜氏家训集解》卷七《音辞》，中华书局 1993 年版，第 562 页。

诂》,反稗为逋卖,反娃为于乖;《战国策》音刿为免,《穆天子传》音谏为间;《说文》音戛为棘,读皿为猛;《字林》音看为口甘反,音伸为辛;《韵集》以成、仍、宏、登合成两韵,为、奇、益、石分作四章……①

颜之推以上所举文献和字书、韵书中的读音,稗字在后汉杜林所撰《广韵》中音傍卦切,而《仓颉训诂》音"逋卖切";娃字在《切韵》中音于佳反,《仓颉训诂》音为于乖反。"刿"在《切韵》音武粉反,"免"音亡辨反,《战国策》所注音与后世相去甚远。诸如此类的语音变化,兹不详论。至于"《韵集》以成、仍、宏、登合成两韵,为、奇、益、石分作四章",则古今分韵不一。在今《广韵》中,成、仍、宏、登为四韵,而晋吕静《韵集》合成、仍为一韵,合宏、登为一韵。而《广韵》中为奇同在一韵,益、石同在一韵,而《韵集》别为、奇为二韵,又别益、石为二韵。这样,分韵与合韵,也有古今之别。

颜之推以此说明,"古今言语,时俗不同;著述之人,楚、夏各异。"

那么,对于语音上的古今差异,应当采取何种态度呢?

前文叙及,颜之推对训诂持变通观点,如《书证》中说自己"更知通变"②,文字是"随代损益,互有同异"③,音韵亦然。颜之推认为"前世反语,又多不切"④。说明古代的反切注音,有很多是不恰当的。颜之推举例说,徐仙民的《毛诗音》音"骤"为在遘反,而《广韵》为锄祐反。他的《左传音》音"椽"为徒缘反,而《广韵》为直挛切。诸如此类不可采信的太多了。"今之学士,语亦不正;古独何

---

① 王利器:《颜氏家训集解》卷七《音辞》,中华书局 1993 年版,第 545 页。
② 王利器:《颜氏家训集解》卷六《书证》,中华书局 1993 年版,第 516 页。
③ 王利器:《颜氏家训集解》卷六《书证》,中华书局 1993 年版,第 515 页。
④ 王利器:《颜氏家训集解》卷七《音辞》,中华书局 1993 年版,第 545 页。

人,必应随其讹僻乎?"①颜之推之意,古人语音的错讹,完全可以弃如敝屣。

> 《通俗文》曰:"入室求曰搜。"反为兄侯。然则兄当音所荣反。今北俗通行此音,亦古语之不可用者。②

既然"搜"字可音为兄侯反,以此逻辑推断,"兄"字则当音为所荣反,岂不谬哉?而北方正通行这一读音,这也是古代语言中不能沿用至今的例子。

对失去现实价值的古代语音,颜之推抱以革新的态度,这是一种音韵学上的发展观。而对于新的语音现象,颜之推往往给予肯定。如:

> 夫物体自有精粗,精粗谓之好恶;人心有所去取,去取谓之好恶。此音见于葛洪、徐邈。而河北学士读《尚书》云好生恶杀。是为一论物体,一就人情,殊不通矣。③

"好恶"(hao e 上声、去声)与"好恶"(hao wu 均去声)的发音区别,是以四声区别字义的手段,颜之推对于葛洪和徐邈的注音法持积极鼓励的态度。《梁书·沈约传》:沈约"又撰《四声谱》,以为在昔词人,累千载而不寤,而独得胸衿,穷其妙旨,自谓入神之作,高祖雅不好焉。帝问周舍曰:'何谓四声?'舍曰:'天子圣哲'是也"④。又《梁书·庾肩吾传》载:"齐永明中,文士王融、谢朓、沈约文章始用四声,以为新变,至是转拘声韵,弥尚丽靡,复逾于往时。"⑤又:"永明末,盛为文章。吴兴沈约、陈郡谢朓、琅邪王融以

---

① 王利器:《颜氏家训集解》卷七《音辞》,中华书局1993年版,第545页。
② 王利器:《颜氏家训集解》卷七《音辞》,中华书局1993年版,第545页。
③ 王利器:《颜氏家训集解》卷七《音辞》,中华书局1993年版,第557页。
④ (唐)姚思廉:《梁书》卷十三《沈约传》,中华书局1973年版,第243页。
⑤ (唐)姚思廉:《梁书》卷四十九《庾肩吾传》,中华书局1973年版,第690页。

气类相推毂。汝南周颙善识声韵。约等文皆用宫商,以平上去入为四声,以此制韵,不可增减,世呼为'永明体'"。①

可见齐梁之际,正是四声说在文学上盛行的时期,而颜之推则在音韵学领域迎接了这一变革。此外,葛洪《要用字苑》将"焉"字注为多音字,在做副词与语气词时读音有异,颜之推对这一新变化也给予支持。并指出:"江南至今行此分别,昭然易晓;而河北混同一音,虽依古读,不可行于今也。"②这也说明颜之推更多层面上是今而非古,以通变观看待语音的时代变化。

3. 正音

语音既然有南北之分、古今之别,读准音自然就不是件容易的事情。故颜之推强调"正音",不仅仅表现在学术上,而且落实于日常生活和子孙后代的教育中。"吾家儿女,虽在孩稚,便渐督正之;一言讹替,以为己罪矣。云为品物,未考书记者,不敢辄名,汝曹所知也。"③对子女从小就注意纠正发音错误,如果孩子们一个字说的不对,就认为是自己的过错。而未在书籍记载中确切可考的名物,则不敢随便称呼。颜之推教子责己之严,说明他对正音的慎重和严谨。

颜之推还将古训"膏粱难整"用在正音上。原本用来指称贵族子弟骄横奢侈而不能自我克制的古语,颜之推用来形容宗室和帝党不能纯正其语音。"吾见王侯外戚,语多不正,亦由内染贱保傅,外无良师友故耳。"④颜之推记录的实际上是士族与庶族在语

---

① (梁)萧子显撰:《南齐书》卷五十二《陆厥传》,中华书局1972年版,第898页。

② 王利器:《颜氏家训集解》卷七《音辞》,中华书局1993年版,第559页。

③ 王利器:《颜氏家训集解》卷七《音辞》,中华书局1993年版,第530页。

④ 王利器:《颜氏家训集解》卷七《音辞》,中华书局1993年版,第564页。

言上相互影响的现象,这种语言上的相互侵染,士大夫显然是持警惕态度的,因为这是对士庶有别的门第社会的一大挑战。故而,连帝王也很重视正音问题:

> 梁世有一侯,尝对元帝饮谑,自陈"凝钝",乃成"飔段",元帝答之云:"飔异凉风,段非干木。"谓"郢州"为"永州",元帝启报简文,简文云:"庚辰吴入,遂成司隶。"如此之类,举口皆然。元帝手教诸子侍读,以此为诫。①

梁侯将"凝钝"说成"飔段",前字声误,后字韵误。而将"郢州"说为"永州",则声韵皆误。故萧纲、萧绎兄弟都报以嘲讽。可知简文帝与元帝都通声韵,而元帝和颜之推一样陪着子弟学习音韵,足证当时对正音的重视。

颜之推说"河北切攻字为古琮,与工、公、功三字不同,殊为僻也"②。这里说的则是北方语音不正的现象,颜之推认为"攻"字当与"工、公、功"三字同韵。

那么,如何正音?即以何地方言为正?颜之推已涉及当时推何种方言为"普通话"的基础这一问题。当时,南北从分裂走向融合,五胡乱华,华戎音杂;晋室南渡,北音与吴越之音相染;江陵覆灭,十余万臣民北上;隋代一统,疆域统一配合了文化的交融。在南北融合的进程中,正音,成为文化一统的客观需要。颜之推在《音辞》篇中简述了音韵学的历史,而其中的一个重要内容,就是当时的正音问题。

颜之推说,随着音韵学的流行,各种韵书纷纷出炉,由于记载的方言不同,彼此互相嘲笑争辩,莫衷一是。在这种混乱格局下,

---

① 王利器:《颜氏家训集解》卷七《音辞》,中华书局 1993 年版,第 564 页。
② 王利器:《颜氏家训集解》卷七《音辞》,中华书局 1993 年版,第 566 页。

求同存异成为历史的必然。于是,"共以帝王都邑,参校方俗,考覈古今,为之折衷。推而量之,独金陵与洛下耳。"①

金陵,即建康,东晋南朝,建康语音为南方的"正音"。洛下,即洛阳,作为东汉、魏、晋、北魏等政权的帝都,洛阳语音为北方的"正音"。而晋室南渡,建康音实际上在士大夫阶层中仍以洛阳旧音为主。韵书著作,北方人多以洛阳音为主,南方人多以建康音为主。故权衡折中,选择一南一北两大都城的语音为"正音"。陈寅恪说:"东晋南朝疆域之内其士大夫无论属于北籍,抑或属于吴籍,大抵操西晋末年洛阳近傍之方言。"②这也说明,建康音与洛阳音,有融合的基础。

4. 颜之推与《切韵》

陆法言《切韵》应该是颜之推参与的当时最大的"正音"成果。陆法言于隋文帝仁寿元年(601年)《切韵》成书时所作《切韵序》中说:

> 昔开皇初,有刘仪同臻、颜外史之推、卢武阳思道、李常侍若、萧国子该、辛咨议德源、薛吏部道衡、魏著作彦渊等八人,同诣法言门宿,夜永酒阑,论及音韵,以古今声调,既自有别,诸家取舍,亦复不同。吴、楚则时伤清浅,燕、赵则多涉重浊,秦、陇则去声为入,梁、益则平声似去。诸家取舍,亦复不同。又支脂鱼虞,共为不韵;先仙尤侯,俱论是切。欲广文路,自可清浊皆通;若赏知音,即须轻重有异。吕静《韵集》、夏侯咏《韵略》、阳休之《韵略》、李季节《音谱》、杜台卿《韵略》等,各有乖互。江东取韵,与河北复殊。因论南北是非,古今通塞,

---

① 王利器:《颜氏家训集解》卷七《音辞》,中华书局 1993 年版,第 529 页。
② 陈寅恪:《东晋南朝之吴语》,载《金明馆丛稿二编》,三联书店 2001 年版,第 309 页。

欲更捃选精加,除削疏缓,颜外史、萧国子多所决定。

陆法言的序言中,透露了颜之推和《切韵》怎样的关系呢?

第一,颜之推是参与讨论《切韵》编撰标准的八人酒会的主要成员。第二,《切韵序》说"法言即烛下握笔,略记纲纪"。说明八人研讨会的讨论成果,陆法言是目为"纲纪"的,为《切韵》提供了核心思想。第三,颜之推和萧该"多所决定",说明两人对《切韵》发挥了关键性的作用。第四,陆法言说"吴、楚则时伤清浅,燕、赵则多涉重浊",和颜之推论南北语音差异:"其音清举而切诣,失在浮浅,其辞多鄙俗。北方山川深厚,其音沈浊而钝钝,得其质直"①,两相对照,异曲同工。

此外,陆法言说颜之推与萧该"多所决定",他们又决定了什么呢?

八人会议制定的为《切韵》的编纂宪法,所以,最重要的是确定一些原则性的东西。《切韵》依据的韵书材料,陆法言序中已指出为"吕静《韵集》、夏侯咏《韵略》、阳休之《韵略》、李季节《音谱》、杜台卿《韵略》等",其中,夏侯咏与颜之推同为梁人,阳休之、李季节、杜台卿为颜之推于北齐朝堂中的同僚。可见,所选参考韵书,是颜之推熟悉的作品。当然,颜之推在《颜氏家训》中对这些韵书有所指正,而这也从另一侧面反映了他对这些韵书的把握。

最为重要的是,《切韵》以何地语音为"正音"呢? 这是韵书最为关键的地方。我们不妨从八个人的身份来考察。周祖谟说"当时论韵的人,三人代表金陵,五人代表邺下"②。周此说值得商榷。周祖谟所说代表金陵的三个人为:"刘臻、颜之推、萧该三人是南

① 王利器:《颜氏家训集解》卷七《音辞》,中华书局 1993 年版,第 529 页。
② 周祖谟:《〈切韵〉的性质和它的音系基础》,载《周祖谟文选》,北京大学出版社 2010 年版,第 73 页。

第三章　儒学为本

人,幼年可能都居于金陵。"①这一判断有误,颜之推幼年就出生于江陵,直到侯景之乱沦为战俘才被押往建康有过短暂的逗留。刘臻随父侨居南朝,陈寅恪说"臻之幼年必多居于建邺"②,又元帝时迁中书舍人,江陵陷没,复归萧詧任中书侍郎,继续留在江陵。

颜之推和刘臻都出自侨姓士族之后,萧该为梁武帝从孙,萧氏一门因成帝王家族已上升为士族。可推知三人当如南朝士族,均操南渡之前的洛阳旧音。而卢思道、李若、辛德源、薛道衡、魏彦渊则为北齐儒林显要,自然属于洛阳北音系统。可见,这八人口音实际上均为洛阳音系统。只是,三人从金陵音区域北上而已。而金陵音本身,按颜之推的说法,在士大夫层面比当时的北音更为纯正,更得南渡前洛阳音的真传。陈寅恪从《音辞》篇颜之推对南北语音所下"冠冕君子,南方为优"③等判断,推测出颜之推心目中的"正音"之绝对标准,"亦即未染吴、越语音时殆即东晋过江时侨姓士族所操用之洛阳旧音"④,因此,陈寅恪的结论是:"《切韵》所悬之标准音,乃东晋南渡以前,洛阳京畿旧音之系统。"⑤

不仅正音的标准颜之推对《切韵》多所决定,具体到分韵的取舍增删,颜之推的意见也反映到了《切韵》一书中。王国维《观堂集林》卷八《六朝人韵书分部说》:

① 周祖谟:《〈切韵〉的性质和它的音系基础》,载《周祖谟文选》,北京大学出版社 2010 年版,第 72 页。
② 陈寅恪:《从史实论〈切韵〉》,《金明馆丛稿初编》,三联书店 2001 年版,第 403 页。
③ 王利器:《颜氏家训集解》卷七《音辞》,中华书局 1993 年版,第 529 页。
④ 陈寅恪:《从史实论〈切韵〉》,《金明馆丛稿初编》,三联书店 2001 年版,第 393 页。
⑤ 陈寅恪:《从史实论〈切韵〉》,《金明馆丛稿初编》,三联书店 2001 年版,第 407 页。

案《颜氏家训·音辞篇》云:"《韵集》以'成'、'仍'、'宏'、'登'合成两韵,'为'、'奇'、'益'、'石'分作四章,皆不可依信。"今陆韵:"成"在清韵,"仍"在蒸韵,"宏"在耕韵,"登"自为韵;又"为"、"奇"二字皆入支韵,"益"、"石"二字皆入麦韵;盖用颜氏之说。①

以上可略知颜之推对《切韵》的贡献。

除《颜氏家训·音辞篇》外,颜之推还著有《证俗字音》,其子颜愍楚也著有《证俗音略》一书。唐代颜真卿对于自己主编《韵海镜渊》一事,其《湖州乌程县杼山妙喜寺碑》说:"真卿自典校时,即考五代祖隋外史府君与法言所定《切韵》。"②可见颜之推对家族音韵学传承影响之深远。

五、校定书籍,亦何容易

利用文字、训诂和音韵知识,是图书校勘的基本手段之一。对于校勘,颜之推的基本原则是"观天下书未遍,不得妄下雌黄"③。颜之推对校勘慎重其事,为校勘学贡献了一条颇为后学遵循的学术规范。诚然,正如颜之推所说,不同版本摆在一起时,"或彼以为非,此以为是;或本同末异;或两文皆欠,不可偏信一隅也"④。这个版本认为正确的,那个版本却认为不对;两个版本可能大同小异,也可能两者都有误。可见,需要多方搜求,多方对照,从中找到

---

① 王国维:《观堂集林》卷八《六朝人韵书分部说》,中华书局 1959 年版,第 350 页。
② (唐)颜真卿:《颜鲁公集》卷十六《唐故通议大夫行薛王友柱国赠秘书少监国子祭酒太子少保颜君庙碑铭并序》,上海古籍出版社 1992 年版,第 19 页。
③ 王利器:《颜氏家训集解》卷三《勉学》,中华书局 1993 年版,第 235 页。
④ 王利器:《颜氏家训集解》卷三《勉学》,中华书局 1993 年版,第 235 页。

最合理的文本,"不偏信"也是颜之推贡献给校勘学的一条行规。
我们来看颜之推下面一段文字:

> 《诗》云:"駉駉牡马。"江南书皆作牝牡之牡,河北本悉为
> 放牧之牧。邺下博士见难云:"《駉颂》既美僖公牧于坰野之
> 事,何限草骘乎?"余答曰:"案:《毛传》云:'駉駉,良马腹干肥
> 张也。'其下又云:'诸侯六闲四种:有良马,戎马,田马,驽
> 马。'若作牧放之意,通于牝牡,则不容限在良马独得駉駉之
> 称。良马,天子以驾玉辂,诸侯以充朝聘郊祀,必无草也。
> 《周礼·圉人职》:'良马,匹一人。驽马,丽一人。'圉人所养,
> 亦非草也;颂人举其强骏者言之,于义为得也。《易》曰:'良
> 马逐逐。'《左传》云:'以其良马二。'亦精骏之称,非通语也。
> 今以《诗传》良马,通于牧草,恐失毛生之意,且不见刘芳《义
> 证》乎?"①

《诗经》中"駉駉牡马"中的"牡",江南版本写作"牝牡"之"牡",而
黄河以北地区的版本则写成"放牧"之"牧"。北方学者的逻辑是:
既然《駉颂》一诗赞美的是僖公野外放牧之事,怎么会关注马是公
是母呢?颜之推则以江南版本为是,他的考证逻辑是:《毛传》中,
駉駉一词,明确说的是指良马躯干肥壮,接下来又说周代诸侯有六
个马厩,四种马,包括良马、战马、打猎骑的马和劣马。如果是"牧
马",那就既包括公马,也包括母马。但良马是天子用来驾车、诸
侯用来朝见、郊外祭祀天地也用良马,不可能是母马。此外,颜之
推给出了新的证据:《周礼·圉人职》中说,良马,每匹由一个人专
门来养;驽马,每两匹由一个人来养。圉人所养之马,也不会是母
马。还有,《周易》和《左传》都有"良马",也说的是马强壮骏美,

---

① 王利器:《颜氏家训集解》卷六《书证》,中华书局 1993 年版,第 415 页。

不是通称所有公马和母马。所以,《駉颂》中以牡马之壮进行赞美,是合乎情理的事。而北方版本的《毛诗传》写成"牝马",恐怕有失毛公本义。

颜之推通过训诂手段,从《毛诗传》对"駉駉"一词单指良马,再从《周礼》、《左传》、《周易》等典籍中的"良马"不包括母马,逻辑地得出"駉駉"是对强壮公马的形容赞美,自然也就只能写成"駉駉牡马"了。这里包含了逻辑推理的成分,可归于理校法。

《后汉书·樊晔传》中的"宁见乳虎穴,不入冀府寺",江南版本把"穴"字误作"六"字。对此,颜之推指出了一个常识:虎豹是穴居的,所以班超才说:"不探虎穴,安得虎子?"有谁会在乎见到六头还是七头乳虎呢?[①] 这也是依据常识而推理的理校法。

> 应劭《风俗通》云:"《太史公记》:'高渐离变名易姓,为人庸保,匿作于宋子,久之作苦,闻其家堂上有客击筑,伎痒,不能无出言。'"案:伎痒者,怀其伎而腹痒也。是以潘岳《射雉赋》亦云:"徒心烦而伎痒。"今《史记》并作"徘徊",或作"彷徨不能无出言",是为俗传写误耳。[②]

颜之推认为《史记》版本中说高渐离"徘徊"或"彷徨",当为传写之误,他的根据是应劭《风俗通》所引《史记》文句中用的是"伎痒"。这是对照他书以作校对,属于他校法。

> 《太史公》论英布曰:"祸之兴自爱姬,生于妬媚,以至灭国。"又《汉书·外戚传》亦云:"成结宠妾妬媚之诛。"此二"媚"并当作"媢",媢亦妬也,义见《礼记》、《三苍》。且《五宗世家》亦云:"常山宪王后妬媢。"王充《论衡》云:"妬夫媢妇

---

① 参见王利器:《颜氏家训集解》卷六《书证》,中华书局 1993 年版,第 466 页。

② 王利器:《颜氏家训集解》卷六《书证》,中华书局 1993 年版,第 409 页。

生,则忿怒斗讼。"益知媚是妬之别名。原英布之诛为意贲赫耳,不得言媚。①

《史记》和《汉书》中说英布祸起爱妾"妬媚",颜之推认为"媚"当作"媚"。这是颜之推将《礼记》、《三苍》、《五宗世家》和《论衡》进行比照对校得出,再参照理校法得出的结论。值得注意的是,颜之推利用了连文和对文的训诂方法,"妬媚"当为"妬媚",而"妬媚"为连文,即今天的同义并列复合词,妬和媚意思是一样的。而妬、媚同义,又是根据对文的训诂法得出的,"妬夫媚妇"中妬、媚在句子结构中处于同一位置,意思相同。

前文我们提及颜之推利用碑刻文字,参以字书和文献,进行了山川地理的考证。颜之推还利用考古发现的文物和铭文,进行图书校勘。如《史记·秦始皇本纪》:"丞相隗林、丞相王绾、卿李斯、卿王戊、五大夫赵婴、五大夫杨樛从,议于海上。"②当时的版本中,"隗林"都写成山林之"林"。隋文帝杨坚开皇二年(582年)五月,长安百姓挖出了秦朝的铁秤权,权上有铭文,其中一处铭文是这样写的:"廿六年,皇帝尽并兼天下诸侯,黔首大安,立号为皇帝,乃诏丞相状、绾,法度量则不壹、歉疑者,皆明壹之。"当时,颜之推被皇上敕令辨认铭文内容,和内史令李德林一起核对,亲眼见到了这个铁权,铁权保存在官方的仓库里。"其'丞相状'字,乃为状貌之'状',爿旁作犬;则知俗作'隗林',非也,当为'隗状'耳。"③

> 或问:"《山海经》,夏禹及益所记,而有长沙、零陵、桂阳、诸暨,如此郡县不少,以为何也?"答曰:"史之阙文,为日久

① 王利器:《颜氏家训集解》卷六《书证》,中华书局1993年版,第454页。
② (汉)司马迁撰,(宋)裴骃集解,(唐)司马贞索引,(唐)张守节正义:《史记》卷六《秦始皇本纪》,中华书局1959年版,第246页。
③ 王利器:《颜氏家训集解》卷六《书证》,中华书局1993年版,第456页。

矣；加复秦人灭学,董卓焚书,典籍错乱,非止于此。譬犹《本草》神农所述,而有豫章、朱崖、赵国、常山、奉高、真定、临淄、冯翊等郡县名,出诸药物;《尔雅》周公所作,而云'张仲孝友';仲尼修《春秋》,而《经》书孔丘卒;《世本》左丘明所书,而有燕王喜、汉高祖;《汲冢琐语》,乃载《秦望碑》;《仓颉篇》李斯所造,而云'汉兼天下,海内并厕,豨黥韩覆,畔讨灭残';《列仙传》刘向所造,而《赞》云七十四人出佛经;《列女传》亦向所造,其子歆又作《颂》,终于赵悼后,而传有更始韩夫人、明德马后及梁夫人嫕:皆由后人所羼,非本文也。"①

以上一则说明,颜之推的校勘之学,对于羼文现象,也很有研究。

---

① 王利器:《颜氏家训集解》卷六《书证》,中华书局1993年版,第484页。

第四章 儒佛一体

颜之推生活的时代,三教融合观念进一步发展,梁武帝便是三教同源说的提倡者与实践者,甚至试图以白衣僧正的身份而行政教合一的统治。在北齐,颜之推遇到的几个皇帝也多崇信佛教,文宣帝高洋还有灭道之举。北周武帝为灭北齐,以断佛道二教而做军事扩张的准备。然随着周武帝的驾崩,佛教再度复兴。

第一节 颜之推时代的佛教

佛教自东汉传至中土,"汉魏法微,晋代始盛"①。进入南北朝,佛教传播出现繁荣局面,以寺院、僧尼数为例,南朝宋、陈寺庙各有一千余所,僧尼超三万人,齐梁寺庙超两千,梁代僧尼八万余人。北朝时期,魏时造寺三万余所,僧尼二百万人,北齐时全国僧尼二百余万。

佛教兴盛的局面,不妨从反对大兴佛教的言论中来窥其一二。如范缜《神灭论》批判"浮屠害政,桑门蠹俗。"其中描写到:"故舍

---

① (梁)僧祐:《弘明集后序》,载(梁)僧祐撰,李小荣校笺:《弘明集校笺》,上海古籍出版社 2013 年版,第 795 页。

逢掖,袭横衣,废俎豆,列瓶钵,家家弃其亲爱,人人绝其嗣续。致使兵挫于行间,吏空于官府,粟罄于惰游,货殚于泥木。"①

梁时郭祖深因武帝弘扬佛教,便上书谏之:

> 都下佛寺五百余所,穷极宏丽。僧尼十余万,资产丰沃。所在郡县,不可胜言。道人又有白徒,尼则皆畜养女,皆不贯人籍,天下户口几亡其半。而僧尼多非法,养女皆服罗纨,其蠹俗伤法,抑由于此。请精加检括,若无道行,四十已下,皆使还俗附农。罢白徒养女,听畜奴婢。婢唯着青布衣,僧尼皆令蔬食。如此,则法兴俗盛,国富人殷。不然,恐方来处处成寺,家家剃落,尺土一人,非复国有。②

郭祖深的上书中,至少包含了如下信息:一、寺院多且豪华;二、僧尼之多,劳动力丧失之严重,对政府户籍及其税收征役管理挑战之严峻;三、寺院经济之发达,僧人财富之膨胀;四、寺庙僧尼对风化侵蚀之严重。寺院积累财富之多,从下面这一细节可窥其一斑:"长沙寺僧业富,沃铸黄金为龙数千两,埋土中,历相传付,称为下方黄铁,莫有见者。"③

道安和尚悟出的道理中,有一条叫作:"不依国主,则法事难立。"④事实上佛教在南北朝的传播,皇帝颇预其功。北朝皇帝除发起灭佛事件的北魏太武帝、北周武帝,大多也积极扶持佛教。北魏太武帝拓跋焘死后不久,文成帝即下诏复兴佛法。和平元年

---

① (唐)姚思廉撰:《梁书》卷四十八《范缜传》,中华书局1973年版,第670页。

② (唐)李延寿:《南史》卷七十《郭祖深传》,中华书局1975年版,第1722页。

③ (梁)萧子显撰:《南齐书》卷三十八《萧颖胄传》,中华书局1972年版,第667页。

④ (梁)释慧皎:《高僧传》卷五《释道安传》,陕西人民出版社2010年版,第241页。

（460 年），昙曜开始在平城凿窟造像，即大同云冈石窟的初建。孝文帝迁都洛阳后，几代帝王又开凿龙门石窟。在北齐，幼主高恒"凿晋阳西山为大佛像，一夜然油万盆，光照宫内"①。南朝崇佛的皇帝以宋文帝、梁武帝、简文帝最为知名。推崇佛教的奥秘，宋文帝是这么说的："若使率土之滨，皆纯此化，则吾坐致太平，夫复何事?"②在宋文帝眼里，弘扬佛教是坐致太平的阳关大道。

南朝齐、梁佛教最盛，皇室贵族崇信佛教的也为数不少，兹引相关文献记载如下：

南齐豫章文献王萧嶷，萧道成第二子，其临终遗言为："后堂楼可安佛，供养外国二僧，余皆如旧。"③

南齐竟陵王萧子良："移居鸡笼山邸，集学士抄《五经》、百家，依《皇览》例为《四部要略》千卷。招致名僧，讲语佛法，造经呗新声，道俗之盛，江左未有也。"④

梁昭明太子萧统："高祖大弘佛教，亲自讲说；太子亦崇信三宝，遍览众经。乃于宫内别立慧义殿，专为法集之所。招引名僧，谈论不绝。太子自立二谛、法身义，并有新意。普通元年四月，甘露降于慧义殿，咸以为至德所感焉。"⑤

梁南平元襄王萧伟："晚年崇信佛理，尤精玄学，著《二旨义》，别为新通。又制《性情》、《几神》等论其义，僧宠及周舍、殷钧、陆

---

① （唐）李百药：《北齐书》卷八《幼主纪》，中华书局 1972 年版，第 113 页。

② （南朝宋）何尚之：《何令尚之答宋文皇帝赞扬佛教事》，载（梁）僧祐撰，李小荣校笺：《弘明集校笺》卷十一，上海古籍出版社 2013 年版，第 576 页。

③ （梁）萧子显撰：《南齐书》卷二十二《豫章文献王传》，中华书局 1972 年版，第 417 页。

④ （梁）萧子显撰：《南齐书》卷四十《竟陵王传》，中华书局 1972 年版，第 698 页。

⑤ （唐）姚思廉：《梁书》卷八《昭明太子传》，中华书局 1973 年版，第 166 页。

俚并名精解,而不能屈。"①

梁长沙嗣王萧业:"业性敦笃,所在留惠。深信因果,笃诚佛法,高祖每嘉叹之。"②

梁武帝丁贵嫔:"及高祖弘佛教,贵嫔奉而行之,屏绝滋腴,长进蔬膳。受戒日,甘露降于殿前,方一丈五尺。高祖所立经义,皆得其指归。尤精《净名经》。所受供赐,悉以充法事。"③

明万历甲戌颜嗣慎《重刻颜氏家训序》云:"或因其稍崇极释典,不能无疑。盖公尝北面萧氏,饫其余风。"④颜嗣慎提到了颜之推推崇释教,当受萧氏影响。梁武帝萧衍,可以说是南北朝时期最为崇信佛教的皇帝,颜之推难免不受其影响。

梁武帝为萧子良竟陵王文学集团的成员之一,"竟陵王子良开西邸,招文学,高祖与沈约、谢朓、王融、萧琛、范云、任昉、陆倕等并游焉,号曰八友"⑤。竟陵王交游名僧,梁武帝事佛,萧子良的影响当为原因之一。

梁武帝大兴佛教,敕造寺庙,在为亡父建造大爱敬寺时,还因拆迁问题和亲家公、萧纲岳父王骞闹僵了:

> 时高祖于钟山造大爱敬寺,骞旧墅在寺侧,有良田八十余顷,即晋丞相王导赐田也。高祖遣主书宣旨就骞求市,欲以施寺。骞答旨云:"此田不卖;若是敕取,所不敢言。"酬对又脱略。高祖怒,遂付市评田价,以直逼还之。由是忤旨,出为吴

---

① (唐)姚思廉:《梁书》卷二十二《太祖五王传》,中华书局 1973 年版,第348 页。
② (唐)姚思廉:《梁书》卷二十三《长沙嗣王业传》,中华书局 1973 年版,第361 页。
③ (唐)姚思廉:《梁书》卷七《高祖丁贵嫔传》,中华书局 1973 年版,第 161 页。
④ 王利器:《颜氏家训集解》,中华书局 1993 年版,第 616 页。
⑤ (唐)姚思廉:《梁书》卷一《武帝纪上》,中华书局 1973 年版,第 2 页。

兴太守。①

梁武帝支持佛教,最为著名的行动当为三次舍身同泰寺。《梁书》载有如下三次:

(大通元年)三月辛未,舆驾幸同泰寺舍身。②

(中大通元年秋九月癸巳),舆驾幸同泰寺,设四部无遮大会,因舍身,公卿以下,以钱一亿万奉赎。冬十月己酉,舆驾还宫。③

(太清元年)三月庚子,高祖幸同泰寺,设无遮大会,舍身,公卿等以钱一亿万奉赎。④

《南史》则多载一次:

(中大同元年)三月乙巳,大赦。庚戌,幸同泰寺讲《金字三慧经》,仍施身。⑤

《梁书》记载了萧衍在中大同元年三月幸同泰寺讲《金字三慧经》一事,但未提及舍身。如依《南史》,梁武帝当四次舍身于自己敕造的同泰寺。舍身寺庙为奴,一则唤起举国上下对佛教的支持,二则为寺庙赢得不菲的赎金以支持佛教发展,萧衍可谓用心良苦。

除舍身事件外,梁武帝和佛教有关的活动,如升法座讲佛经、设法会等。从梁武帝讲经记载及《梁书》所载"制《涅盘》、《大品》、《净名》、《三慧》诸经义记,复数百卷"⑥,可知萧衍既重般若学又重涅槃学。东晋末至南朝,佛学的重心由般若之真空转向涅

---

① (唐)姚思廉:《梁书》卷七《太宗王皇后传》,中华书局1973年版,第159页。
② (唐)姚思廉:《梁书》卷三《武帝纪下》,中华书局1973年版,第71页。
③ (唐)姚思廉:《梁书》卷三《武帝纪下》,中华书局1973年版,第73页。
④ (唐)姚思廉:《梁书》卷三《武帝纪下》,中华书局1973年版,第92页。
⑤ (唐)李延寿:《南史》卷七《梁本纪中》,中华书局1975年版,第218页。
⑥ (唐)姚思廉:《梁书》卷三《武帝纪下》,中华书局1973年版,第96页。

槃之妙有，一般僧人将般若学与涅槃学对立起来，与梁武帝二者并重并不一致。般若之空，涅槃之成佛，论空和论佛性，梁武帝都有自己的见解。

梁武帝重《般若经》，在为臣下讲此经时，讨论中认为般若智慧能"成菩提之妙果，入涅槃之玄门"①。关于般若与涅槃的关系，在《注解大品经序》中，他说："涅槃是显其果德，般若是明其因行。显果则以常住佛性为本，明因则以无生中道为宗。以世谛言说，是涅槃，是般若；以第一义谛言说，岂可复得谈其优劣？"②在梁武帝看来，般若讲性空，讲诸法无生无灭的中道，通过修行般若空观，可以达到涅槃成佛，故为因。《涅槃经》讲一切众生皆有佛性，而佛性常住，故为果德。般若与涅槃，为修行的不同阶段而已，从第一义谛即真谛的角度而言，并无优劣之分。

梁武帝还有神明佛性说。神明梁武帝又称真神、心神，实际上即精神、灵魂。梁武帝认为，人的神明是成佛的本体。均正《四论玄义》说："第四梁萧天子义，心有不失之性，真神为正因体。已在身内，则异于木石等非心性物。此意因中已有真神性，故能得真佛果。故大经《如来性品》初云：'我者即是如来藏义，一切众生有佛性，即是我义。'"③梁武帝认为人非木石，在于心中有真神，这也是众生皆有佛性的依据。神有体有用，"心为用本，本一而用殊。殊用自有兴废，一本之性不移"④。心本，在于人生而静；用殊，在于

---

① （唐）释道宣：《广弘明集》卷十九《发般若经题》，《乾隆大藏经》第115册，第701页。

② （梁）萧衍：《注解大品经序》，载（清）严可均辑：《全梁文》卷六，商务印书馆1999年版，第65页。

③ （唐）均正：《四论玄义》卷七，《续藏经》第46册，第601页中。

④ （梁）萧衍：《立神明成佛义记》，载（梁）僧祐撰，李小荣校笺：《弘明集校笺》卷九，上海古籍出版社2013年版，第456页。

感物而动。正如《净业赋》所云:"《礼》云:'人生而静,天之性也。感物而动,性之欲也。'有动则心垢,有静则心静。外动既止,内心亦明。"①由此,梁武帝会通儒家心性论与释家佛性论,主张通过"离欲恶而自修,故无障于精神……既除客尘,反还自性。"②神明由"无明"转向"明",方法是去除心中之垢,即六尘等外物刺激的熏染,以类似于孟子"求放心"的方式,而达到涅槃境界。梁武帝以不移之心为本,意味着神明的本性是恒常不灭的,这就为灵魂不灭留下了理论空间,而不灭的神明作为轮回果报的主体,使佛性论与神不灭论具备了密切的内在逻辑联系。潘桂明指出:

> 梁武帝的佛学:可以说是以讨论"善恶"为根本特色,其中又以"忠孝"之说为善恶的枢纽。他所提倡的涅槃佛性论,其中心命题是"神明成佛说"。所谓"神明",并非印度佛教的"业识",而是中国传统宗教观念中的鬼神、灵魂的别称。他的涅槃之路便是教人行善去恶、存性去欲,把忠孝两全作为成佛的根本途径。③

汤用彤说:"南朝人士,偏于谈理,故常见三教调和之说,内外之争,常只在理之长短,辩论虽激烈,然未尝如北人信教极笃,因教争而相毁灭也。"④梁武帝之佛学,便体现了谈理、三教调和的特点。而北朝大兴石窟、寺塔,诚为信仰甚笃,二武灭佛,实乃教争相毁。

---

① (梁)萧衍:《净业赋》,载(清)严可均辑:《全梁文》卷一,商务印书馆1999年版,第5页。
② (梁)萧衍:《净业赋》,载(清)严可均辑:《全梁文》卷一,商务印书馆1999年版,第6页。
③ 潘桂明:《儒佛互补的历史考察》,载《长白论坛》1996年第1期。
④ 汤用彤:《汉魏两晋南北朝佛教史》,昆仑出版社2006年版,第369页。

不仅仅帝王家族多重佛教,在颜之推所处的南北朝时代,高门士族也多崇信佛教。如吴郡张氏、汝南周氏、琅琊王氏、陈郡谢氏等,自东晋以来信奉佛教的为数不少。不论是出自高门抑或寒门,南北朝时期的士大夫儒佛兼修、佛道兼修乃至三教兼通者多见史载,以下仅选取齐梁时期的崇佛士人为例:

周颙:"颙音辞辩丽,出言不穷,宫商朱紫,发口成句。汎涉百家,长于佛理。著《三宗论》。立空假名,立不空假名。设不空假名难空假名,设空假名难不空假名。假名空难二宗,又立假名空。"①

何胤:"子良好佛法,使孝嗣及庐江何胤掌知斋讲及众僧。"②

王奂:"奂闻兵入,还内礼佛,未及起,军人遂斩之。"③王奂从弟王缋:"世祖出射雉,缋信佛法,称疾不从驾。"④

崔慧景:"性好谈义,兼解佛理,顿法轮寺,对客高谈。"⑤"慧景妻女亦颇知佛义。"⑥

何敬容:"何氏自晋司空充、宋司空尚之奉佛法,并建立塔寺,至敬容又舍宅东为伽蓝,趋权者因助财造搆,敬容并不拒,故此寺堂宇校颇为宏丽。"⑦

① (梁)萧子显撰:《南齐书》卷四十一《周颙传》,中华书局 1972 年版,第731 页。
② (梁)萧子显撰:《南齐书》卷四十四《徐孝嗣传》,中华书局 1972 年版,第772 页。
③ (梁)萧子显撰:《南齐书》卷四十九《王奂传》,中华书局 1972 年版,第850 页。
④ (梁)萧子显撰:《南齐书》卷四十九《王缋传》,中华书局 1972 年版,第852 页。
⑤ (梁)萧子显撰:《南齐书》卷五十一《崔慧景传》,中华书局 1972 年版,第876 页。
⑥ (梁)萧子显撰:《南齐书》卷五十一《崔慧景传》,中华书局 1972 年版,第877 页。
⑦ (唐)李延寿:《南史》卷三十《何敬容传》,中华书局 1975 年版,第 798 页。

孔休源:"长子云童,颇有父风,而笃信佛理,遍持经戒。"①

江紑:"紑性静,好《老》、《庄》玄言,尤善佛义,不乐进仕。及父卒,紑庐于墓,终日号恸不绝声,月余卒。"②

范元琰:"及长好学,博通经史,兼精佛义。"③

刘勰:"然勰为文长于佛理,京师寺塔及名僧碑志,必请勰制文。有敕与慧震沙门于定林寺撰经证,功毕,遂启求出家,先燔鬓发以自誓,敕许之。乃于寺变服,改名慧地。"④

任孝恭:"孝恭少从萧寺云法师读经论,明佛理,至是蔬食持戒,信受甚笃。"⑤

江革:"时高祖盛于佛教,朝贤多启求受戒,革精信因果,而高祖未知,谓革不奉佛教,乃赐革《觉意诗》五百字,云'惟当勤精进,自强行胜修;岂可作底突,如彼必死因。以此告江革,并及诸贵游。'又手敕云:'世间果报,不可不信,岂得底突如对元延明邪?'革因启乞受菩萨戒。"⑥

王褒:"褒著《幼训》,以诫诸子。其一章云……儒家则尊卑等差,吉凶降杀。君南面而臣北面,天地之义也;鼎俎奇而笾豆偶,阴阳之义也。道家则堕支体,黜聪明,弃义绝仁,离形去智。释氏之义,见苦断习,证灭循道,明因辨果,偶凡成圣,斯虽为教等差,而义归汲引。吾始乎幼学,及于知命,既崇周、孔之教,兼循老、释之谈,江左以来,斯业不坠,汝能修之,吾之志也。"⑦

---

① (唐)姚思廉:《梁书》卷三十六《孔休源传》,中华书局 1973 年版,第 522 页。
② (唐)姚思廉:《梁书》卷四十七《江紑传》,中华书局 1973 年版,第 656 页。
③ (唐)姚思廉:《梁书》卷五十一《范元琰传》,中华书局 1973 年版,第 746 页。
④ (唐)姚思廉:《梁书》卷五十《刘勰传》,中华书局 1973 年版,第 712 页。
⑤ (唐)姚思廉:《梁书》卷五十《任孝恭传》,中华书局 1973 年版,第 726 页。
⑥ (唐)姚思廉:《梁书》卷三十六《江革传》,中华书局 1973 年版,第 524 页。
⑦ (唐)姚思廉:《梁书》卷四十一《王褒传》,中华书局 1973 年版,第 584 页。

王褒是颜之推的好朋友,王褒以《幼训》诫诸子兼修周孔、老、释,颜之推提斯子孙,倡三教一体。在佛教盛行的年代里,这对好友不约而同地以家训的形式,教育子孙会通儒、佛、道三教,时风之熏染与士风之影响,加上彼此的激荡,三教融合的历史进程在这对好友的身上,留下了耐人寻味的思想轨迹。

第二节　接纳佛教的家族渊源与身世动因

黄叔琳《颜氏家训节抄本序》说颜之推"惟《归心篇》阐扬佛乘,流入异端"[1]。将《归心》篇目为异端,一则站在儒家立场上而言之,二则站在"世以儒雅为业"的颜氏家族传统上而言之。考颜之推颜氏先人的思想传承,惟其旁系先祖颜延之父子崇佛,而颜延之既已有调和三教的思想,当为颜之推三教思想的家族渊源。

颜延之主张儒佛并存,同时兼取道教练形神仙之法。其《庭诰》云:

> 达见同善,通辩异科:一曰言道,二曰论心,三曰校理。言道者,本之于天;论心者,议之于人;校理者,取之于物。从而别之,由涂参陈;要而会之,终致可一。[2]

言道者之"道",颜延之指的是炼形之道教,"为道者,盖流出于仙法,故以练形为上"[3]。论心者,指的是治心之佛教。"崇佛

---

① 王利器:《颜氏家训集解》,中华书局1993年版,第627页。

② (南朝宋)颜延之:《庭诰》,载(梁)僧祐撰,李小荣校笺:《弘明集校笺》卷十三,上海古籍出版社2013年版,第731页。

③ (南朝宋)颜延之:《庭诰》,载(梁)僧祐撰,李小荣校笺:《弘明集校笺》卷十三,上海古籍出版社2013年版,第732页。

者,本在于神教,故以治心为先。"①校理者,指的是讨论名理的儒家。颜言之说"达见同善",所持乃"三教同善"之说,儒、释、道同趋于善,而所由途径各异,但殊途同归,故"要而会之,终致可一"。这就意味着颜延之已有三教同善、三教可一的思想雏形,一言以蔽之,即颜延之所说的"义兼三端,至无二极"②,可见颜延之主张儒佛并举,三教融合。

颜延之于道教,吸取其养生之说与长生之道。颜延之对《神农本草经》颇有研究,说"神农定生,周人备教,既唱粒食,而言上药"③。颜延之又相信世有神仙,且佛道贯通,以神仙实有而证神之不灭,以人人可以成仙,融通众生皆可成佛,"济有生之类,入无死之地"④。

颜延之于佛教,从作品看,"著有《通佛顶尺爪》、《通佛衣钵》、《通佛二叠不燃》、《妄书禅慧宣诸弘信》、《与何彦德论感果生灭》、《与何承天辩达性论》、《广何彦德断家养论》并《与何书》、《离识观》、《论检》"⑤。《高僧传·慧严传》记载:"时延之著《离识观》及《论检》,帝命严辨其异同,往复终日,帝笑曰:'公等今日无愧支、许。'"⑥

---

① (南朝宋)颜延之:《庭诰》,载(梁)僧祐撰,李小荣校笺:《弘明集校笺》卷十三,上海古籍出版社 2013 年版,第 732 页。

② (南朝宋)颜延之:《庭诰》,载(梁)僧祐撰,李小荣校笺:《弘明集校笺》卷十三,上海古籍出版社 2013 年版,第 731 页。

③ (南朝宋)颜延之:《又释何衡阳》,载(梁)僧祐撰,李小荣校笺:《弘明集校笺》卷四,上海古籍出版社 2013 年版,第 223 页。

④ (南朝宋)颜延之:《重释何衡阳》,载(梁)僧祐撰,李小荣校笺:《弘明集校笺》卷四,上海古籍出版社 2013 年版,第 207 页。

⑤ 缪钺:《缪钺全集》第一卷(下),河北教育出版社 2004 年版,第 483 页。

⑥ (梁)释慧皎:《高僧传》卷七《释慧严传》,陕西人民出版社 2010 年版,第390 页。

颜延之还卷入慧琳《白黑论》所引发的论争。颜延之与慧琳原本很要好，因文学结缘，以刘裕次子刘义真为核心，颜延之、谢灵运、慧琳为骨干，形成了一个文人政治集团，他们相约一旦取得政权，以谢灵运、颜延之为宰相，以慧琳为西豫州都督。但最终，这个政治集团以刘义真之死而宣告破产。颜延之对慧琳的态度曾由友好专为嫉恨，当宋太祖在召见慧琳时让他常升独榻，颜延之便乘醉进言，说"岂可使刑余居之"①。颜延之贬低慧琳，且近乎人身攻击，一个重要原因在于二人在佛教问题上的意见不合。

当时，慧琳作《白黑论》，其结论倡导儒佛二道并行，"但知六度与五教并行，信顺与慈悲齐立耳。殊涂而同归者，不得守其发轮之辙也"②。但慧琳实为贬黜释氏，借"白学先生"之口，抨击佛教之"空"脱离实际，善恶之报虚幻不实，"幽冥之理，固不极于人事矣。周、孔疑而不辨，释迦辨而不实"③。为此，"且要天堂以就善，曷若服义而蹈道；惧地狱以敕身，孰与从理以端心"④。显然，慧琳在辨儒佛同异与优劣时，所持乃儒优于佛的观点，还指出了大兴佛教带来的诸多社会危害。

慧琳以僧人身份而攻击佛教因果报应之说，为文帝所宠爱，却为众僧所排摈。天文学家、改定过《元嘉历》、"儒史百家，莫不该览"⑤的何承天声援慧琳，作《达性论》以为响应。何承天将《白黑论》随信致送宗炳，激发了与宗炳的轮番论战。《弘明集》卷三辑录二人论难的往返信函，包括：何承天《与宗居士书》、宗炳《答何

① （梁）沈约：《宋书》卷七十二《颜延之传》，中华书局1974年版，第1902页。
② （梁）沈约：《宋书》卷九十七《夷蛮列传》，中华书局1974年版，第2391页。
③ （梁）沈约：《宋书》卷九十七《夷蛮列传》，中华书局1974年版，第2391页。
④ （梁）沈约：《宋书》卷九十七《夷蛮列传》，中华书局1974年版，第2390页。
⑤ （梁）沈约：《宋书》卷六十四《何承天传》，中华书局1974年版，第1701页。

衡阳书》、何承天《答宗居士书》，此外，《弘明集》卷二载宗炳《明佛论》、卷四载何承天《达性论》，这两篇文章也与此次论争有关。《广弘明集》卷十八还载何承天《报应问》一文，引发刘少府作《答何承天》予以反驳。

慧琳作《白黑论》在元嘉十年间，次年，何承天呼应慧琳而作《达性论》，这篇论文又引发了他与颜延之的论战。何承天与颜延之同朝共事，"十九年，立国子学，以本官领国子博士。皇太子讲《孝经》，承天与中庶子颜延之同为执经"①。

《弘明集》卷十一《何令尚之答宋文皇帝赞扬佛教事》载："是时，有沙门慧琳，假服僧次而毁其法，著《白黑论》。衡阳太守何承天，与琳比狎，雅相击扬，著《达性论》，并拘滞一方，诋呵释教。永嘉太守颜延之、太子中舍人宗炳，信法者也，检驳二论，各万余言。"②

具体二人如何驳难，《弘明集》卷四在何承天《达性论》后，载有何、颜二氏相互论难的文章：颜延之作《释〈达性论〉》，何承天则作《答颜光禄》难之；颜延之《重释何衡阳》，何承天则《重答颜光禄》；颜延之再作《又释何衡阳》继续论战。

因双方论难均由《达性论》引起，故不妨全文引之如下：

夫两仪既位，帝王参之，宇中莫尊焉。天以阴阳分，地以刚柔用，人以仁义立。人非天地不生，天地非人不灵，三才同体，相须而成者也。故能禀气清和，神明特达，情综古今，智周万物；妙思穷幽赜，制作侔造化。归仁与能，是为君长；抚养黎元，助天宣德。日月淑清，四灵来格；祥风协律，玉烛扬晖。九

① （梁）沈约：《宋书》卷六十四《何承天传》，中华书局1974年版，第1705页。
② （南朝宋）何尚之：《何令尚之答宋文皇帝赞扬佛教事》，载（梁）僧祐撰，李小荣校笺：《弘明集校笺》卷十一，上海古籍出版社2013年版，第576页。

谷刍豢,陆产水育;酸咸百品,备其膳羞。栋宇舟车,销金合土;丝纻玄黄,供其器服。文以礼度,娱以八音;庇物殖生,罔不备设。夫民用俭则易足,易足则力有余,力有余则志情泰,乐治之心,于是生焉。事简则不扰,不扰则神明灵,神明灵则谋虑审,济治之务,于是成焉。故天地以俭素训民,乾坤以易简示人。所以训示殷勤,若此之笃也,安得与夫飞沉蠕蠕,并为众生哉? 若夫众生者,取之有时,用之有道,行火俟风暴,畋渔候豺獭,所以顺天时也。大夫不麛卵,庶人不数罟,行苇作歌,宵鱼垂化,所以爱人用也。庖厨不迩,五犯是翼,殷后改祝,孔钓不纲,所以明仁道也。至于生必有死,形弊神散,犹春荣秋落,四时代换,奚有于更受形哉?《诗》云“恺悌君子,求福不回”,言弘道之在己也;“三后在天”,言精灵之升退也。若乃内怀嗜欲,外惮权教,虑深方生,施而望报,在昔先师未之或言。余固不敏,罔知请事焉矣。①

何承天《达性论》主要涉及两大问题,一为三才与众生说,一为形神论。而颜延之与他围绕这两大问题均展开了讨论,兹分论如下:

一、关于三才与众生

三才为天、地、人,《周易·系辞下》:“《易》之为书也,广大悉备。有天道焉,有人道焉,有地道焉。兼三才而两之,故六。六者非它也,三材之道也。”何承天说“天以阴阳分,地以刚柔用,人以仁义立”,暗合的就是《周易》提出的“三才之道”,《说卦》中具体

---

① (南朝宋)何承天:《达性论》,载(梁)僧祐撰,李小荣校笺:《弘明集校笺》卷四,上海古籍出版社 2013 年版,第 192 页。

第四章 儒佛一体

解释为:"立天之道曰阴与阳,立地之道曰柔与刚,立人之道曰仁与义。"何承天说"三才同体",三才所同之"体",当理解为"道",即以阴阳、刚柔、仁义而贯通的天、地、人三才之道。但值得注意的是,何承天所说"三才"中的"人",非普通人,而特指"宇中莫尊"的帝王。何承天以儒家气禀说,认为帝王所禀之气清和,所以神明特达,能以君长之身份,代表人类与天地相参。换言之,在何承天看来,儒家天人相合之观念,唯有帝王最能与天地合二为一,从而与天地居于同等地位。这类似于董仲舒所说:"古之造文者,三画而连其中,谓之王。三画者,天地与人也,而连其中者,通其道也。取天地与人之中以为贯而参通之,非王者孰能当是?"①

何承天继续以《周易》所阐释的天地之道来揭橥君民之道,民承天地之俭素之道,而生乐治之心,君效乾坤易简之道而成济治之务。民可志情泰,君则神明灵,言下之意,高贵如君,素朴如民,作为天地之精灵,"安得与夫飞沉蠉蠕,并为众生哉?"何承天以人能合道,以人有不同等次的精神境界,以人有其社会属性,而与鸟兽草木有其本质的区别,不可以"众生"一词等而视之。这里暗示了佛教所说的众生平等将有等级差别的人类与有精神意识差别的人与自然生物混为一谈,显然是不合适的。

此外,何承天还暗示了佛教戒杀的非理性,对于其他众生之物,儒家遵循"取之有时用之有道"的原则,顺天时、爱人用、明仁道,并不违背天地之道。

何承天意在以佛教泯灭人与动植物、君与民的差别,而扰乱了天、地、人三才所构建的和谐统一的秩序,从而尊儒排佛。

---

① (汉)董仲舒原著,苏舆撰:《春秋繁露义证》卷十一《王道通三》,中华书局1992年版,第329页。

对于何承天的三才与众生说,颜延之在《释何衡阳〈达性论〉》中反驳道:

> 足下云:同体二仪共成三才者,是必合德之称,非遭人之目。然总庶类,同号众生,亦含识之名,岂上哲之谥?然则议三才者,无取于氓隶;言众生者,亦何滥于圣智!虽情在序别,自不患乱伦。若能两藉方教,俱举达义,节彼离文,采此共实,则可使倍宫自和,析符复合,何讵怏怏,执吕以毁律?且大德曰生,有万之所同,同于所万,岂得生之可异?不异之生,宜其为众。①

颜延之对于何承天认为帝王、庶民与群生不能并称众生的观点提出了针锋相对的看法,他以佛教众生平等的视角,宣称一切有情有识的生命存在,即"含识",都可称为"众生",这就意味着帝王、庶民与群生当并称众生,"众生"不能如何承天所言,局限于所谓神明特达的君长。在颜延之看来,天地之大德曰生,"生"为万物之共性,不论帝王、庶民还是群生,在"生"这一特指上是"不异"的,故可总称"众生"。颜延之反对何承天以圣智与否作为划定"众生"范围的标准,并从儒佛融合的角度,主张"两藉方教,俱举达义",互相取长补短,从而在儒佛调和的过程中达到"倍宫自和,析符复合"的境地。

何承天在《答颜永嘉》中对颜延之的众生说予以驳斥,他说:"人生虽均被大德,不可谓之众生,譬圣人虽同禀五常,不可谓之众人。奚取于不异之生,必宜为众哉。"②何承天认为,帝王虽秉承

① (南朝宋)颜延之:《释何衡阳〈达性论〉》,载(梁)僧祐撰,李小荣校笺:《弘明集校笺》卷四,上海古籍出版社2013年版,第196页。
② (南朝宋)何承天:《答颜永嘉》,载(梁)僧祐撰,李小荣校笺:《弘明集校笺》卷四,上海古籍出版社2013年版,第198页。

了天地好生之德,但不可以视为众生。正如圣人和普通人一样,禀受了仁义礼智信五常之德,但不可以成为众人。同理,人和鸟兽草木也不可等而视之,为什么有"生"的特性,就一定为"众生"呢?

颜延之在《重释何衡阳》中再次驳回何承天的观点:"夫不可谓之众人,以茂人者神明也。今已均被同众,复何讳众同?故当殊其特灵,不应异其得生。徒忌众名,未亏众实。"①何劭《王弼传》中说王弼"以为圣人茂于人者神明也,同于人者五情也"②。在颜延之看来,圣人与庶人既然有同样的喜怒哀乐,就不必忌讳其与众相同之处。圣人有神明特灵的长处,也不可否认其与庶人均为生命体的共性。即便不与庶民同称"众生",也掩盖不了实为"众生"的事实。在这里,颜延之肯定儒家圣人茂于神明的观念,又坚持佛教教义认为圣人亦为众生之一,融儒佛于一体的特点十分鲜明。

二、关于形神论

何承天《达性论》中如此讨论形神关系:

> 至于生必有死,形弊神散,犹春荣秋落,四时代换,奚有于更受形哉?《诗》云"恺悌君子,求福不回",言弘道之在己也;"三后在天",言精灵之升遐也。③

何承天认为人有生必有死,形聚则神聚,形散则神散,正如春夏秋冬四季更替一般。这里,何承天作为无神论者,主张形神一体,反对佛教的生死轮回之说,认为根本不存在灵魂转世与后身之

---

① (南朝宋)颜延之:《重释何衡阳》,载(梁)僧祐撰,李小荣校笺:《弘明集校笺》卷四,上海古籍出版社2013年版,第203页。

② 楼宇烈:《王弼集校释》,中华书局1980年版,第640页。

③ (南朝宋)何承天:《达性论》,载(梁)僧祐撰,李小荣校笺:《弘明集校笺》卷四,上海古籍出版社2013年版,第192页。

说。佛教人士证明灵魂不灭往往引用如下二诗:一、《诗·大雅·旱麓》:"莫莫葛藟,施于条枚。岂弟君子,求福不回。"二、《诗·大雅·下武》:"下武维周,世有哲王。三后在天,王配于京。王配于京,世德作求。永言配命,成王之孚。"何承天认为前诗旨在说明弘道的主体性,后诗说的是人的精神上同于天,都是晓谕教化之言而已,与灵魂升天之类的事情毫无关系。

对此,颜延之在《释何衡阳〈达性论〉》中反驳道:

> 又知大制生死,同之荣落,类诸区有,诚亦宜然。然神理存没,傥异于枯荄变谢,就同草木,便当烟尽。而复云"三后升遐,精灵在天",若精灵必在,果异于草木,则受形之论,无乃更资来说。将由三后粹善,报在生天耶?欲毁后生,反立升遐。当毁更立,固知非力所除。若徒有精灵,尚无体状,未知在天,当何凭以立?[①]

与何承天所取材料相同,颜延之从儒家的材料中得出了佛教的结论:通过正反两方面的推论,儒家《诗经》"三后在天"恰恰证明了精神不灭。不仅如此,颜延之还得出新的结论:如果精神不灭,则必有形体,这就为生死轮回、因果报应说留下了空间。而这又驳斥了何承天所说的无"更受形"之理。对此,何承天作《答颜永嘉》,其中说道:

> 夫神魄惚恍,游魂为变,发扬凄怆,亦于何否之。仲由屈于知死,赐也失于所问,不更受形。前论之所明言,所凭之方,请附夫子之对。[②]

---

① (南朝宋)颜延之:《释何衡阳〈达性论〉》,载(梁)僧祐撰,李小荣校笺:《弘明集校笺》卷四,上海古籍出版社2013年版,第196页。
② (南朝宋)何承天:《答颜永嘉》,载(梁)僧祐撰,李小荣校笺:《弘明集校笺》卷四,上海古籍出版社2013年版,第200页。

"游魂为变",语出《周易·系辞上》:"精气为物,游魂为变。""发扬凄怆",语出《礼记·祭义》:"宰我曰:'吾闻鬼神之名,不知其所谓。'子曰:'气也者,神之盛也。魄也者,鬼之盛也。合鬼与神,教之至也。众生必死,死必归土,此之谓鬼。骨肉毙于下,阴为野土。其气发扬于上,为昭明,焄蒿凄怆,此百物之精也,神之著也。'"①何承天之意,在说明儒家所谓游魂、鬼神,都不是不灭的神,只是"气"而已。此外,《论语·先进》:"季路问事鬼神。子曰:'未能事人,焉能事鬼?'敢问死。曰:'未知生,焉知死?'"又,《论语·公冶长》:"子贡曰:'夫子之文章,可得而闻也;夫子之言性与天道,不可得而闻也。'"从子路欲知生死鬼神之事,孔子拒而不答,子贡讨教性与天道的问题,未得孔子答案,何承天得出结论,儒家对鬼神之事保持谨慎态度,同时强调"不更受形",否定灵魂借助有形的躯体而轮回不已。

不过,颜延之在《又释何衡阳》一文中还是坚持"非唯不嫌有鬼,乃谓有必有形"②。颜延之坚持有鬼且有形,是为了轮回说的成立。何承天不否定鬼神,但否定"受形"的可能,是为了驳斥神不灭的观点。值得注意的是,不论是讨论三才与众生范畴,还是争议形神关系,颜延之均引儒家经典以证佛教之理,他调和二教的倾向,当成为颜之推两教一体观念的家族学术渊源所在。

颜之推归心佛教,还与佛教流行的时代风尚影响有关,前文已叙,此不赘述。

此外,颜之推从尊儒走向崇佛,还与自身坎坷多舛的人生际遇不无关系。

---

① 王文锦译解:《礼记译解·祭义》,中华书局 2016 年版,第 616 页。
② (南朝宋)颜延之:《又释何衡阳》,载(梁)僧祐撰,李小荣校笺:《弘明集校笺》卷四,上海古籍出版社 2013 年版,第 224 页。

颜之推历经五朝，身世曲折跌宕得离奇，自述"吾生于乱世，长于戎马，流离播越"①。

颜之推三次被俘：一为侯景之乱，他以文人而厕身行伍，因军溃而沦为叛军俘虏；二为江陵陷没，他身患疾病，骑疲驴瘦马，在亡国奴队伍中北上长安；三为北齐覆没，在阳休之为领队的十八朝臣中，以悲苦难遏之心和诗《听鸣蝉篇》，再上长安被俘。

颜之推还三次和死亡擦肩而过：侯景叛军攻陷郢州，颜之推被俘例当被杀，为人再三救护才幸免于难；为重回梁都，颜之推带领一家老小，历砥柱之险，孤舟奔齐，水路七百里一夜而至；崔季舒事件中，颜之推本为联名进谏者之一，关键时刻脱身而去未予签名，侥幸躲过了一场血光之灾。

颜之推浩叹无常的生命中诸般无奈："予一生而三化，备荼苦而蓼辛，鸟焚林而铩翮，鱼夺水而暴鳞，嗟宇宙之辽旷，愧无所而容身。"②茫茫天地中，竟然无容身之处，可见窘迫难当。《观我生赋》自注："在扬都，值侯景杀简文而篡位，于江陵，逢孝元覆灭；至此而三为亡国之人。"③如果算上北周之亡，颜之推当四为亡国之人。颜之推深受儒家思想熏陶，亡国却不能殉国，丧君却无法殉君，忠君思想纠结之际，难耐深刻的悲哀与自责："小臣耻其独死，实有愧于胡颜。"④颜之推"每常心共口敌，性与情竞，夜觉晓非，今

---

① 王利器：《颜氏家训集解》卷二《慕贤》，中华书局1993年版，第127页。

② 颜之推：《观我生赋》，载（唐）李百药：《北齐书》卷四十五《颜之推传》，中华书局1972年版，第625页。

③ 颜之推：《观我生赋》自注，载（唐）李百药：《北齐书》卷四十五《颜之推传》，中华书局1972年版，第625页。

④ 颜之推：《观我生赋》，载（唐）李百药：《北齐书》卷四十五《颜之推传》，中华书局1972年版，第623页。

悔昨失"①。内心的苦闷与矛盾,自我折磨与自我安慰终究难以自我排遣,佛教往往在这艰难时刻成为慰藉心灵的解脱之道。

颜之推辗转南北,历经烽烟,战火肆虐后的都城与郊野,满目疮痍,生灵涂炭,颜之推对苦难的生命当有切肤之痛的体认。侯景之乱中的梁都建康,颜之推如此描述眼前的景象:

> 慨《黍离》于清庙,怆《麦秀》于空廛;蓍鼓卧而不考,景钟毁而莫悬;野萧条以横骨,邑阒寂而无烟。畴百家之或在,覆五宗而翦焉;独昭君之哀奏,唯翁主之悲弦。经长干以掩抑,展白下以流连;深燕雀之余思,感桑梓之遗虔;得此心于尼甫,信兹言乎仲宣。②

颜之推自注:"中原冠带,随晋渡江者百家,故江东有百谱;至是,在都者覆灭略尽。"③《颜氏家训·养生》篇云:"侯景之乱,王公将相,多被戮辱,妃主姬妾,略无全者。"④繁华的梦幻之都,一时化为灰烬,国破家亡之际,煊赫一时的百家豪门,顷刻间烟消云散,世事之无常,又给颜之推带来怎样的震撼呢?

侯景乱平,短暂的和平之后,江陵又为西魏军队化为废墟,数万百姓,被当作奴婢,驱入长安,那些老弱病残的老人、妇女和儿童,则惨遭杀戮。

> 民百万而囚虏,书千两而烟炀,溥天之下,斯文尽丧。怜婴孺之何辜,矜老疾之无状,夺诸怀而弃草,踣于涂而受掠。

---

① 王利器:《颜氏家训集解》卷一《序致》,中华书局 1993 年版,第 4 页。
② 颜之推:《观我生赋》,载(唐)李百药:《北齐书》卷四十五《颜之推传》,中华书局 1972 年版,第 621 页。
③ 颜之推:《观我生赋》自注,载(唐)李百药:《北齐书》卷四十五《颜之推传》,中华书局 1972 年版,第 621 页。
④ 王利器:《颜氏家训集解》卷五《养生》,中华书局 1993 年版,第 363 页。

冤乘舆之残酷,轸人神之无状,载下车以黜丧,挤桐棺之薨葬。云无心以容与,风怀愤而悒恨;井伯饮牛于秦中,子卿牧羊于海上。留钏之妻,人衔其断绝;击磬之子,家缠其悲怆。①

颜之推生活了二十余年的江陵城,城池被陷,藏书被焚,斯文尽丧,给一个敏感的文人又带来多少的扼腕之痛与无法申说的忧郁情怀? 在《冤魂志》中,颜之推记录了这样一个催人泪下的故事:

> 江陵陷时,有关内人梁元晖,俘获一士大夫,姓刘。此人先遭侯景丧乱,失其家口,唯余小男,始数岁,躬自担负,又值雪泥,不能前进。梁元晖监领入关,逼令弃儿,刘甚爱惜,以死为请,遂强夺取,掷之雪中。杖捶交下,驱蹙使去。刘乃步步回顾,号叫断绝,辛苦顿毙,加以悲伤,数日而死。②

在颜之推的生命旅程中,见证了政权兴亡更替之无常,见证了都市繁华与倾覆之无常,见证了乱离生命之无常,见证了自身命运播越之无常。飘忽动荡的国家、刀剑所向的城池、惊魂未定的生灵、流离颠沛的身世,这一切,带给个体生命的,当是巨大的无可抗拒之感、深刻的内心挣扎之痛,而解脱的力量,又在哪里? 此时此刻,我们不得不理解,颜之推归心佛教,势在必然。

第三节　形体虽死,精神犹存

形神关系是魏晋南北朝思想界争论的重点话题。

---

① 颜之推:《观我生赋》,载(唐)李百药:《北齐书》卷四十五《颜之推传》,中华书局 1972 年版,第 622 页。
② 罗国威:《冤魂志校注·江陵士大夫》,巴蜀书社 2001 年版,第 89 页。

形神问题,即形体与精神、肉体与灵魂的关系问题。对形神关系的讨论,在佛教东渐之前,即已成为一大哲学问题。中国古代以天人关系为核心的哲学,其中心命题为"天人合一"。那么,天人相合,以什么来合?其大要不出二途:一则以气合,即阴阳二气相合而生天地万物,人与天地都由气构成,把人说得好听一点,就说和气生人,抬举到万物之灵的地位。但本质上,人也是气聚而成的。二则以神合,即人禀天地之气而有形,又禀天地之性而有神,人在精神上要上同于天,故人的仁义礼智信等精神品格都来源于天,又上通于天。由此,人与天地,不仅形合,大体上更重要的是神合。当然,由此便有了不同的主张,有重形派,有重神派。至于人死之后,肉体是否会变成鬼,精神会否变成鬼魂,鬼魂的存在与否,灵魂与肉体是分还是合,灵魂是否不死,又带来了新的问题。

一、形神之争

(一)先秦两汉传统形神观

佛教传入中土前的思想家中,老子《道德经》说:"以道莅天下,其鬼不神。非其鬼不神,其神不伤人。"老子为鬼神留下了位置。庄子说:"指穷于为薪,火传也,不知其尽也。"①庄子之意,烛薪会烧尽,而火却会传下去。庄子以火之无穷尽以言精神之不灭。这是最早的薪火之喻了。墨子的《明鬼》篇,证明鬼神的存在,持的也是灵魂不灭说。《管子》是以气论形的,"凡人之生也,天出其精,地出其形,合此以为人"②。在《管子》这里,"精"实际上也是

---

① (清)郭庆藩:《庄子集释》卷二上《养生主》,中华书局1961年版,第129页。

② 黎翔凤:《管子校注》卷十六《内业》,中华书局2004年版,第945页。

气,属于精气,质量高的气而已。"精也者,气之精者也。"①不过,《管子》很重视"心",因为人的精气、灵气是藏在"心"里的,"定心在中,耳目聪明,四肢坚固,可以为精舍"②。活跃于心中的精气或灵气,在《管子》看来能量很大,"灵气在心,一来一逝,其细无内,其大无外"③。可见,尽管《管子》以气论形神,但对神及其能动性已给予了高度的关注。

孔子不语怪力乱神,主张敬鬼神而远之,且对性与天道的看法,其弟子不可得而闻,可见孔子对天道鬼神问题的谨慎态度。不过,《论语·八佾》说:"祭如在,祭神如神在。"这就为灵魂不灭留下了空间。

关于形神问题,荀子说:"形具而神生,好恶、喜怒、哀乐藏焉,夫是之谓天情。耳、目、鼻、口、形,能各有接而不相能也,夫是之谓天官。心居中虚,以治五官,夫是之谓天君。"④荀子主张"形具而神生",精神需要依赖于形体的存在。不过,荀子将"心"视为"天君",对精神也给予了高度的重视。荀子指出"君子以为文,百姓以为神"⑤的现实,他自己是不承认鬼神的。

与荀子的形神一体观不同,司马谈说:"凡人所生者神也,所托者形也。神大用则竭,形大劳则敝,形神离则死。"⑥司马谈认为

---

① 黎翔凤:《管子校注》卷十六《内业》,中华书局 2004 年版,第 937 页。
② 黎翔凤:《管子校注》卷十六《内业》,中华书局 2004 年版,第 937 页。
③ 黎翔凤:《管子校注》卷十六《内业》,中华书局 2004 年版,第 950 页。
④ (清)王先谦:《荀子集解》卷十一《天论》,中华书局 1988 年版,第 309 页。
⑤ (清)王先谦:《荀子集解》卷十一《天论》,中华书局 1988 年版,第 316 页。
⑥ (汉)司马迁撰,(宋)裴骃集解,(唐)司马贞索引,(唐)张守节正义:《史记》卷一百三十《太史公自序》,中华书局 1959 年版,第 3292 页。

形神可分离,持的是形神二元论,他说"神者生之本也,形者生之具也"①。司马谈显然认为神比形更重要。《列子》也持形神二元观:"精神者,天之分;骨骸者,地之分。属天清而散,属地浊而聚。精神离形,各归其真,故谓之鬼。鬼,归也,归其真宅。黄帝曰:精神入其门,骨骸反其根,我尚何存?"②《列子》认为精神与形体各有其性分,分禀了天之清散与地之浊聚之性,鬼是形神分离的结果,鬼意为归,即归其真宅,也就是说灵魂回归于天。《列子》主张人死灵魂升天,又说:"死于是者,安知不生于彼。"③这就为不死的灵魂复活提供了可能。

《淮南子》发展了黄老道家的精气说,将人视为精、气、神的组合体,三者都要慎守:"夫形者,生之舍也;气者,生之充也;神者,生之制也。"④《淮南子》也主张精神与形体分别禀受于天与地,"夫精神者,所受于天也;而形体者,所禀于地也。"⑤至于形神关系,"故神制则形从,形胜则神穷"⑥。这意味着形神之间是相互依存与制约的关系,二者孰轻孰重,从下面的话里可读出神比形更重要:"治身,太上养神,其次养形。"⑦

东汉桓谭以烛火喻形神,说"精神居形体,犹火之燃烛矣。"形神二者是相互依存的关系,烛须火才能发光,"烛无火亦不能独行

① (汉)司马迁撰,(宋)裴骃集解,(唐)司马贞索引,(唐)张守节正义:《史记》卷一百三十《太史公自序》,中华书局1959年版,第3292页。

② 杨伯峻:《列子集释》卷一《天瑞》,中华书局1979年版,第20页。

③ 杨伯峻:《列子集释》卷一《天瑞》,中华书局1979年版,第25页。

④ 刘文典:《淮南鸿烈集解》卷一《原道训》,中华书局1989年版,第39页。

⑤ 刘文典:《淮南鸿烈集解》卷七《精神训》,中华书局1989年版,第219页。

⑥ 刘文典:《淮南鸿烈集解》卷十四《诠言训》,中华书局1989年版,第488页。

⑦ 刘文典:《淮南鸿烈集解》卷二十《泰族训》,中华书局1989年版,第679页。

于虚空"。烛烧尽,火会灭,正如人死精神也消亡,"如火烛之俱尽矣"①。

王充接过了桓谭的烛火之喻,也以此申明形神相须的关系:"天下无独燃之火,世间安得有无体独知之精?"②王充还以此喻,说明人死神灭的道理:人死,如同火灭;火灭,就没了光,人死,就没知觉,二者道理是一样的。如果说人死了还精神不灭,就如同说火灭了还有光一样荒谬。烛火之喻外,王充还增加了两个比喻:冰水之喻与米囊之喻。冰水之喻说:"气之生人,犹水之为冰也。水凝为冰,气凝为人;冰释为水,人死复神。其名为神也,犹冰释更名水也。"③米囊之喻说:"人之精神,藏于形体之内,犹粟米在囊橐之中也。死而形体朽,精气散,犹囊橐穿败,粟米弃出也。粟米弃出,囊橐无复有形,精气散亡,何能复有体,而人得见之乎!"④

这些比喻最终是为了说明,人死则神灭,世界上并没有鬼魂的存在,"人之所以生者,精气也,死而精气灭。能为精气者,血脉也。人死血脉竭,竭而精气灭,灭而形体朽,朽而成灰土,何用为鬼?"⑤

(二)汉末魏晋形神之争

佛教传入中国后,其业报轮回说在士大夫阶层引起巨大的震

---

① (汉)桓谭:《新辑本桓谭新论》卷八《祛蔽篇》,中华书局2009年版,第32页。
② (东汉)王充著,黄晖校释:《论衡校释》卷二十《论死》,中华书局1990年版,第875页。
③ (东汉)王充著,黄晖校释:《论衡校释》卷二十《论死》,中华书局1990年版,第873页。
④ (东汉)王充著,黄晖校释:《论衡校释》卷二十《论死》,中华书局1990年版,第873页。
⑤ (东汉)王充著,黄晖校释:《论衡校释》卷二十《论死》,中华书局1990年版,第871页。

动。因果报应说得以成立的关键在于有没有一个轮回不断的主体,这就需要以神灵不灭为前提。于是,神灭与神不灭的争论,成为佛教东传后形神之争的焦点。

《牟子理惑论》是汉末苍梧太守牟融针对当时社会质疑佛教的种种观点作出的系统回应,为早期的护法之作,其中就涉及神灭与否的争议。

> 牟子曰:"人临死,其家上屋呼之。死已,复呼谁?"或曰:"呼其魂魄。"牟子曰:"神还则生,不还,神何之乎?"曰:"成鬼神。"牟子曰:"是也,魂神固不灭矣,但身自朽烂耳。身譬如五谷之根叶,魂神如五谷之种实。根叶生必当死,种实岂有终亡,得道身灭耳。《老子》曰:'吾所以有大患,以吾有身也。若吾无身,吾有何患?'又曰:'功成名遂身退,天之道也。'"①

牟子以自设宾主问答的形式,回应了世人对佛教的抨击。牟子以当时普遍存在的人死后其家人为其喊魂的习俗,设下陷阱,迫使对方承认,喊魂之举,意味着鬼神的存在。牟子由此推断出人死后,身体朽烂而魂神不灭。牟子以五谷的根叶譬人的形体,以五谷的种子譬人的魂神,根叶有生必有死,而种子却可以再生。"得道身灭",即得道者能摆脱六道轮回,不再承受转生之苦,而此处"得道",即佛教的涅槃成佛。牟子还以《老子》的无身即无大患及功成名遂身退,来比附"得道身灭"。当然,老子之意,大患并非轮回之苦,无身也非涅槃成佛。牟子牵强附会扯进老子的话,只是为了以道家之言证佛教之理罢了。

牟子又以问难者的身份提出,孔子说:"未能事人,焉能事鬼?

---

① (梁)僧祐撰,李小荣校笺:《弘明集校笺》卷一《牟子理惑论》,中华书局2013年版,第27页。

未知生,焉知死?"而佛教动辄说生死之事、鬼神之务,与圣人之语不合。牟子认为孔子的回答,是因为子路问事鬼神和生死问题,没问到点子上。牟子反过来引《孝经》"为之宗庙,以鬼享之;春秋祭祀,以时思之"及"生事爱敬,死事哀戚"来证明,这就是教人事鬼神、知生死。牟子又引《尚书·周书》中周公"多才多艺,能事鬼神",说明儒家自身的经典中,就承认了鬼神的存在。①

东晋时期,被桓温称为"江左之秀"的长沙相罗含与著有《魏氏春秋》、《晋阳秋》的史学家孙盛,就神灭与否展开了讨论。《弘明集》载,罗含作《更生论》,孙盛致《与罗君章书》,罗含回信《答孙安国书》。《更生论》试图表达的核心观点是:"万物不更生,则天地有终矣。天地不为有终,则更生可知矣。"②罗含论证万物更生,旨在证明世道轮回。形神关系,《更生论》以神与质来指代,罗含表达了三层意思:一是以《周易》"穷神知化"、"穷理尽性",证明神不可穷,即神不灭;二是神质自然相偶,形神相分而自然偶合;三是"神质冥期符契自合"③,神与质聚之必散,散之必聚,冥冥中如合符契。孙盛在给罗含的信中说:"吾谓形既粉散,知亦如之。纷错混淆,化为异物。他物各失其旧,非复昔日,此有情者所以悲叹。"④孙盛之意,形散则神亦散,均化为异物,原本的特性也就随之消散了。

① 参见(梁)僧祐撰,李小荣校笺:《弘明集校笺》卷一《牟子理惑论》,中华书局2013年版,第28页。

② (晋)罗含:《更生论》,载(梁)僧祐撰,李小荣校笺:《弘明集校笺》卷五,中华书局2013年版,第235页。

③ (晋)罗含:《更生论》,载(梁)僧祐撰,李小荣校笺:《弘明集校笺》卷五,中华书局2013年版,第236页。

④ (晋)孙盛:《孙长沙书》,载(梁)僧祐撰,李小荣校笺:《弘明集校笺》卷五,中华书局2013年版,第238页。

东晋末年，慧远与权臣桓玄争沙门不应敬王者，与戴逵论因果报应，与何无忌辩僧侣袒服。慧远在晋元兴三年作《沙门不敬王者论》，其第五篇为《论形尽神不灭》，代表了当时佛教在形神问题上的最高水平。慧远先提出论难对手的观点，一是形神为"阴阳之化"的精粗二气，同宅于人身，"宅全则气聚而有灵，宅毁则气散而照灭"①。二是形神关系如木与火，木燃尽，则火灭，故"形离则神散而罔寄"②。三是引《庄子》"人之生，气之聚，聚则为生，散则为死"③，说明精神与形体均不可永存。

慧远的反驳主要包括以下方面：一是将"神"理解为佛教的法性。"夫神者何耶？精极而为灵者也……神也者，圆应无主，妙尽无名，感物而动，假数而行。感物而非物，故物化而不灭；假数而非数，故数尽而不穷。"④无生、无名、非物、非数的神，是不灭的，且"神有冥移之功"⑤，可以从一物移之他物。慧远说神无生，后来宗炳说："无生则无身，无身而有神，法身之谓也。"⑥二是以《庄子》气论思想反证神不灭。慧远引《庄子》"大块劳我以生，息我以死"

---

① （晋）慧远：《沙门不敬王者论·形尽神不灭》，载（梁）僧祐撰，李小荣校笺：《弘明集校笺》卷五，中华书局 2013 年版，第 265 页。
② （晋）慧远：《沙门不敬王者论·形尽神不灭》，载（梁）僧祐撰，李小荣校笺：《弘明集校笺》卷五，中华书局 2013 年版，第 266 页。
③ （晋）慧远：《沙门不敬王者论·形尽神不灭》，载（梁）僧祐撰，李小荣校笺：《弘明集校笺》卷五，中华书局 2013 年版，第 266 页。
④ （晋）慧远：《沙门不敬王者论·形尽神不灭》，载（梁）僧祐撰，李小荣校笺：《弘明集校笺》卷五，中华书局 2013 年版，第 267 页。
⑤ （晋）慧远：《沙门不敬王者论·形尽神不灭》，载（梁）僧祐撰，李小荣校笺：《弘明集校笺》卷五，中华书局 2013 年版，第 267 页。
⑥ （南朝宋）宗炳：《明佛论》，载（梁）僧祐撰，李小荣校笺：《弘明集校笺》卷二，上海古籍出版社 2013 年版，第 95 页。

及《文子》"形有靡而神未尝化,以不化乘化,其变无穷"①等道家言论,将庄子以人生为大患比附为佛教的人生为苦之说,以《文子》之言来说明神不灭的道理。三是慧远对薪火之喻做了新的诠释:"火之传于薪,犹神之传于形;火之传异薪,犹神之传异形。前薪非后薪,则知指穷之术妙;前形非后形,则悟情数之感深。"②慧远从火可以在薪与薪之间传递,论证神可从此生向彼生传递。四是以父子形似而智愚不一驳斥形神俱化。慧远之意,如果以神形俱化为前提,则人之出生若同禀受于形,那么形死者当神似,但是丹朱与帝尧、重华与瞽叟,形似却智愚有如天地悬隔;如果同禀受于神,那么丹朱与帝尧、重华与瞽叟当有着同等的智慧,而事实显然并非如此。可见,人的智慧愚暗当为前定,形神随缘而合罢了。

郑鲜之(字道子)也作《神不灭论》,以主客问答的方式论精神不灭。郑鲜之反对当时"多以形神同灭、照识俱尽"③的观点,就形神关系提出以下命题:一是形神异本,"所谓形神不相资,则其异本耳"④。虽然形神与生俱存,但其所禀分之源不一样,"形与气息俱运,神与妙觉同流"⑤。形随天地阴阳之气而运动变化,而神能通向大乘佛教修行果位"妙觉地",通过修行能达到断尽烦恼、证

① (晋)慧远:《沙门不敬王者论·形尽神不灭》,载(梁)僧祐撰,李小荣校笺:《弘明集校笺》卷五,中华书局 2013 年版,第 268 页。
② (晋)慧远:《沙门不敬王者论·形尽神不灭》,载(梁)僧祐撰,李小荣校笺:《弘明集校笺》卷五,中华书局 2013 年版,第 269 页。
③ (晋)郑鲜之:《神不灭论》,载(梁)僧祐撰,李小荣校笺:《弘明集校笺》卷五,中华书局 2013 年版,第 239 页。
④ (晋)郑鲜之:《神不灭论》,载(梁)僧祐撰,李小荣校笺:《弘明集校笺》卷五,中华书局 2013 年版,第 245 页。
⑤ (晋)郑鲜之:《神不灭论》,载(梁)僧祐撰,李小荣校笺:《弘明集校笺》卷五,中华书局 2013 年版,第 240 页。

悟涅槃的圆满智慧。就人的知觉而言,肌骨能感受痛痒,指甲毛发却没有感觉,说明"生在本则知存,生在末则知灭"①。神为生之本,神灭则生灭。二是以有无论形神,"夫万化皆有也"②,形为有,为末,故有生死代换;而"神明灵极,有无兼尽"③,故神为本,可不灭。三是"神不待形"。郑鲜之以桓谭的烛火之喻为证,得出了与后者相反的结论。郑鲜之认为,薪只是生火的媒介,火因薪为用,而薪非火之本。"若待薪然后有火,则燧人之前其无火理乎?"④在燧人氏发明取火方法之前,火理就已存在,正如火理之不依赖薪而存在,精神亦不依赖形体而不灭。四是形神自然相济。郑鲜之认为形为神之宅,彼此"照感为一,自然相济"。

（三）南朝形神之争

前文叙及,刘宋元嘉年间,慧琳作《白黑论》,引发何承天与宗炳、何承天与颜延之等人的艰苦论战,其中涉及形神之争。何承天与颜延之的形神问难前文已叙,此不赘述。何承天与宗炳也论战了形神关系,如何承天说:"形神相资,古人譬以薪火。薪弊火微,薪尽火灭。虽有其妙,岂能独传?"⑤何承天重拾薪火之喻以证形尽神灭,宗炳反驳道:"夫火者,薪之所生,神非形之所作,意有精

① （晋）郑鲜之:《神不灭论》,载（梁）僧祐撰,李小荣校笺:《弘明集校笺》卷五,中华书局2013年版,第240页。
② （晋）郑鲜之:《神不灭论》,载（梁）僧祐撰,李小荣校笺:《弘明集校笺》卷五,中华书局2013年版,第242页。
③ （晋）郑鲜之:《神不灭论》,载（梁）僧祐撰,李小荣校笺:《弘明集校笺》卷五,中华书局2013年版,第242页。
④ （晋）郑鲜之:《神不灭论》,载（梁）僧祐撰,李小荣校笺:《弘明集校笺》卷五,中华书局2013年版,第243页。
⑤ （南朝宋）何承天:《释均善难》,载（梁）僧祐撰,李小荣校笺:《弘明集校笺》卷三,上海古籍出版社2013年版,第169页。

粗,感而得形随之。精神极,则超形独存;无形而神存,法身常住之谓也。"①宗炳认为精神可超越形体而独立存在,他理解的神,即传承慧远之说,为常住之法身,而法身是不灭的。

我们不妨再重点爬梳宗炳《明佛论》中的形神观。

首先,宗炳以儒家经典证形尽神不灭。宗炳从《周易》中"一阴一阳之谓道"和"阴阳不测之谓神",推断出"自道而降便入精神"②,而"道生一",《老子指归》说"一者,道之子,神明之母",宗炳由此认为,"神明"与"一"一样,是永恒的。宗炳又由《说卦》所说"神也者,妙万物而为言者也"。从"神"的这一定义出发,既然神可妙万物,那么,假若需要倚赖形体而生成,随形体毁灭而毁灭,那就是以形为本了,又何妙之可言呢? 此外,宗炳认为,"周公郊祀后稷,宗祀文王"如果是"空"孝,那就是否定了后稷和文王的在天之灵;"斋三日,必见所为斋者",又怎可以常人之见否定周公会见到先王的灵魂呢?"骨肉归于土,魂气则无不之",不就是神不灭的意思吗?

其次,形神缘会。宗炳从儒家命定论思想演绎出"神定论",即"生育之前素有粗妙矣,既本立于未生之先,则知不灭于既死之后矣"③。神为形之本,人在出生之前,就已禀受了或粗或妙的神明,神与形的相合,是因缘际会的结果,故舜生于瞽,商均生于舜,舜之神非瞽之所生,商均之神也非舜之所育,这就解释了顽瞽能生

① (南朝宋)宗炳:《答何衡阳难释〈黑白论〉》,载(梁)僧祐撰,李小荣校笺:《弘明集校笺》卷三,上海古籍出版社 2013 年版,第 184 页。
② (南朝宋)宗炳:《明佛论》,载(梁)僧祐撰,李小荣校笺:《弘明集校笺》卷二,上海古籍出版社 2013 年版,第 89 页。
③ (南朝宋)宗炳:《明佛论》,载(梁)僧祐撰,李小荣校笺:《弘明集校笺》卷二,上海古籍出版社 2013 年版,第 89 页。

第四章 儒佛一体

出圣子,圣人又生出嚚均。三代人形貌可能相似,但圣愚却迥乎相异,原因就在于形神不同源,天生缘会了不一样的神识。

再次,神非形作。宗炳认为,如果如排佛者所言,形生则神生,形死则神死,那么,身体受了外伤,精神就会困顿。而事实上,人在肢体伤残或生病时,仍旧神志清醒,思维正常。又,人们敬礼五岳四渎,正是因为其有神灵,否则只是一堆土石、一潭死水而已。可见,正如身体病残而神志健全,山崩川竭而神明犹在,精神不是由形体产生,不仅独立于形体而存在,还充斥天地、并流无极。

齐梁之际,围绕着范缜的《神灭论》,形神之争达到了高潮。范缜,字子真,在齐时追随竟陵王萧子良盛,为西邸文士之一。《神灭论》的出炉经过,《梁书》记载如是:

> 初,缜在齐世,尝侍竟陵王子良。子良精信释教,而缜盛称无佛。子良问曰:"君不信因果,世间何得有富贵,何得有贫贱?"缜答曰:"人之生譬如一树花,同发一枝,俱开一蒂,随风而堕,自有拂帘幌坠于茵席之上,自有关篱墙落于粪溷之侧。坠茵席者,殿下是也;落粪溷者,下官是也。贵贱虽复殊途,因果竟在何处?"子良不能屈,深怪之。缜退论其理,著《神灭论》。①

范缜《神灭论》的主要观点包括:(1)形神相即,即形神不离。"神即形也,形即神也;是以形存则神存,形谢则神灭也。"②(2)形质神用,"形者神之质,神者形之用"③。范缜用刃利之喻来说明:神与质的关系,有如利与刃的关系,刃为质,利为用,"未闻刃没而利存,岂容形亡而神在?"(3)人之质有知,木之质无知;死者有如

---

① (唐)姚思廉:《梁书》卷四十八《范缜传》,中华书局 1973 年版,第 664 页。
② (唐)姚思廉:《梁书》卷四十八《范缜传》,中华书局 1973 年版,第 665 页。
③ (唐)姚思廉:《梁书》卷四十八《范缜传》,中华书局 1973 年版,第 665 页。

木之质,死形之非生形。故死后无知,灵魂随灭。(4)心为虑本。手足为神之分,能有痛痒之知,而无是非之虑,此为知觉;心主是非之虑,此为思维。故范缜将神分为痛痒之知与是非之虑,"知即是虑。浅则为知,深则为虑"①。(5)凡圣不同体。圣人道革群生,形超万有。凡人形貌似圣人,但无圣人心器。圣人同于心器,形不必同。(6)儒经"为之宗庙,以鬼飨之"之类话语,乃圣人神道设教以满足孝子之心,而厉偷薄之意,非鬼神实有。

范缜说自己著《神灭论》,旨在针砭"浮屠害政,桑门蠹俗"的世风。"此论出,朝野喧哗,子良集僧难之而不能屈。"②范缜也自称"辩摧众口,如服千人。"③天监七年(508年),法云奉梁武帝旨意,组织62位王公大臣围攻《神灭论》,《弘明集》卷十即载这些朝臣的答诏。在这场围绕《神灭论》而展开的论战中,范缜遭受上至皇帝,下至朝廷众臣乃至僧众的集体围攻。《广弘明集》卷二十二载沈约《形神论》、《神不灭论》、《难范缜神灭论》。《弘明集》卷九载梁武帝作《敕答臣下神灭论》与《立神明成佛义记》、萧琛《难范缜神灭论》、曹思文《难范中书神灭论》、范缜《答曹录事难神灭论》、曹思文《重难范中书神灭论》。

早在齐竟陵王西邸文学集团,范缜就与竟陵八友之一梁武帝有交游,"高祖与缜有西邸之旧"④。如今,八友中有三友(梁武帝、沈约、萧琛)联手与昔日的文友交锋。

梁武帝的形神观,基于他的真神佛性论,真神即神明,也就是

---

① (唐)姚思廉:《梁书》卷四十八《范缜传》,中华书局1973年版,第668页。
② (唐)姚思廉:《梁书》卷四十八《范缜传》,中华书局1973年版,第670页。
③ (梁)萧琛:《难神灭论》序,载(梁)僧祐撰,李小荣校笺:《弘明集校笺》卷九,上海古籍出版社2013年版,第458页。
④ (唐)姚思廉:《梁书》卷四十八《范缜传》,中华书局1973年版,第665页。

精神。在梁武帝那里,人的精神本体神明是成佛的正因体。武帝云:"夫心为用本,本一而用殊。殊用自有兴废,一本之性不移。一本者。即无明神明也。"①也即是说,神明分本与用两个方面,心为本,用各殊。所谓用殊,是说心随境动,为无明遮蔽,念念不断,流转不止。而心体本身则其性不移,此所谓本,就是无明神明,由无明转为神明,也就可成佛了。梁武帝说"神明性不迁"②,即精神不灭。在《敕答臣下神灭论》中,梁武帝认为举两例即可驳倒范缜,即《祭义》说"惟孝子为能飨亲",《礼运》说"三日斋,必见所祭。"所飨为鬼魂,所见亦为鬼魂,而范缜的人死神灭之论,显为"违经背亲"之言。

沈约在《神不灭论》中即说"养形可至不朽,养神安得有穷?养神不穷,不生不灭。"③在《难范缜神灭论》中,沈约驳斥要点如下:(1)如形神相即,"则七窍百体,无处非神矣"④,四肢百体当各有其神,可为什么形名多神名少彼此不相对应? (2)刃是全称,利指局部,"刀之与利,既不同矣;形之与神,岂可妄合耶?"⑤(3)形与神若本为一物,则形病则神病,形渐朽则神渐亡,可这能成立吗?(4)范缜"生者之形骸变为死者之骨骸",可推知生之形骸化为死之骨骸,生形即死形,而范缜主张神随形化,则生神化为死神,这恰

---

① (梁)萧衍:《立神明成佛义记》,载(梁)僧祐撰,李小荣校笺:《弘明集校笺》卷九,上海古籍出版社 2013 年版,第 456 页。

② (梁)萧衍:《立神明成佛义记》,载(梁)僧祐撰,李小荣校笺:《弘明集校笺》卷九,上海古籍出版社 2013 年版,第 456 页。

③ (梁)沈约:《神不灭论》,载(清)严可均辑:《全梁文》卷二十九,商务印书馆 1999 年版,第 319 页。

④ (梁)沈约:《难范缜神灭论》,载(清)严可均辑:《全梁文》卷二十九,商务印书馆 1999 年版,第 319 页。

⑤ (梁)沈约:《难范缜神灭论》,载(清)严可均辑:《全梁文》卷二十九,商务印书馆 1999 年版,第 319 页。

恰证明三世轮回、神明不灭。

《梁书》载，范缜"唯与外弟萧琛相善，琛名曰口辩，每服缜简诣。"[1]但萧琛对自己大舅子的《神灭论》毫不留情予以回击。萧琛驳范缜要点为：（1）据梦以验形神不得共体。人做梦时"形是无知之物"，梦中"上腾玄虚，远适万里"[2]，不是神行便是形往，这时候范缜的形神不相离就不成立了。（2）利刃化为钝刀，则利灭而刀存。刀利既不俱灭，形神则不共亡。（3）人之质有知，木之质亦有知。草木昆虫只知"荣悴生死"，生民则"通安危利害"[3]，知觉程度不一而已。（4）神以形为器，非以形为体。若神以形为体，体全即神全，体伤即神缺。而事实上，人手足残废，肌肤受损，而智思不乱，孙膑刖脚而用兵如神即为明证。（5）人形骸无凡圣之别。

曹思文《难范中书神灭论》中的核心观点是：形神不相即，"是合而为用者也，而合非即矣。生则合而为用，死则形留而神逝也。"[4]赵简子昏迷五天不省人事，秦穆公睡了七天才醒来，睡时神游于帝庭，受赐享受钧天广乐，这就是形留而神游。庄周梦蝶时，形与神分；梦醒时分，则形与神合。神与形合则共为一体，分则形亡而神逝。

曹思文还引儒家经典证明神灵不灭。《孝经》中说"周公郊祀后稷以配天，宗祀文王于明堂以配上帝。"[5]曹思文追问："若形神

① （唐）姚思廉：《梁书》卷四十八《范缜传》，中华书局1973年版，第664页。
② （梁）萧琛：《难范缜神灭论》，载（梁）僧祐撰，李小荣校笺：《弘明集校笺》卷九，上海古籍出版社2013年版，第461页。
③ （梁）萧琛：《难范缜神灭论》，载（梁）僧祐撰，李小荣校笺：《弘明集校笺》卷九，上海古籍出版社2013年版，第467页。
④ （梁）曹思文：《难范中书神灭论》，载（梁）僧祐撰，李小荣校笺：《弘明集校笺》卷九，上海古籍出版社2013年版，第482页。
⑤ 胡平生：《孝经译注·圣治章》，中华书局1996年版，第19页。

俱灭,复谁配天乎?复谁配帝乎?"孔子说"天可欺乎?"①如果后
稷无神,又以他配天,周旦不就是欺天了吗?欺天,又欺人,便成了
斯人之教,设欺妄以立教,怎么能满足孝子之心、厉偷薄之意呢?
曹思文又举《礼》中所说"乐以迎来,哀以送往。"既然神灵虚无,又
有何可迎,有何可送呢?

范缜在《答曹录事难神灭论》中,引《论语》中子路问事鬼神,
孔子答"未能事人,焉能事鬼?"范缜认为,从孔子不明言鬼神之
有,正好说明人死而无知。

二、精神不灭

颜之推所处的时代,可谓崇佛与排佛并行。梁武帝奉佛,佛教
盛行,但朝廷排佛之议不断。如郭祖深上书指责佛教流行导致
"天下户口几亡其半"②,提议四十岁以下的僧尼还俗务农,废除白
徒养女。曾为梁武帝布衣之交的荀济,也上书"论佛教贪淫奢侈
妖妄"③,惹得梁武帝大怒,荀济潜逃东魏。在北朝,有北齐邢劭排
佛之争、北周武帝灭佛之举,又有杜弼、道安和甄鸾护法之论。颜
之推的《归心》篇,也可视为护法之作。梁僧祐编撰《弘明集》以弘
道明教,其《后序》总结了排击佛教的"六疑",颜之推也归纳了谤
佛之"五谤":

> 俗之谤者,大抵有五:其一,以世界外事及神化无方为迂诞也;
> 其二,以吉凶祸福或未报应为欺诳也;其三,以僧尼行业多不精纯
> 为奸慝也;其四,以糜费金宝减耗课役为损国也;其五,以纵有因缘

---

① (梁)曹思文:《难范中书神灭论》,载(梁)僧祐撰,李小荣校笺:《弘明集
　校笺》卷九,上海古籍出版社2013年版,第484页。

② (唐)李延寿:《南史》卷七十《郭祖深传》,中华书局1975年版,第1722页。

③ (唐)释道宣:《广弘明集》卷七,《乾隆大藏经》第115册,第379页。

如报善恶,安能辛苦今日之甲,利益后世之乙乎？为异人也。①

颜之推对上述"五谤"一一做了回应。其中对第五个质疑,颜之推从形神关系的角度回应。颜之推深信人之必死,如他说"考之内教,纵使得仙,终当有死。"②又说:"死者,人之常分,不可免也。"③但他又深信佛教人死神不灭,并通过论证"形体虽死,精神犹存"④,来说明善恶报应并非虚设。其论证主要包含以下几层意思:

第一,颜之推从因果报应的主体来论证精神不灭。佛教与中国传统善恶报应观不同的是,中国传统报应有"连坐"倾向,即一人为善,全家福报,一人作恶,全家遭殃,子孙后代也受其善恶的影响。而佛教之报应,乃源于每个人自身的"作业",故其业报源于自己的身、口、意三业,与他人无关,这就是所谓的"自作自受"。如《正法念处经》云:"非异人作恶,非人受苦报,自业得自果,众生皆如是。"又云:"自作自受不为他,若他所作非己报。"为此,与中国传统报应说不同的情况便出现了:"父作不善,子不代受;子作不善,父亦不受。善自获福,恶自受殃。"⑤依佛教因果报应说,"今日之甲"行善,所利益的"后世之乙",实为前者的来身或后身,为同一灵魂转世而来,本质上并非"为异人也"。所以,颜之推陈述的这一质疑本身即是质疑者对佛教教义的误解,不过,颜之推没有明说。

人生在世,望于后身似不相属;及其殁后,则与前身似犹

---

①　王利器:《颜氏家训集解》卷五《归心》,中华书局1993年版,第372页。

②　王利器:《颜氏家训集解》卷五《养生》,中华书局1993年版,第356页。

③　王利器:《颜氏家训集解》卷七《终制》,中华书局1993年版,第597页。

④　王利器:《颜氏家训集解》卷五《归心》,中华书局1993年版,第395页。

⑤　《大正新修大藏经》第1册《般泥洹经》卷上,第181页中。

老少朝夕耳。①

颜之推之意,人活着的时候,对于自己的来生后辈,似乎感觉上毫无关联。人死了以后,才明白,后身与前身的关系,犹如人之老年与少年、早上与晚上的关系,是连绵不断的。颜之推这里表达的,实际上就是精神不灭、生死轮回。颜之推又举当时的社会现象:"今人贫贱疾苦,莫不怨尤前世不修功业。"②人们抱怨前世之己,说明他们事实上已相信了灵魂转世的存在。

> 凡夫蒙蔽,不见未来,故言彼生与今非一体耳;若有天眼,鉴其念念随灭,生生不断,岂可不怖畏邪?③

颜之推利用佛教天眼通这一范畴,认为具有天眼神通,就可以看到人的前生、今生、后生是一体的。《大智度论》说:"天眼通者,于眼得色界四大造清净色,是名天眼。天眼所见,自地及下地六道中众生诸物,若近若远、若粗若细诸色,无不能照。"④如来十大弟子之一的摩诃目犍连,神通第一,他就能天眼通。如果人有天眼,就可以看到自己在六道轮回中生死流转,就能明白,凡夫俗子说的彼生与今生非一体是错误的,三世一体才是真,而承载三世轮回的报应主体正是不灭的灵魂。

第二,以梦想证形神可分。用梦想表明神游于形体之外,前文已提及萧琛、曹思文以梦为证,颜之推上承其说。

> 世有魂神,示现梦想,或降童妾,或感妻孥,求索饮食,徵

---

① 王利器:《颜氏家训集解》卷五《归心》,中华书局1993年版,第395页。
② 王利器:《颜氏家训集解》卷五《归心》,中华书局1993年版,第395页。
③ 王利器:《颜氏家训集解》卷五《归心》,中华书局1993年版,第395页。
④ [印度]龙树菩萨造,(后秦)鸠摩罗什译:《大智度论》,宗教文化出版社2014年版,第106页。

须福祐,亦为不少矣。①

人做梦时,形体不动,神游万里,正好说明神可独立于形体之外,精骛于八极之中。颜之推在《冤魂志》中记载了众多魂神示梦、活人感梦的案例。如:

《宋皇后》篇:汉灵帝宋皇后无宠而居正位,遭后宫陷害,灵帝收其玺绶,宋皇后忧郁而死。灵帝后来梦见桓帝,被桓帝怒斥。不久,灵帝崩。

《孙峻》篇:孙峻伏兵杀管恪,"峻后病,梦为恪所击。狂言常称见恪,遂死"②。

《苻永固》篇:姚苌杀苻永固,又掘其尸。"及苌遇疾,即梦永固将天官使者即鬼兵数百,突入营中,苌甚悚愕,走入后宫,宫人逆来刺鬼,误中苌阴。"③

《诸葛元崇》篇:诸葛元崇在送父丧返乡途中,被父亲的门生何法僧贪财起念,推入河中致死。"尔夜,元崇母陈氏梦元崇还,具叙亡父事及身被杀委曲。"④凶手因此伏法。

《太乐伎》篇:秣陵县令陶继之在审判一抢劫案时草菅人命,将一太乐伎冤杀。"经月余,陶遂夜梦伎来至案前云:'昔枉见杀,实所不分,诉天得理,今故取君。'便入陶口,乃落腹中。"⑤四天后,陶继之便死了。

《释僧越》篇:徐州刺史张臯因言语冲突,将自己供养的僧越

---

① 王利器:《颜氏家训集解》卷五《归心》,中华书局1993年版,第395页。
② 罗国威:《冤魂志校注·孙峻》,巴蜀书社2001年版,第29页。
③ 罗国威:《冤魂志校注·苻永固》,巴蜀书社2001年版,第46页。
④ 罗国威:《冤魂志校注·诸葛元崇》,巴蜀书社2001年版,第60页。
⑤ 罗国威:《冤魂志校注·太乐伎》,巴蜀书社2001年版,第65页。

杀死。"尔后忽梦见僧越,云:'来报怨。'"①

鬼魂示梦,可知精神不灭;活人感梦,可推生死有别但灵魂相感相通。由此,颜之推打通了生与死、打通了前生今生与后生,而贯通其中的,恰恰是轮回不已的灵魂。

第三,对儒家祭祀的新解。在颜之推之前的形神之争中,多以儒家祭祀来证明灵魂的存在。而颜之推承认"四时祭祀,周、孔所教,欲人勿死其亲,不忘孝道也"②。但他并没有顺着前人的思路来说明如否认所祭鬼魂存在便为欺人之教,转而说"求诸内典,则无益焉"③。即依佛教戒杀之意,为祭祀而杀生,反而增加了新的罪责,故提醒子孙,孝道要与佛义相合。颜之推不否认祭祀的意义,在下面这段文字中也有体现:

> 或问曰:"夫神灭形消,遗声余价,亦犹蝉壳蛇皮,兽迹鸟迹耳,何预于死者,而圣人以为名教乎?"对曰:"劝也,劝其立名,则获其实。"且劝一伯夷,而千万人立清风矣;劝一季札,而千万人立仁风矣;劝一柳下惠,而千万人立贞风矣;劝一史鱼,而千万人立直风矣。④

可见,颜之推反对神灭论,但不反对圣人劝教,而是认为人死后之名可以作为教化手段,通过榜样的力量,可以立清风、仁风、贞风、直风,对社会风气起到正向影响。

第四,修身免罪与济时益物相统一。颜之推认为,从佛教的角度看,一个人修道,要思考可以"免脱几身罪累",也就是说,颜之推从宗教行为的角度,看到了修道免罪,"几身罪累",意味着"几

---

① 罗国威:《冤魂志校注·释僧越》,巴蜀书社 2001 年版,第 87 页。
② 王利器:《颜氏家训集解》卷七《终制》,中华书局 1993 年版,第 602 页。
③ 王利器:《颜氏家训集解》卷七《终制》,中华书局 1993 年版,第 602 页。
④ 王利器:《颜氏家训集解》卷四《名实》,中华书局 1993 年版,第 313 页。

身"的存在,即前生、今生、后生的轮回不虚。颜之推还说要熟思"一人修道,济度几许苍生?"①修习佛教可以普度众生,从儒家的角度看,就是颜之推所说的通过"克己复礼",以收"济时益物"之功。由此,颜之推将精神不灭与儒家的安邦济民联系起来。颜之推还告诫子孙为树立门户、奉行孝道可以不弃妻子不出家,但同时要"兼修戒行,留心诵读,以为来世津梁"②。这种将今生的有为与对来生的责任相结合的训诫,透露出颜之推援儒入佛的思想。

第四节 三世之事,信而有征

《归心》篇即为颜之推申说其佛教思想之作,其中说到"三世之事,信而有征,家世归心,勿轻慢也"③。过去、现在、未来三世之事,可信而可验证,颜之推相信轮回转世,因此愿意世代皈依佛教。颜之推以儒学世家而欲归心佛教因果报应之说,显示了三教合流在颜氏家族关键成员身上投射的影响。《归心》篇已列举八事以明因果报应,证五戒之必要。颜之推为弘传佛教报应之说,还著有《冤魂志》,该书被称为"释氏辅教之书"的重要代表作。鲁迅说:"释氏辅教之书,《隋志》著录九家,在子部及史部,今惟颜之推《冤魂志》存,引经史以证报应,已开混合儒释之端矣。"④

在报应观上混合儒释,意味着颜之推将传统的善恶报应与佛教的因果报应,开启了一座相通的桥梁。

① 王利器:《颜氏家训集解》卷五《归心》,中华书局 1993 年版,第 396 页。
② 王利器:《颜氏家训集解》卷五《归心》,中华书局 1993 年版,第 396 页。
③ 王利器:《颜氏家训集解》卷五《归心》,中华书局 1993 年版,第 364 页。
④ 鲁迅:《中国小说史略》,中华书局 2010 年版,第 29 页。

一、中土报应与佛教报应

南朝"释氏辅教之书",较有影响的,包括:

晋谢敷《光世音应验记》、刘宋傅亮《光世音应验记》、张淹《续光世音应验记》、齐陆杲《系光世音应验记》,其中傅亮所作本之对谢敷《光世音应验记》的回忆。光世音,即观世音。"三种《应验记》所记 86 个故事,都着力向读者灌输一种信念:无论遇到什么苦难,只要一心诵念《观世音经》,便能逢凶化吉。"①

刘宋临川康王刘义庆《宣验记》,宣扬奉法得福、违佛受惩、杀生受报、观音、佛像显灵等内容。

南齐太子舍人王琰《冥祥记》,记佛像瑞验、观世音应验、轮回转世、僧人高行等故事,以弘明佛教。

其他弘佛小说还有宋尚书郎王延秀《感应传》、晋宋间朱君台《徵应传》、齐竟陵王萧子良《冥验记》、梁王曼颖《补续冥祥记》等。"今总计魏晋南北朝撰佛教应验录者,约有十余人。"②

《文渊阁四库全书本〈还冤志〉提要》将《冤魂志》所记载的故事定性为"皆释家报应之说"③。

"报应"一词,出自《汉书·刑法志》:"故伊、吕之将,子孙有国,与商周并。至于末世,苟任诈力,以快贪残,争城杀人盈城,争地杀人满野。孙、吴、商、白之徒,皆身诛戮于前,而国灭亡于后。报应之势,各以类至,其道然矣。"④

---

① 李剑国:《唐前志怪小说史》,天津教育出版社 2005 年版,第 470 页。
② 王国良:《魏晋南北朝志怪小说研究》,台湾文史哲出版社 1984 年版,第 43 页。
③ 罗国威:《冤魂志校注》附录《文渊阁四库全书本〈还冤志〉提要》,巴蜀书社 2001 年版,第 110 页。
④ (东汉)班固撰,(唐)颜师古注:《汉书》卷二十三《刑法志》,中华书局 1962 年版,第 1088 页。

中国传统的报应观，主要为善恶报应说，即俗话所说："善有善报，恶有恶报，不是不报，时候未到。"这一思想在先秦两汉的典籍中多有体现，如：

《尚书·商书·伊训》："惟上帝不常，作善降之百祥；作不善降之百殃。"①

《国语·周语》："天道赏善而罚淫"。②

《周易·坤·文言》："积善之家，必有余庆；积不善之家，必有余殃。"

《道德经》："天网恢恢，疏而不失。"

《墨子·法仪》："爱人利人者，天必福之；恶人贼人者，天必祸之。"③

《新语·怀虑》："积德之家，必无灾殃。"④

《淮南子·人间训》："夫有阴德者，必有阳报；有阴行者，必有昭名。"⑤

《说苑·敬慎篇》："人为善者，天报以福；为不善者，天报以祸也。"⑥

正因有了上述种种说法，颜之推便说："善恶之行，祸福所归。九流百氏，皆同此论，岂独释典为虚妄乎？"⑦既然九流百家都有报

---

① （汉）孔安国传，（唐）孔颖达疏：《尚书正义》卷八《商书·伊训》，北京大学出版社 1999 年版，第 206 页。
② 徐元诰撰：《国语集解·周语中》，中华书局 2002 年版，第 86 页。
③ （清）孙诒让：《墨子闲诂》卷一《法仪》，中华书局 2001 年版，第 22 页。
④ （汉）陆贾著，王利器校注：《新语校注》卷下《怀虑》，中华书局 1986 年版，第 139 页。
⑤ 刘文典：《淮南鸿烈集解》卷十八《人间训》，中华书局 1989 年版，第 596 页。
⑥ （汉）刘向撰，向宗鲁校证：《说苑校证》卷十《敬慎》，中华书局 1987 年版，第 246 页。
⑦ 王利器：《颜氏家训集解》卷五《归心》，中华书局 1993 年版，第 385 页。

应之说,为什么偏偏指责佛教的因果报应为虚妄呢? 颜之推这里试图以儒家善恶报应理论来证佛教报应观的可信。儒家善恶报应学说建立在"天人合一"的基础之上,天、地、人三才以善相贯通,人性禀受于天,故天善人亦善。人如果行善,在天人感应的原则下,天报之以福;人如果作恶,则违逆了天性之善,天将报之以祸,来自上天的惩罚,针对作恶者本人,亦针对其家人乃至后世子孙。

道教就善恶报应问题,提出了"承负"说。

> 承者为前,负者为后;承者,乃谓先人本承天心而行,小小失之,不自知,用日积久,相聚为多,今后生人反无辜蒙其过谪,连传被其灾,故前为承,后为负也。①

承负说的核心,即前人作恶后人遭殃,一个人要为其祖先承受恶果。承,意味着后人要为前人作恶承担报应;负,意味着前人作恶殃及无辜,有负于后人。可见,不论是儒家还是道家,善恶报应说都可能让无辜者受牵连而遭到惩罚。除了这一以今人眼光看来明显不合理的漏洞之外,从经验的角度,人们往往能看到相反的情形:善有恶报、恶有善报,这就是所谓"德福不一致"的问题。早在西汉,司马迁就提出了这一质疑:

> 或曰:"天道无亲,常与善人。"若伯夷、叔齐,可谓善人者非邪? 积仁絜行如此而饿死! 且七十子之徒,仲尼独荐颜渊为好学。然回也屡空,糟糠不厌,而卒蚤夭。天之报施善人,其何如哉? 盗跖日杀不辜,肝人之肉,暴戾恣睢,聚党数千人横行天下,竟以寿终。是遵何德哉?②

伯夷、叔齐义不食周粟,隐于首阳山,采薇而食之,遂饿死。颜

---

① 《太平经合校》上册,中华书局1960年版,第70页。
② (汉)司马迁撰,(宋)裴骃集解,(唐)司马贞索引,(唐)张守节正义:《史记》卷六十一《伯夷列传》,中华书局1959年版,第2125页。

回以好学著称却穷愁早夭："年二十九而发白,三十一早死。"①盗跖杀人如麻,横暴天下,却得善终。司马迁由此对天道赏善罚恶之说提出了叹问。

就人行为的善恶与命运的寿夭祸福发生矛盾,古人多有探究。《白虎通·寿命》："命者,何谓也? 人之寿也,天命已使生者也。命有三科,以记验。有寿命以保度,有遭命以遇暴,有随命以应行。"②《白虎通》的三命说,寿命禀自上天,遭命来自偶然,随命缘于个人的善恶。故其三命说包含了善恶报应之说,对于不符合这一说法的,归于天命与偶然。

王充进一步提出了对三命说的看法:

> 正命,谓本禀之自得吉也。性然骨善,故不假操行以求福而吉自至,故曰正命。随命者,戮力操行而吉福至,纵情施欲而凶祸到,故曰随命。遭命者,行善得恶,非所冀望,逢遭于外而得凶祸,故曰遭命。③

王充所持为气禀说背景下的命定论,即在父母阴阳交接时,该人所禀之气已决定了其吉凶之命。王充将性与命分开来看,"夫性与命异,或性善而命凶,或性恶而命吉"④。性有善恶,命有吉凶,但匹配方式则包括:性善,命可吉可凶;性恶,命亦可吉可凶。故不论一个人是善是恶,都有或吉或凶或寿或夭之命。行善而得祸,属于性善而命凶,即所谓遭命。随命则包括行善得福、行恶得

---

① 《孔子家语》卷九《七十二弟子解》,中华书局 2011 年版,第 424 页。
② (清)陈立撰:《白虎通疏证》卷八《寿命》,中华书局 1994 年版,第 391 页。
③ (东汉)王充著,黄晖校释:《论衡校释》卷二《命义》,中华书局 1990 年版,第 50 页。
④ (东汉)王充著,黄晖校释:《论衡校释》卷二《命义》,中华书局 1990 年版,第 51 页。

祸一类，与传统善恶报应说相符，但王充否认有随命，理由是，"言随命则无遭命，言遭命则无随命"①。譬如，盗跖、庄跻横行天下，杀人越货，肆行无道，却得寿终，与随命之说发生冲突。而颜回按照随命说，应该不受穷困之苦、早夭之难，却行善于内，遭凶于外，其命为遭命。为此，王充认为随命、遭命只能二者选一，他选择的是遭命。

其实，王充否认随命，肯定正命与遭命，也无法圆满解决德福矛盾。正命出自天生之偶然，遭命出于后天之偶然，这意味着某种程度上消解了人的自我道德完善与对命运的自我把握，显然不利于教化的推行。

道家的承负说，如此解决德福不一致的问题："能行大功万万倍之，先人虽有余殃，不能及此人也。"②承负说的弊端在于：既然个人祸福取决于先人善恶，行善的动力与作恶的警戒只来自于对后人命运的关注，倘使某人无后或不管后人祸福，他就可随心所欲了。

颜之推在《归心》篇仍提出德福一致的问题：

> 项橐、颜回之短折，伯夷、原宪之冻馁，盗跖、庄跻之福寿，齐景、桓魋之富强，若引之先业，冀以后生，更为通耳。如以行善而偶钟祸报，为恶而傥值福征，便生怨尤，即为欺诡；则亦尧、舜之云虚，周、孔之不实也，又欲安所依信而立身乎？③

《战国·秦策》："项橐生七岁而为孔子师。"《弘明集·正诬

---

① （东汉）王充著，黄晖校释：《论衡校释》卷二《命义》，中华书局1990年版，第52页。
② 《太平经合校》上册，中华书局1960年版，第23页。
③ 王利器：《颜氏家训集解》卷五《归心》，中华书局1993年版，第385页。

论》:"颜、项夭夭。"①项橐与颜回都是英年早逝。《韩诗外传》:
"原宪居鲁,环堵之室,茨以蒿莱,蓬户瓮牖,桷桑而无枢,上漏下
湿,匡坐而弦歌。子贡乘肥马,衣轻裘,中绀而表素,轩不容巷,而
往见之。原宪楮冠黎杖而应门,正冠则缨绝,振襟则肘见,纳履则
踵决。"②伯夷饿死首阳山,原宪的穷困潦倒也让人为之辛酸。庄
跻为楚威王之将军,与盗跖均为大盗,却得寿终正寝。《论语·季
氏》说"齐景公有马千驷",《礼记·檀弓上》说:"昔者夫子居于
宋,见桓司马自为石椁,三年而不成。"③可见二人之巨富。以上八
人,前四者为大贤,或寿命不永,或贫穷困窘;后四人为大恶,或得
以寿终,或富贵逼人。颜之推之意,如果这一现象用佛教的业报轮
回说来解释,就能解释清楚了:前身所造之业,在后身得到果报。

颜之推所谓"业",即佛教因果报应说的"因"。业,是造作的
意思,指众生的身心活动,包括身业、口业、意业,从性质上看,则有
善业、恶业、无计业三种。善恶二业分受善恶二报,无善无恶的无
计业则不受果报。

慧远在《三报论》中称:"业有三报,一曰现报,二曰生报,三曰
后报。现报者,善恶始于此身,即此身受。生报者,来生便受。后
报者,或经二生、三生、百生、千生,然后乃受。"④人有三业,业有三
报,生有三世,未能超脱生死烦恼的人,便地狱、饿鬼、畜生、阿修
罗、人、天这六道轮回中不断生死流转。慧远解释报有迟速的问

---

① （梁）僧祐撰,李小荣校笺:《弘明集校笺》卷一《正诬论》,上海古籍出版
　　社 2013 年版,第 81 页。
② 赖炎元译注:《韩诗外传今注今译》卷一,台湾商务印书馆 1977 年版,第
　　11 页。
③ 王文锦译解:《礼记译解·檀弓上》,中华书局 2016 年版,第 88 页。
④ （晋）慧远:《三报论》,载（梁）僧祐撰,李小荣校笺:《弘明集校笺》卷五,
　　上海古籍出版社 2013 年版,第 288 页。

题,在于承受报应的主体所决定的:"受之无主,必由于心;心无定司,感事而应;应有迟速,故报有先后。"①颜之推也说:"夫信谤之征,有如影响;耳闻目见,其事已多,或乃精诚不深,业缘未感,时傥差阑,终当获报耳。"②颜之推也说报应的时间不一,在于心对业的感应有先后,但报应总是会变现的。佛教因果报应说在中国上层社会中开始流行时,引起了相当大的思想震动,袁宏《后汉纪》卷十说:"王公大人观死生报应之际,莫不瞿然自失。"③

在身、口、意三业中,佛教特别重视"意业"即心的作用。郗超也引《般泥洹经》以论"心"作为报应的主体:"经云:'心作天,心作人,心作地狱,心作畜生,乃至得道者,皆心也。'凡虑发乎心,皆念念受报。"④

万法唯心,心在因果报应中起决定作用。故慧远《明报应论》说:"无明为惑网之渊,贪爱为众累之府。"心的无明是造成人贪、嗔、痴的根源,故心地光明,揭开惑网、摆脱众累,是无明转明的关键。人在生时心为报应主体,而人死后,灵魂不灭,潜伏于心作为精神现象的灵魂便成为报应的主体。

佛教的因果报应说,对中土传统善恶报应说存在的德福不一致的缺陷,给出了自圆其说的解释,对于鼓励人们行善无疑颇具价值。同时,今生作恶、来生受报的观念,对人的恶行是一种巨大的精神震慑,有利于减少人们的作恶心理与行为的发生。故佛教因

---

① （晋）慧远:《三报论》,载（梁）僧祐撰,李小荣校笺:《弘明集校笺》卷五,上海古籍出版社 2013 年版,第 288 页。
② 王利器:《颜氏家训集解》卷五《归心》,中华书局 1993 年版,第 385 页。
③ （晋）袁宏:《后汉纪》卷十《孝明皇帝纪》,载《两汉纪》下册,中华书局 2002 年版,第 187 页。
④ （晋）郗超:《奉法要》,载（梁）僧祐撰,李小荣校笺:《弘明集校笺》卷十三,上海古籍出版社 2013 年版,第 716 页。

果报应，客观上也能起到儒家的教化之效。

二、传统复仇观与鬼魂复仇观

（一）儒家复仇观与鬼魂报冤的兴起

孔子主张"以直报怨，以德报德。"[①]儒家对于爱与仇，都因亲疏而有差等。《大戴礼记·曾子制言上》："父母之雠，不与同生；兄弟之雠，不与聚国；朋友之雠，不与聚乡；族人之雠，不与聚邻。"[②]这意味着，父母之仇为生死之仇；兄弟之仇，与仇人不可同国而居。《周礼·地官司徒》描述类似于今天调解员角色的"调人"一职时也表达了类似的观点，调解无效的，"父之雠辟诸海外，兄弟之雠辟诸千里之外，从父兄弟之雠不同国"[③]。《周礼·秋官司寇》还说："凡报仇雠者，书于士，杀之无罪。"[④]

对复仇的宽容与首肯，屡见诸儒家文献。《春秋公羊传》说"君弑，臣不讨贼，非臣也。子不复仇，非子也。"[⑤]这是将臣为君报仇、子为父报仇作为义务而予以界定的。又，《春秋公羊传》："九世犹可复仇乎？虽百世可也。"[⑥]复仇由此不仅有其合法性，跨越

---

① （魏）何晏注，（宋）邢昺疏：《论语注疏》卷十四《宪问》，北京大学出版社1999年版，第198页。

② （清）王聘珍撰：《大戴礼记解诂》卷五《曾子制言上》，中华书局1983年版，第91页。

③ （汉）郑玄注，（唐）贾公彦疏：《周礼注疏》卷十四，北京大学出版社1999年版，第358页。

④ （汉）郑玄注，（唐）贾公彦疏：《周礼注疏》卷三十五，北京大学出版社1999年版，第943页。

⑤ （汉）公羊寿传，何休解诂，（唐）徐彦疏：《春秋公羊传注疏》卷三，北京大学出版社1999年版，第65页。

⑥ （汉）公羊寿传，何休解诂，（唐）徐彦疏：《春秋公羊传注疏》卷六，北京大学出版社1999年版，第122页。

时间的复仇与隔代复仇也被赋予合法色彩。孟子对于复仇的体悟是:"吾今而后知杀人亲之重也:杀人之父,人亦杀其父;杀人之兄,人亦杀其兄。然则非自杀也,一间耳。"①孟子指认了复仇的性质尽管为间杀而非自杀,即报仇时,直接对等的一方因受伤或死亡而丧失复仇能力,而由他人行使了复仇行为,但本质上相当于自杀父兄。因为结果出现了"杀人之父,人亦杀其父;杀人之兄,人亦杀其兄"的局面,孟子由此反对杀人。赵岐《孟子注》:"一间者,我往彼来间一人耳,与自杀其亲何异哉?"②之所以当时人认为为父兄报仇是理所当然的,其逻辑根源于儒家的爱亲与孝悌原则。

在生时的复仇逻辑可以顺延到死后,便有了鬼魂复仇的可能。许慎《说文解字》对鬼的解释是:"人所归为鬼,从儿,田像鬼头,从厶,鬼阴气贼害,故从厶。"王充《论衡·论死》:"世谓人死为鬼,有知,能害人。"③又云:"人死精神升天,骸骨归土,故谓之鬼。鬼者,归也。"④

鬼魂报恩与报仇的传说,在佛教传入前既已存在。《左传·宣公十五年》载,魏武子很宠爱一妾,当他生病时,吩咐魏颗把她嫁了,而病入膏肓时又说让她殉葬。魏武子死后,魏颗把魏武子的爱妾嫁了,理由是,这是魏武子神志清醒时的意愿。后来,在秦晋辅氏之役中,一个老人用草绳把秦国的大力士杜回绊倒,魏颗便生擒

---

① (汉)赵岐注,(宋)孙奭疏:《孟子注疏》卷十四上《尽心章句下》,北京大学出版社 1999 年版,第 385 页。

② (汉)赵岐注,(宋)孙奭疏:《孟子注疏》卷十四上《尽心章句下》,北京大学出版社 1999 年版,第 385 页。

③ (东汉)王充著,黄晖校释:《论衡校释》卷二十《论死》,中华书局 1990 年版,第 871 页。

④ (东汉)王充著,黄晖校释:《论衡校释》卷二十《论死》,中华书局 1990 年版,第 871 页。

杜回而立功。晚上，魏颗梦见了那个老人，老人说自己是所嫁妇人之父。这是鬼魂报恩的故事。

鬼魂报恩，也报仇。墨子持有鬼论，《墨子·明鬼》说："今若使天下之人偕若信鬼神之能赏贤而罚暴也，则夫天下岂乱哉！"①该篇举周宣王杀其臣杜伯、燕简公杀其臣庄子仪，而后者均鬼魂复仇，及《诗·大雅·文王》"文王在上，于昭于天"及《尚书·商书·伊训》"山川鬼神，亦莫不宁"②等文献，证鬼神之实有，复仇之存在。

周宣王滥杀其臣杜伯，三年后，白日见鬼，杜伯将正在田猎中的周宣王射死。燕简公冤杀其臣庄子仪，庄子仪死前也发誓三年内鬼魂复仇。结果，已然化为冤鬼的庄子仪也在大白天杖击燕简公致其于死地。

《左传·桓公十八年》记载鲁桓公与夫人文姜与齐襄公会见，襄公与妹妹文姜私通，鲁桓公责备了文姜，文姜向襄公哭诉，襄公便让公子彭生杀死了鲁桓公。此事引发了严重的外交争端，为平息鲁国人的愤怒，齐侯杀了彭生。《左传·庄公八年》记载了替罪羊彭生的复仇细节，在齐侯的一次田猎中，彭生化身为大豕，齐侯射之，"豕人立而啼"，这一景象把齐侯吓坏了，掉下车把脚摔伤了。后来，齐襄公被弑。颜之推的《冤魂志》也叙述了这一事件。

《左传·昭公七年》载伯有被人攻杀后托梦于人，说自己预定了时日将杀两位仇人，果然，托梦复仇依约应验。此事子产有自己的解释：

> 及子产适晋，赵景子问焉，曰："伯有犹能为鬼乎？"子产

---

① （清）孙诒让：《墨子闲诂》卷八《明鬼》，中华书局 2001 年版，第 223 页。
② （汉）孔安国传，（唐）孔颖达疏：《尚书正义》卷八《商书·伊训》，北京大学出版社 1999 年版，第 203 页。

曰:"能。人生始化曰魄,既生魄,阳曰魂。用物精多,则魂魄强。是以有精爽,至于神明。匹夫匹妇强死,其魂魄犹能冯依于人,以为淫厉。"①

子产之意,一则人死能为鬼,人在生时蒙冤,死后成鬼会报仇;二则鬼魂可附活人之身为厉,故须安抚好鬼魂使之有归宿;三则魂魄、神明的力量大小与出生时所禀精气多少及家庭背景有关。

伯有化为鬼魂而扬言复仇,其事应验,彭生白日现形,吓倒齐侯。这些早期的报应故事,已经显示了佛教传入前人们对灵魂实有的相信。

(二)从泰山府君到泰山阎王

上文子产所说的"魂魄",魂来自上天,属阳;魄来自大地,属阴;魂是精神的灵魂,魄是肉体的灵魂。《说文》:"魂,阳气也,从鬼云声","魄,阴神也,从鬼白声"。《礼记·檀弓下》载吴公子季札所说:"骨肉归复于土,命也。若魂气则无不之也。"②人死之后,魂魄离散,"魂气归于天,形魄归于地"③,魂升天,魄入地。故人死后,亲人留恋,有登屋顶而招魂之举。

《楚辞·招魂》:"魂归来兮!君无上天些……魂归来兮!君无下此幽都些。"④余英时评论此诗:"我们第一次在同一首诗里遇到了天堂和地狱。"⑤顾炎武《日知录》说:"或曰:地狱之说,本于

---

① (周)左丘明传,(晋)杜预注,(唐)孔颖达正义:《春秋左传正义》卷四十四,北京大学出版社1999年版,第1249页。

② 王文锦译解:《礼记译解·檀弓下》,中华书局2016年版,第137页。

③ 王文锦译解:《礼记译解·郊特牲》,中华书局2016年版,第319页。

④ 林家骊译注:《楚辞·招魂》,中华书局2010年版,第212页。

⑤ 余英时:《"魂兮归来!"——论佛教传入以前中国灵魂与来世观念的转变》,载《余英时英文论著汉译集》,上海古籍出版社2005年版,第143页。

宋玉《招魂》之篇。"①

　　人死之后，本来魂归天，魄归地，但随着神仙说的兴起，仙人的灵魂才会升天，需要为普通人的灵魂找到新的归宿。于是，泰山府君作为最高统治者的阴间机构便开始进入信仰的视野。泰山府君的信仰恐与封禅有关。古者帝王受命于天，封泰山，以报上天，禅梁父，以祠地主。梁父既然是地主所在，那么，人死之后，魂归梁父也就说得过去。那么，为什么不是梁父府君呢？余英时的解释是："'府君'一词不能认为是普通意义上的'主'，实际上，它在汉代是郡一级官员的通称。'泰山'也不能理解为圣山本身，而应理解为以圣山命名的郡。"这样，泰山府君的治所在梁父也就成立了。

　　顾炎武《日知录》："尝考泰山之故，仙论起于周末，鬼论起于汉末。"②顾炎武多方引证，证据包括：《后汉书·乌桓传》有"中国人死者魂神归岱山"之说③，《后汉书·方术传》载许曼自称"尝笃病，三年不愈，乃谒太山请命"④。《三国志·管辂传》说"但恐至太山治鬼，不得治生人。"⑤《乐府诗集》卷第四十一《怨诗行》："嘉宾难再遇，人命不可续。齐度游四方，各系太山录。人间乐未央，忽然归东岳。"⑥等等。

-----

① （清）顾炎武著，黄汝成集释：《日知录集释》卷三十《泰山治鬼》，上海古籍出版社 2006 年版，第 719 页。
② （清）顾炎武著，黄汝成集释：《日知录集释》卷三十《泰山治鬼》，上海古籍出版社 2006 年版，第 718 页。
③ （南朝宋）范晔：《后汉书》卷九十《乌桓传》，中华书局 1965 年版，第 2980 页。
④ （南朝宋）范晔：《后汉书》卷八十二《方术传下》，中华书局 1965 年版，第 2731 页。
⑤ （晋）陈寿撰，（宋）裴松之注：《三国志·魏书》卷二十九《管辂传》，中华书局 1959 年版，第 826 页。
⑥ （宋）郭茂倩编：《乐府诗集》卷四十一《怨诗行》，中华书局 1979 年版，第 610 页。

清代学者赵翼《陔余丛考》卷三十五有《泰山治鬼》条说:"泰山治鬼之说,汉、魏间已盛行。"①余嘉锡先生说:"泰山、梁父既为地主,人死归于地,于是相传遂为泰山治鬼,梁父主死矣。"②

死后魂归泰山梁父,魄则进入阴间蒿里。这样,人死之后,魂和魄分别到梁父和蒿里这两个地府报到。余英时说:"民间仙人不死崇拜不讲魂归天,与此对应,中国阴间观念似乎进行了根本的调整,它按照二元论分别安置了魂和魄。"③余英时还引陆机的诗句为证:"梁甫亦有馆,蒿里亦有亭。幽途延万鬼,神房集百灵。"

汉魏间兴起的泰山治鬼观念,随着佛教的传入,又被融入佛教的地狱学说。安世高译经时已使用"太山地狱"一词,其所译《佛说分别善恶所起经》中论"五道",第五道为"泥犁太山地狱道"。三国两晋南北朝时期,如吴国的康僧会、支谦,西晋的竺法护,姚秦的竺佛念,东晋的竺昙无兰,刘宋的释宝云等译经中,太山均为地狱之代称。本来主招魂的泰山府君,在佛教这里被说成为阎罗王的书记官,专记众生善恶,泰山成为承受地狱报应的场所。余英时说:

> 当佛教渐渐在中国发展起来时,中国的灵魂和来世观念完全改变了。结果,阴间二元论最终又被阎王掌管的"十地狱"的信仰所替代。但是,由泰山府君掌死者的汉代传统却在激烈的转化中保存下来。泰山府君没被彻底忘记,他成为

① (清)赵翼:《陔余丛考》卷三十五《泰山治鬼》,河北人民出版社 1990 年版,第 718 页。
② 余嘉锡:《积微居小学金石文字论丛序》,载《余嘉锡论学杂著》,中华书局 2007 年版,第 579 页。
③ 余英时:《"魂兮归来!"——论佛教传入以前中国灵魂与来世观念的转变》,载《余英时英文论著汉译集》,上海古籍出版社 2005 年版,第 151 页。

佛教阴间的十王之一,得到了一个永久的位置——泰山阎王。①

颜之推《冤魂志》中,《孙元弼》篇记载晋富阳县令王范妾桃英与丁丰、史华期通奸,被孙元弼发现,两位奸夫反谤孙元弼私通桃英。陈超劝成其罪,王范遂杀孙元弼。后陈超遇鬼。

> 鬼曰:"王范既为事主,当先杀之。贾景伯、孙文度在太山玄堂下共定死生名录,桃英魂魄亦收在女青亭者,是第三地狱名,在黄泉下,专治女鬼。"②

太山,即泰山。该篇是《冤魂志》第一次提到"地狱"与"泰山"。此外,《庾申》篇记载庾死后来到地狱,府君说他不当死,遣出城门,但门吏暗示须行贿,幸好一少女以三双金钏相救,庾某得以回到人间。庾某如此回忆阴间情形:

> 有两黑衣人来,收缚之,驱使前行。见一大城,门楼高峻,防卫重复。将庾入厅前,同入者甚众。厅上一贵人南向坐,侍直数百,呼为府君。府君执笔,简阅到者,次至庾,曰:"此人算尚未尽。"催遣之。③

这里描述的府君之厅,与人间的官府何其相似。但此篇无报冤之事,是否为颜之推所作,尚存疑问。

可见,《冤魂志》作为"释氏辅教之书",并不侧重于通过渲染地狱的恐怖来引人向善,而有其弘扬佛法的独特体系。

(三)《冤魂志》中的因果报应

明代学者胡应麟说:"魏、晋好长生,故多灵变之说;齐、梁弘

① 余英时:《"魂兮归来!"——论佛教传入以前中国灵魂与来世观念的转变》,载《余英时英文论著汉译集》,上海古籍出版社2005年版,第153页。
② 罗国威:《冤魂志校注·孙元弼》,巴蜀书社2001年版,第56页。
③ 罗国威:《冤魂志校注·庾申》,巴蜀书社2001年版,第69页。

释典,故多因果之谈。"①颜之推于五戒中特重戒杀,故在《归心》篇中便已列举杀生之人所受果报,以此警醒"好杀之人,临死报验,子孙殃祸,其数甚多。"②

颜之推的《冤魂志》,也与戒杀有关,所谓冤魂,自然是被冤杀者的亡灵。可以说,《冤魂志》是颜之推重戒杀的自然延伸,聚焦于杀人之戒,以此呼唤对生命的尊重,同时通过这一系列的冤魂报仇故事,以宣扬佛教的因果报应学说。

《冤魂志》的报应思想主要有以下特点:

第一,援经史以证报应。

《冤魂志》一书大都取材于历史典故和南北朝时期发生的故事,所记内容多与正史相出入,而且表达方式也有史笔的特点,这种从内容到形式上的史书风格,为的是以更加令人信服的方式,来论证"三世之事,信而有征"③,来说明报应之说的可信。人们往往以"信史"言说史籍,强调的是其可信,颜之推在南北朝因果报应之争此起彼伏的时代风潮中,也自觉地担当起护教者的角色,而论证报应之说的可信,依然是主要任务。

《冤魂志》从经史中取材,可谓随处可见。如前文叙及的早期儒家报应故事,颜之推也记于《冤魂志》中,《杜伯》取材于《国语》,《公子彭生》取材于《左传》,《燕臣庄子仪》取材于《墨子》。此外,其他篇章所叙故事也多见于经史著作中,如《公孙圣》见于《越绝书》,《汉王如意》见《史记·吕太后本纪》,《窦婴》见于《史记·魏其武安侯列传》,《苏娥》事见《文选》注,《涪令妻》中王忳

---

① (明)胡应麟:《少室山房笔丛》卷二十九《九流绪论下》,中华书局1958年版,第375页。
② 王利器:《颜氏家训集解》卷五《归心》,中华书局1993年版,第399页。
③ 王利器:《颜氏家训集解》卷五《归心》,中华书局1993年版,第364页。

事见《后汉书·独行传》,《游殷》事见《三国志》裴注引《三辅决录》,《王凌》、《夏侯玄》、《孙峻》,事见《三国志》,《羊聃》、《王敦》、《陶称》、《张骏》、《李期》、《张祚》、《殷涓》、《苻永固》事见《晋书》,《昙摩讖》事见《高僧传》,《太乐伎》事见《太平御览》所引《述异记》,《邓琬》事见《宋书》,《韦载》事见《陈书》,《北齐文宣帝》事见《北齐书》等。

从以上篇目,我们还可以看到,《冤魂志》所载故事,主人公多为真实的历史人物,从帝王到大臣,从僧人到妓女,涉及的社会阶层也很广泛。

《冤魂志》一书共 60 篇,记述三国至北朝的故事就有 47 篇,梁武帝、江陵士大夫、北齐文宣帝等人还是颜之推所熟知的人物。颜之推选择同时代、近时代的人物和故事,也是为了增加可信度。

第二,鬼魂报冤坚决主动,报仇形式多样。

《冤魂志》中枉死之人,死后的报冤行为执着而坚定,有的甚至在生前就已发誓报冤,如太乐伎临死说:"若死无鬼则已,有鬼必自陈诉。"①有的人死前还做了相应的冥府申冤准备,如乐盖卿"无由自陈,唯语人以纸笔随殓"②。又如:"弘氏临刑之日,敕其妻子:'可以黄纸笔墨置棺中,死而有知,必当陈诉。'"③又如:"当办纸百番,笔二管,墨一锭,以随吾尸。若有灵祇,必望报卢。"④

《冤魂志》中,冤魂实施报仇的手段和方法,大抵有如下方式:

1. 死后显灵,向清正官员自陈冤屈。如《苏娥》篇中,苏娥与婢女、同县人王伯驱车到邻县卖缯,三人在途中,一亭长贪财动念,

---

① 罗国威:《冤魂志校注·太乐伎》,巴蜀书社 2001 年版,第 65 页。
② 罗国威:《冤魂志校注·乐盖卿》,巴蜀书社 2001 年版,第 82 页。
③ 罗国威:《冤魂志校注·弘氏》,巴蜀书社 2001 年版,第 90 页。
④ 罗国威:《冤魂志校注·魏辉儁》,巴蜀书社 2001 年版,第 104 页。

杀人劫色。苏娥死后向路过的刺史何敞申诉冤情,凶手得以伏法。《涪令妻》中,也是亭长贪财,杀死赴官途中的涪令一家十余口,其妻显灵,诉于郫县令忙,亭长被正法。

2. 为厉为祟,以报冤仇。如《王凌》篇中,因司马懿杀曹爽,篡权之迹日益明显,欲更立楚王曹彪为帝,为司马懿诛三族。"其年,宣王有疾,白日见凌来,并贾逵为祟。"①《李期》记载蜀王家族血案,李期为李寿所杀,仆射蔡兴以正直被诛,李寿病中老是见到李期与蔡兴为祟,呕血而死。《邓琬》记载刘宋江州长史邓琬与张悦立刘勋为帝以作乱,张悦为自保,杀邓琬父子。五年后,张悦病,见琬为厉,遂死。《支法存》载,广州刺史王谈贪恋支法存的财富,杀之而籍没家财,支法存"死后形见于府内,辄打阁下鼓,似若称冤魂"②。《孔基》篇,孔基为族人孔敞教授二子,因要求严格,被两个学生杀害。孔基死后,"数数见形"③,行凶的兄弟双双死去。《江陵士大夫》载,江陵陷落后,西魏人梁元晖俘获一刘姓士大夫,在驱逐北上的路途中,逼令刘放弃儿子,刘不堪伤心而死。此后,"元晖日见刘伸手索儿,因此得病。虽复悔谢,来殊不已。元晖载病,到家而卒"④。

3. 托梦报仇。如《经旷》篇载,经旷与朋友一起爬山,后者酗酒,杀死经旷。其母当晚梦见经旷,得知详情后告官,凶手伏辜。《诸葛元崇》篇载,刘宋元嘉年间,九真太守诸葛覆病亡后,其子元崇送丧还家,被诸葛覆门生一伙推进水里淹死,瓜分财物。当夜,

---

①　罗国威:《冤魂志校注·王凌》,巴蜀书社 2001 年版,第 25 页。
②　罗国威:《冤魂志校注·支法存》,巴蜀书社 2001 年版,第 100 页。
③　罗国威:《冤魂志校注·孔基》,巴蜀书社 2001 年版,第 54 页。
④　罗国威:《冤魂志校注·江陵士大夫》,巴蜀书社 2001 年版,第 89 页。

"元崇母陈氏梦元崇还,具叙亡父事,及身被杀委曲"①。为说服母亲相信,"又云:'行速疲极,困卧窗下床上,以头枕窗。母视见眠处,足知非虚矣。'陈氏悲怛惊起,把火照儿眠处,沾湿犹如人形。"②陈氏以梦中所托告官,冤情得以申张。

4. 冤魂自行报仇,取仇家性命。《王宏》篇载,汉末,扶风太守王宏与司徒王允被害,司隶校尉胡种幸灾乐祸。胡种后来生病,"见宏来,以大杖击之,数日死"③。《孙峻》篇中,三国吴幼帝即位,孙峻为侍中、大将军,伏兵杀辅政吴主的诸葛恪,"峻后病,梦为恪所击。狂言常称见恪,遂死"④。《羊聃》篇说晋时庐陵太守羊聃"杀郡将吏及民简良等二百九十人"⑤,为山太妃所救,免死为民。"少时聃病,恒见简良等曰:'枉岂可受,今来相取,自申黄泉。'经宿而死。"⑥《万默》篇载,晋山阴县令石密,枉奏杀典客令万默。"密白日见默来,杀密,遂死。"《金玄》篇载,晋明帝杀力士金玄,金玄向刽子手请求一刀了断,但刀手不以为意,数刀才砍死金玄。后刀手见金玄,"赤弓丹矢,射之"⑦。没多久刀手死去。《苻永固》载后秦姚苌杀苻永固,鞭尸,后姚苌遇疾,"即梦永固将天官使者鬼兵数百,突入营中。苌甚悚惧,走入后帐,宫人逆来刺鬼,误中苌阴。鬼即相谓曰:'正着死所。'拔去矛刃,出血石余,忽然惊寤,即患阴肿,令医刺之,流血如梦"⑧。苻永固以进入姚苌梦

① 罗国威:《冤魂志校注·诸葛元崇》,巴蜀书社2001年版,第60页。
② 罗国威:《冤魂志校注·诸葛元崇》,巴蜀书社2001年版,第61页。
③ 罗国威:《冤魂志校注·王宏》,巴蜀书社2001年版,第18页。
④ 罗国威:《冤魂志校注·孙峻》,巴蜀书社2001年版,第29页。
⑤ 罗国威:《冤魂志校注·羊聃》,巴蜀书社2001年版,第33页。
⑥ 罗国威:《冤魂志校注·羊聃》,巴蜀书社2001年版,第35页。
⑦ 罗国威:《冤魂志校注·金玄》,巴蜀书社2001年版,第38页。
⑧ 罗国威:《冤魂志校注·苻永固》,巴蜀书社2001年版,第47页。

境的方式将后者杀死。《孙元弼》篇,为报复助成冤情的仇家,孙元弼显鬼影于水中,"以手搏超,鼻血大出,可一升许,数日而殂"①。鬼从水中伸出手来打人的情形,实在恐怖。《昙摩谶》载,沮渠蒙逊派人杀死高僧昙无谶后,"左右常白日见摩谶以剑击蒙逊,因疾而死"②。《太乐伎》篇中,太乐伎被当成抢劫犯同伙而被秣陵县令陶继之冤杀,太乐伎的冤魂出现于陶继之的梦中,"便入陶口,乃落腹中"③。陶继之醒来后疯癫而亡。《张稗》篇载刘宋时张稗拒绝了邻居向孙女的求婚,被邻居烧死,没想到儿子张邦畏邻之势,又贪其财,把女儿嫁给了凶手。张稗的魂灵"捉邦头,以手中桃杖刺之,邦因病两宿,呕血而死"④。《徐铁臼》篇说的是后妈虐待前妻之子的惨剧,陈氏生儿取名铁杵,为的是克死丈夫前妻的儿子铁臼。后来,母子俩果然把铁臼折磨致死。后来,铁臼鬼魂还家,住在屋梁,"便闻锯声,屑亦随落,拉然有响,如栋实崩。举家走出,炳烛照之,亦了无异。"鬼又扬言烧屋,"即见火然,烟焰大猛,内外狼狈,俄尔自灭,茅茨俨然不见亏损"⑤。最终,铁杵总是被鬼屡打,母子双亡。以上魂灵复仇的方式,或入梦杀人,或以杖杀,或以箭射,或以剑刺,或以手搏,或跳入口,申冤方式的多样化,意味着因果报应的无处不在、逃无可逃。

三、会通三教的报应观

《冤魂志》中的鬼魂实有、冤魂复仇、善恶报应、幽冥殊途等思

---

① 罗国威:《冤魂志校注·孙元弼》,巴蜀书社 2001 年版,第 58 页。
② 罗国威:《冤魂志校注·昙摩谶》,巴蜀书社 2001 年版,第 59 页。
③ 罗国威:《冤魂志校注·太乐伎》,巴蜀书社 2001 年版,第 65 页。
④ 罗国威:《冤魂志校注·张稗》,巴蜀书社 2001 年版,第 71 页。
⑤ 罗国威:《冤魂志校注·徐铁臼》,巴蜀书社 2001 年版,第 77 页。

想,自然合乎释家报应之说,客观上以源自经史及近世的故事,起到了宣扬佛教因果报应思想的作用。但同时应注意到,《冤魂志》并非纯为佛教报应之说(如其未着重墨于地狱描写亦为一证),而是如鲁迅所说"开混合儒释之端",其所选择的故事,涉及儒家关注的君臣关系、家庭伦理、社会关系等,批判的锋芒也指向儒家所否定的不君不臣、不孝不友、谋财害命、草菅人命、吏治腐败等现象,所呼唤的正义、善良、和谐、仁爱,也是儒家提倡的核心价值。《冤魂志》并未明确宣扬佛教教义,只是以冤魂复仇这一主线串联的很有真实性的一系列故事,极力证明了因果报应的可信性。值得注意的是,《冤魂志》的报应观也融合了儒家思想的诸多成分。具体如下:

(一)天帝主报

《冤魂志》中的报应故事,除了具有强烈的鬼魂亲自报冤复仇的色彩外,冤屈者的亡灵,申诉的对象,有的未明确指明,如:

《后周女子》:鬼若有知,终不相放。①

《朱贞》:鬼若无知,固同灰土。倘有识,誓必报之。②

《太乐伎》:若死无鬼则已,有鬼必自陈诉。③

人没有死亡的经验,故对是否死后成鬼、鬼魂是否有知,并不十分肯定。颜之推以史笔之法,他记载的冤屈者生前未确信灵魂不灭,但这些人死后均得以冤魂复仇,这意味着颜之推已肯定了鬼魂的存在。颜之推这里未明指陈诉的对象,但可推断陈诉的对象当为冥府的最高统治者,在中土传统为府君,在佛教当为阎王。颜之推未明指鬼陈诉的对象,还有另一个秘密,那就是,颜之推的报

---

① 罗国威:《冤魂志校注·后周女子》,巴蜀书社 2001 年版,第 105 页。

② 罗国威:《冤魂志校注·朱贞》,巴蜀书社 2001 年版,第 85 页。

③ 罗国威:《冤魂志校注·太乐伎》,巴蜀书社 2001 年版,第 65 页。

应体系中,报应的最高主宰者,未确指的可能有地狱中的阎王,而确指的兹列举如下:

《夏侯玄》:吾得诉于上帝矣。①

《张超》:今已上诉,故来相报。②

《张稗》:枉见杀害,我已上诉,事获申雪,却后数曰,令君知之。③

《萧嶷》:我已诉天帝,帝许还东邸,当判此事。④

《徐铁臼》:我母诉怨于天,今得天曹符,来取铁杵,并及汝身,当令铁杵疾病,与我遭苦时同。⑤

《陶称》:陶称何罪? 身已得讼于帝矣。⑥

《牛牧寺僧》:贫道已白于天帝。⑦

《王济婢》:枉不可受,要当讼府君于天。⑧

《孙元弼》:吾孙元弼也,诉怨皇天,早见申理。⑨

《宋皇后》:今宋后及悝自诉于天,上帝震怒。⑩

以上故事中,主宰报应的有"天"、"皇天"、"帝"、"天帝"、"上帝",在儒家典籍中,"天"、"天帝"、"上帝"在天人关系中处于主宰者的地位。"上帝"一词,在《尚书》中就多次出现,如《尚书·虞书·舜

---

① 罗国威:《冤魂志校注·夏侯玄》,巴蜀书社 2001 年版,第 26 页。

② 罗国威:《冤魂志校注·张超》,巴蜀书社 2001 年版,第 63 页。

③ 罗国威:《冤魂志校注·张稗》,巴蜀书社 2001 年版,第 71 页。

④ 罗国威:《冤魂志校注·萧嶷》,巴蜀书社 2001 年版,第 78 页。

⑤ 罗国威:《冤魂志校注·徐铁臼》,巴蜀书社 2001 年版,第 76 页。

⑥ 罗国威:《冤魂志校注·陶称》,巴蜀书社 2001 年版,第 20 页。

⑦ 罗国威:《冤魂志校注·牛牧寺僧》,巴蜀书社 2001 年版,第 48 页。

⑧ 罗国威:《冤魂志校注·王济婢》,巴蜀书社 2001 年版,第 21 页。

⑨ 罗国威:《冤魂志校注·孙元弼》,巴蜀书社 2001 年版,第 56 页。

⑩ 罗国威:《冤魂志校注·宋皇后》,巴蜀书社 2001 年版,第 20 页。

典》:"肆类于上帝,禋于六宗,望于山川,遍于群神。"①《尚书·商书·太甲下》:"先王惟时懋敬厥德,克配上帝。"②《尚书·周书·文侯之命》:"惟时上帝集厥命于文王。"③在《尚书》中,上帝是祭祀上天的对象,是德性的化身,是王权的授权者,是天人秩序的最高主宰者。《国语》中也多出现"上帝",如《国语·周语上》:"古者,先王既有天下,又崇立上帝、明神而敬事之。"④《国语·鲁语上》:"天子祀上帝,诸侯会之受命焉"。注曰:"上帝,天也。"⑤

《诗·鄘风·君子偕老》:"胡然而天也? 胡然而帝也?"毛亨传曰:"尊之如天,审谛如帝。"郑玄笺云:"胡,何也。帝,五帝也。"孔颖达疏曰:"天帝名虽别而一体也,以此别,设其文有帝王之嫌,故云'帝、五帝',谓五精之帝也。"⑥《国语·周语中》:"昔我先王之有天下也,规方千里以为甸服,以供上帝山川百神之祀,以备百姓兆民之用,以待不庭不虞之患。"注曰:"上帝,天神五帝也。"⑦

上帝、天、天神五帝,由集合神到单一神,反映了王权逐步集中的趋势。而天、上帝,名异而实同,均为在天上主宰自然界及人间社会的至上神。

颜之推《冤魂志》中冤魂们上诉求告的对象,为天、帝、皇天、天帝、

---

① (汉)孔安国传,(唐)孔颖达疏:《尚书正义》卷三《虞书·舜典》,北京大学出版社1999年版,第55页。

② (汉)孔安国传,(唐)孔颖达疏:《尚书正义》卷八《商书·太甲下》,北京大学出版社1999年版,第213页。

③ (汉)孔安国传,(唐)孔颖达疏:《尚书正义》卷二十《周书·文侯之命》,北京大学出版社1999年版,第556页。

④ 徐元诰撰:《国语集解·周语上》,中华书局2002年版,第33页。

⑤ 徐元诰撰:《国语集解·鲁语上》,中华书局2002年版,第146页。

⑥ (汉)毛亨传、郑玄笺,(唐)孔颖达疏:《毛诗正义》卷三,北京大学出版社1999年版,第186—187页。

⑦ 徐元诰撰:《国语集解·周语中》,中华书局2002年版,第52页。

上帝等,恰恰说明颜之推将报应主宰者多赋予儒家典籍中的至上神,佛教的地狱阎王反而退居其次,显然,所谓释氏辅教之书中,儒家在其中亦占有不小的分量。

儒家经史中天帝主报的报应说,渊源有自。《春秋左氏传·僖公十年》记晋国太子申生冤死,其鬼魂向天帝请求复仇,然后在晋大夫狐突面前显灵:"夷吾无礼,余得请于帝矣。将以晋畀秦,秦将祀余。"①

日本学者守屋美都雄说:"尽管颜之推在另外的一部著作《还冤记》中,贯穿整体的是佛教思想,但其中并没有使用一句佛语,对人间施行赏罚者是天帝、天和皇天。在《家训》中,则借鬼神、鬼、天命来达到儒佛的调和。"②《冤魂志》上承儒家传统的天帝观,以天帝主报的方式将儒家元素融入佛教因果报应,此为混合儒释的一大表现。

(二)他人受报

依佛教教义,一个人所造作之业,由自身承受,即所谓自作自受。而儒家经典《周易·坤卦·文言》中"积不善之家,必有余殃"的福报说与道家前承后负的"承负说",在自作自受之外,还有一人作恶、全家受报乃至子孙受报的他人受报观念。《冤魂志》中既有自作自受的报应发生,也不乏他人受报的情形,如:

《杨思达》篇说侯景之乱时一部曲杀盗麦者十余人且断其手腕,结果,"部曲后生一男,自然无手"③。《孔基》讲两兄弟杀死老师,结果"兄弟无后"④。《吕庆祖》讲一位名为教子的家奴杀死主人,主人灵魂

① (周)左丘明传,(晋)杜预注,(唐)孔颖达正义:《春秋左传正义》卷十三,北京大学出版社1999年版,第362页。
② [日]守屋美都雄:《中国古代的家族与国家》,上海古籍出版社2010年版,第395页。
③ 罗国威:《冤魂志校注·杨思达》,巴蜀书社2001年版,第84页。
④ 罗国威:《冤魂志校注·孔基》,巴蜀书社2001年版,第54页。

讲述真相,结果:"即焚教子,并其二息。"①《太乐伎》讲县令陶继之草
菅人命,将太乐伎混入强盗中冤杀,太乐伎冤魂显灵,陶继之梦见太乐
伎从自己口中钻入腹部,惊醒后不时发疯癫,四天后便死了。"亡后家
便贫悴,二儿早死,余有一孙,穷寒路次。"②以上案例中,作恶造孽者
不仅自身受报,子孙也连坐遭殃。《朱贞》讲廷尉虞献作为罪案调查
官,未履行过国家忌日再行上奏的承诺,结果案犯朱贞被杀后鬼魂显
灵于虞献梁上,"于时屋无故忽崩,献及男女婢使十余人,一时拼
命"③。这一报冤故事中,不仅当事人受报,还牵连一家老小乃至奴婢
丧生。

可见,在受报主体上,《冤魂志》融合了儒家他人受报与佛教自作
自受的学说。

(三)现世报

东晋瞿昙僧伽提婆、僧伽罗叉译《中阿含经》之《思经第五》曰:
"尔时,世尊告诸比丘:'若有故作业,我说彼必受其报,或现世受,或后
世受。若不故作业,我说此不必报。"④慧远在《三报论》中解释了佛教
的三世受报之说,即业有三报,一为现世报,人的善恶之业此身即得果
报;二为生报,来生受报;三为后报,经二生、三生乃至百生、千生才受
报应。

《冤魂志》中的故事均属于现世报,报应到来的时间有先后缓急,
或很快受报,或一年,或三年五年,但都在作业者此生即予报应。如
《邓琬》篇中邓琬与张悦同谋作乱,事败之后,琬与其子俱为张悦谋陷

① 罗国威:《冤魂志校注·吕庆祖》,巴蜀书社2001年版,第74页。
② 罗国威:《冤魂志校注·太乐伎》,巴蜀书社2001年版,第66页。
③ 罗国威:《冤魂志校注·朱贞》,巴蜀书社2001年版,第86页。
④ (东晋)僧伽提婆、僧伽罗叉译:《中阿含经》卷三《业相应品》,宗教文化出版
社2012年版,第49页。

身亡,数年之后,琬化为厉,终致悦死。《孙元弼》中,富阳县令之妾与人私通,孙元弼撞见后被倒打一耙,结果含冤而死。助成这一冤狱的陈超虽"逃走长干寺,易姓名为何规",①但五年之后依然被冤魂孙元弼复仇。

　　儒家也相信鬼魂的存在,但没有转世之说,《冤魂志》中的鬼魂报仇,鬼魂只是儒家意义上的人死为鬼,而非佛教意义上的转世成鬼。这也是《冤魂志》中的作恶者均在现世受报的主要原因。《冤魂志》有意无意回避了佛教的来生受报与后生受报,显示了在因果报应问题上的谨慎与保守态度。

　　颜之推的思想融合儒、佛、道,其多元思想在《冤魂志》上也得以体现。南北朝时期,托名曹丕的《列异传》、干宝的《搜神记》、旧题陶潜撰的《搜神后记》、葛洪的《神仙传》、王嘉的《拾遗记》等神仙小说,往往融合佛道思想,作为释氏辅教之书的《冤魂志》,也有道家思想的元素。《冤魂志》中也记载了道士的故事,如《于吉》:

　　　　汉孙策既定会稽,引兵迎汉帝,时道人于吉在策军中。遇天大旱,船路艰涩,策尝自出督切军中人,每见将士多在吉所,因愤怒曰:"吾不如吉乎!"遂收吉缚置日中,令其降雨,如不能者,便当受诛。俄顷之间,云雨滂沛,未及移时,州涧涌溢。时并来贺吉免其死,策转忿恚,竟杀之。因是,策颇愍伤,每仿佛见吉。后出射猎,为刺客所伤,治疗将差,引镜自窥,镜中见吉,顾则无之。如是再三,遂扑镜大叫,疮皆崩裂,须臾而死。②

　　颜之推在本篇描述了著名道士于吉被孙策被杀而冤魂复仇的故事。颜之推记录了于吉以法术降雨缓解旱情的事迹,对孙策的嫉妒与

---

①　罗国威:《冤魂志校注·孙元弼》,巴蜀书社 2001 年版,第 55 页。

②　罗国威:《冤魂志校注·于吉》,巴蜀书社 2001 年版,第 23 页。

狭小气量给予了讽刺,态度明显倾向于吉。《徐光》篇也记载了道士徐光在吴事迹,"凡言水旱甚验"[①]。

此外,如《庚申》篇果为颜之推所作,则该篇中府君说"此人算尚未尽"[②],此处提到的"算",即道家所说的寿命之数。《太平经》云:

> 天命:上寿百二十为度,地寿百岁为度,人寿八十岁为度,霸寿以六十岁为度,仵寿五十岁为度。[③]

《太平经》谓人的寿命各有天算,世人大多没有达到天算规定的寿命,原因在于承负了前人的罪过。要延长寿命也并非不可能,为善则增算,为恶则减算,所以要多多从善。《冤魂志》中府君对到来的新鬼,以道家范畴的"算"来界定生死,为融合道家思想之又一例。

第五节　内外两教,本为一体

颜之推关于儒佛关系的核心思想就是"内外两教、本为一体",《归心》篇云:

> 原夫四尘五荫,剖析形有;六舟三驾,运载群生:万行归空,千门入善,辩才智惠,岂徒《七经》、百氏之博哉? 明非尧、舜、周、孔所及也。内外两教,本为一体,渐极为异,深浅不同。[④]

四尘:色、香、味、触。五荫:即色、受、想、行、识五蕴。六舟,即从生死此岸到达涅槃彼岸的六度:布施、持戒、忍辱、精进、禅定、智慧。三驾:即三乘,佛教以羊车喻声闻乘,鹿车喻缘觉乘,牛车喻菩萨乘。

①　罗国威:《冤魂志校注·徐光》,巴蜀书社 2001 年版,第 30 页。
②　罗国威:《冤魂志校注·庚申》,巴蜀书社 2001 年版,第 69 页。
③　《太平经合校》下册,中华书局 1960 年版,第 464 页。
④　王利器:《颜氏家训集解》卷五《归心》,中华书局 1993 年版,第 368 页。

颜之推之意,佛教四尘、五蕴之说,剖析世间有形之万物,六度和三乘的修行,超度冥冥众生,是佛教的优势所在。

颜之推指出"内外两教,本为一体",上引文字主要从以下层面表达了儒佛一体观:

(1)佛教与儒家《七经》及诸子百家,同样学问广博。佛教缘起性空学说,引导众生皈依空门,有种种法门导人向善。佛教的辩才和智慧,与儒家等外教平起平坐。

(2)内外两教,修行方法各异,而殊途同归。关于"渐极为异",王利器如是注解:"渐谓渐教,指佛理。极谓宗极,指儒学。"①颜之推认为儒佛二教在悟道过程和修行方式上各有其法,但佛教"千门入善",与外教并无二致。显然,颜之推继承了颜延之《庭诰》中"达见同善,通辩异科"的思想,并与梁武帝《会三教诗》"穷源无二圣,测善非三英"及北周道安《二教论》"东都逸俊童子"所言"三教虽殊,劝善义一,涂迹诚异,理会则同"②有异曲同工之处。谢灵运在《与诸道人辨宗论》中说:"今去释氏之渐悟,而取其能至;取孔氏之殆庶,而取其一极。一极异渐悟,能至非殆庶。故理之所去,虽合各取。"③汤用彤指出颜之推"渐极为异","'渐''极'者指渐学与一极,均引自谢氏之言也"。他又说:"此虽引谢之言,而稍误会其旨。盖一极之体依谢意,固内外教所同也。"④

(3)内外两教,深浅不同。颜之推认为,佛教引导众生证得空观,

---

① 王利器:《颜氏家训集释》,中华书局 1993 年版,第 370 页。

② (北周)释道安:《二教论》,载(唐)释道宣:《广弘明集》卷八,《乾隆大藏经》第 115 册,第 402 页。

③ 谢灵运撰,顾绍柏校注:《谢灵运集校注》,中州古籍出版社 1987 年版,第 285 页。

④ 汤用彤:《汉魏两晋南北朝佛教史》,昆仑出版社 2006 年版,第 573 页。

断绝烦恼,由无明走向明,达到涅槃彼岸,"明非尧、舜、周、孔所及也。"为此,佛教深,外教浅。东汉末年,儒家皓首穷经的空疏经学走向穷途末路,已不适应社会的需要,这为玄学的兴起和佛教的传入创造了机会。佛教以缘起性空为根本教义的学说,三驾、四尘、五蕴、六度等范畴所构架的系统化的理论框架,对有形世界因缘而起、因缘而灭、幻有而性空的本质认识和把握,超越自然生命局限与困境(如四尘)的努力,对五蕴和合的生命脱离生老病死之苦免除六道轮回,通过六度的修行之法,达到解脱烦恼的涅槃境界,这一思想体系与以关注世俗社会和谐发展为特色的儒家相比,自然显得更为精致而深刻。这也为儒家吸收其优点实现彼此圆融互补创造了条件。两晋南北朝的三教论衡,有优劣之争、先后之争、深浅之争,颜之推不注重儒佛优劣对比,也不涉及儒佛先后,而只提及了佛深儒浅,一则基于当时二教现实,二则颜之推儒学传家且本人深谙儒学,三则为儒佛一体思想所决定。

三教深浅之说由来有渐,颜之推先祖颜延之《又释何衡阳》就说:"但言有远近,教有浅深,故使智者与此而夺彼耶。"①《正诬论》说:"夫教有深浅,适时应物。"②在三教论争的文章中,对于三教深浅的比较自然不可或缺,有涉及佛道深浅、儒佛深浅、佛教与儒道的深浅之辨等。如宗炳《明佛论》:"中国君子明于礼义,而暗于知人之心……彼佛经也,包五典之德,深加远大之实,含《老》、《庄》之虚,而重增皆空之尽。高言实理,肃焉感神,其映如日,其清如风,非圣谁说乎?"③孙绰

① (南朝宋)颜延之:《又释何衡阳》,载(梁)僧祐撰,李小荣校笺:《弘明集校笺》卷四,上海古籍出版社 2013 年版,第 238 页。
② (梁)僧祐撰,李小荣校笺:《弘明集校笺》卷一《正诬论》,上海古籍出版社 2013 年版,第 73 页。
③ (南朝宋)宗炳:《明佛论》,载(梁)僧祐撰,李小荣校笺:《弘明集校笺》卷二,上海古籍出版社 2013 年版,第 85 页。

《喻道论》调和儒佛,但也主张深浅之别:"周孔救极弊,佛教明其本耳,共为首尾,其致不殊,即如外圣有深浅之迹。"①刘宋顾欢作《夷夏论》引发夷夏之争,论难文章也涉及深浅之论。如释僧敏《戎华论折顾道士夷夏论》:"尔乃故知道经则少而浅,佛经则广而深;道经则鲜而秽,佛经则弘而清;道经则浊而漏,佛经则素而贞;道经则近而暗,佛经则远而明。"②明僧绍为难《夷夏论》作《正二教论》说"佛明其宗,老全其生"③,可见深浅迥别。

内外之别,内教、外教之说,由来有自。

首先,在颜之推之前,书有内篇、外篇之分,如《庄子》、《晏子春秋》、《抱朴子》等书即分内外篇。葛洪《抱朴子外篇·自叙》以内外而别道家、儒家。

书还有内书外书之称。如《汉书·淮南王刘安传》:"招致宾客方术之士数千人,作为《内书》二十一篇,《外书》甚众,又有《中篇》八卷。"④最为人所知的"外书"之说,当为格义中的"外书"。竺法雅与康法朗等"以经中事数拟配外书,为生解之例,谓之格义"⑤。竺法雅所说的外书是相对于内书而言的。内书原指方术等秘籍,如《三国志·魏书·胡昭传》裴松之注引《魏略》:"(石德林)初不治产业,不畜妻

① (晋)孙绰:《喻道论》,载(梁)僧祐撰,李小荣校笺:《弘明集校笺》卷三,上海古籍出版社2013年版,第152页。
② (梁)僧愍:《戎华论折顾道士夷夏论》,载(梁)僧祐撰,李小荣校笺:《弘明集校笺》卷七,上海古籍出版社2013年版,第398页。
③ (南齐)明僧绍:《正二教论》,载(梁)僧祐撰,李小荣校笺:《弘明集校笺》卷六,上海古籍出版社2013年版,第324页。
④ (东汉)班固撰,(唐)颜师古注:《汉书》卷四十四《淮南王刘安传》,中华书局1962年版,第2145页。
⑤ (梁)释慧皎:《高僧传》卷四《竺法雅传》,陕西人民出版社2010年版,第203页。

孥,常读《老子》五千文及诸内书,昼夜吟咏。"①佛教徒则称佛经为内典、内书,佛经以外的书籍为外典、外书。如何承天《重答颜光禄》:"若据外书报应之说,皆吾所谓权教者耳。"梁王筠《与云僧正书》:"外书所谓冥契神交,内典则为善友知识。"②

书又有内典、外典之说。《颜氏家训》有三处出现"内典"二字,如"内典初门,设五种禁;外典仁义礼智信,皆与之符"③。

颜之推所谓"内典",指佛经。将佛典称内典,梁代已成气候。如梁武帝大同十一年《更开赎刑诏》,说赎刑"既乖内典慈悲之义,又伤外教好生之德"④。梁元帝的著作中有《内典博要》一百卷,还作《内典碑铭集序》,沈约作品中也有《内典序》。梁武帝之孙、昭明太子萧统第三子萧詧,"所著文集十五卷,内典《华严》、《般若》、《法华》、《金光明义疏》三十六卷,并行于世"⑤。又:"王神念,太原祁人也。少好儒术,尤明内典。"⑥《梁书》说何胤"又入钟山定林寺听内典,其业皆通"⑦。上述提及的内典均指佛典。

外典,一般来说佛教人士用以指称佛经以外的儒道典籍,但因内外之分暗含优劣之别,故在三教论衡中,儒家有时候也把佛经、道经称为外典,故不可一概而论。

颜之推除了在《归心篇》提到"内外两教",还有下列几处涉及

① (晋)陈寿撰,(宋)裴松之注:《三国志·魏书》卷十一《胡昭传》,中华书局1959年版,第365页。
② (梁)王筠:《与云僧正书》,载(唐)释道宣:《广弘明集》卷二十八,《乾隆大藏经》第116册,第138页。
③ 王利器:《颜氏家训集解》卷五《归心》,中华书局1993年版,第368页。
④ (唐)姚思廉:《梁书》卷三《武帝纪下》,中华书局1973年版,第89页。
⑤ (唐)李延寿:《北史》卷九十三《萧詧传》,中华书局1974年版,第3090页。
⑥ (唐)姚思廉:《梁书》卷三十九《王神念传》,中华书局1973年版,第556页。
⑦ (唐)姚思廉:《梁书》卷五十一《何胤传》,中华书局1973年版,第735页。

"内教":"考之内教,纵使得仙,终当有死。"①"高柴,折像,未知内教,皆能不杀,此乃仁者自然用心。"②"内教多途,出家自是其一法耳。"③

内教,原指庭内之教、后宫之教,即女教,如《晋书·杨骏传》:"后妃,所以供粢盛,弘内教也。"④《说文》云:"内,入也。自外而入也。"如果从"内"字本义来称谓从西方东传的佛教为内教,倒也十分贴切。不过,事实恐非如此。佛教初传,为打开局面,借助了汉末流行的方术、谶纬等神秘主义手段来赢得中土人士的认同。而"汉人以谶纬为内书,则以儒家经典为外书"⑤。唐人李贤注《后汉书·方术传》云:"内学谓图谶之书也。其事秘密,故称内。"⑥为此,佛教为自己注入社会流行元素,自称内教,以博得佛学传播的畅通,倒也在情理之中。对于"内教"说法的流行经过,刘林魁说:"最早用'内'指代佛教的是东晋孙绰。他说:'周孔即佛,佛即周孔,盖外、内名之耳。'……齐梁以后,'内教'一词开始普遍使用。"⑦

《广弘明集》中说:"时道安法师,又上《二教论》,云内教外教也:练心之术名三乘,内教也;教形之术名九流,外教也。道无别

① 王利器:《颜氏家训集解》卷五《养生》,中华书局 1993 年版,第 356 页。
② 王利器:《颜氏家训集解》卷五《归心》,中华书局 1993 年版,第 399 页。
③ 王利器:《颜氏家训集解》卷五《归心》,中华书局 1993 年版,第 391 页。
④ (唐)房玄龄等撰:《晋书》卷四十《杨骏传》,中华书局 1974 年版,第 1177 页。
⑤ 王利器:《颜氏家训集解》,中华书局 1993 年版,第 370 页。
⑥ (南朝宋)范晔:《后汉书》卷八十二《方术传上》李贤注,中华书局 1965 年版,第 2705 页。
⑦ 刘林魁:《北周三教论衡与南朝佛教文化》,载《宝鸡文理学院学报》(社会科学版)2010 年第 10 期。

教,即在儒流。"①北周道安在毁佛运动中著《二教论》,以为佛教张本。他提出了自己的三教关系说:"故救形之教,教称为外;济神之典,典号为内……释教为内,儒教为外。"②道安这里提到的儒教,已经包括了诸子百家,因为它将九教合归于儒宗,道教也属于儒宗,这样,三教便成变成了二教:"教唯有二,宁得有三?"道安由此将道教划归为儒家的附属品,自然贬低了道教的地位。不仅如此,道安还对"东都逸俊童子"提出的"三教虽殊,劝善义一,涂迹诚异,理会则同"③,提出了自己的新主张:"子谓三教虽殊,劝善义一;余谓善有精粗,优劣宜异。"④道安没有否定三教同善的学说,但他不想被这一学说带入同善于儒或同善于道的被动境地,而提出了善有精粗、优劣之分,进而再论证在精粗、优劣上佛教占据有利地位,从而根本上高扬佛教的地位。道安认为佛教功在济神,儒教功在济形,而济神者精,救形者粗,自然佛教优于儒道乃至九流百家。

颜之推没有像北周道安这样汲汲于论证佛高于儒道,在两相比较时只提出深浅之别,反映了他儒佛一体的思想主张。颜之推说:"归周、孔而背释宗,何其迷也!"⑤其实也并未否定周、孔,而是强调二者并崇。笔者以为,颜之推的内教、外教之称,在当时已经

---

① (唐)释道宣:《广弘明集》卷八《灭佛法集道俗议事》,载《乾隆大藏经》第115册,第401页。

② (北周)释道安:《二教论》,载(唐)释道宣:《广弘明集》卷八,《乾隆大藏经》第115册,第403页。

③ (北周)释道安:《二教论》,载(唐)释道宣:《广弘明集》卷八,《乾隆大藏经》第115册,第402页。

④ (北周)释道安:《二教论》,载(唐)释道宣:《广弘明集》卷八,《乾隆大藏经》第115册,第404页。

⑤ 王利器:《颜氏家训集解》卷五《归心》,中华书局1993年版,第368页。

流行以内教称佛教、以外教称儒教的情况下,更多的是一种习惯称谓,而淡化了优劣之分与地位高下之别。

颜之推在《终制》中要求不反对依儒家之礼四时祭祀,但同时要求不杀牺牲;他主张子孙在自己身故后尽儒家所倡孝道"有时斋供",又叮嘱"及七月半盂兰盆,望于汝也"①。盂兰盆为梁武帝所创佛教超度祖先的仪式,称盂兰盆会、盂兰盆斋或盂兰盆供。依佛教《盂兰盆经》所叙,目连以天眼看到母亲在饿鬼道受倒悬之苦,便依释迦牟尼所说,在七月十五日僧人结夏期满举行的忏悔集会"自恣日"上,以百味饮食供养十方僧众,救父母脱离苦难。临终前以儒佛结合的方式安排后事,可知颜之推至死都在践行儒佛一体、儒佛并重的思想。

一、五常与五戒

"三纲五常"为儒家关于社会秩序、君臣关系、家庭伦理的核心内容。董仲舒将天人感应学说从天子下衍到三公、九卿、大夫、士,政治秩序的建构由"天"来做后盾,故提出"王道之三纲,可求于天"②。由天开启的"受命"序列,进一步由官僚体系而至人伦关系,便呈现出如下的"受命"秩序:"天子受命于天,诸侯受命于天子,子受命于父,臣妾受命于君,妻受命于夫。"③董仲舒遂总结出"三纲五纪"。纬书《含文嘉》将董仲舒以阴阳五行学说来论证三纲五纪的思想,发展为如下三纲:"三纲谓君为臣纲,父为子纲,

① 王利器:《颜氏家训集解》卷七《终制》,中华书局1993年版,第602页。
② (汉)董仲舒原著,苏舆撰:《春秋繁露义证》卷十二《基义》,中华书局1992年版,第351页。
③ (汉)董仲舒原著,苏舆撰:《春秋繁露义证》卷十五《顺命》,中华书局1992年版,第412页。

夫为妻纲,敬诸父兄,六纪道行。"①而《白虎通》则在此基础上,进一步发挥为"三纲六纪":"三纲者,何谓也? 谓君臣、父子、夫妇也。六纪者,谓诸父、兄弟、族人、诸舅、师长、朋友也。"②

五纪或六纪指认的是常见的人伦关系,五常即处理"五伦"(君臣、父子、夫妇、兄弟、朋友)关系所遵循的基本道德法则。孟子四端说之仁义礼智,加上"朋友有信"之信,即为"五常"的一般内涵。民禀天地之灵,含五常之德,儒家秉承的核心伦理体系与外来的释教有没有一致之处抑或融通的可能? 颜之推的答案是肯定的。

> 内典初门,设五种禁;外典仁义礼智信,皆与之符。仁者,不杀之禁也;义者,不盗之禁也;礼者,不邪之禁也;智者,不酒之禁也;信者,不妄之禁也。③

颜之推所说的五禁,即佛教的五戒。其实,五禁、五戒之说,儒家经典中也有,如《周礼》中便出现了。

> 士师之职,掌国之五禁之法,以左右刑罚:一曰官禁,二曰官禁,三曰国禁,四曰野禁,五曰军禁。皆以木铎徇之于朝,书而县于门闾。以五戒先后刑罚,毋使罪丽于民:一曰誓,用之于军旅。二曰诰,用之于会同。三曰禁,用诸田役。四曰纠,用诸国中。五曰宪,用诸都鄙。④

而佛教的五戒,为戒律的核心内容之一。三国魏嘉平年间(249—254 年),中天竺昙柯迦罗来到洛阳,译出《僧祇戒本》,此

---

① (清)赵在翰辑:《七纬》卷十七《礼纬·含文嘉》,中华书局 2012 年版,第269 页。
② (清)陈立撰:《白虎通疏证》卷八《三纲六纪》,中华书局 1994 年版,第373 页。
③ 王利器:《颜氏家训集解》卷五《归心》,中华书局 1993 年版,第368 页。
④ (汉)郑玄注,(唐)贾公彦疏:《周礼注疏》卷三十五《士师》,北京大学出版社 1999 年版,第920 页。

为汉地翻译佛教戒律并实行戒律之始。作为佛教信徒,三皈五戒
为基本门槛。三皈,即皈佛、法、僧三宝。五戒,即戒除杀生、偷盗、
邪淫、妄语、饮酒。东晋郗超《奉法要》:"五戒:一者不杀,不得教
人杀,常当坚持尽形寿。二者不盗,不得教人盗,常当坚持尽形寿。
三者不淫,不得教人淫,常当坚持尽形寿。四者不欺,不得教人欺,
常当坚持尽形寿。五者不饮酒,不得以酒为惠施,常当坚持尽形
寿。若以酒为药,当权其轻重,要于不可致醉。醉有三十六失,经
教以为深戒。不杀则长寿,不盗则常泰,不淫则清净,不欺则人常
敬信,不醉则神理明治。"①

在魏晋南北朝三教论衡中不乏对戒律的讨论。如《正诬论》:
"灭三毒之烬,修五戒之善,书十德之美。"②

《正诬论》从修行五戒、十德(当即十善)对个人参透生死的价
值着笔,而南朝刘宋时期何尚之《答宋文皇帝赞扬佛教事》,则就
佛教对国家治理的辅益功能,向宋文帝做了如下的描述:

> 百家之乡,十人持五戒,则十人淳谨矣;千室之邑,百人修
> 十善,则百人和厚矣。传此风训,以遍寓内,编户千万,则仁人
> 百万矣,此举戒善之全具者耳。若持一戒一善,悉计为数者,
> 抑将十有二三矣。夫能行一善则去一恶,一恶既去则息一刑;
> 一刑息于家,则万刑息于国。四百之狱,何足难措?雅颂之
> 兴,理宜位速。即陛下所谓坐致太平者也。③

---

① (晋)郗超:《奉法要》,载(梁)僧祐撰,李小荣校笺:《弘明集校笺》卷十
三,上海古籍出版社 2013 年版,第 711 页。
② (梁)僧祐撰,李小荣校笺:《弘明集校笺》卷一《正诬论》,上海古籍出版
社 2013 年版,第 71 页。
③ (南朝宋)何尚之:《何令尚之答宋文皇帝赞扬佛教事》,载(梁)僧祐撰,李
小荣校笺:《弘明集校笺》卷十一,上海古籍出版社 2013 年版,第 581 页。

这里所谓十善,郗超《奉法要》中说:"十善者,身不犯杀、盗、淫,意不嫉、恚、痴,口不妄言、绮语、两舌、恶口……凡此十事,皆不得暂起心念,是为十善,亦谓十戒。五戒检形,十善防心。"①

郗超认为五戒可约束行为,十善则可消除不当行为的动机。何尚之附和刘义隆关于佛教可以坐致太平的说法,并进行了具体论证。法家讲以刑去刑,儒家讲"道之以德,齐之以礼,有耻且格"②。何尚之认为佛教的五戒、十善,也可收法家息刑之效、儒家教化之功。

刘宋皇帝和大臣讨论戒律的社会价值,齐梁时期,崇信佛教的士大夫,持戒之风弥盛。如:萧子良"数于邸园营斋戒"③。陆杲"杲素信佛法,持戒甚精"④。孔云童"遍持经戒"⑤。陶弘景"受五大戒"⑥。江革"启乞受菩萨戒"⑦。等等。

江革所受的菩萨戒,大乘律典《梵网经》列十重禁戒、四十八轻戒。其中十重禁戒即:杀戒、道戒、淫戒、妄语戒、酤酒戒、说四众戒、自赞毁他戒、悭惜加毁戒、瞋心不受悔戒、谤三宝戒。

颜之推将仁与不杀生、义与不偷盗、礼与不邪淫、智与不饮酒、信与不妄语相比附,将儒家核心伦理范畴五常与佛教核心修炼范畴五戒相互贯通。颜之推的五常五戒匹配之说,隐含了更为深刻

① (晋)郗超:《奉法要》,载(梁)僧祐撰,李小荣校笺:《弘明集校笺》卷十三,上海古籍出版社 2013 年版,第 714 页。
② (魏)何晏注,(宋)邢昺疏:《论语注疏》卷二《为政》,北京大学出版社 1999 年版,第 15 页。
③ (梁)萧子显撰:《南齐书》卷四十《竟陵王传》,中华书局 1972 年版,第 700 页。
④ (唐)姚思廉:《梁书》卷二十六《陆杲传》,中华书局 1973 年版,第 399 页。
⑤ (唐)姚思廉:《梁书》卷三十六《孔休源传》,中华书局 1973 年版,第 522 页。
⑥ (唐)姚思廉:《梁书》卷五十一《陶弘景传》,中华书局 1973 年版,第 664 页。
⑦ (唐)姚思廉:《梁书》卷三十六《江革传》,中华书局 1973 年版,第 524 页。

的逻辑,即从内在德性与外在行为上,儒佛二教对于人的生命尊严和人格诉求,有着共通的价值理念,二教虽深浅不同,但殊途同归,对生命之善与生命的完满,都倾注了同样的追求与理想。

早在汉末《牟子理惑论》中,就说:"天道法四时,人道法五常。"①作为佛教的辩护人,牟子身上的儒家思想灼焉可见。三百年过去了,颜之推再次与佛教护法者的身份,让人们看到了他身上的儒佛融通、两教一体的观念。

颜之推并非第一个提出五戒与五常相合的学者。比颜之推年长二十余岁的魏收,在颜之推二十岁许开始撰写《魏书》,在《魏书·释老志》中魏收如此论佛:"其始修心则依佛、法、僧,谓之三归,若君子之三畏也。又有五戒,去杀、盗、淫、妄言、饮酒,大意与仁、义、礼、智、信同,名为异耳。"②

魏收以三归比君子"畏天命、畏大人、畏圣人之言"之"三畏",以五戒与五常意同而名异,可谓颜之推两教一体思想的先声。

天台宗创始人智颛,是颜之推的同时代人,只比他小几岁。智颛将五戒与五常、五经做了进一步的比附:"五经似五戒:礼明搏节,此防饮酒;《乐》和心,防淫;《诗》风刺,防杀;《尚书》明义让,防盗;《易》测阴阳,防妄语。"③方立天《中国佛教哲学要义》提到了一则五戒与儒家阴阳五行更为详细比附的材料,兹录如下:

据巴黎国家图书馆所藏伯希和掠取的敦煌本《提谓经》(3732页)载,其对应情况是:

---

① (梁)僧祐撰,李小荣校笺:《弘明集校笺》卷一,上海古籍出版社 2013 年版,第 16 页。

② (北齐)魏收:《魏书》卷一百一十四《释老志》,中华书局 1974 年版,第 3026 页。

③ (隋)智颛:《摩诃止观》卷六上,《大正新修大藏经》第四十六册,第 77 页中。

五戒——五常——五行——五星——无方——五脏

不杀生——仁——木——岁星(木星)——东方——肝

不偷盗——智——水——辰星(水星)——北方——肾

不邪淫——义——金——金星——西方——肺

不妄语——信——土——镇星(土星)——中央——脾

不饮酒——礼——火——荧惑(火星)——南方——心①

五戒与五常、五行、五星、五方、五脏的比附,使得佛教的五戒融合进了儒家上至天地阴阳五行、六合五方,下至人的身体构造,更深一步与人的心理结构所建构的天人合一的立体系统中,给人造成相融于一的和谐感,在儒佛之争的进程中,彼此的融入使得和解、和谐乃至和合成为现实。

二、好杀之人,临死报验

颜之推于五戒之中,尤重戒杀,《归心》篇云:

儒家君子,尚离庖厨,见其生不忍其死,闻其声不食其肉。高柴,折像,未知内教,皆能不杀,此乃仁者自然用心。含生之徒,莫不爱命;去杀之事,必勉行之。②

颜之推引《孟子》:"君子之于禽兽也,见其生,不忍见其死;闻其声,不忍食其肉:是以君子远庖厨也。"③孟子从君子远庖厨,以见人皆有恻隐之心,彰显儒家仁义。颜之推又以高柴、折像不懂佛教也能做到不杀生,其原因在于有仁者之心,暗示了儒家仁义之心

---

① 方立天:《中国佛教哲学要义》下卷,中国人民大学出版社 2002 年版,第887 页。

② 王利器:《颜氏家训集解》卷五《归心》,中华书局 1993 年版,第 399 页。

③ (汉)赵岐注,(宋)孙奭疏:《孟子注疏》卷一下《梁惠王章句上》,北京大学出版社 1999 年版,第 20 页。

与佛教戒杀的相通之处。高柴出典《孔子家语》,"孔子曰:'柴于亲丧,则难能也;启蛰不杀,则顺人道;方长不折,则恕仁也。'"①折像事迹,《后汉书》载:"像幼有仁心,不杀昆虫,不折萌牙。"②

颜之推勉励子弟爱惜所有生命,勉力戒杀,其临终遗训也说:"四时祭祀,周、孔所教,欲人勿死其亲,不忘孝道也。求诸内典,则无益焉,杀生为之,翻增罪累。"③颜之推肯定祭祀先祖符合儒家孝道,但同时要求祭祀时遵循佛教的不杀原则,"不得有酒肉饼果之祭"④,由此将孝亲与持戒相调和。

斋戒之说,儒家自古有之。《论语·乡党》谓:"齐,必变食,居必迁坐。""斋"与"齐"字通用,取其"齐一意志"之义。斋,即洁其心;戒,即净其身。《礼记》中多论及斋戒,如《曲礼上》:"齐戒以告鬼神。"⑤《祭义》:"齐之日,思其居处,思其笑语,思其志意,思其所乐,思其所嗜。"⑥《郊特牲》:"玄冕斋戒,鬼神阴阳也。"《祭义》:"宫室既修,墙屋既设,百官既备,夫妇齐戒、沐浴、盛服,奉承而进之。"⑦

关于斋戒的意义,《祭义》说可明"孝子之志"。《表记》:"子曰:齐戒以事鬼神,择日月以见君,恐民之不敬也。"⑧《孟子·离娄下》说:"虽有恶人,斋戒沐浴,则可以祀上帝。"⑨显然,儒家之斋

① 《孔子家语》卷三《弟子行》,中华书局2011年版,第148页。
② (南朝宋)范晔:《后汉书》卷八十二《方术传上》,中华书局1965年版,第2720页。
③ 王利器:《颜氏家训集解》卷七《终制》,中华书局1993年版,第602页。
④ 王利器:《颜氏家训集解》卷七《终制》,中华书局1993年版,第602页。
⑤ 王文锦译解:《礼记译解·曲礼上》,中华书局2016年版,第15页。
⑥ 王文锦译解:《礼记译解·祭义》,中华书局2016年版,第607页。
⑦ 王文锦译解:《礼记译解·祭义》,中华书局2016年版,第611页。
⑧ 王文锦译解:《礼记译解·表记》,中华书局2016年版,第719页。
⑨ (汉)赵岐注,(宋)孙奭疏:《孟子注疏》卷八下《离娄章句下》,北京大学出版社1999年版,第230页。

戒,重在推行教化。

祭祀或行大礼前行斋戒,以表敬祖、敬君、敬上帝之意。因斋戒与孝亲相连,故不少人丧亲之后,不忍再杀生,齐梁时代,不少人不杀生并非因为信佛,而是遵儒家斋戒传统之故。如江泌:"性行仁义,衣弊,恐虱饥死,乃复取置衣中。数日间,终身无复虱。母亡后,以生阙供养,遇鲑不忍食。食菜不食心,以其有生意也。"①又如陆襄:"襄弱冠遭家祸,终身蔬食布衣,不听音乐,口不言杀害五十许年。"②又如薛天生:"母遭艰菜食,天生亦菜食,母未免丧而死,天生终身不食鱼肉。"③

中国佛教酒肉之禁,梁武帝有推动之功。佛教东渐,僧人一般依小乘戒《十诵律》,主张可吃"三种净肉",即:"我听啖三种净肉。何等三? 不见、不闻、不疑。不见者,不自眼见为我故杀是畜生;不闻者,不从可信人闻为汝故杀是畜生;不疑者,是中有屠儿,是人慈心,不能夺畜生命。"④梁武帝时,僧人仍未断肉食。

梁武帝于天监十八年(519 年)佛诞日从慧约和尚受菩萨戒,他于佛教并重般若、涅槃之学,而《大般涅槃经》、《楞伽经》等都主张禁止吃肉,故梁武帝力推戒酒肉。《广弘明集》卷 26 载,法云、慧明于华林殿唱《大涅槃经四相品》,法云讲解经中断酒肉之义,武帝亲临现场,道澄还唱梁武帝《断酒肉文》。会后,有僧尼提出"律中无断肉事及忏悔食肉法"⑤,于是,六天后,梁武帝又亲自组

---

① (梁)萧子显撰:《南齐书》卷五十五《江泌传》,中华书局 1972 年版,第965 页。
② (唐)姚思廉:《梁书》卷二十七《陆襄传》,中华书局 1973 年版,第 410 页。
③ (梁)萧子显撰:《南齐书》卷五十五《孝义传》,中华书局 1972 年版,第958 页。
④ 《十诵律》卷三十七,《大正新修大藏经》第 23 册,第 265 页上。
⑤ (唐)释道宣:《广弘明集》卷二十六,《乾隆大藏经》第 116 册,第 56 页。

织近两百僧尼展开讨论,法超、僧辩、宝度等三律师就僧尼的质疑作出回应。法超的解释是,戒律虽不禁三种净肉,但本意是要永久禁断的,因为不禁三种净肉,事在断十种不净肉之后,可见禁食肉是渐进而行、终将全禁的。法超还指出,《涅槃经》、《楞伽经》、《央掘摩罗经》、《大云经》、《缚象经》都有断肉律。

《大般涅槃经四相品》说:"夫食肉者断大慈种。"①世尊要求:"我从今日制诸弟子,不得复食一切肉也。"②

不食肉的原因,《大般涅槃经四相品》说:"谓一切众生,从本已来,展转因缘,常为六亲,以亲想故,不应食肉。"③《央掘魔罗经》作出了类似的解释:"一切众生,无始生死,生生轮转,无非父母兄弟姊妹,犹如伎儿变易无常,自肉他肉,则是一肉,是故诸佛,悉不食肉。""一切众生界、我界,即是一界,所宅之肉,即是一肉,是故诸佛悉不食肉。"④

当晚,梁武帝在给周舍的敕书中,也就不食肉给出了理由:"经言:'买肉与自杀,此罪一等。'""众生所以不可杀生,凡一众生具八万户虫,经亦说有八十亿万户虫。若断一众生命,即是断八万户虫命。"⑤

梁武帝亲撰《断酒肉文》,详细论证了断酒肉的必要,特别指出,出家人如果嗜酒啖肉,则行同外道,甚至还不及外道,梁武帝论述了僧尼不断酒肉有九不及外道、九不及居家人的种种理由。梁武帝引《涅槃经》"食肉者,断大慈种",其结果是:

① (唐)释道宣:《广弘明集》卷二十六,《乾隆大藏经》第 116 册,第 61 页。
② (唐)释道宣:《广弘明集》卷二十六,《乾隆大藏经》第 116 册,第 62 页。
③ (唐)释道宣:《广弘明集》卷二十六,《乾隆大藏经》第 116 册,第 64 页。
④ (唐)释道宣:《广弘明集》卷二十六,《乾隆大藏经》第 116 册,第 66 页。
⑤ (唐)释道宣:《广弘明集》卷二十六,《乾隆大藏经》第 116 册,第 67 页。

若食肉者，一切众生皆为怨对，同不安乐。若食肉者，是
远离声闻法。若食肉者，是远离辟支佛法。若食肉者，是远离
菩萨法。若食肉者，是远离菩萨道。若食肉者，是远离佛果。
若食肉者，是远离大涅槃。①

食肉无法成佛，则皈依佛门的初衷就成了泡影。梁武帝还以
罕见的超级排比句，说"啖食众生者是魔行"，是地狱种、恐怖因、
断命因、自烧因、自煮因、自炮因、自炙因、自割因、自剥因、断头因、
断手因、断足因、破腹因……

肉食能带来如此众多、性质严重的后果，可见持戒的重要。梁
武帝在《断酒肉文》中发誓身体力行："若饮酒放逸，起诸淫欲，欺
诳妄语，啖食众生，乃至饮于乳蜜，及以苏酪，愿一切有大力鬼神，
先当苦治萧衍身，然后将付地狱阎罗王，与种种苦。乃至众生皆成
佛尽，弟子萧衍，犹在阿鼻地狱中。"②

梁武帝说到做到，《梁书》载贺琛上书陈事后，梁武帝撰文逐
条反驳，其中说道："昔之牲牢，久不宰杀，朝中会同，菜蔬而已。"③
《断杀绝宗庙牺牲诏》载，梁武帝曾"下诏去宗庙牺牲、修行佛戒、
蔬食断欲。"④此事《梁书》亦载，"（天监十六年）冬十月，去宗庙荐
修，始用蔬果。"⑤议郎江蒨等人表示反对，值得一提的是，梁武帝
让周舍驳斥江难的理由，恰恰是颜之推《归心》篇所引"君子远庖

---

① （梁）萧衍：《断酒肉文》，载（清）严可均：《全梁文》卷七，商务印书馆1999
　年版，第75页。
② （梁）萧衍：《断酒肉文》，载（清）严可均：《全梁文》卷七，商务印书馆1999
　年版，第79页。
③ （唐）姚思廉：《梁书》卷三十八《贺琛传》，中华书局1973年版，第548页。
④ （梁）萧衍：《断杀绝宗庙牺牲诏》，载（唐）释道宣：《广弘明集》卷二十六，
　《乾隆大藏经》第116册，第39页。
⑤ （唐）姚思廉：《梁书》卷二《武帝纪中》，中华书局1973年版，第57页。

厨"的儒家传统。梁武帝在诏书中,还下令"太医不得以生类合
药,公家织官纹锦,并断仙人鸟兽之形。""郊庙皆以面为牲牷,其
飨万国用菜蔬去生类。"①等等。由此,梁武帝将佛教的戒律,融进
了儒家的宗庙祭祀与衣冠礼仪制度中。

梁武帝还说自己践行了《断酒肉文》提出的禁欲誓言,如"绝
房室三十余年"、"受生不饮酒,受生不好音声,所以朝中曲宴,未
尝奏乐"、"日常一食,若昼若夜,无有定时"②等。梁武帝是在天
监十年(511年)开始"日惟一食,永绝辛膻"③的。萧衍的宠妃丁
令光,也崇佛持戒。"屏绝滋腴,长进蔬膳。"④

《续高僧传·法超》载,梁武帝还任命法超为僧正,撰《出要律
仪》14卷,通令梁境执行。梁武帝通过一系列的举措,并带头执
行,改变了汉代以来僧徒吃三净肉的习惯,不食肉之戒,得以推行。
梁武帝禁食酒肉的素食制度,成为中国佛教特有的一项僧制。

在梁武帝时代,围绕何胤的肉食问题,还引发了一系列争议。
兼通儒佛的何胤"侈于味,食必方丈。"⑤何胤的贪吃与"清贫寡
欲,终日长蔬食"⑥的周颙形成了鲜明的对照,于是,便发生了下面
的典故:

> 卫将军王俭谓颙曰:"卿山中何所食?"颙曰:"赤米白盐,

① (梁)萧衍:《断杀绝宗庙牺牲诏》,载(唐)释道宣:《广弘明集》卷二十六,
《乾隆大藏经》第116册,第40页。
② (唐)姚思廉:《梁书》卷三十八《贺琛传》,中华书局1973年版,第549页。
③ (梁)萧衍:《舍事李老道法诏》,《广弘明集》卷四,《乾隆大藏经》第115
册,第329页。
④ (唐)姚思廉:《梁书》卷七《高祖丁贵嫔传》,中华书局1973年版,第161页。
⑤ (梁)周颙:《与何胤书论止杀》,《广弘明集》卷二十六,《乾隆大藏经》第
116册,第38页。
⑥ (梁)萧子显撰:《南齐书》卷四十一《周颙传》,中华书局1972年版,第
732页。

绿葵紫蓼。"文惠太子问颙:"菜食何味最胜?"颙曰:"春初早
韭,秋末晚菘。"时何胤亦精信佛法,无妻妾。太子又问颙:
"卿精进何如何胤?"颙曰:"三涂八难,共所未免。然各有其
累。"太子曰:"所累伊何?"对曰:"周妻何肉。"①

何胤的美食爱好和斋食发生了矛盾。

> 后何胤言断食生,犹欲食白鱼、鲍脯、糖蟹,以为非见生
> 物。疑食蚶蛎,使学生议之。②

何胤的戒肉食显然是勉强而不彻底的,才有了让学生关于是
否吃蚶蛎的讨论。周颙为了让何胤改变生活习惯,还写信劝他改
肉食为菜食。因吃斋意味着生活方式的重大改变,其推行过程自
然有种种曲折。颜之推正是在这种历史背景下,为推行吃斋的素
食制度而重视五戒中的戒杀之禁。

为强调戒杀,颜之推在《归心》篇特别列举了八个案例,以佛
教因果报应来说明妄杀后果的严重,《广弘明集》卷 26 以《戒杀家
训》为名收入其中。颜之推说"好杀之人,临死报验"③,此为佛教
的现实报,但他同时说"子孙殃祸"④,这又是儒家传统福报说,即
《周易·坤卦·文言》所说:"积不善之家,必有余殃"。在佛教,讲
自作自受,在儒家,讲一人做恶殃及全家乃至子孙后代,报应主体
不一。而颜之推警惕杀生后果既带来佛教说的自身受报、现世报,
又带来儒家说的全家受报子孙受报,融儒佛报应于一体,以证持杀

---

① (梁)萧子显撰:《南齐书》卷四十一《周颙传》,中华书局 1972 年版,第
732 页。
② (梁)萧子显撰:《南齐书》卷四十一《周颙传》,中华书局 1972 年版,第
732 页。
③ 王利器:《颜氏家训集解》卷五《归心》,中华书局 1993 年版,第 399 页。
④ 王利器:《颜氏家训集解》卷五《归心》,中华书局 1993 年版,第 399 页。

戒的必要。颜之推所举杀生受报的案例，多发生在齐梁时代，杀生行为多为杀动物，亦有杀人，而报应方式则多种多样。如："梁世有人，常以鸡卵白和沐，云使发光，每沐辄二三十枚。临死，发中但闻啾啾数千鸡雏声。"①又如，"江陵刘氏，以卖鳝羹为业。后生一儿头是鳝，自颈以下，方为人耳。"永嘉郡守王克因有人送了羊，准备杀羊招待宾客。一个客人因不理会羊的求救之举，结果吃下羊羹后"痛楚号叫"，"遂作羊鸣而死"②。梁望蔡县令，笑杀老牛，饮啖醉饱，结果，体痒成癞，十许年死。侯景之乱中，西阳郡守杨思达的一部曲杀戮盗麦者，还截断手腕，结果生下一个没手的男孩。南齐一富豪，有"非手杀牛，啖之不美"的怪癖，结果，"年三十许，病笃，大见牛来，举体如被刀刺，叫呼而终"。颜之推还举身边熟人的例子："江陵高伟，随吾入齐，凡数年，向幽州淀中捕鱼。后病，每见群鱼啮之而死。"

颜之推在五戒中独重杀戒，一则多次目睹"白骨露于野，千里无鸡鸣"的惨状，痛感于战乱对生命的残害；二则受梁武帝推行素食的思想和政策影响，为士大夫持戒不杀生的士风所熏染，颜之推通过对不杀生的提倡，为佛教素食制度作出了贡献。颜之推将佛教戒杀与儒家仁义学说相融合，与梁武帝将断酒肉政策与儒家宗庙祭祀相结合，二者如合符契。

三、不必落发，兼修戒行

颜之推在反驳当时对佛教"以靡费金宝减耗课役为损国"的指责时，有如下的辩护：

① 王利器：《颜氏家训集解》卷五《归心》，中华书局1993年版，第400页。
② 王利器：《颜氏家训集解》卷五《归心》，中华书局1993年版，第401页。

内教多途,出家自是其一法耳。若能诚孝在心,仁惠为本,须达、流水,不必剃落须发;岂令罄井田而起塔庙,穷编户以为僧尼也?皆由为政不能节之,遂使非法之寺,妨民稼穑,无业之僧,空国赋算,非大觉之本旨也。①

排佛者认为佛教大兴寺庙浪费钱财,僧尼出家,减少了劳动力,有损国家赋税与劳役,颜之推驳斥说,第一,佛教修行的方法很多,不止出家一途。若能心存忠孝,以仁爱施惠为立身之本,像须达、流水长者那样,就用不着剃发为僧了。这同时说明,并不需要用全部田地去建寺庙佛塔,让所有的编户齐民去当僧尼。第二,佛教的本意并非主张寺庙妨碍农事,僧侣损失国家赋税,造成此类问题,只是政府未予很好地节制和管理,导致一些非法的寺院和僧尼不守法纪、德行败坏。故对佛教耗费钱财、有损国库的说法,实为世俗偏见。这里颜之推对政府的宗教管理和寺庙本身出现的问题都未予回避,而暗示了以一种新的方式来解决这一弊端,为倡导居士佛教埋下伏笔。

颜之推举须达、流水为例,而两位均为居士。须达为舍卫国给孤独长者的本名,祇园精舍的施主,为释迦牟尼弘佛提供了帮助。流水长者故事见《金光明经》,他看到一个干涸的池子中有上万的鱼正在面临鸟兽啄食的危险,便赶紧向国王禀报,展开救援行动。"是时流水及其二子将二十大象,从治城人借索皮囊,疾至彼河上流决处盛水象负,驰疾奔还,至空泽池,从象背上下其囊水,泻置池中,水遂弥满,还复如本。"②流水长者救鱼之举,为心存仁惠的表现。

---

① 王利器:《颜氏家训集解》卷五《归心》,中华书局1993年版,第391页。
② 《金光明经》卷四《流水长者子品》,中华书局2010年版,第153页。

　　两晋南北朝时期,涌现了一大批留名佛教史的居士,如作《喻道论》的孙绰、道安教团中的居士群体,如习凿齿、郗超、朱序、桓豁等,谢氏家族中的谢安、谢灵运,慧远教团中的居士群体,如刘遗民、雷次宗、周续之、宗炳等。此外,何点、何胤兄弟,周颙、张融、王褒等人,也是南朝的知名居士。这些兼通儒佛、佛道乃至三教的居士,大多在三教论衡中有出色表现,以各种方式推动了三教融合的发展。

　　在不少儒家、道家学者以居士身份崇信佛法的时代风气下,颜之推提倡居士佛教,以缓和佛教的过度繁荣带来的社会政治、经济与文化问题,不失为调和三教的有效方法。颜之推还如此告诫子孙后代:"汝曹若观俗计,树立门户,不弃妻子,未能出家;但当兼修戒行,留心诵读,以为来世津梁。"①显然,颜之推不鼓励后人出家,而是提倡他们当居士,吃斋,念佛,自利利他,觉悟众生。在《养生》篇中,颜之推不主张后人遁迹山林去学仙,理由之一是:"人生居世,触途牵絷:幼少之日,既有供养之勤,成立之年,便增妻孥之累,衣食资须,公私驱役。"②颜之推以孝敬父母、养育妻儿子女、完成公干为理由,告诫子孙不要专精于仙道;以树立门户、不弃妻子的缘由,不要求子孙出家。二者的理由有着惊人的类似:颜之推对于门第传承与社会责任的担当精神。不出家,便不会违背儒家伦理;修戒行,满足了对佛教的信仰。可见,颜之推眼里的居士佛教,恰好儒佛兼得,彼此相安。

---

① 王利器:《颜氏家训集解》卷五《归心》,中华书局1993年版,第396页。
② 王利器:《颜氏家训集解》卷五《养生》,中华书局1993年版,第356页。

第五章　儒道会通

　　颜之推所处的南北朝时期,陆修静和寇谦之分别在南北进行了道教改革,除了自身在道团组织、斋醮仪式等方面更为成熟外,与统治集团的关系也朝着更为融洽的方向发展。

　　在北朝,北魏道武帝喜好道教,和儿子明元帝拓跋嗣都因服食丹药中毒而死,可见其痴迷程度。太武帝拓跋焘在崔浩的推动下,支持寇谦之"专以礼度为首"改革天师道。寇谦之《云中音诵新科之诫》提出"清整道教,除去三张伪法,租米钱税,及男女合气之术"①。寇谦之禁止天师道犯上作乱,整顿道团,加强科律,增订戒律和斋仪,使得天师道得到统治者的支持。太武帝"崇奉天师,显扬新法,宣布天下,道业大行"②。太武帝还改元太平真君,亲至道坛受符箓。

　　北齐文宣帝高洋早年也尊信道士,让张远游炼九转金丹,丹成后,高洋说:"我贪世间作乐,不能即飞上天,待临死时取服。"③高

---

① (北齐)魏收:《魏书》卷一百一十四《释老志》,中华书局 1974 年版,第 3051 页。

② (北齐)魏收:《魏书》卷一百一十四《释老志》,中华书局 1974 年版,第 3053 页。

③ (唐)李百药:《北齐书》卷四十九《由吾道荣传》,中华书局 1972 年版,第 674 页。

洋让张远游炼丹,不过没有服食,可见其犹疑处。佛教与道教在北魏以来的迅速膨胀,带来了经济与社会一系列问题,天宝六年(555年),高洋下达《议沙汰释李诏》:"乃有缁衣之众,参半于平俗;黄服之徒,数过于正户。所以国给为此不充,王用因兹取乏。"①诏书显示,道教徒众扩张对国家税收带来的损失是遭到取缔的主要原因。《资治通鉴》载沙汰方法是"敕道士皆剃发为沙门",结果是,"于是齐境皆无道士"②。

北周则重视道教,传承了北魏太武帝建立的皇帝即位去道坛受符箓的制度,"后周承魏,崇奉道法,每帝受箓,如魏之旧。"③北周武帝宇文邕废佛道二教,实则只废佛教,道士大量吸收进入了通道观。

在南朝,宋时的宗教改革者为陆修静,他所著《陆先生道门科略》,提出包括三会日制度、"宅录"制度、斋醮仪式、道官升迁制度等在内的一系列道教改革,推动了南天师道的发展。南朝宋文帝、宋明帝、齐高帝、齐东昏侯等都崇信道教。据陈寅恪《天师道与滨海地域之关系》一文,两晋南北朝道教世家颇多,包括琅邪王氏、高平郗氏、吴郡杜氏、会稽孔氏、义兴周氏、陈郡殷氏等。

南朝梁武帝"弱年好事,先受道法,及即位,犹自上章,朝士受道者众。三吴及边海之际,信之逾甚。"④梁武帝与道教的关系,从他与陶弘景的交游可窥一斑。在萧衍夺取政权之前,陶弘景"援

---

① (唐)释道宣:《广弘明集》卷二十四,《乾隆大藏经》第 115 册,第 810 页。

② (宋)司马光编著,(元)胡三省音注:《资治通鉴》卷一百六十六《梁纪二十二》"敬帝绍泰元年",中华书局 1956 年版,第 5131 页。

③ (唐)魏徵等撰:《隋书》卷三十五《经籍志四》,中华书局 1973 年版,第 1094 页。

④ (唐)魏徵等撰:《隋书》卷三十五《经籍志四》,中华书局 1973 年版,第 1093 页。

引图谶,数处皆成'梁'字,令弟子进之"①。陶弘景利用谶纬为萧衍制造舆论,推动萧衍顺利迫使齐帝禅位。所以梁武帝即位后以"山中宰相"恩遇陶弘景,支持他炼丹,赐以黄金、朱砂、曾青、雄黄等炼丹原料,还亲服飞丹。

以上为颜之推所处时代道教发展的大致情形。

第一节 颜氏家族与道教

颜氏家族与道教究竟有怎样的关系呢? 颜氏祖居的山东琅邪,为道教活动最盛的地区。陈寅恪说:"凡东西晋南北朝奉天师道之世家,旧史记载可得而考者,大抵与滨海地域有关。故青徐数州,吴会诸郡,实为天师道之传教区"②。对处于滨海地域的琅邪,陈寅恪如此断言:"琅邪故天师道发源之地"③,如琅邪大族王氏家族,就是世代子孙多为"五斗米教徒",颜氏家族世居琅邪,也可能长期熏染道教。

与琅邪颜氏家族联姻的家族,也不乏道教信仰者。刘宋时,刘穆之"与延之通家"④,颜延之的妹妹给刘穆之做了儿媳妇。刘穆之"字道和,小字道民"⑤,其族侄刘秀之"字道宝"⑥,东莞刘氏留

---

① (唐)姚思廉:《梁书》卷五十一《陶弘景传》,中华书局1973年版,第743页。
② 陈寅恪:《天师道与滨海地域之关系》,载《金明馆丛稿初编》,生活·读书·新知三联书店2001年版,第17页。
③ 陈寅恪:《天师道与滨海地域之关系》,载《金明馆丛稿初编》,生活·读书·新知三联书店2001年版,第33页。
④ (梁)沈约:《宋书》卷七十三《颜延之传》,中华书局1974年版,第1891页。
⑤ (梁)沈约:《宋书》卷四十二《刘穆之传》,中华书局1974年版,第1303页。
⑥ (梁)沈约:《宋书》卷八十一《刘秀之传》,中华书局1974年版,第2073页。

下了信仰道教的印迹。《颜氏家训·后娶》篇说颜之推之子颜思鲁从舅为殷外臣，颜真卿《祕书省著作郎夔州都督长史上护军颜公神道碑》（即《颜勤礼碑》）载颜思鲁"娶御正中大夫殷英童女"①，陈寅恪《天师道与滨海地域之关系》一文"推定陈郡殷氏为天师道世家"。从颜氏家族与道教世家东莞刘氏、陈郡殷氏的联姻，可推断颜氏子孙可能受母亲家族信仰的影响。

　　此外，颜氏子弟出现了不少以"某之"而取名者，如颜靖之、颜劭之、颜延之、颜镇之、颜系之、颜希之、颜微之、颜腾之、颜炳之等。陈寅恪曾考证过"之"字在人名中，往往与道教有关。"六朝人最重家讳，而'之'、'道'等字则在不避之列，所以然之故虽不能详知，要是与宗教信仰有关。"②陈寅恪还指出："盖六朝天师道信徒之以'之'字为名者颇多，'之'字在其名中，乃代表其宗教信仰之意，如佛教徒之以'昙'或'法'为名者相类。东汉及六朝人依公羊春秋讥二名之义，习用单名。故'之'字非专之真名，可以不避讳，亦可以省略。"③可见，颜氏家族成员的名字中可能隐含着信仰道教的秘密。

　　陈寅恪还探讨了天师道与书法的关系，说："东西晋南北朝之天师道为家世相传之宗教，其书法亦往往为家世相传之艺术，如北魏之崔、卢，东晋之王、郗，是其最著之例。旧史所载奉道世家与善书世家二者之符会，虽获为偶值之事，然艺术之发展多受宗教之影

<hr>

① （唐）颜真卿著，（清）黄本骥编订，蒋璨参校：《颜鲁公集》卷八，上海中华书局《四部备要》据《三长物斋丛书》本校刊本，第75页。
② 陈寅恪：《天师道与滨海地域之关系》，载《金明馆丛稿初编》，生活·读书·新知三联书店2001年版，第9页。
③ 陈寅恪：《崔浩与寇谦之》，载《金明馆丛稿初编》，生活·读书·新知三联书店2001年版，第121页。

响。而宗教之传播,亦多倚艺术为资用。"①而颜氏家族中长于书法者代有其人。颜延之的草书仅次于当时独步天下的谢朓,其子颜竣以行书见长。颜竣从兄弟、颜之推五世祖颜腾之、腾之子炳之,善草隶书。颜竣族兄颜师伯,也书法精湛。颜之推的父亲颜协"工于草隶"②,《颜氏家训·杂艺》云:"吾幼承门业,加性爱重,所见法书亦多,而玩习功夫颇至。"③颜之推曾著有《急就章注》一卷,又著《笔墨法》一卷。作为颜之推之后的书法大家,颜真卿即为道教徒。

如陈寅恪的推测为真,则颜氏家族世善书法,也可能隐藏着信仰的秘密。

前文叙及颜延之信奉佛教,在《庭诰中》,颜延之如此剖析佛道二家的区别:

> 为道者,盖流出于仙法,故以练形为上;崇佛者,本在于神教,故以治心为先。练形之家,必就深旷,反飞灵,糇丹石,粒芝精,所以还年却老,延华驻彩,欲使体合缥霞,轨遍天海:此其所长。及伪者为之,则忌灾祟,课粗愿,混士女,乱妖正:此其巨蠹也。治心之术,必辞亲偶,闭身性,师净觉,信缘命,所以反壹无生,克成圣业,智邈大明,志狭恒劫:此其所贵。及诡者为之,则藉发落,狎菁华,傍荣声,谋利论:此其甚诬。④

颜延之认为,道教练形,佛教治心。对于佛道二教中的不当行

---

① 陈寅恪:《天师道与滨海地域之关系》,载《金明馆丛稿初编》,生活·读书·新知三联书店 2001 年版,第 39 页。
② (唐)姚思廉:《梁书》卷五十《颜协传》,中华书局 1973 年版,第 727 页。
③ 王利器:《颜氏家训集解》卷七《杂艺》,中华书局 1993 年版,第 567 页。
④ (南朝宋)颜延之:《庭诰》,载(梁)僧祐撰,李小荣校笺:《弘明集校笺》卷十三,上海古籍出版社 2013 年版,第 732 页。

为,颜延之均予以反对。值得注意的是,颜延之在肯定佛教成就圣业、昌明智慧的同时,对道教练形以达却老延年之效也给予了充分的认同。

颜之推的父亲颜协"所撰《晋仙传》五篇,《日月灾异图》两卷,遇火湮灭"①。颜协著作从书名看,当为道家著述。颜之推爷爷颜见远,因萧衍受禅齐和帝,便绝食而死,颜协"又感家门事义,不求显达,恒辞征辟,游于蕃府而已"②。颜协以道家谦退思想,在蕃邸终其一生,也是践行道家信仰的表现。

颜协与梁元帝萧绎私交甚厚,萧绎儒道兼修,其著作中不乏道教著作。颜之推 12 岁时便以学生身份听萧绎讲庄、老,"吾时颇预末筵,亲承音旨"③。颜之推幼年丧父,成长中一直得到萧绎关照,尽管不喜欢玄学与道教,但他受萧绎的影响是不可否认的。颜之推《神仙诗》说"愿得金楼要,思逢玉钤篇",而萧绎编撰的《金楼子》,其《志怪篇》记载一金楼先生,为嵩高道士,在遍游名山寻找丹砂时,在石壁上见到有古文字写有寻宝秘方,金楼先生依之而行,果然找到炼丹原料。另郑樵《通志·艺文略·天文类》载《金娄地镜》一卷。可知金楼与炼丹寻矿有关。《神仙诗》又说:"九龙游弱水,八凤出飞烟。朝游采琼宝,夕宴酌膏泉。峥嵘下无地,列缺上陵天",可见颜之推羡慕过神仙之游自由无拘的生活。"举世聊一息,中州安足旋。"既然神仙可长生不老、周流八极,俗人的生命在神仙看来只是一呼一吸之间,又岂可贪恋区区中国的狭小空间呢?

颜之推早年学习占卜之术,说"吾尝学《六壬式》,亦值世间好

---

① (唐)姚思廉:《梁书》卷五十《颜协传》,中华书局 1973 年版,第 727 页。
② (唐)姚思廉:《梁书》卷五十《颜协传》,中华书局 1973 年版,第 727 页。
③ 王利器:《颜氏家训集解》卷三《勉学》,中华书局 1993 年版,第 187 页。

匠,聚得《龙首》、《金匮》、《玉图变》、《玉历》十许种书,讨求无验,寻亦悔罢"①。据王利器所引诸家注解,这些书多为道教著作,尽管颜之推中途而废,但显然阅读过不少道教书。

《归心》篇云:

> 世有痴人,不识仁义,不知富贵并由天命。为子娶妇,恨其生资不足,倚作舅姑之尊,蛇虺其性,毒口加诬,不识忌讳,骂辱妇之父母,却成教妇不孝己身,不顾他恨。但怜己之子女,不爱己之儿妇。如此之人,阴纪其过,鬼夺其算。②

颜之推警告舅姑虐待儿媳会遭"阴纪其过,鬼夺其算"的惩罚,"算"为道教范畴,即秉承于天的寿数。道教认为,人为善则增算,为恶则减算,即"鬼夺其算"。颜之推这里将佛教因果报应思想与道教的报应观融为一体。

综上所述,颜之推出自与道教有着千丝万缕联系的琅邪世家,早年成长过程中又受萧绎等喜好玄学与道教的人物的影响,故主张儒佛一体的颜之推,对于道家道教有着复杂的体认。

第二节　少欲知足

颜之推的处世之道,兼收并蓄了儒道二家的思想,如他对欲望的态度,先引《礼记·曲礼上》所说:"欲不可纵,志不可满。"③随后论说:"宇宙可臻其极,情性不知其穷,唯在少欲知足,为立涯限

---

① 王利器:《颜氏家训集解》卷七《杂艺》,中华书局1993年版,第583页。
② 王利器:《颜氏家训集解》卷五《归心》,中华书局1993年版,第406页。
③ 王文锦译解:《礼记译解·曲礼上》,中华书局2016年版,第1页。

尔。"①颜之推从天人关系的角度来探讨调适欲望的理论依据:宇宙之大,尚有极限;人的情性,不知穷止。欲取得天人一致,人就该适度控制自己的情志,也如宇宙有极限一样,为自己的欲望设限,这样,"少欲知足"便有其必要性。

颜之推说:"天地鬼神之道,皆恶满盈。谦虚冲损,可以免害。"②这里颜之推吸收了《周易·谦卦·彖传》的思想:"天道亏盈而益谦,地道变盈而流谦,鬼神害盈而福谦,人道恶盈而好谦。"天、地、鬼、人都忌恶满盈,在于谦虚冲损,能全身避害。《老子》第十五章云:"保此道者,不欲盈。夫唯不盈,故能蔽而新成。"其第十九章又云:"见素抱朴,少思寡欲。"老子提倡"不盈"之说,由此得出对欲望的态度:少私寡欲。《庄子·天地》篇说:"古之畜天下者,无欲而天下足。"③庄子将无欲无为视为化育万物、安定百姓的理想化治理之道。葛洪的神仙学说中,对欲望的控制,也是成仙的必由路径之一。《抱朴子·论仙》篇说:"学仙之法,欲得恬愉澹泊,涤除嗜欲,内视反听,尸居无心。"④

颜之推从儒道二家在欲望问题上的殊途同归,得出了"少欲知足"的核心命题,并以此作为家族生存法则之一。具体而言,主要体现在以下层面:

一是衣食财富上的合理追求。

对于衣食之需,颜之推认为衣能蔽体以遮挡风寒雨露、食能求饱以充饥饿便可以了,人的身体本身并不需要过分奢侈,为什么反

---

① 王利器:《颜氏家训集解》卷五《止足》,中华书局1993年版,第343页。
② 王利器:《颜氏家训集解》卷五《止足》,中华书局1993年版,第345页。
③ (清)郭庆藩:《庄子集释》卷五上《天地》,中华书局1961年版,第404页。
④ (晋)葛洪著,王明校释:《抱朴子内篇校释》卷二《论仙》,中华书局1985年版,第17页。

要追求己身之外的骄奢侈泰呢？颜之推举反例说,周穆王、秦始皇、汉武帝,富有四海,贵为天子,却不知满足,给自己带来了伤害,作为普通人,那就更应该远离奢侈以避祸害了。颜之推开出的家族财富标准为:"常以二十口家,奴婢盛多,不可出二十人,良田十顷,堂室才蔽风雨,车马仅代杖策,蓄财数万,以拟吉凶急速,不啻此者,以义散之;不至此者,勿非道求之。"①作为人口二十的家族,奴婢数不超过二十人,良田十顷,房屋够住,有车马代步,有数万积蓄以备急用,超出需要的财富就仗义疏财,达不到这个标准,对于财富也要取之有道。值得指出的是,颜之推的止足思想不可以简单地用求生避祸的目的来解释。"以义散之"四字,实际上透露了个中端倪:门第贵族往往聚族而居,并在所居之地形成乡党社会,对于积累了财富的士族门第而言,仗义疏财是维系乡党社会秩序与家族秩序和谐的必要措施,进而积淀为一种士族精神。《治家》篇说:"世间名士,但务宽仁;至于饮食馈饷,僮仆减损,施惠然诺,妻子节量,狎侮宾客,侵耗乡党:此亦为家之巨蠹矣。"②从正面而言,以宽仁的态度对待童仆、亲人,接待宾客、乡党,为当时士族的义务;从反面而言,对待童仆、亲人、宾客、乡党过于苛刻,终归将对家族带来伤害。颜之推道出了止足的训诫与接济宾客乡党的赈恤行为的必要,没有道出的是,正因俭省与止足,使得以余财周济同族、乡邻成为可能,使得基于孝悌与仁爱的道义精神转化为现实成为可能。进而,颜之推的止足便超越了物质与名利,而成为一种贵族精神的外化。正如谷川道雄所说:"如此,赈恤行为与家庭经济的俭约精神紧密地结合起来了。在名望家之中有很多人具备努力

① 王利器:《颜氏家训集解》卷五《止足》,中华书局 1993 年版,第 345 页。
② 王利器:《颜氏家训集解》卷一《治家》,中华书局 1993 年版,第 44 页。

止足的谦虚人品,赈恤行为就是从这种家政与人格之中产生出来的。"①

二是颜之推对子孙为官级别设定了上限。

颜之推对为官大小的建议是:"仕宦称泰,不过处在中品,前望五十人,后顾五十人,足以免耻辱,无倾危也。高此者,便当罢谢,偃仰私庭。"②颜之推以"中品"作为仕宦原则,这一原则的背后,是当时官场上血雨腥风的现实。颜之推因侯景之乱、崔季舒事件等差点被杀,已深刻体悟到为官的危险。故颜之推以官至中品为限,是免辱免祸的需要。他举自己的例子说,"吾近为黄门郎,已可收退。"③黄门郎,为"给事黄门侍郎"的简称,为颜之推在北齐时最高职位。《隋书·百官志》载北齐官制说:"门下省,掌献纳谏正,及司进御之职。侍中、给事黄门侍郎各六人。"④颜之推说自己做到这一职位就当退位了,但"当时羁旅,惧罹谤蒿,思为此计,仅未暇尔。"⑤这就意味着颜之推是想退而不敢退、没有机会退了。个中原因,是在胡人政权里害怕遭遇诽谤和非议,以免带来杀生之患。在《终制》篇中,颜之推做了进一步的解释。颜之推认为自己和长兄颜之仪本来不当仕进,但考虑到家族中衰,骨肉孤弱,五服之内的亲戚没有可以依靠的,加上远离家乡,失去了门第的庇荫,不想让子孙陷入仆隶的地位辱没先人,于是不敢辞职。"兼以北方政教严切,全无隐退者故也。"⑥在北齐政权无人敢隐退的政治

---

① [日]谷川道雄:《中国中世社会与共同体》,中华书局2002年版,第269页。
② 王利器:《颜氏家训集解》卷五《止足》,中华书局1993年版,第347页。
③ 王利器:《颜氏家训集解》卷五《止足》,中华书局1993年版,第347页。
④ (唐)魏徵等撰:《隋书》卷二十七《百官志中》,中华书局1973年版,第753页。
⑤ 王利器:《颜氏家训集解》卷五《止足》,中华书局1993年版,第347页。
⑥ 王利器:《颜氏家训集解》卷七《终制》,中华书局1993年版,第599页。

情形下,颜之推为自己解释,不退职为不得已。

> 先祖靖侯戒子侄曰:"汝家书生门户,世无富贵;自今仕宦不可过二千石,婚姻勿贪势家。"吾终身服膺,以为名言也。①

可知,颜之推的为官止于中品的原则,还上承九世祖颜含的先祖遗训"仕宦不可过二千石"。颜之推又举当时官场顷危的现象来论证自己以守中原则谋取官阶的必要。他说,当时因乱得势、侥幸获取富贵的人,早上还大权在握,晚上就填尸山谷;月初还如卓氏、程郑那样身为富豪,月底就如颜回、原思那样身为贫士了。故颜之推谆谆告诫说"慎之哉! 慎之哉!"②在魏晋南北朝,以仕宦知止而求免祸者大有人在,以至于史籍新出传名"知足传"、"止足传",如鱼豢《魏略》之《知足传》、谢灵运《晋书》之《止足传》、沈约《宋书》之《止足传》、姚思廉《梁书》之《止足传》。颜之推也可算是止足之士之一了。

三是勿贪势家的婚姻观。

作为门第士族,在当时讲究门当户对,颜氏在晋室南渡时,为南迁百家显族之一,与高门势族联姻,本也在情理之中。但《止足》篇中说颜含戒子侄"婚姻勿贪势家"③,颜之推终身服膺这一祖训,并在家训中重点强调。《治家》篇也说:"婚姻素对,靖侯成规。"④靖侯,颜含之谥。《颜氏家训》中两度引颜含的婚姻训诫,可见颜之推对此问题的重视。

颜含"勿贪势家"的婚姻观,源于"满招损"的谦冲之道和世家

---

① 王利器:《颜氏家训集解》卷五《止足》,中华书局1993年版,第343页。
② 王利器:《颜氏家训集解》卷五《止足》,中华书局1993年版,第347页。
③ 王利器:《颜氏家训集解》卷五《止足》,中华书局1993年版,第343页。
④ 王利器:《颜氏家训集解》卷一《治家》,中华书局1993年版,第53页。

大族祸乱不已的现实。颜含曾拒绝了当时权臣桓温的联姻要求。《晋书》颜含本传说:"桓温求婚于含,含以其盛满,不许。"①关于此事,颜真卿《晋侍中右光禄大夫本州大中正西平靖侯颜公大宗碑铭》记载:"桓温求婚,以其盛满不许,因诫子孙云:'自今仕宦不可过二千石,婚姻勿贪世家。'"②桓温请求联姻颜氏的详情,《景定建康志》卷四三引晋李阐《右光禄大夫西平靖侯颜府君碑》:"王处明君之外弟,为子允之求君女婚;桓温君夫人从甥也,求君小女婚;君并不许,曰:'吾与茂伦于江上相得,言及知旧,扰泪叙情,茂伦曰:'唯当结一婚姻耳。'吾岂忘此言?温负气好名,若其大成,倾危之道,若其败也,罪及姻党。尔家书生为门,世无富贵,终不为汝树祸。"③王处明为丞相王导的从弟,曾任散骑常侍、廷尉、荆州刺史、扬州刺史等要职;桓温,谯国桓氏代表人物,历任征西大将军、侍中、大司马、都督中外诸军事、扬州牧、录尚书事等职,曾独揽朝政,权倾一时,势力鼎盛时欲行篡位之事。颜含拒绝了当时两大显要势族的联姻之请,除了对女儿婚配已有约在先之外,更关键的是看到了桓温权势太盛,一旦危败,会罪及亲家。

颜氏家族对联姻势族的警惕性可谓代代相传,如颜延之对刘穆之的态度:"妹适东莞刘宪之,穆之子也。穆之既与延之通家,又闻其美,将仕之;先欲相见,延之不往也。"④刘穆之为刘宋开国皇帝刘裕的心腹,官至左仆射,但颜延之妹妹做了刘穆之的儿媳

---

① (唐)房玄龄等撰:《晋书》卷八十八《颜含传》,中华书局 1974 年版,第 2287 页。

② 颜真卿:《晋侍中右光禄大夫本州大中正西平靖侯颜公大宗碑铭》,载《全唐文》卷三百三十九,中华书局 1983 年版。

③ (宋)马光祖修,(宋)周应合纂:《景定建康志》卷四十三,载《宋元方志丛刊》,中华书局 1990 年版,第 2027 页上。

④ (梁)沈约:《宋书》卷七十三《颜延之传》,中华书局 1974 年版,第 1891 页。

妇,而他不仅拒绝了刘穆之的扶植,还不愿意相见,与势族权臣始终保持距离。

综上所述,颜之推融合儒道二教提出"少欲知止"的处世原则,对于财富、官位、婚姻都强调折中与适度,对人生几大重要方面的目标欲望设定了自己的上限,以此确立家族繁衍发展的生存原则,对家族传递的安全性保持了高度的关注,这也是颜之推传承士族精神的一种努力。

第三节　全身保性

《隋书·经籍志》中记道教中有"饵服四十六部,一百六十七卷。房中十三部,三十八卷"①。可见道教关于养生的著作多如牛毛。养生之说,出自《庄子·养生主》,庖丁为文惠君解牛之后,文惠君曰:"善哉!吾闻庖丁之言,得养生焉。"②庄子的养生之道,大要在:"为善无近名,为恶无近刑。缘督以为经,可以保身,可以全生,可以养亲,可以尽年。"③

庄子的保身、全生、尽年,是对身体的爱惜,对寿命的珍惜,对生命的尊重。故此,庄子提出贵身、爱身的思想,《庄子·在宥》云:"故贵以身于为天下,则可以托天下;爱以身于为天下,则可以寄天下。"④该篇还提出了长生之法:"无视无听,抱神以静,形将自

① (唐)魏徵等撰:《隋书》卷三十五《经籍志四》,中华书局 1973 年版,第 1091 页。
② (清)郭庆藩:《庄子集释》卷二上《养生主》,中华书局 1961 年版,第 124 页。
③ (清)郭庆藩:《庄子集释》卷二上《养生主》,中华书局 1961 年版,第 115 页。
④ (清)郭庆藩:《庄子集释》卷四下《在宥》,中华书局 1961 年版,第 369 页。

正。必静必清，无劳女形，无摇女精，乃可以长生。"①排除耳目之欲的影响，守护神明，清净其心，爱养其身，守住其精，则可以长生。

其实，早在老子，就提出了"深根固柢、长生久视之道"，提出了"贵生"的思想。《老子》第七章："天地所以能长且久者，以其不自生，故能长生。是以圣人后其身而身先，外其身而身存。"

颜之推总结老庄思想时说："夫老、庄之书，盖全真养性，不肯以物累己也。"②显然，颜之推对于老庄之说，重在吸收其"全真养性"的思想，古时"性"即"生"，故养性亦可视为养生。类似的说法，稽康《幽愤诗》："养素全真。"③《淮南子·览冥训》："全性保真，不亏其身。"④《淮南子·原道训》："所谓自得者，全其身者也。全其身，则与道为一矣。"⑤

具体而言，颜之推从道家道教中吸收的养生思想，主要在于以下方面：

一、养生必先虑祸。养生的前提为有一全整的生命形态存在，故保全生命，远离祸端，是养生所首先需要注意的。

葛洪《抱朴子外篇·自叙》中说："其《内篇》言神仙、方药、鬼怪、变化、养生、延年、禳邪、却祸之事，属道家。"⑥可见，禳邪却祸为道教的重要条目。《太平经钞》乙部《阙题》："夫用口多者竭其精，用力多者苦其形，用武多者贼其身，此者凶祸所生也。"⑦道教

①　（清）郭庆藩：《庄子集释》卷四下《在宥》，中华书局 1961 年版，第 381 页。
②　王利器：《颜氏家训集解》卷三《勉学》，中华书局 1993 年版，第 186 页。
③　戴明扬校注：《稽康集校注》，人民文学出版社 1962 年版，第 27 页。
④　刘文典：《淮南鸿烈集解》卷六《览冥训》，中华书局 1989 年版，第 193 页。
⑤　刘文典：《淮南鸿烈集解》卷一《原道训》，中华书局 1989 年版，第 36 页。
⑥　（晋）葛洪著，杨明照校笺：《抱朴子外篇校笺》卷五十《自叙》，中华书局 1991 年版，第 698 页。
⑦　《太平经合校》上册，中华书局 1960 年版，第 26 页。

往往通过佩符、念咒及相关仪式达到祛邪避祸的目的。《抱朴子·对俗》篇说："为道者以救人危使免祸，护人疾病，令不枉死，为上功也。"①葛洪在这里将救人免祸、以避枉死的行为，视为上功，也可见避祸在道教中的重要性。

除了道教道法帮助祛祸外，虑祸的主体当然主要为一己之身。颜之推说：

> 夫养生者先须虑祸，全身保性，有此生然后养之，勿徒养其无生也。单豹养于内而丧外，张毅养于外而丧内，前贤所戒也。嵇康著《养生》之论，而以慢物受刑；石崇冀服饵之征，而以贪溺取祸，往世之所迷也。②

颜之推之意，虑祸是养生的前提，有生命才能有养生，生命没了自然也就失去了养生的意义，可见全身保性的重要。紧接着颜之推举例说，单豹行年七十而犹有婴儿之色，保养得不可谓不好，可惜却被饿虎吃了，这是养于内而丧于外。张毅时刻提防外来之祸，却年仅四十就被内热之病夺去了生命，这是养于外而丧于内。单豹和张毅的养生之偏，可谓前车之鉴。颜之推此处显然暗含着内外皆养的思想。

另外的教训来自两位名人：嵇康和石崇。嵇康"常修养性服食之事，弹琴咏诗，自足于怀。以为神仙禀之自然，非积学所得，至于导养得理，则安期、彭祖之伦可及，乃著《养生论》。"③嵇康重视养性，服食药物，弹琴自娱，还著有《养生论》。嵇康肯定通过养生

---

① （晋）葛洪著，王明校释：《抱朴子内篇校释》卷三《对俗》，中华书局 1985 年版，第 53 页。

② 王利器：《颜氏家训集解》卷五《养生》，中华书局 1993 年版，第 361 页。

③ （唐）房玄龄等撰：《晋书》卷四十九《嵇康传》，中华书局 1974 年版，第 1369 页。

之法延长生命的可能:"至于导养得理,以尽性命。上获千余岁,下可数百年,可有之耳。"①嵇康的养生原则包括:"故修性以保神,安心以全身。爱憎不栖于情,忧喜不留于意。泊然无感,而体气和平。又呼吸吐纳,服食养身,使形神相亲,表里俱济也。"②嵇康主张形神相济,通过修性、安心、导引、吐纳、服食等养生之道,最后达到的效果:使形神相亲、表里俱济、保神全身。如此深得养生堂奥的嵇康,却因"懒物"而失去了继续养生的可能。《世说新语》载:

> 钟士季精有才理,先不识嵇康。钟要于时贤俊之士,俱往寻康。康方大树下锻,向子期为佐鼓排。康扬槌不辍,傍若无人,移时不交一言。钟起去,康曰:"何所闻而来? 何所见而去?"钟曰:"闻所闻而来,见所见而去。"③

嵇康和向秀在大树下打铁时,钟会登门拜访,嵇康瞧不起钟会,故让钟会吃了闭门羹。嵇康的傲慢惹怒了钟会,钟会便寻找机会向晋文帝说他的坏话,诬告嵇康想助毌丘俭谋反,结果嵇康被杀。

石崇是西晋巨富,曾对颜氏江左始祖颜含的孝悌行为很为赞赏:"重含淳行,赠以甘旨,含谢而不受。"④

"任侠无行检"的石崇,其财富来源很有问题:"在荆州,劫远

① (魏)嵇康:《养生论》,载(清)严可均辑:《全三国文》卷四十八,商务印书馆 1999 年版,第 501 页。
② (魏)嵇康:《养生论》,载(清)严可均辑:《全三国文》卷四十八,商务印书馆 1999 年版,第 501 页。
③ (南朝宋)刘义庆著,(南朝梁)刘孝标注,余嘉锡笺疏:《世说新语笺疏》,中华书局 2011 年版,第 662 页。
④ (唐)房玄龄等撰:《晋书》卷八十八《颜含传》,中华书局 1974 年版,第 2286 页。

使商客,致富不赀。"①以官家身份而行强盗之事,不富是很困难的事。石崇之富,"财产丰积,室宇宏丽。后房百数,皆曳纨绣,珥金翠。丝竹尽当时之选,庖膳穷水陆之珍。"②石崇与王恺比富的故事,已经成为晋时士大夫骄奢淫逸生活的代表性事件。赵王伦专政,石崇外甥欧阳建与司马伦有隙,舅甥俩遂被杀。在行刑路上,有如下细节:

> 及车载诣东市,崇乃叹曰:"奴辈利吾家财。"收者答曰:"知财致害,何不早散之?"崇不能答。③

颜之推将石崇遇害原因归结为贪溺取祸,显然不是问题的全部。抛开这些,颜之推举嵇康和石崇为例,二人都重视养生,却因未能很好地保全生命,使得养生沦为空谈,可见全生保真的重要。

要保生,就得远祸,而兵者凶器也,在颜之推时代战乱蜂起,杀机重重的战场是最危险之地。故颜之推特著《诫兵》篇。

颜之推告诫子孙远离军队与战场:"兵凶战危,非安全之道。"④

颜之推为提醒子孙,不惜举先祖教训。他说,颜氏之先,世以儒雅为业,仲尼七十二门徒,颜氏居八。但是,"春秋世,颜高、颜鸣、颜息、颜羽之徒,皆一斗夫耳。齐有颜涿聚,赵有颜冣,汉末有颜良,宋有颜延之,并处将军之任,竟以颠覆。汉郎颜驷,自称好武,更无事迹。颜忠以党楚王受诛,颜俊以据武威见杀,得姓已来,

---

① (唐)房玄龄等撰:《晋书》卷三十三《石崇传》,中华书局1974年版,第1006页。

② (唐)房玄龄等撰:《晋书》卷三十三《石崇传》,中华书局1974年版,第1007页。

③ (唐)房玄龄等撰:《晋书》卷三十三《石崇传》,中华书局1974年版,第1008页。

④ 王利器:《颜氏家训集解》卷二《风操》,中华书局1993年版,第121页。

第五章 儒道会通

411

无清操者,唯此二人,皆罹祸败。"①颜高、颜鸣、颜息、颜羽四人,见于《左传》,为鲁国武士。颜涿聚即颜庚,《左传》载晋齐黎丘之战中,颜庚被擒。颜冣,《史记·赵世家》作颜聚:"秦人攻赵,赵大将李牧、将军司马尚将,击之。李牧诛,司马尚免,赵忽及齐将颜聚代之。赵忽军破,颜聚亡去。"②颜忠参与楚王英谋反被诛,颜良为关羽所杀,颜俊据武威谋反,为张掖和鸾所杀。颜驷好武,事见《汉武故事》,颜驷自称"文帝好文而臣好武。"在颜之推看来,这些先祖和武力沾边,结果都没有好的结局。相反,"孔子力翘门关,不以力闻,此圣证也。"③孔子身材魁梧,能举起沉重的关门,却不肯以力大闻名于世,颜之推希望子孙以圣人为榜样,不弃素业。自己也身体羸弱,加之吸取先人教训,故真心于读书问学,希望"子孙志之。"

颜之推又举当时的反面教材为例,当时一些士大夫,有点力气却不愿披带铠甲保卫国家,而是"微行险服,逞弄拳掔,大则陷危亡,小则贻耻辱,遂无免者"④。又有一些文士,粗略读过点兵书,稍微懂得一些谋略,在承平之世,则蔑视宫廷,幸灾乐祸,带头叛乱,连累善良;在兵荒马乱之之时,则勾结煽动反叛,四处游说,不识存亡之机,相互扶植拥戴,在颜之推看来,"此皆陷身灭族之本也。诫之哉!诫之哉!"⑤

保全生命,避免外来的祸患固然重要,自身引发的身体伤害也

---

① 王利器:《颜氏家训集解》卷五《诫兵》,中华书局 1993 年版,第 348 页。
② (汉)司马迁撰,(宋)裴骃集解,(唐)司马贞索引,(唐)张守节正义:《史记》卷四十三《赵世家》,中华书局 1959 年版,第 1832 页。
③ 王利器:《颜氏家训集解》卷四《文章》,中华书局 1993 年版,第 259 页。
④ 王利器:《颜氏家训集解》卷五《诫兵》,中华书局 1993 年版,第 348 页。
⑤ 王利器:《颜氏家训集解》卷五《诫兵》,中华书局 1993 年版,第 354 页。

当特别注意。故《抱朴子·极言》中说:"故仙经曰:'养生以不伤为本。'此要言也。"①葛洪列举了一些自伤身体的细节,如悲哀憔悴、喜乐过度、寝息失时、沉醉呕吐、饱食即卧、阴阳不交等,要求人们避免。

颜之推也提醒,从自我伤害的角度而言,最需警惕的是"贪欲以伤生,谗慝而致死。"②葛洪上面提到的诸多之"欲",不少就属于颜之推所说的"贪欲"范围。从避免外来伤害的角度而言,颜之推要求子弟不要"涉险畏之途,干祸难之事"③,这是君子珍惜生命所必需做到的。

一、爱养神明,调护气息

对于道教,颜之推有所取,也有所舍。在颜之推认可的道教修炼中,其中有如下内容:"若其爱养神明,调护气息,慎节起卧,均适寒暄,禁忌食饮,将饵药物,遂其所禀,不为夭折者,吾无间然。"④

养神、行气、养形(起居有规律、冷暖有适度、饮食有禁忌)、服药等,这些达到尽其天年、不致夭折的道教养生修炼,在颜之推肯定的范围内。

爱养神明,即道教的养神;调护气息,即道教行气之法。道教有养护"精气神"之说,如《太平经钞》癸部《令人寿治平法》:"三气共一,为神根也。一为精,一为神,一为气。此三者,共一位也,

---

① (晋)葛洪著,王明校释:《抱朴子内篇校释》卷十三《极言》,中华书局1985年版,第245页。
② 王利器:《颜氏家训集解》卷五《养生》,中华书局1993年版,第362页。
③ 王利器:《颜氏家训集解》卷五《养生》,中华书局1993年版,第362页。
④ 王利器:《颜氏家训集解》卷五《养生》,中华书局1993年版,第356页。

本天地人之气。神者受之于天,精者受之于地,气者受之于中和,相与共为一道。"①《太平经》认为,人是精气神的统一体,三者都要爱重,才能延年益寿。《太平经》提出"尊神",显然将"神"提高到最重要的位置。《淮南子·泰族训》已经指出:"治身,太上养神,其次养形。"②颜之推将"爱养神明"排在最前,也有推重养神之意。

行气为道教重要养生之术之一,葛洪说:"夫人在气中,气在人中,自天地至于万物,无不须气以生者也。善行气者,内以养身,外以却恶,然百姓日用而不知焉。"③颜之推以气论生,主张利用道教的行气之法,肯定"调护气息"是人能尽其天年的养生手段之一。

二、将饵药物

从前文中,我们知道颜之推已肯定"将饵药物"是实现正常寿命的养生手段之一。服食饵药,一为外丹之药,二为草木之药。值得注意的是,颜之推只提及了服食草木之药,肯定"诸药饵法,不废世务也"④。颜之推认为掌握各种服食药物的方法,并不会因此荒废实务。他举例说明服食的功效:"庾肩吾常服槐实,年七十余,目看细字,须发犹黑。邺中朝士,有单服杏仁、枸杞、黄精、术、车前得益者甚多。"⑤庾肩吾为庾信之父,为梁代文学家、书法家,父子均被简文帝萧纲所赏识。颜之推除了举南朝庾肩吾服食的神

---

① 《太平经合校》下册,中华书局 1960 年版,第 728 页。
② 刘文典:《淮南鸿烈集解》卷二十《泰族训》,中华书局 1989 年版,第 679 页。
③ (晋)葛洪著,王明校释:《抱朴子内篇校释》卷五《至理》,中华书局 1985 年版,第 114 页。
④ 王利器:《颜氏家训集解》卷五《养生》,中华书局 1993 年版,第 356 页。
⑤ 王利器:《颜氏家训集解》卷五《养生》,中华书局 1993 年版,第 356 页。

奇功效,还举北齐首府邺城的朝臣所服食的中草药为例,举当世的案例中以说明服食养生的可信。

在魏晋南北朝,服食之风不断。何晏、王弼、裴秀、皇甫谧、嵇康、贺循、王羲之等名士都有服食的经历。嵇康《养生论》说:"故神农曰:上药养命,中药养性者,诚知性命之理,因辅养以通也。"①嵇康所引"上药养命,中药养性"之说,葛洪也引《神农四经》中类似的说法:"上药令人身安命延……中药养性,下药除病。"②葛洪所谓"上药",主要指丹药,服上药可升为天神、飞行长生,这是葛洪重外丹、倡仙道的结果。与服食药物的上中下品级相对应,修道者的等级也分为三等:"朱砂为金,服之升仙者,上士也;茹芝导引,咽气长生者,中士也;餐食草木,千岁以还者,下士也。"③在此之前,《太平经钞·壬部》说到上中下得道者所服食之物时说:"上第一者食风气,第二者食药味,第三者少食,裁通其肠胃。"④在《太平经》中,服食草药者还在上士之列,到葛洪时,虽也重视服食草药,但已退出上士之位了。葛洪视服药为长生之本,同时兼举行气、房中之术。而葛洪之服药,除了草药,还包括丹药。颜之推对炼丹持保留态度,故只谈服食草木之药。

服食饵药的方法,颜之推推荐了陶弘景的《太清方》:"凡欲饵药,陶隐居《太清方》中总录甚备,但须精审,不可轻脱。"⑤《隋

---

① (魏)嵇康:《养生论》,载(清)严可均辑:《全三国文》卷四十八,商务印书馆1999年版,第502页。
② (晋)葛洪著,王明校释:《抱朴子内篇校释》卷十一《仙药》,中华书局1985年版,第196页。
③ (晋)葛洪著,王明校释:《抱朴子内篇校释》卷十六《黄白》,中华书局1985年版,第287页。
④ 《太平经合校》下册,中华书局1960年版,第717页。
⑤ 王利器:《颜氏家训集解》卷五《养生》,中华书局1993年版,第356页。

书·经籍志》载:"《太清草木集要》二卷,陶隐居撰。"①陶弘景对药物学颇有研究,除著有《本草经集注》外,关于服食草木之药的著作还有《服草木杂药方》一卷、《服饵方》三卷等。陶弘景还有服食丹药的著作,但他炼丹并未真正成功,这一事件也许是颜之推对服食丹药不置可否的原因之一。尽管颜之推推荐了陶弘景的《太清方》,但他同时提醒必须精心选择,不可草率了事。他举服食失败的案例以资证明:"近有王爱州在邺学服松脂,不得节度,肠塞而死,为药所误者甚多。"②

故此,颜之推对于子孙后代如何利用医方,有如下建议:

> 医方之事,取妙极难,不劝汝曹以自命也。微解药性,小小和合,居家得以救急,亦为胜事,皇甫谧、殷仲堪则其人也。③

颜之推一方面不鼓励子孙以开药方会看病自许,因为要开出精当的药方实在是很困难的事。另一方面,他又主张了解一点药性,稍微能够配点药,居家过日子用来救救急。颜之推给出了两个值得效法的人物,一位是皇甫谧,《晋书》本传载他得过风痹疾,"初服寒食散,而性与之忤,每委顿不伦"④。《隋书·经籍志》载:"皇甫谧、曹翕《论寒食散方》二卷,亡。"⑤《唐书·艺文志》载"皇甫谧《黄帝三部针经》十二卷"。另一位是殷仲堪,《晋书》本传说

---

① (唐)魏徵等撰:《隋书》卷三十四《经籍志三》,中华书局 1973 年版,第 1041 页。
② 王利器:《颜氏家训集解》卷五《养生》,中华书局 1993 年版,第 356 页。
③ 王利器:《颜氏家训集解》卷七《杂艺》,中华书局 1993 年版,第 588 页。
④ (唐)房玄龄等撰:《晋书》卷五十一《皇甫谧传》,中华书局 1974 年版,第 1415 页。
⑤ (唐)魏徵等撰:《隋书》卷三十四《经籍志三》,中华书局 1973 年版,第 1041 页。

他"父病积年,仲堪衣不解带,躬学医术,究其精妙,执药挥泪,遂眇一目。"①《隋书·经籍志》著录其《殷荆州要方》一卷,已佚。②

颜之推还主张子孙学会一些常见的治疗方法,并举自己照葛洪的叩齿之法治好牙病为例。颜之推曾牙齿松动,不论吃冷还是热的食物,都牙疼得要命。后来,他读到了《抱朴子》中的牢齿之法,"早朝叩齿三百下为良"③,没几天就治好了牙病,此后天天坚持叩齿。颜之推提到的坚齿之道,《抱朴子》中是这样说的:"能养以华池,浸以醴液,清晨建齿三百过者,永不摇动。"④

综上所述,颜之推从道教中吸取了保身全真的思想,提出"养生必先虑祸"的主张,这与道教贵生、保身思想一脉相承。颜之推还以谨慎的态度肯定了道教养生理论中养神、行气、服食等修炼方法,从而建构了自己的养生观。

第四节 玄风:非济世成俗之要

玄学所依据的主要经典,从现有文献看,颜之推当是第一个提出"三玄"范畴的学者。颜之推描述玄学在梁代的发展时说:"泊于梁世,兹风复阐,《庄》、《老》、《周易》,总谓'三玄'。武皇、简

---

① (唐)房玄龄等撰:《晋书》卷八十四《殷仲堪传》,中华书局1974年版,第2194页。
② 参见(唐)魏徵等撰:《隋书》卷三十四《经籍志三》,中华书局1973年版,第1042页。
③ 王利器:《颜氏家训集解》卷五《养生》,中华书局1993年版,第356页。
④ (晋)葛洪著,王明校释:《抱朴子内篇校释》卷十五《杂应》,中华书局1985年版,第274页。

文,躬自讲论。周弘正奉赞大猷,化行都邑,学徒千余,实为盛美。"①

颜之推对"三玄"的提出,使他在玄学史的研究上占有一席之地。颜之推这里提到的三个人物,一为梁武帝,"少而笃学,洞达儒玄"②。他的作品中包括"《周易讲疏》,及六十四卦、二《系》、《文言》、《序卦》等义……《孔子正言》,《老子讲疏》"③,颜之推所说的"三玄",梁武帝当都涉及了,而且"王侯朝臣皆奉表质疑,高祖皆为解释"④。

简文即简文帝萧纲,《梁书》说他"博综儒书,善言玄理"⑤。梁武帝太清元年,时为太子的萧纲频频在玄圃讲老庄之书,学士吴孜每天去听讲座,何敬容便对他说:"昔晋氏丧乱,颇由祖尚虚玄,胡贼遂覆中夏。今东宫复袭此,殆非人事,其将为戎乎。"⑥何敬荣将萧纲尚玄与晋代的玄学亡国论联系到一起,可见萧纲对玄学的痴迷。

周弘正为颜之推相熟的大儒,"善玄理,为当世所宗"⑦。周弘正从少年起便以放达而知名,爱穿红衣服,骑着一匹矮种马,在梁朝士大夫中是唯一骑马的官员。颜之推说他学徒上千,其本传也说"弘正善清谈,梁末为玄宗之冠"⑧。

颜之推揭示梁代玄学一度复兴的现象,还包括梁元帝萧绎的

---

① 王利器:《颜氏家训集解》卷三《勉学》,中华书局1993年版,第187页。
② (唐)姚思廉:《梁书》卷三《武帝纪下》,中华书局1973年版,第96页。
③ (唐)姚思廉:《梁书》卷三《武帝纪下》,中华书局1973年版,第96页。
④ (唐)姚思廉:《梁书》卷三《武帝纪下》,中华书局1973年版,第96页。
⑤ (唐)姚思廉:《梁书》卷四《简文帝纪》,中华书局1973年版,第109页。
⑥ (唐)李延寿:《南史》卷三十《何敬容传》,中华书局1975年版,第799页。
⑦ (唐)李延寿:《南史》卷三十四《周弘正传》,中华书局1975年版,第897页。
⑧ (唐)李延寿:《南史》卷三十四《周弘正传》,中华书局1975年版,第899页。

好玄:"元帝在江、荆间,复所爱习,召置学生,亲为教授,废寝忘食,以夜继朝,至乃倦剧愁愤,辄以讲自释。"①梁元帝在荆州讲习"三玄",夜以继日,不辞辛劳,甚至在西魏兵进犯的危急时刻,"世祖于龙光殿述《老子》义"②。没过几天,西魏军就大举进逼襄阳,萧绎在江陵沦陷前夕才停止玄学讲座。

颜之推是萧绎讲堂里的常客,"吾时颇预末筵,亲承音旨,性既顽鲁,亦所不好云。"③颜之推身在玄学讲堂,心却不为所动,可见他从少年时便对玄学持保留态度。

对于梁代玄学的余波再起,陶弘景针对"大同末,人士竞谈玄理,不习武事"的现象,曾经预言了清谈误国的可能,他在诗中写道"夷甫任散诞,平叔坐谈空。不意昭阳殿,化作单于宫。"④果然,昭阳殿在侯景之乱中被侯景据有。

事实上,像陶弘景这样的"清谈误国论",几乎伴随着玄学发展的始终。在晋室南渡后,元帝司马睿本人即好玄,《世说新语·方正》刘孝标注引《高逸沙门传》曰:"晋元、明二帝,游心玄虚,托情道味。"⑤肱股大臣王导也大倡玄学,"王丞相过江左,止道声无哀乐、养生、言尽意,三理而已。然宛转关生,无所不入"⑥。中原玄风随着过江士人而南播,"自中朝贵玄,江左称盛,因谈余气,流成

---

① 王利器:《颜氏家训集解》卷三《勉学》,中华书局 1993 年版,第 187 页。
② (唐)姚思廉:《梁书》卷五《元帝纪》,中华书局 1973 年版,第 134 页。
③ 王利器:《颜氏家训集解》卷三《勉学》,中华书局 1993 年版,第 187 页。
④ (唐)姚思廉:《梁书》卷五十六《侯景传》,中华书局 1973 年版,第 863 页。
⑤ (南朝宋)刘义庆著,(南朝梁)刘孝标注,余嘉锡笺疏:《世说新语笺疏》,中华书局 2011 年版,第 284 页。
⑥ (南朝宋)刘义庆著,(南朝梁)刘孝标注,余嘉锡笺疏:《世说新语笺疏》,中华书局 2011 年版,第 184 页。

文体"①。玄风中士人形成了所谓"八达"、"八伯"的放达群体,嗜酒滥饮,不拘礼法。至南朝,宋文帝下令在鸡笼山设置学官,"使丹阳尹何尚之立玄学,太子率更令何承天立史学,司徒参军谢元立文学,凡四学并建。"②这样,玄学成为四大官学之一。

卞壶对东晋玄学颓放之风提出了激烈批评,指责其"悖礼伤教,罪莫斯甚!中朝倾覆,实由于此"③。儒学大家范宁,也批判清谈导致"仁义幽沦,儒雅蒙尘,礼坏乐崩,中原倾覆"④。而来自清谈家内部的反思最沉痛深刻的当属王衍,为石勒所败后,王衍在临死之际感叹:"呜呼!吾曹虽不如古人,向若不祖尚虚浮,勠力以匡天下,犹可不至今日。"⑤

南渡玄风并未对玄学有更深入的研究和升华,更多的在行为上于偏安政权中放浪形骸,葛洪针砭其"诬引《老》、《庄》,贵于率任。大行不顾细礼,至人不拘检括,嘯傲纵逸,谓之体道。呜呼惜乎!岂不哀哉!"⑥在葛洪眼里,两晋之际的玄学已然是强弩之末,不过是诬引老庄的曲学罢了,一些人甚至堕落为廉耻丧尽的无赖之子,葛洪触及了南朝玄学的主要特点及其缺陷。正如牟宗三所说:"从时代精神方面说,从东汉末年起,发展至魏晋,中国固有之

---

① (梁)刘勰著,王运熙、周锋译注:《文心雕龙译注·时序》,上海古籍出版社 2010 年版,第 218 页。

② (梁)沈约:《宋书》卷九十三《雷次宗传》,中华书局 1974 年版,第 2294 页。

③ (唐)房玄龄等撰:《晋书》卷七十《卞壶传》,中华书局 1974 年版,第 1870 页。

④ (唐)房玄龄等撰:《晋书》卷七十五《范宁传》,中华书局 1974 年版,第 1984 页。

⑤ (唐)房玄龄等撰:《晋书》卷四十三《王衍传》,中华书局 1974 年版,第 1238 页。

⑥ (晋)葛洪著,杨明照校笺:《抱朴子外篇校笺》卷二十五《疾谬》,中华书局 1991 年版,第 632 页。

思想中,转轮之老庄玄言之盛行,盖有历史之必然。然从政教方面说,无论如何,总非健康之现象。"①

　　颜之推对玄学的反思,和葛洪一致之处在于:他认为玄学也有"诬引老庄"的问题。只是,颜之推主要是从全生保身的视角来揭示玄学对老庄思想的曲解之处。《勉学》篇说:"夫老、庄之书,盖全真养性,不肯以物累己也。"②此处以客观的语气,并未对老庄全真养性、不以物害己的思想表示否定。事实上,颜之推吸收的恰恰是老庄的保全生命、爱养性命的思想,他对老庄"任纵"即追求心灵自由的一面也以客观的语气说出。颜之推正是基于认可老庄的贵生、全生、保身的思想,并在此前提下,批评那些常谈老庄实则悖逆了老庄的玄学家。

　　如:《勉学篇》说:"平叔以党曹爽见诛,触死权之纲也;辅嗣以多笑人被疾,陷好胜之阱也。"③何晏是曹操养子,正始年间党附曹爽,为司马懿所杀,夷三族。何劭所作《王弼传》说王弼"颇以所长笑人,故时为士君子所疾"。高傲的王弼遭人嫉恨,掉进了争强好胜的陷阱。何晏死于贪欲的落网,王弼好胜英年早逝,颜之推认为他们并未践行老庄淡泊、谦退、爱惜生命的思想。

　　《勉学》篇又说"山巨源以蓄积取讥,背多藏厚亡之文也。"④此处引《老子》"多藏必厚亡",指责山涛因贪财积敛而遭世人非议,违背了老子积敛越多失去越多的教训。"稽叔夜排俗取祸,岂和光同尘之流也。"⑤稽康因不苟合流俗而遭杀身之祸,恰恰不符

①　牟宗三:《才性与玄理》,吉林出版集团有限责任公司 2010 年版,第 314 页。
②　王利器:《颜氏家训集解》卷三《勉学》,中华书局 1993 年版,第 186 页。
③　王利器:《颜氏家训集解》卷三《勉学》,中华书局 1993 年版,第 186 页。
④　王利器:《颜氏家训集解》卷三《勉学》,中华书局 1993 年版,第 186 页。
⑤　王利器:《颜氏家训集解》卷三《勉学》,中华书局 1993 年版,第 187 页。

合《老子》所言"和其光,同其尘"的道理。"郭子玄以倾动专势,宁
后身外己之风也。"①在颜之推看来,郭象声名显赫,大权在握,未
做到"后身外己",即《老子》所说:"后其身而身先,外其身而身
存"。甘居人后才是保全生命的硬道理,而郭象恰恰反老子之道
而行之。在颜之推的处世哲学里,老子的谦冲、退让、不争、不敛、
和光同尘,都是保全生命的秘诀,是可以拿来为己所用的思想
武器。

《勉学》篇又说:"夏侯玄以才望被戮,无支离拥肿之鉴也。"②
支离拥肿之鉴,分见《庄子》中的《人间世》与《逍遥游》。颜之推
认为,夏侯玄之所以被司马师杀害,归因于才学声望过显于外,恰
恰没有从庄子所说的支离和拥肿因无用之才反而自保的寓言中吸
取教训。支离丑陋而形残,却可终其天年;大樗拥肿而无用,而避
斧斤之害。此乃无用之用,而夏侯玄与之相反,故罹害。

《勉学》又云:"荀奉倩丧妻,神伤而卒,非鼓缶之情也。"③鼓
缶之典,出自《庄子·至乐》:"庄子妻死,惠子吊之,庄子则方箕踞
鼓盆而歌。"④庄子在妻子死后鼓盆而歌,是体认到了生命本之无
生、无形、无气的道理,死亡即回归其本然状态,为此而歌哭,是不
通乎命的表现。庄子以自己对生命的深刻体认而有了异乎常情的
举动。荀粲因丧妻而过度悲伤以致身死,在颜之推看来并未体察
庄子鼓缶之情实。

《勉学》又说:"阮嗣宗沈酒荒迷,乖畏途相诫之譬也。"⑤畏途

---

① 王利器:《颜氏家训集解》卷三《勉学》,中华书局1993年版,第187页。
② 王利器:《颜氏家训集解》卷三《勉学》,中华书局1993年版,第186页。
③ 王利器:《颜氏家训集解》卷三《勉学》,中华书局1993年版,第187页。
④ (清)郭庆藩:《庄子集释》卷六下《至乐》,中华书局1961年版,第614页。
⑤ 王利器:《颜氏家训集解》卷三《勉学》,中华书局1993年版,第187页。

相诫之譬，典出《庄子·达生》篇："夫畏途者，十杀一人，则父子兄弟相戒也，必盛卒徒而后敢出焉，不亦知乎！人之所取畏者，衽席之上，饭食之间，而不知为戒者，过也。"①道路险恶，十人九生，父子兄弟行走其间，必然相互提醒注意安全。而阮籍纵酒迷乱，属于庄子所说的饭食之间都不以危险为戒的人，自然去庄子之意甚远。

《勉学》篇还批"谢幼舆赃贿黜削，违弃其余鱼之旨也。"②弃余鱼之典出自《淮南子·齐俗》篇："惠子从车百乘以过孟诸，庄子见之，弃其余鱼。"③庄子见惠施食物不足，便把自己多余的鱼丢下，谢鲲因贪污而丢官，显然违背了庄子节制物欲的思想。

颜之推说上述这些人都是清谈场中的领袖人物，是玄学中人心所向的宗主，这些崇尚玄学的放达之士，实际上并未达到庄子生命哲学的境界，甚至违背了庄子的思想，至于那些在尘世之中为名缰利锁所束缚、在名利场上苦苦挣扎的人，就更是举不胜举了。由此，颜之推揭示了玄学家的悖谬之处：表面上推崇老庄实质上却违背老庄。颜之推的结论是："直取其清谈雅论，剖玄析微，宾主往复，娱心悦耳，非济世成俗之要也。"④玄学清谈，只是图过瘾罢了，并非教化百姓、移风易俗的良方。颜之推反思玄学的角度不可谓不独特，从玄学名士对老庄全生、贵生、保生、养生思想的背弃，揭示了玄学家的荒谬所在，而借此，颜之推又融汇了道家的养生思想。

---

① （清）郭庆藩：《庄子集释》卷七上《达生》，中华书局1961年版，第647页。
② 王利器：《颜氏家训集解》卷三《勉学》，中华书局1993年版，第187页。
③ 刘文典：《淮南鸿烈集解》卷十一《齐俗训》，中华书局1989年版，第373页。
④ 王利器：《颜氏家训集解》卷三《勉学》，中华书局1993年版，第187页。

第五节　神仙之事，未可全诬

　　道教修炼的最高境界是长生不死、得道成仙。颜之推明确说过死亡之必然，如《终制》篇说："死者，人之常分，不可免也。"①既然死不可免，长生不死便无可能。不过，颜之推又说："神仙之事，未可全诬；但性命在天，或难钟值。"②颜之推这里说神仙之事，不能说全是假的，又未否定神仙存在的可能。颜之推归心佛教，佛教说人人皆可成佛。对于道教，颜之推便持保留意见，认为不可能人人皆可成仙，理由是人的禀赋与命运，乃由上天决定，未禀成仙之气，便不可成仙。这就意味着，颜之推认为神仙来自天命所赋，一般人成仙的机会渺茫。这里颜之推在神仙问题上有着命定论思想，命定论思想在颜氏家族中渊源有自，颜之推九世祖颜含就持命定论："郭璞尝遇含，欲为之筮。含曰：'年在天，位在人，修己而天不与者，命也；守道而人不知者，性也。自有性命，无劳蓍龟。'"③

　　颜之推建立在气禀说基础上的神仙观，和嵇康类似。嵇康说神仙"似特受异气，禀之自然，非积学所能致也"④。嵇康的神仙观有三点：一是神仙必有；二是神仙为禀异气而生；三是神仙不可学致。嵇康还认为如果导养得理，以尽性命，可得长寿。颜之推的神

---

①　王利器：《颜氏家训集解》卷七《终制》，中华书局 1993 年版，第 597 页。

②　王利器：《颜氏家训集解》卷五《养生》，中华书局 1993 年版，第 356 页。

③　(唐)房玄龄等撰：《晋书》卷八十八《颜含传》，中华书局 1974 年版，第 2287 页。

④　(魏)嵇康：《养生论》，载(清)严可均辑：《全三国文》卷四十八，商务印书馆 1999 年版，第 501 页。

仙观,并未出此范围。

颜之推对神仙存在未予否定,持默许的态度。同时又说人很难遇到成仙的机会,这就为不鼓励隐居学仙埋下了伏笔。颜之推说:"而望遁迹山林,超然尘滓,千万不遇一尔。加以金玉之费,炉器所须,益非贫士所办。学如牛毛,成如麟角。华山之下,白骨如莽,何有可遂之理? 考之内教,纵使得仙,终当有死,不能出世,不愿汝曹专精于此。"①颜之推反对子孙专精于求仙的理由有三:

一是人需要赡养父母、养育妻儿子女,承担社会角色应负的义务,故超尘绝世、隐居山野者,少之又少。

二是炼丹所需的炼丹炉和原材料很昂贵,一般贫士无力置办,故学者如凤毛麟角。华山脚下学仙者白骨累累的现实,也证明了神仙难学的道理。《抱朴子·极言》篇云:"若夫睹财色而心不战,闻俗言而志不沮者,万夫之中有一人为多矣。故为者如牛毛,获者如麟角也。"②又《抱朴子·登涉》篇云:"凡为道合药,及避乱隐居者,莫不入山。然不知入山法者,多遇祸害。故谚有之曰:'太华之下,白骨狼藉。'"③颜之推的"千万不遇一","学如牛毛,成如麟角。华山之下,白骨如莽。"当本之《抱朴子》。由此也可见颜之推对道教大家葛洪作品的熟悉。

三是从佛教典籍看,人即便成仙,也还是会死的。

颜之推基于以上理由不主张子孙修学仙道。上述理由中,颜之推从华山之下学仙者白骨累累的现实而逆推成仙之困难,显示

---

① 王利器:《颜氏家训集解》卷五《养生》,中华书局 1993 年版,第 356 页。
② (晋)葛洪著,王明校释:《抱朴子内篇校释》卷十三《极言》,中华书局 1985 年版,第 239 页。
③ (晋)葛洪著,王明校释:《抱朴子内篇校释》卷十七《登涉》,中华书局 1985 年版,第 299 页。

出他的实证精神。以实证精神来对待道教的细节,还可从下面的事件中见得:

> 吾尝学《六壬式》,亦值世间好匠,聚得《龙首》、《金匮》、《玉轸变》、《玉历》十许种书,讨求无验,寻亦悔罢。①

王利器认为"玉轸"疑"玉钤"之误,故《玉轸》当为《玉钤》。王利器在《颜氏家训集解》中汇集各家注说,颜之推提及的以上诸书,多出自《道藏》,为道教占卜吉凶类书籍。

如《六壬式》:《道藏》"姜"字三号《黄帝龙首经序》曰:"令六壬领吉凶。"注:"言日辰阴阳及所坐所养之御,三阴三阳,故曰六壬也。"

如《龙首》、《金匮》:《道藏》目录:"《黄帝龙首经》三卷。""《黄帝金柜玉衡经》一卷"。

如《玉钤》、《玉历》:《通志·艺文略》天文类有"《玉钤步气术》一卷",道家类有"《太上玉历经》一卷。"

颜之推以道教六壬占法未得应验,便停止了学习这一占术。不过,此事也可看出颜之推对道教占卜之书的收聚和学习,这也是颜之推融合儒道的原因之一。

除了对道教占卜术的终止研练,颜之推对道教的扬弃,还表现在如下方面:

一是对部分道教忌讳的批判。如《风操》篇引道书:"晦歌朔哭,皆当有罪,天夺其算。"②在阴历每月的最后一天唱歌,在初一那天哭泣,道书认为是有罪的,老天会减损他的寿命。颜之推反驳说:丧家在这两天特别悲痛,难道为了爱惜寿命,就不哭了吗?这

---

① 王利器:《颜氏家训集解》卷七《杂艺》,中华书局1993年版,第583页。
② 王利器:《颜氏家训集解》卷二《风操》,中华书局1993年版,第97页。

种道教禁忌在颜之推看来是莫名其妙的事。该道书的晦朔歌哭之忌,与儒家丧以尽哀的思想是相冲突的,《礼记·檀弓下》:"丧礼,哀戚之至也。"①颜之推以维护儒家思想及人情现实为虑,对这一道教风俗给予了彻底的否定。

二是对一些道教符箓法术的否定。颜之推说:"吾家巫觋祷请,绝于言议;符书章醮亦无祈焉,并汝曹所见也。勿为妖妄之费。"②依传统风气请巫婆神汉求鬼神消灾祈福的事,颜家从来不提。而请道士用符书章醮施弄法术,颜家子弟也未尝闻见。符书,即道士用来驱鬼招神、延年祛病的神秘文书。《魏书·释老志》:"化金销玉,行符敕水,奇方妙术,万等千条。"③可见符书是道教方术中常见的手段。章醮,《资治通鉴》卷一七五胡三省注:"道士有消灾度厄之法,依阴阳五行数术,推人年命,书之如章表之仪,并具赍币烧香陈读,云奏上天曹,请为除厄,谓之上章。夜中于星辰之下,陈设酒果、饼饵、币物,历祀天皇、太一、五星、列宿,为书如上章之仪以奏之,名为醮。"④颜之推要求子弟不要为这类妖妄之事破费,意味着对道教的一些法术与宗教仪式的否定。颜之推还说:

> 偏傍之书,死有归杀。子孙逃窜,莫肯在家;画瓦书符,作诸厌胜;丧出之日,门前然火,户外列灰,被送家鬼,章断注连:凡如此比,不近有情,乃儒雅之罪人,弹议所当加也。⑤

归杀即归煞,对于人死之后鬼魂回家一次的所谓"归煞"、以

---

① 王文锦译解:《礼记·檀弓下》,中华书局 2016 年版,第 111 页。
② 王利器:《颜氏家训集解》卷一《治家》,中华书局 1993 年版,第 57 页。
③ (北齐)魏收:《魏书》卷一百一十四《释老志》,中华书局 1974 年版,第 3049 页。
④ (宋)司马光编著,(元)胡三省音注:《资治通鉴》卷一百七十五《陈纪九》"宣帝太建十三年",中华书局 1956 年版,第 5444 页。
⑤ 王利器:《颜氏家训集解》卷二《风操》,中华书局 1993 年版,第 99 页。

画瓦和书符镇邪、以念咒语来驱鬼、出殡之日门前要燃火屋外要铺灰、举行仪式送走家鬼、托道士上章天曹断绝死者的祸殃染及家人等等,颜之推都视为不近人情的儒雅罪人所为,应该给予严肃的批判。上述风俗与法术,都和道教有关,如注连,意思是传染,在《颜氏家训集解》中,王利器列举了注连与道教相关的诸多书目:"寻《道藏·洞玄部·表奏类》'岂'字一号,《赤松子章历》卷一目有《断亡人复连章》、《大断骨血注代命章》、《断子注章》、《夫妻离别断注消怪章》、《虚耗光怪断绝殃注章》、《解释三曾五祖塚讼章》、《官私咎谪死病相连断五墓殃注章》、《数梦亡人混涉消墓注章》、《大塚讼章》二通、《新亡迁达开通道路收除上殃断绝复连章》、《新亡洒宅逐注却杀章》。"①而颜之推认为诸如此类的风习和道书,都是儒家之道的反动,旁门左道,需要予以否定。

综上所述,颜之推未否定神仙存在的可能,这是为吸收道教的养生说打开大门:通过行气、服食饵药等法可延年益寿。颜之推又以实证主义的态度,对得不到实际效验的一些道教符箓法术及风俗、仪式等给予了批判,特别指出这些东西与儒家思想的冲突,可见颜之推在兼收儒道的同时,对儒家思想的特重与维护。

---

① 王利器:《颜氏家训集解》卷二《风操》,中华书局 1993 年版,第 101 页。

结语:颜之推思想的历史地位

一、古今家训,以此为祖

王三聘《古今事物考》写道:"古今家训,以此为祖。"[1]袁衷等所记《庭帏杂录》也写道:"六朝颜之推家法最正,相传最远。"[2]

在颜之推之前,训诫子弟的家训为数不少,如班昭《女诫》、诸葛亮《诫子书》、嵇康《家诫》、颜延之《庭诰》较为知名。不过,这些家训多以单篇文章为主,唯有班昭《女诫》为条理化的分篇论述,但局限于女性道德教育。《颜氏家训》则第一次通过《序致》和二十篇文章的体系化建构,推出了第一本形态完整、内容丰富的家训著作。如果说稍后于颜之推的唐太宗的《帝范》标志着帝王家训的成熟,那么,《颜氏家训》则标志着士人家训的成熟。颜之推自创了从《序致》到《终制》的家训体例,并融合古今人物、南北风俗、三教思想,提出了自己的一家之言,是文学性、思想性、实用性相得益彰的家训典范。

从颜氏家族后来的血脉与文脉传承来看,也证实了《颜氏家训》在家训史上的地位及其对教化子弟的积极作用。

颜之推自称写作《颜氏家训》目的在于"整齐门内,提撕子

---

① 转引自王利器:《颜氏家训集解·叙录》,中华书局1993年版,第1页。
② 转引自王利器:《颜氏家训集解·叙录》,中华书局1993年版,第1页。

孙"①,最终能够使得子孙后代"绍家世之业"②,通过文化的血脉传承,使得家族的尊严和荣光得以延续和发扬光大。颜之推的写作初衷,和先于其人的家训作者并无二致,只是颜之推第一次以专著的形式体系化地阐述自己对于子弟的千般叮咛和万般嘱咐,其切切之心,溢于言表,从而取得了非同寻常的效果。

颜氏后人历代奉《颜氏家训》为先祖明训,如清康熙年间颜氏后代颜星在《重刊颜氏家训小引》中,回忆起先父以《颜氏家训》教导自己时所言:"盖祖宗切切婆心,谆谆浩诫,迄今千余年,只如当面说话,订顽起懦,最为便捷。儿辈于六经子史,岂不当留心?"③明程荣《汉魏丛书》本《颜氏家训》,颜之推三十四代孙颜志邦在《序》中说自己得到刻本后"如获拱璧","子孙如是乎有徵焉,罔或失坠,则我颜氏忠义之家风,与《家训》俱存而不泯"④。

同一刻本广烈所作《序》中,历数了颜之推之后颜氏家族人文兴盛的情形,以此证《颜氏家训》在提撕子孙方面取得的赫赫成效:颜之推写家训后,其后人颜思鲁、颜愍楚、颜游秦、颜勤礼、颜师古、颜真卿、颜杲卿,一直到五世孙颜翙,"是皆奕叶重光,联芳并美,颜氏于斯为盛。谓非《家训》所自,不可也。自是而后,历宋而元,仕籍虽不乏,而彰显不逮前,岂非《家训》失传之故欤?"⑤

明万历甲戌颜嗣慎刻本,于慎行《颜氏家训后叙》中也说:"侍郎子若孙,则思鲁、师古,并以文雅著名;其后真卿、杲卿兄弟,大节皎皎如日星,至今在人耳,斯又圣贤之泽也。然谓非垂训之力,乌

---

① 王利器:《颜氏家训集解》卷一《序致》,中华书局1993年版,第1页。
② 王利器:《颜氏家训集解》卷三《勉学》,中华书局1993年版,第204页。
③ 王利器:《颜氏家训集解》,中华书局1993年版,第623页。
④ 王利器:《颜氏家训集解》,中华书局1993年版,第620页。
⑤ 王利器:《颜氏家训集解》,中华书局1993年版,第621页。

乎可哉?"①从颜氏后人的众多建树和为人处世、忠君爱国的典范意义,足见《颜氏家训》对家族繁荣的价值。

《颜氏家训》的价值不仅仅局限于自身门庭的兴亡,还有超越家训的价值所在:具备教化国民的普遍价值。张壁《刻颜氏家训序》也说颜氏之书不仅垂教颜氏子弟,还垂教世人:"乃若书之传,以提身,以范俗,为今代人文风化之助,则不独颜氏一家之训乎尔!"②晁公武《读书志》也说《颜氏家训》"述立身治家之法,辨正时俗之谬,以训诸子孙。"③王铖《读书丛残》则说"凡为人子弟者,可家置一册,奉为明训,不独颜氏。"④

不过,对于《颜氏家训》,也有学者从批判的角度,就颜之推归心佛教等问题展开争鸣。

《归心》篇体现出颜之推对佛教因果报应之说的推崇与弘扬,对于颜之推归心佛教,历来评价不一。唐释道宣《广弘明集序》云:"颜之推之《归心》词彩卓然,迥张物表。"⑤作为佛门中人,自然很赞赏颜之推的护教之作。王应麟《困学纪闻》:"颜之推《归心篇》,孔毅父《星说》,亦做屈子《天问》之意。"⑥亦含肯定之意。《颜氏家训》宋本沈揆《跋》则说:"唯较量佛事一篇,穷理尽性也。"⑦这也从积极的一面,论及《归心》篇穷理尽性的深度。

---

① 王利器:《颜氏家训集解》,中华书局 1993 年版,第 619 页。
② 王利器:《颜氏家训集解》,中华书局 1993 年版,第 614 页。
③ (宋)晁公武撰,孙猛校正:《郡斋读书志校证》卷十"儒家类",上海古籍出版社 2011 年版,第 442 页。
④ 转引自王利器:《颜氏家训集解·叙录》,中华书局 1993 年版,第 1 页。
⑤ (唐)释道宣:《广弘明集》,《乾隆大藏经》第 115 册,第 283 页。
⑥ (宋)王应麟:《困学纪闻》卷九《天道》,上海古籍出版社 2008 年版,第 1124 页。
⑦ 王利器:《颜氏家训集解》,中华书局 1993 年版,第 609 页。

《文津阁四库全书本提要》说:"然其中《归心》等篇,深明因果,不出当时好佛之习。"①则以客观陈述的语气,论及颜之推对佛教因果之说的熟稔及时风所染而信佛的原因,并以此解释为何归《颜氏家训》为杂家类。

明万历甲戌颜嗣慎刻本《重刻颜氏家训序》评价颜之推时说:"或因其稍崇极释典,不能无疑。盖公尝北面萧氏,饮其余风;且义主讽劝,无嫌曲证,读者当得其作训大旨,兹固可略云。"②颜嗣慎也以理解与同情的角度,看待颜之推在萧梁影响下崇信佛教的现象。

不过,批评声似乎随着时间的推移而日盛一日。到了清代,康熙五十八年朱轼评点本《颜氏家训序》说:"及览《养生》、《归心》等篇,又怪二氏树吾道敌,方攻之不暇,而附会之,侍郎实忝厥祖,欲以垂训可乎?"③朱轼的批判语气不可谓不重,甚至攻击颜之推兼综佛道辱没祖先,背弃礼教,由此提出质疑:岂可以之垂训后人呢?

又一波批判声来自清代,雍正二年黄叔琳刻《颜氏家训节钞本序》:"惟归心篇阐扬佛乘,流入异端;书证篇、音辞篇,义琐文繁,有资小学,无关大体。"④黄叔琳的批评声比朱轼有过之而无不及,将《归心》篇打入了异端的深渊。不仅如此,黄叔琳还对颜之推在家训中讨论小学颇有微词,认为其价值仅限于颜之推生活的时代。

同样为清代学者的纪昀,则批判颜之推的处世哲学:"此自圣

---

① 王利器:《颜氏家训集解》,中华书局 1993 年版,第 638 页。
② 王利器:《颜氏家训集解》,中华书局 1993 年版,第 616 页。
③ 王利器:《颜氏家训集解》,中华书局 1993 年版,第 626 页。
④ 王利器:《颜氏家训集解》,中华书局 1993 年版,第 628 页。

贤道理,然出自黄门口,则另有别肠,除却利害二字,更无家训矣,此所谓貌合而神离。"

不过,如果从设身处地的角度看颜之推的处世哲学,完全可以同情地理解。至于归心佛教,为当时风气使然,且颜之推对三教合一的进程有其贡献,也不必苛责。

卢文弨评价《颜氏家训》:"立身之要,处世之宜,为学之方,盖莫善于是书。"①赵曦明说:"谓当家置一编,奉为楷式。"②诚然,颜之推不论对家训文体还是家训教育,其典范价值是不可磨灭的。

二、开古文运动之先声

颜之推说:"吾家世文章,甚为典正,不从流俗。"③典正文章,正是《颜氏家训》所追求的语言风格。颜之推的文学观,其核心为:"文章当以理致为心肾,气调为筋骨,事义为皮肤,华丽为冠冕。"④颜之推把文章的思想性放在首位,同时不忽视文章的声律与辞采。《隋书·文学传序》概括南北文风之别:"江左宫商发越,贵于清绮;河朔辞义贞刚,重乎气质。"⑤而颜之推的文学主张,及其典正质朴的语言特色带来的清新文风,恰是南北文风的融合。

当时,颜之推面临的文坛现实是:"今世相承,趋末弃本,率多

---

① 卢文弨刻抱经堂丛书本序,王利器:《颜氏家训集解》,中华书局1993年版,第629页。

② 卢文弨刻抱经堂丛书本赵曦明跋,王利器:《颜氏家训集解》,中华书局1993年版,第632页。

③ 王利器:《颜氏家训集解》卷四《文章》,中华书局1993年版,第269页。

④ 王利器:《颜氏家训集解》卷四《文章》,中华书局1993年版,第267页。

⑤ (唐)魏徵等撰:《隋书》卷七十六《文学传序》,中华书局1973年版,第1730页。

浮艳。"①这里所谓本末,颜之推有自己的解释:"宜以古之制裁为本,今之辞调为末,并须两存,不可偏弃也。"②这就意味着,以质朴大气的先秦两汉文章为本,以六朝重辞藻音律的文章为末,对二者取长补短,使得义理与文采相得益彰。

颜之推所批判的浮艳,当指江左以萧纲、萧绎兄弟为首的浮靡、淫逸文风。简文帝萧纲与湘东王萧绎的信中抱怨:"比见京师文体,懦钝殊常,竞学浮疏,争事阐缓,既殊比兴,正背《风》、《骚》。"③而萧纲所欲倡导的"风骚",实则为"伤于轻艳,当时号曰'宫体'"④的浮艳诗文,以吟咏风月乃至闺门艳词为乐事。

> 梁自大同之后,雅道沦缺,渐乖典则,争驰新巧。简文、湘东,启其淫放,徐陵、庾信,分路扬镳。其意浅而繁,其文匿而彩,词尚轻险,情多哀思。格以延陵之听,盖亦亡国之音乎!⑤

宫体诗的清绮淫靡之风,颜之推显然站在反对者之列。同样不愿从萧纲流俗的也不少,"幸其臣下如徐陵、姚察、顾野王、周弘让之流,并蹈履清直,文质彬彬,又挽颓风之浇,且规大雅之正,而开古文之先声。"⑥

开古文先声者,颜之推当厕身其中。颜之推赞许沈约易见事、易识字、易读诵的文章三易说,重视文章"敷显仁义,发明功德,牧

---

① 王利器:《颜氏家训集解》卷四《文章》,中华书局 1993 年版,第 267 页。

② 王利器:《颜氏家训集解》卷四《文章》,中华书局 1993 年版,第 269 页。

③ (唐)李延寿:《南史》卷五十《庾肩吾传》,中华书局 1975 年版,第 1247 页。

④ (唐)姚思廉:《梁书》卷四《简文帝纪》,中华书局 1973 年版,第 109 页。

⑤ (唐)魏徵等撰:《隋书》卷七十六《文学传序》,中华书局 1973 年版,第 1730 页。

⑥ (台湾)李政勋:《从〈颜氏家训〉论颜之推对礼乐文化的终极关怀》,台湾国立云林科技大学硕士论文,2007 年,第 33 页。

民建国"①的教化功能,又不反对"陶冶性灵"之作。颜之推遵循典正的家族文风,文质兼具,故颇得后代学者的称誉。

吕祖谦《吕东莱先生遗集》卷二十说:"《颜氏家训》虽曰平易,然出于胸臆,故虽浅近,而其言有味,出于胸臆者,语意自别。"

明嘉靖甲申傅太平刻本张壁《颜氏家训序》说:"乃北齐颜黄门家训,质而明,详而要,平而不诡。盖《序致》至终篇,罔不折衷今古,会理道焉,是可范矣。"②

颜星《重刊颜氏家训小引》记父亲评价先祖遗训"寓意极精微,称说又极质朴"③。

清雍正二年黄叔琳刻《颜氏家训节钞序》说:"其为言也,近而不俚,切而不激。自比于傅婢寡妻,而心苦言甘,足令顽秀并遵,贤愚共晓。"④

从以上评价中,平易、浅近、质而明、详而要、质朴、切近、折衷今古等词汇,正好体现了颜之推所主张的文质彬彬、不从流俗的文学观。

范文澜如此评价颜之推:"他是当时南北朝最通博最有思想的学者,经历南北两朝,深知南北政治俗尚的弊病,洞悉南北学的短长,当时所有大小知识,他几乎都钻研过,并且提出自己的见解。"⑤颜之推的经学与文学思想,均融通南北,在南北融合的历史大趋势中,颜之推以质朴与文采相结合的文风,实践了古文运动的萌芽。

---

①　王利器:《颜氏家训集解》卷四《文章》,中华书局1993年版,第237页。

②　王利器:《颜氏家训集解》,中华书局1993年版,第614页。

③　王利器:《颜氏家训集解》,中华书局1993年版,第623页。

④　王利器:《颜氏家训集解》,中华书局1993年版,第627页。

⑤　范文澜:《中国通史简编》(修订本)第二编,人民出版社1964年版,第525页。

三、从三教一体到"三教可一"

颜之推《归心》篇提出"内外两教,本为一体"①,在《养生》篇中提出"神仙之事,未可全诬"②。颜之推融合三教的思想,在其生命晚期的隋朝,又有了新的发展,比颜之推小 53 岁的王通,提出了"三教可一"的思想。王通此说,与颜之推的三教一体说有相通处,又有新的突破。

(一)"三教可一"的提出

王通(584—617 年),字仲淹,谥文中子。隋文帝仁寿三年(603 年),文中子西游长安,见隋高祖杨坚,奏《太平策》,帝大悦。文帝、炀帝均征之,王通不就官,授徒讲学,"乃续《诗》、《书》,正《礼》、《乐》,修《元经》,赞《易》道,九年而六经大就"③。据称房玄龄、魏徵为其门生,其孙则为初唐四大家之一的王勃。

王通死后,其弟子仿孔子弟子作《论语》而编《中说》,以语录体记载王通与弟子等人的对话,共十篇。但《隋书》不载,《旧唐书》始著录《中说》,并记载了王通的生平。

《中说》提出"三教可一",是在《问易篇》:

> 程元曰:"三教何如?"子曰:"政恶多门久矣。"曰:"废之何如?"子曰:"非尔所及也。真君、建德之事,适足推波助澜,纵风止燎尔。"

> 子读《洪范谠议》。曰:"三教于是乎可一矣。"程元、魏徵进曰:"何谓也?"子曰:"使民不倦。"④

---

① 王利器:《颜氏家训集解》卷五《归心》,中华书局 1993 年版,第 366 页。

② 王利器:《颜氏家训集解》卷五《养生》,中华书局 1993 年版,第 356 页。

③ (唐)杜淹:《文中子世家》,载张沛撰:《中说译注》附录一,上海古籍出版社 2011 年版,第 263 页。

④ 张沛撰:《中说译注》卷五《问易篇》,上海古籍出版社 2011 年版,第 130 页。

王通所谓"政恶多门",即隐含了一统三教的必要。但王通又不主张简单地废除佛道二教,明确地指出废佛废道"非尔所及",是行不通的。王通以历史经验来证明自己的观点。真君、建德之事,指的是北魏太武帝和北周武帝的二武灭佛事件。北魏太武帝自号太平真君,于公元438年,诏罢年五十以下的沙门;公元444年,又下诏禁绝私养沙门;公元446年,下令诛长安沙门,并延及全国。北周武帝建德年间,"辨释三教先后,以儒教为先,道教为次,佛教为后"①。又"断佛、道二教,经像悉毁,罢沙门、道士,并令还民"②。并在北齐实施废佛之举。但历史的经验证明,两位武帝死后,佛教很快又卷土重来。现实也不支持对佛道二教一废了之。隋初,儒学有了复兴的气象,文帝时,"齐、鲁、赵、魏,学者尤多,负笈追师,不远千里,讲诵之声,道路不绝。中州儒雅之盛,自汉、魏以来,一时而已"③。但隋文帝晚期,不悦儒术,专尚刑名,还于仁寿年间,"遂废天下之学,唯存国子一所,弟子七十二人"④。这对儒学无疑又是一大打击。杨坚出生于冯诩般若寺,深受佛教影响,夺取政权后即支持佛道二教,"开皇元年,高祖普诏天下,任听出家,仍令计口出钱,营造经像。而京师及并州、相州、洛州等诸大都邑之处,并官写一切经,置于寺内;而又别写,藏于秘阁。天下之人,从风而靡,竞相景慕,民间佛经,多于六经数十百倍。"⑤隋炀帝

———————————

① (唐)令狐德棻等撰:《周书》卷五《武帝纪上》,中华书局1971年版,第83页。
② (唐)令狐德棻等撰:《周书》卷五《武帝纪上》,中华书局1971年版,第85页。
③ (唐)魏徵等撰:《隋书》卷七十五《儒林传序》,中华书局1973年版,第1706页。
④ (唐)魏徵等撰:《隋书》卷七十五《儒林传序》,中华书局1973年版,第1707页。
⑤ (唐)魏徵等撰:《隋书》卷三十五《经籍志四》,中华书局1973年版,第1099页。

虽"复开庠序,国子郡县之学,盛于开皇之初"①。但他和杨坚一样提倡佛教,加上边境烽火再起,弘道难续,"其风渐坠,以至灭亡,方领矩步之徒,亦多转死沟壑。凡有经籍,自此皆湮没于煨尘矣。遂使后进之士不复闻《诗》、《书》之言,皆怀攘夺之心,相与陷于不义"②。儒学在隋末再次陷入低谷,以至于李士谦论衡三教时说:"佛,日也;道,月也;儒,五星也。"③此论当间接地反映了儒家面临的困境:已沦为佛道的烘托者了。这种现实下,焉能废除佛道呢?

但"政恶多门"也是当时的现实需要,自公元 317 年司马睿建立东晋,到 581 年杨坚建立隋朝,其间二百余年,南北分裂,征战不休。589 年隋灭陈,中国再次回到大一统的格局,而大一统的政治需要大一统的思想作为价值引领,故三教各行其是的局面显然已不适应统一国家的现实需要。所以,王通在此时提出调和三教,可谓恰逢其时。

为此,王通提出"三教于是乎可一矣"。但三教归一,这个"一"焉在?王通的解释是:"使民不倦。""使民不倦"出自《周易·系辞下》:"神农氏没,黄帝、尧、舜氏作,通其变,使民不倦;神而化之,使民宜之。《易》,穷则变,变则通,通则久。是以自天佑之,吉无不利。"黄帝、尧、舜以通变之道使民化民,达到"使民不倦"、"使民宜之"的效果。这种政治智慧,体现了儒家传统的仁政爱民思想。王通提出"使民不倦",一则意味着儒、佛、道在政治教

---

① (唐)魏徵等撰:《隋书》卷七十五《儒林传序》,中华书局 1973 年版,第 1707 页。

② (唐)魏徵等撰:《隋书》卷七十五《儒林传序》,中华书局 1973 年版,第 1707 页。

③ (唐)魏徵等撰:《隋书》卷七十七《李士谦传》,中华书局 1973 年版,第 1754 页。

化上有融合的基础，二则暗含了在变通原则指导下，以儒家思想来统合三教以达到天下大治的意思。

当然，王通的三教可一，"可一"于"使民不倦"这一传统儒学政治教化目的，在此基础上，儒家融入吸纳佛教、道教的思想。言下之意，佛教、道教也趋向于"使民不倦"这一目标，实现殊途同归，最后实质上三教的对抗被消解，而归于兼容并蓄、以儒为主佛道为辅的思想格局。

王通以复兴儒学为使命，《天地篇》中王通发出来这样的豪言壮语：

> 吾视千载已上，圣人在上者，未有若周公焉：其道则一，而经制大备，后之为政，有所持循。吾视千载而下，未有若仲尼焉：其道则一，而述作大明，后之修文者，有所折中矣。千载而下，有申周公之事者，吾不得而见也；千载而下，有绍宣尼之业者，吾不得而让也。①

王通推崇周公、孔子，《中说·王道篇》曰："卓哉！周孔之道，其神之所为乎？顺之则吉，逆之则凶。"②王通以弘扬孔子之道为己任，《天地》篇还宣称："如有用我者，吾其为周公所为乎？"③

王通既然主张三教可一，对于佛教，自然不再一味排斥。

或问佛，子曰："圣人也。"曰："其教何如？"曰："西方之教也，中国则泥。轩车不可以适越，冠冕不可以之胡，古之道也。"④

王通视释迦牟尼为圣人，尊佛祖与尊孔子平起平坐，对教主的平等对待，正是三教归一的认识基础。与此同时，王通以儒家与佛

① 张沛撰：《中说译注》卷二《天地篇》，上海古籍出版社 2011 年版，第 52 页。
② 张沛撰：《中说译注》卷一《王道篇》，上海古籍出版社 2011 年版，第 10 页。
③ 张沛撰：《中说译注》卷二《天地篇》，上海古籍出版社 2011 年版，第 51 页。
④ 张沛撰：《中说译注》卷四《周公篇》，上海古籍出版社 2011 年版，第 108 页。

教文化适应性的地域差别,提出从西方传来的佛教,天然地会产生水土不服的问题,如落发为僧与孝道的冲突、不礼敬王者与忠君思想的冲突、不交税对政府财政的影响等。在这种情况下,就需要撷其精华,将佛教长于思辨、长于治心的优势吸收进来,援佛入儒,使佛教适应儒家文化土壤。《周公篇》说:

> 子曰:"《诗》《书》盛而秦世灭,非仲尼之罪也;虚玄长而晋室乱,非老庄之罪也;斋戒修而梁国亡,非释迦之罪也。《易》不云乎:苟非其人,道不虚行。"①

这里王通又驳斥了清谈误国论和佞佛亡国论。正如秦有《诗》、《书》博士而二世即灭,这一切不是孔子之罪;同理,晋有永嘉之乱,梁有侯景之乱,也不是玄学和佛学的过错。"苟非其人,道不虚行。"语出《周易·系辞下》,正如大易之道关键在于体道行道之人,治国平天下的责任也在于掌握神器的君主。这里,王通反驳时人对佛学、玄学的指控,无形中将儒家的仁政地位抬高,遵循王道的仁君,奉行仁道的天子,才是决定天下之乱的关键。

王通评价信奉道教、推动北魏太武帝灭佛的崔浩"执小道,乱大经"②。对道教学为神仙一事也不敢苟同:"或问长生神仙之道,子曰:'仁义不修,孝悌不立,奚为长生? 甚矣,人之无厌也!'"③王通批判道教的长生之道是贪得无厌的表现,认为儒家的孝悌仁义才是根本。但这并不影响王通将儒家的王道融入了道家之"道",以道补儒,儒道融合。如《魏相篇》云:

> 仇璋谓薛收曰:"子闻三有七无乎?"收曰:"何谓也?"璋

---

① 张沛撰:《中说译注》卷四《周公篇》,上海古籍出版社 2011 年版,第 107 页。
② 张沛撰:《中说译注》卷四《周公篇》,上海古籍出版社 2011 年版,第 98 页。
③ 张沛撰:《中说译注》卷六《礼乐篇》,上海古籍出版社 2011 年版,第 166 页。

曰:"无诺责,无财怨,无专利,无苟说,无伐善,无弃人,无畜憾。"薛收曰:"请闻三有。"璋曰:"有慈,有俭,有不为天下先。"①

上文之"三有",即老子说的"三宝"。出自《老子》和《庄子》的引语在《中说》中不时可见。

比如:"仇璋问:'君子有争乎?'子曰:'见利争让,闻义争为,有不善争改。'"②这是将儒家重义轻利的观念,与老子的不争与退让的思想相结合,不争、退让的是利,争的是义与善,巧妙地融道入儒。

再如:《王道篇》说:"化至九变,王道其明乎!"③"九变"之说见《庄子·天道》:"古之语大道者,五变而形名可举,九变而赏罚可言也。"④道家之道与儒家王道,通过"九变"而搭起了沟通与相通的桥梁。

又如,王通对道家的"至德之世"与无为之治表示认同:"古者圣王在上。田里相距,鸡犬之声相闻,人至老死不相往来,盖自足也。"⑤无为之治的结果是王通所强调的,君上无为,百姓自足,正是中央集权的政府需要的天下太平。

综上所述,王通以变通观来调和儒、释、道三教,认为三教在"使民不倦"这一政治教化效果上有相通之处,通过援佛道入儒学,使得在儒学为主的大框架下权衡三教关系,为大一统的政治格局服务。

① 张沛撰:《中说译注》卷八《魏相篇》,上海古籍出版社 2011 年版,第 214 页。
② 张沛撰:《中说译注》卷八《魏相篇》,上海古籍出版社 2011 年版,第 216 页。
③ 张沛撰:《中说译注》卷一《王道篇》,上海古籍出版社 2011 年版,第 16 页。
④ (清)郭庆藩:《庄子集释》卷五中《天道》,中华书局 1961 年版,第 473 页。
⑤ 张沛撰:《中说译注》卷九《立命篇》,上海古籍出版社 2011 年版,第 233 页。

（二）三教一体说的历史价值

颜之推三教一体思想是佛教东渐以来，儒、释、道三教在相互竞争与冲突中逐步走向融合这一历史大趋势中，所呈现的阶段性思想成果在颜之推身上的表现。

佛教东渐的历史，也是三教融合的历史。东汉牟融的《牟子理惑论》，最早提出"三教一致"论以来，儒、释、道三教融合的声音便贯穿了汉晋南北朝的始终。东晋孙绰《喻道论》说："周孔即佛，佛即周孔。"①孙绰不仅主张佛即周孔，还认同佛即神仙。

三教一致之外，进而有三教共善之说。如隐士宗炳《明佛论》说："孔、老、如来，虽三训殊路，而习善共辙也。"②

随着三教融合的主张不断出炉，在如何融合的问题上，又催生出先后、本末、优劣的问题，三教融合，以谁为优？谁为本谁为末？融合之后，先后座次如何排列？出于信仰的不同，又带来立场的差异。

有主张以佛为首为优者。梁武帝认为"老子、周公、孔子等，虽是如来弟子，而为化既邪，止是世间之善，不能革凡成圣。"③萧衍肯定三教同归于善，但置佛教为首要地位。北周道安在周武帝灭佛前后的讨论中上《二教论》，称"佛遣三弟子震旦教化：儒童菩萨，彼称孔丘；光净菩萨，彼称颜渊；摩诃迦叶，彼称老子"④。道安

---

① （晋）孙绰：《喻道论》，载（梁）僧祐撰，李小荣校笺：《弘明集校笺》卷三，上海古籍出版社2013年版，第151页。

② （南朝宋）宗炳：《明佛论》，载（梁）僧祐撰，李小荣校笺：《弘明集校笺》卷二，上海古籍出版社2013年版，第107页。

③ （梁）萧衍：《敕舍道事佛》，载（清）严可均辑：《全梁文》卷四，商务印书馆1999年版，第41页。

④ （北周）释道安：《二教论》，载（唐）释道宣：《广弘明集》卷八，《乾隆大藏经》第115册，第412页。

主张三教会同,但以佛教为最优。

有主张以道为本者。南齐道士顾欢说:"道者佛也,佛者道也。其圣则符,其迹则反。"①顾欢提出佛道同一、佛道同源,旨在统佛于老。葛洪《抱朴子·明本》:"道者儒之本也,儒者道之末也"②,也是以道为本。

北周卫元嵩提出平延大寺的理想化构思,以皇帝为佛,以儒家思想为法,以黎元为僧,实质上是试图将儒、释、道三教归一于儒家。北周武帝设通道观,首次以官方机构,作为对卫元嵩构想的实践。但这种人为地将三教合为一教的做法,历史证明是行不通的,正是王通所否定的方式。

值得注意的是,不论三教一致、三教同源、三教共善,大多没出三教优劣、先后的圈子,是在三教冲突的前提下的妥协与互让。延平大寺的提出和通道观的设立,试图系统地以行政强制力量统合佛道于儒家的框架,但也未明确地打出以儒为主的旗号,而且从想法到实践,缺乏现实可行性。

颜之推提出"内外两教,本为一体",将佛教五戒与儒家核心理念相统一。颜之推的思想体系以儒家为主,《归心》篇又是以护教的角度来论证儒佛一体,暗含了合"体"于儒的逻辑。但颜之推也未明确说"一体"之"体",究为何物。尽管如此,颜之推已在三教融合的道路上大大迈进了一步,涉及了从核心价值上进行融合的可能,以及对以儒为体融合三教的暗示。

颜之推和王通的在生时间有交集,从《中说》中透露的思想轨

---

① (梁)萧子显撰:《南齐书》卷五十四《顾欢传》,中华书局 1972 年版,第931 页。

② (晋)葛洪著,王明校释:《抱朴子内篇校释》卷十《明本》,中华书局 1985年版,第 184 页。

迹,可看到与《颜氏家训》的相通处。如颜之推"务先王之道,绍家世之业"①,王通则当仁不让"绍宣尼之业",同以传承周孔为己任。颜之推对佛教、道教思想多有吸收,王通亦然。最关键的是,王通在颜之推儒佛一体的思想突破上,又有了进一步的突破,提出了"三教可一"的主张。尽管王通局限于当时的历史条件,也未能明确喊出佛道归一于儒学的主张,但实际上在通变的旗号下,援佛道入儒,援佛道入王道,加上"三教可一"是在"使民不倦"的儒家仁政理想下进行的,这就为后来儒家三教合一奠定了基础。"从三教鼎立佛教为主,到三教融合儒教为主,是唐宋哲学发展的总脉络。"②正是沿着颜之推、王通开启的路径,随着宋明新儒学的出现,儒、释、道关系在冲突与融合的交织中,终于迎来了以儒家思想为主体的"三教合一",并由此奠定了中国文化的基本格局。

---

① 王利器:《颜氏家训集解》卷三《勉学》,中华书局 1993 年版,第 204 页。
② 任继愈主编:《中国哲学发展史·绪论》(隋唐卷),人民出版社 1994 年版,第 2 页。

参 考 文 献

A

[法]安娜·塞德尔著,蒋见元、刘凌译:《西方道教研究史》,上海古籍出版社 2000 年版。

B

(东汉)班固:《汉书》,中华书局 1959 年版。

C

(三国)曹操:《曹操集》,中华书局 1959 年版。

(三国)曹丕著,易健贤译注:《魏文帝集全译》,贵州人民出版社 2009 年版。

(晋)陈寿撰,(宋)裴松之注:《三国志》,中华书局 1959 年版。

(宋)晁公武撰,孙猛校证:《郡斋读书志校证》,上海古籍出版社 2011 年版。

(明)陈镐撰,颜胤祚辑,吕兆祥重修:《陋巷志》,明万历二十九年刻本。

《新编陋巷志》编辑委员会:《新编陋巷志》,齐鲁书社 2002 年版。

(清)陈立撰:《白虎通疏证》,中华书局 1994 年版。

陈寅恪:《金明馆丛稿初编》,三联书店 2001 年版。

陈寅恪:《金明馆丛稿续编》,三联书店 2001 年版。

陈寅恪:《隋唐制度渊源略论稿》,三联书店 2001 年版。

陈平原主编,汤一介、胡仲平编:《魏晋玄学研究》,湖北教育出版社 2008 年版。

陈鼓应:《道家易学建构》,商务印书馆 2010 年版。

陈琳国:《中古北方民族史探》,商务印书馆 2010 年版。

陈金雄:《颜之推研究》,台南成大书局 1977 年版。

陈振孙:《直斋书录解题》,上海古籍出版社 1997 年版。

谌东飙:《颜延之研究》,湖南人民出版社 2008 年版。

程小铭:《颜氏家训全译》,贵阳人民出版社 2008 年版。

曹虹:《慧远评传》,南京大学出版社 2002 年版。

曹文柱:《魏晋南北朝史论合集》,商务印书馆 2008 年版。

崔向东:《汉代豪族研究》,崇文书局 2003 年版。

常昭:《六朝琅邪颜氏家族文化与文学研究》,山东师范大学博士学位论文,2011 年。

[英]崔瑞德、鲁惟一编,杨品泉等译:《剑桥中国秦汉史》,中国社会科学出版社 1992 年版。

[日]川胜义雄:《六朝贵族制社会研究》,上海古籍出版社 2007 年版。

D

(唐)道世编,周叔迦、苏晋仁校注:《法苑珠林校注》,中华书局 2003 年版。

(唐)道世编,周叔迦、苏晋仁校注:《法苑珠林校注》,中华书局 2003 年版。

(唐)杜佑:《通典》,中华书局 1988 年版。

戴明扬校注:《嵇康集校注》,人民文学出版社 1962 年版。

杜继文:《佛教史》,江苏人民出版社 2006 年版。

《大正藏》,台北新文丰出版社 1975 年版。

[美]丁爱博(Albert E.Dien):《颜之推:一位崇佛的儒者》,台北中正书局 1973 年版。

F

(南朝·宋)范晔:《后汉书》,中华书局 1965 年版。

(南朝·宋)傅亮、张演,(南朝·梁)陆杲撰,董志翘译注:《〈观世音应验记〉译注》,江苏古籍出版社 2002 年版。

（唐）房玄龄:《晋书》,中华书局 1974 年版。

冯友兰:《中国哲学史新编》,人民出版社 1985 年版。

范文澜:《唐代佛教》,人民出版社 1979 年版。

方立天:《方立天文集》(1—6 卷),中国人民大学出版社 2006 年版。

方立天:《魏晋南北朝佛教论丛》,中华书局 1982 年版。

方广锠:《道安评传》,昆仑出版社 2004 年版。

傅勤家:《中国道教史》,东方出版社 2008 年版。

[日]蜂屋邦夫著,隽雪艳、陈捷等译:《道家思想与佛教》,辽宁教育出版社 2000 年版。

[日]福井康顺等监修,朱越利译:《道教》,上海古籍出版社 1990 年版。

G

（东晋）葛洪撰,杨明照校笺:《抱朴子外篇校笺》,中华书局 1991 年版。

葛兆光:《屈服史及其他:六朝隋唐道教的思想史研究》,三联书店 2003 年版。

龚鹏程:《道教新论》,北京大学出版社 2009 年版。

郭朋:《汉魏两晋南北朝佛教史》,齐鲁书社 1986 年版。

郭朋:《隋唐佛教史》,齐鲁书社 1986 年版。

郭朋:《中国佛教思想史》,福建人民出版社 1994 年版。

郭绍虞:《中国文学批评史》,百花文艺出版社 1999 年版。

高晨阳:《儒道会通与正始玄学》,齐鲁出版社 2000 年版。

高晨阳:《阮籍评传》,南京大学出版社 1994 年版。

[日]冈村繁著,陆晓光译:《汉魏六朝的思想和文学》,上海古籍出版社 2002 年版。

[日]谷川道雄著,李济沧译:《隋唐帝国形成史论》,上海古籍出版社 2011 年版。

[日]谷川道雄主编:《魏晋南北朝隋唐史学的基本问题》,中华书局 2010 年版。

[日]谷川道雄:《中国中世社会与共同体》,中华书局 2008 年版。

[日]宫崎市定著,韩昇、刘建英译:《科举前史:九品官人法研究》,中华书局 2008 年版。

参
考
文
献

H

(梁)慧皎撰,汤用彤校注:《高僧传》,中华书局 1992 年版。

(明)胡应麟:《少室山房笔丛》,中华书局 1958 年版。

胡适:《中国中古思想史长编》,安徽出版集团 2006 年版。

侯外庐:《中国思想史纲》,上海世纪出版集团 2008 年版。

洪修平:《中国佛教与儒道思想》,宗教文化出版社 2004 年版。

黄忏华:《佛教各宗大意》,台北文津出版社 1984 年版。

何德章:《魏晋南北朝史丛稿》,商务印书馆 2010 年版。

何启民:《中古门第论集》,台湾学生书局 1982 年版。

胡孚琛:《魏晋神仙道教》,人民出版社 1989 年版。

贺昌群:《贺昌群文集》,商务印书馆 2003 年版。

黄侃:《文心雕龙札记》,中华书局 2006 年版。

黄永年:《颜氏家训选译》,凤凰出版社 2011 年版。

[日]荒木见悟著,杜勤、舒志田等译:《佛教与儒教》,中州古籍出版社 2005 年版。

J

蒋维乔:《中国佛教史》,上海古籍出版社 2004 年版。

季羡林:《中印文化交流史》,中国社会科学出版社 2008 年版。

金春峰:《汉代思想史》,中国社会科学出版社 1997 年版。

[日]吉川忠夫著,王启发译:《六朝精神史研究》,江苏人民出版社 2010 年版。

K

康中乾:《魏晋玄学》,人民出版社 2008 年版。

康世昌:《汉魏六朝家训研究》,文化大学中国文学研究所博士论文,1995 年。

L

(东汉)刘珍等撰,吴树平校注:《东观汉记校注》,中华书局 2008 年版。

（晋）陆机著,张少康集释:《文赋集释》,人民文学出版社 2002 年版。

（南朝·宋）刘义庆撰,余嘉锡笺疏:《世说新语笺疏》,中华书局 1983 年版。

（南朝·梁）刘勰撰,周振甫注:《文心雕龙注释》,人民文学出版社 1981 年版。

（唐）李延寿:《南史》,中华书局 1975 年版。

（唐）李延寿:《北史》,中华书局 1974 年版。

（唐）李百药:《北齐书》,中华书局 1972 年版。

（唐）令狐得棻:《周书》,中华书局 1971 年版。

（五代·后晋）刘昫:《旧唐书》,中华书局 1975 年版。

（唐）李林甫等:《唐六典》,中华书局 1992 年版。

（宋）李昉编:《太平广记》,中华书局 2008 年版。

梁启超:《佛学研究十八篇》,上海古籍出版社 2001 年版。

鲁迅:《中国小说史略》,中华书局 2010 年版。

吕思勉:《两晋南北朝史》,上海古籍出版社 2005 年版。

吕思勉:《吕著三国史话》,中华书局 2006 年版。

吕澂:《印度佛学源流略讲》,上海人民出版社 2005 年版。

吕澂:《中国佛学源流略讲》,中华书局 1979 年版。

逯钦立编:《先秦汉魏晋南北朝诗》,中华书局 1983 年版。

蓝吉富主编:《世界佛学名著译丛》（全 100 册）,台北华宇出版社 1977 年版。

赖永海:《中国佛性论》,江苏人民出版社 2010 年版。

赖永海:《中国佛教通史》（1—15 卷）,江苏人民出版社 2010 年版。

李养正:《道教概说》,中华书局 1989 年版。

李养正:《道教义理综论》,宗教文化出版社 2009 年版。

李中华:《中国儒学史》（魏晋南北朝卷）,北京大学出版社 2011 年版。

李小荣:《〈弘明集〉〈广弘明集〉述论稿》,巴蜀书社 2005 年版。

李建中、高华平:《玄学与魏晋社会》,河北人民出版社 2003 年版。

刘大杰:《魏晋思想论》,岳麓书社 2010 年版。

刘汝霖:《汉晋学术编年》,华东师范大学出版社 2010 年版。

刘汝霖:《东晋南北朝学术编年》,华东师范大学出版社 2010 年版。

刘殿爵、陈方正、何志华主编:《魏晋南北朝古籍逐字索引丛刊——颜氏家训逐字索引》,香港中文大学出版社 2000 年版。

刘立夫:《佛教与中国伦理文化的冲突与融合》,中国社会科学出版社 2006 年版。

刘立夫:《弘道与明教:〈弘明集〉研究》,中国社会科学出版社 2004 年版。

刘跃进:《门阀士族与永明文学》,三联书店 1996 年版。

梁满仓:《魏晋南北朝五礼制度考论》,社会科学文献出版社 2009 年版。

林素珍:《魏晋南北朝家训之研究》,台北花木兰文化出版社 2008 年版。

罗国威校注:《冤魂志校注》,巴蜀书社 2001 年版。

罗宗强:《玄学与魏晋士人心态》,天津教育出版社 2006 年版。

罗宗强:《魏晋南北朝文学思想史》,中华书局 2006 年版。

罗宗真:《魏晋南北朝考古》,文物出版社 2001 年版。

罗香林:《颜师古年谱》,台湾商务印书馆 1972 年版。

卢建荣:《一位父亲的叮咛:颜氏家训》,东方出版社 2007 年版。

逯耀东:《魏晋史学的思想与社会基础》,中华书局 2006 年版。

[英]鲁惟一著,王浩译:《汉代的信仰、神话和理性》,北京大学出版社 2009 年版。

[日]镰田茂雄著,关世谦译:《中国佛教通史》,台北佛光出版社 1986 年版。

[日]砺波护著,韩昇、刘建英译:《隋唐佛教文化》,上海古籍出版社 2004 年版。

M

(元)马端临:《文献通考》,中华书局 1987 年版。

牟宗三:《佛性与般若》,吉林出版集团有限责任公司 2010 年版。

牟宗三:《才性与玄理》,吉林出版集团有限责任公司 2010 年版。

牟宗三等:《中国哲学思想论集:两汉魏晋隋唐编》,台北水牛图书出版事业有限公司 1976 年版。

蒙思明:《魏晋南北朝的社会》,上海世纪出版集团 2007 年版。

缪钺:《缪钺全集》,河北教育出版社 2004 年版。

毛汉光:《中国中古社会史论》,世纪出版集团 2002 年版。

毛汉光:《两晋南北朝士族政治之研究》,台湾商务印书馆 1978 年版。

[日]牧田谛亮著,余万居译:《中国佛教史》,台北华宇出版社 1985 年版。

O

(唐)欧阳询编:《艺文类聚》,上海古籍出版社 1982 年版。

(宋)欧阳修、刘祁:《新唐书》,中华书局 1975 年版。

P

潘桂明:《中国居士佛教史》,中国社会科学出版社 1997 年版。

彭自强:《佛教与儒、道的冲突与融合——以汉魏两晋时期为中心》,巴蜀书社 2000 年版。

Q

钱穆:《中国学术思想史论丛》,三联书店 2009 年版。

卿希泰主编:《中国道教思想史》(1—4 卷),人民出版社 2009 年版。

卿希泰、唐大潮:《道教史》,江苏人民出版社 2008 年版。

钱国旗:《〈颜氏家训〉研究》,南京大学博士论文,1997 年。

秦元:《论颜之推》,山东大学博士论文,2004 年。

R

(梁)僧祐撰,苏晋仁、萧炼子点校:《出三藏记集》,中华书局 1995 年版。

(梁)僧祐编撰,刘立夫、胡勇译注:《弘明集》,中华书局 2011 年版。

(梁)僧祐编撰,李小荣校笺:《弘明集校笺》,上海古籍出版社 2013 年版。

(梁)沈约:《宋书》,中华书局 1974 年版。

(梁)陶弘景,赵益点校:《真诰》,中华书局 2011 年版。

(宋)司马光:《资治通鉴》,中华书局 1956 年版。

容肇祖:《魏晋的自然主义》,商务印书馆 1935 年版。

任继愈主编:《中国道教史》,中国社会科学出版社 2001 年版。

任继愈:《汉唐佛教思想论集》,人民出版社 1998 年版。

参
考
文
献

任继愈主编:《中国佛教史》,中国社会科学出版社 1992 年版。

S

释道安著,胡中才译注:《道安著作译注》,宗教文化出版社 2010 年版。

释印顺:《印度佛教思想史》,中华书局 2010 年版。

释印顺:《般若经讲记》,中华书局 2010 年版。

释印顺:《中观今论》,中华书局 2010 年版。

释印顺:《中国禅宗史》,中华书局 2010 年版。

释印顺:《佛法概论》,中华书局 2010 年版。

释印顺:《性空学探源》,中华书局 2010 年版。

石峻、楼宇烈、方立天、许抗生、乐寿明编:《中国佛教思想资料选编》,中华书局 1983 年版。

石峻著,向世陵主编:《石峻文存》,华夏出版社 2006 年版。

《十三经注疏》,北京大学出版社 1999 年版。

孙昌武:《中国佛教文化史》,中华书局 2010 年版。

孙艳庆:《中国琅邪颜氏家族学术文化与文学研究》,扬州大学博士学位论文,2010 年。

[日]山口益著,肖平、杨金萍译:《般若思想史》,上海古籍出版社 2006 年版。

T

汤用彤:《汤用彤全集》,河北人民出版社 1999 年版。

汤用彤、任继愈:《魏晋玄学中的社会政治思想略论》,上海人民出版社 1962 年版。

汤用彤:《汉魏两晋南北朝佛教史》,昆仑出版社 2006 年版。

汤用彤:《儒学·佛学·玄学》,凤凰出版传媒集团 2009 年版。

汤用彤:《隋唐佛教史稿》,中华书局 1982 年版。

汤用彤著,黄夏年主编:《近现代著名学者佛学文集·汤用彤集》,中国社会科学出版社 1995 年版。

汤一介:《魏晋玄学论讲义》,鹭江出版社 2006 年版。

汤一介:《郭象与魏晋玄学》,北京大学出版社 2009 年版。

唐长孺：《唐长孺文集》（全八册），中华书局 2011 年版。

田余庆：《东晋门阀政治》，北京大学出版社 2009 年版。

田余庆：《秦汉魏晋史探微》，中华书局 2011 年版。

田汉云：《六朝经学与玄学》，南京出版社 2003 年版。

[日]藤堂恭俊、塩入良道著，余万居译：《中国佛教史》，台北华宇出版社 1985 年版。

W

（汉）王充著，黄晖撰：《论衡校释》，中华书局 1990 年版。

（北齐）魏收：《魏书》，中华书局 1974 年版。

（唐）魏征：《隋书》，中华书局 1973 年版。

（唐）吴兢：《贞观政要》，上海古籍出版社 1978 年版。

（宋）王溥：《唐会要》，上海古籍出版社 1991 年版。

王明编：《太平经合校》，中华书局 1960 年版。

王明：《抱朴子内篇校释》，中华书局 1985 年版。

王卡点校：《老子道德经河上公章句》，中华书局 1993 年版。

王叔岷：《慕庐论学集一》，中华书局 2007 年版。

王叔岷：《慕庐论学集二》，中华书局 2007 年版。

王仲荦：《说曹操》，中华书局 2009 年版。

王仲荦：《魏晋南北朝史》，中华书局 2007 年版。

王仲荦：《隋唐五代史》，中华书局 2007 年版。

王仲荦：《北周六典》，中华书局 2007 年版。

王仲荦：《北周地理志》，中华书局 1990 年版。

王仲荦：《鹊华山馆丛稿》，中华书局 2007 年版。

王仲荦：《鹊华山馆丛稿续编》，中华书局 2007 年版。

王仲荦：《敦煌石室地志残卷》，中华书局 2007 年版。

王昶：《金石萃编》，中国书店 1985 年版。

王永平：《六朝江东士族之家风家学之研究》，江苏古籍出版社 2003 年版。

万绳楠整理：《陈寅恪——魏晋南北朝史讲演录》，贵州人民出版社 2007 年版。

万绳楠:《魏晋南北朝史论稿》,安徽教育出版社 1983 年版。

万绳楠:《魏晋南北朝文化史》,东方出版中心 2007 年版。

王葆玹:《正始玄学》,齐鲁书社 1987 年版。

王葆玹:《今古文经学新论》,中国社会科学出版社 1997 年版。

王晓毅:《儒释道与魏晋玄学形成》,中华书局 2003 年版。

王晓毅:《郭象评传》,南京大学出版社 2006 年版。

王晓毅:《王弼评传》,南京大学出版社 1996 年版。

王治心:《中国宗教思想史大纲》,东方出版社 1996 年版。

王伊同:《五朝门第》,中华书局 2006 年版。

王伊同:《王伊同学术论文集》,中华书局 2006 年版。

王洪军:《中古时期儒释道整合研究》,天津人民出版社 2009 年版。

[英]沃尔德著,王世安译,《印度佛教史》,商务印书馆 1987 年版。

[日]窪德忠著,萧坤华译:《道教史》,上海译文出版社 1987 年版。

X

(东汉)荀悦、袁宏著,张烈点校:《两汉纪》,中华书局 2002 年版。

(南朝·宋)谢灵运撰,顾绍柏校注:《谢灵运集校注》,中州古籍出版社 1987 年版。

(南朝·梁)萧子显:《南齐书》,中华书局 1972 年版。

(南朝·梁)萧绎撰,许逸民校笺:《金楼子校笺》,中华书局 2011 年版。

(唐)许嵩:《建康实录》,中华书局 1986 年版。

(唐)徐坚编:《初学记》,中华书局 1962 年版。

谢无量:《佛学大纲》,广陵书社 2009 年版。

熊十力:《佛家名相通释》,世纪出版股份有限公司、上海书店出版社 2007 年版。

许地山:《道教史》,上海古籍出版社 1999 年版。

许抗生等:《魏晋玄学史》,陕西师范大学出版社 1989 年版。

许建良:《魏晋玄学伦理思想研究》,人民出版社 2003 年版。

熊德基:《六朝史考实》,中华书局 2000 年版。

向世陵:《中国学术通史》(魏晋南北朝),人民出版社 2004 年版。

谢重光:《中古佛教僧官制度和社会生活》,商务印书馆 2009 年版。

谢重光、白文固:《中国僧官制度史》,青海人民出版社 1990 年版。

萧华荣:《簪缨世家:六朝琅邪王氏家传》,三联书店 2008 年版。

萧华荣:《华丽家族:六朝琅邪谢氏家传》,三联书店 2008 年版。

[法]谢和耐著,耿昇译:《中国 5—10 世纪的寺院经济》,上海古籍出版社 2004 年版。

[法]谢和耐著,黄建华、黄迅余译:《中国社会史》,凤凰出版传媒集团 2008 年版。

[荷]许里和著,李四龙、裴勇等译:《佛教征服中国》,江苏人民出版社 2003 年版。

[美]芮沃寿著,常蕾译:《中国历史中的佛教》,北京大学出版社 2009 年版。

[日]尾三雄一等著,许世杰译:《中观思想》,台北华宇出版社 1985 年版。

[日]小林正美著,李庆译:《六朝道教研究史》,四川人民出版社 2001 年版。

Y

(汉)严遵著,王德有译注:《老子指归译注》,商务印书馆 2004 年版。

(汉)严遵:《老子指归》,中华书局 1994 年版。

(汉)应劭撰,王利器校注:《风俗通义校注》,中华书局 1981 年版。

(北魏)杨衒之著,杨勇校笺:《洛阳伽蓝记校笺》,中华书局 2006 年版。

(北齐)颜之推撰,王利器集解:《颜氏家训集解》,中华书局 1993 年版。

(唐)姚思廉:《梁书》,中华书局 1973 年版。

(唐)姚思廉:《陈书》,中华书局 1972 年版。

(唐)颜真卿:《颜鲁公文集》,上海古籍出版社 1992 年版。

(清)严可均编:《全上古三代秦汉三国六朝文》,商务印书馆 1999 年版。

余嘉锡:《世说新语笺疏》,中华书局 2011 年版。

余嘉锡:《余嘉锡论学杂著》,中华书局 2007 年版。

余嘉锡:《四库提要辨证》,中华书局 1980 年版。

杨伯峻:《列子集释》,中华书局 1979 年版。

陈伯君校注:《阮籍集校注》,中华书局 1987 年版。

严耕望:《魏晋南北朝佛教地理稿》,上海古籍出版社 2007 年版。

严耀中:《两晋南北朝史》,人民出版社 2009 年版。

严耀中:《佛教戒律与中国社会》,上海古籍出版社 2007 年版。

余敦康:《魏晋玄学史》,北京大学出版社 2004 年版。

杨立华:《郭象〈庄子注〉研究》,北京大学出版社 2010 年版。

杨天宇:《郑玄三礼注研究》,中国社会科学出版社 2008 年版。

姚卫群:《佛学概论》,宗教文化出版社 2002 年版。

阎步克:《品味与职位:秦汉魏晋南北朝官阶制度研究》,中华书局 2009 年版。

尹建东:《两汉魏晋南北朝时期关东豪族研究》,四川大学出版社 2007 年版。

尤雅姿:《颜之推及其家训之研究》,台北文史哲出版社 2005 年版。

[日]宇井伯寿:《中国佛教思想史》,台北华宇出版社 1986 年版。

[日]羽溪了谛著,贺昌群译:《西域之佛教》,商务印书馆 1999 年版。

Z

(三国)诸葛亮著,段熙仲、闻旭初编校:《诸葛亮集》,中华书局 1960 年版。

(南朝·梁)钟嵘著,周振甫译注:《诗品译注》,中华书局 1998 年版。

(宋)赞宁撰,范祥雍点校:《宋高僧传》,中华书局 1987 年版。

(宋)郑樵:《通志》,上海古籍出版社 1995 年版。

(宋)张伯端撰,王沐浅解:《悟真篇浅解》,中华书局 1990 年版。

(清)赵翼:《陔余丛考》,中华书局 1963 年版。

(清)赵在翰辑:《七纬》,中华书局 2012 年版。

庄辉明、章义和撰:《颜氏家训译注》,上海古籍出版社 2006 年版。

周叔迦、周绍良编:《牟子存残新编》,中国书店 2001 年版。

周叔迦:《周叔迦佛学论著全集》,中华书局 2006 年版。

周一良:《魏晋南北朝史论集》,北京大学出版社 2010 年版。

周一良:《魏晋南北朝史札记》,中华书局 1983 年版。

周祖谟:《周祖谟文选》,北京大学出版社 2010 年版。

周法高:《颜氏家训汇注》,(台北)台联国风出版社 1975 年版。

张岱年:《中国哲学大纲》,中国社会科学出版社 1982 年版。

朱东润:《中国文学批评史大纲》,上海古籍出版社 2005 年版。

朱维铮编校:《周予同经学史论》,上海人民出版社 2010 年版。

章权才:《魏晋南北朝隋唐经学史》,广东人民出版社 1996 年版。

钟国发:《陶弘景评传》,南京大学出版社 2011 年版。

朱东润:《中国文学批评史大纲》,开明书店 1944 年版。

朱大渭等:《魏晋南北朝社会生活史》,中国社会科学出版社 1998 年版。

赵超:《汉魏南北朝墓志汇编》,天津古籍出版社 1992 年版。

张曼涛主编:《佛教与政治》,台北大乘文化出版社 1978 年版。

张曼涛主编:《佛教与中国文化》,台北大乘文化出版社 1978 年版。

张曼涛主编:《四十二章经与牟子理惑论考辨》,台北大乘文化出版社 1978 年版。

张曼涛主编:《中国佛教史论集》(全 100 册),台北大乘文化出版社 1977 年版。

《中研院历史语言研究所集刊论文类编》(历史编·魏晋隋唐五代卷),中华书局 2009 年版。

《中研院历史语言研究所集刊论文类编》(思想与文化编 1—3 卷),中华书局 2009 年版。

索　引

齐家之道——颜之推三教一体思想研究

后 记

对于学术研究，我心向往之，却素有敬畏之心。终究，一个中国哲学的业余爱好者要完成博士学位，其间横亘的种种障碍，对我而言无疑压力山大。欠缺系统的专业训练，学习时间的碎片化状态，种种情形，无不凸显我的短处。唯有一颗对学问的敬畏之心，催生了勤能补拙的侥幸。于是，在一天工作时间每每超过 12 个小时的情况下，清晨与夜晚的空隙，周末和假期的时间，便视为是上天对我的恩赐。我又相信最笨的办法，将论文涉及时段的思想史及相关人物的作品，一一浏览，稍稍有了整体的了解，才开始进入对颜之推的个案研究。尽管过程冗长而艰难，尽管写伤的肩关节至今未愈，研习和写作本身，却又让人乐在其中，每一个小小的发现，都会带来欣喜。更难忘的是，在从北京飞往三亚的航班上，从上海驶回北京的高铁上，我也忍不住写上一些文字，算作自己勤勉的证据，尽管这并不能抹平才疏学浅的遗憾。

回首攻读博士学位的过程，唯有感恩与感谢。

感谢张立文先生对我的鼓励、指导和关心。曾不揣冒昧拿着自己并不成熟的文章去求教张师，没想到，几天后，张师用钢笔写了整整一页的修改意见示我，让我顿时眼湿。感动的不仅仅是让人茅塞顿开的启发和指导，更是春风化雨般的言传身教。

感谢恩师向世陵先生，至今还记得当年走进人民大学人文楼，在门口等待老师上课回来,就在这天,冒昧地表达了报考向先生门下的心愿。向先生始终以宽厚包容的情怀面对一个学问浅陋的弟子,每次讨教,都细心指导,即便我天真到家的错误,也耐心温和地指正,而老师的方法,永远不是武断的,而是循循然善诱人,照亮你开悟的路径。通过博士论文的指导,还有一本儒学大众读本的出版,向老师均要求我不断地修改。正是在不厌其烦的修改过程中,我明白了老师的一片苦心,而自己恰好慢慢稍懂了做学问的旨归和路径。我生性木讷,却贪婪地攫取,回想向老师请教论文期间,往往没察觉时间的流逝,好几次占用了老师大半天的时间,现在想来实在惭愧,而老师却总是那么春风和气。更难能可贵的是,向老师在学识和人品上的统一,于潜移默化中,教给弟子的不仅仅是学问之道,更有为人之品格,而后者当是更重要的收获。三年匆匆而过,当年鼓足勇气在向老师办公室门前怀着惴惴之心等待一个身影出现,确乎意识中浮现过程门立雪的故事。对学问家素怀敬慕,凭着感性的力量投入师门,如今,理性时刻提醒自己,一定不要愧对老师给予的学习机会,可驽钝而不可懈怠。

感谢母校,感谢哲学院的每一个老师,作为边工作边读书的学生,每一次偷空赶来的课程,都倍加珍惜,而这种珍惜,更让我领悟到哲学院老师们的才情与性情之可贵。回想起郝立新、韩东晖、罗安宪、宋志明、彭永捷、杨庆中、干春松、张志伟、李秋零、肖群忠等老师讲课时的情形,回想起杨淑华老师对同学们的热心帮助,回想起侯书栋、蒙彬、高燕燕老师为我工作的电视栏目邀请嘉宾,刘元春、赵锡军等人大教授成了我们栏目的常客。过往的一切,都让自己觉得温暖在心。人大哲学院,每一个谦和、善良、智慧的老师,都让我心怀感激。

感谢陈来、李景林、杨庆中、乔清举、罗安宪教授抽出时间为我指导论文,在答辩中给我提出了非常宝贵的修改意见,这将是让我终身受益的经历。

感谢现已成为大学老师的朱璐师姐给我的鼓励和帮助、信心和勇气;感谢中哲班的每一个同学,为我这个校外生不厌其烦地报告消息,提供帮助,同窗之谊,弥足珍惜。同在向师门下的杨泽,本是大学老师,我总是自觉不自觉地将她认作亦师亦友的同窗,故总是去请教她。王敏光也是大学老师,仗义而实在,让他帮忙大大小小的事情,在我已成习惯,更难忘他给我的巨大精神力量。罗祥相我们亲切地称呼为阿罗,又美其名曰罗主任,同样也是因为善良而热心,腼腆的笑容是他的招牌。陈旭辉给我拷贝的电子图书馆将与我如影随形。曹婉风一如其名字般温婉可人,袁晓晶玲珑剔透闪烁着聪慧,陈欣雨显示着川妹子的风风火火。我可爱的师弟师妹,真的很庆幸遇到了你们,感谢你们对我这个大龄同窗给予的每一个细节的关照与帮助。

感谢我的每一位同仁,不论是领导还是同事,对我的求学,都给予了无私的理解与支持,使我能安心向学。感谢身边的朋友,是你们的鼓励给予我极大的精神动力。感谢《今日观察》栏目的每位兄弟姐妹,我没法一一写下你们的名字,但我真的很感谢你们三年来对我的支持,我一直为有这样的同事而骄傲,而幸运。难忘与曾军辉一起在大雪天里去新东方学习,感谢你为我树立考博志在必得的信心,感谢新东方刘一男老师开的小灶,让我明白英语词汇的奥秘。感谢郑永华、罗国良、周劲鹰等一连串朋友对我的鼓励、帮助以及在此过程中呈现的无私与仗义。感谢北京大学的霍德明教授,他在回台湾时,为我复印了那么多的学术资料,放在行李箱里背回北京,让我感动不已。很遗憾的是,我无法将赐予我力量的朋友在此一一具名。

感谢我的父母，让我明白什么是善良、勤奋和坚忍。感谢我的夫人张红梅，感谢我所有的家人亲人，为我的求学与写作，付出了太多的努力，使我心无旁骛，躲进小楼成一统，给予亲人所能给予我的一切，让我完成了对我来说几乎不可能完成的任务。

本书的出版，非常感谢人民出版社哲学编辑室主任方国根先生，正是方先生的鼓励及提携后进的热心，让我感到温暖如春。在出版稿件的整理过程中，因为方老师的专业精神，让我又发现和修改了不少错误，对于养成良好的学术习惯，这是一次难忘的学习经历。感谢人民出版社的段海宝老师给我随时随地的咨询，感谢为本书付出努力的所有编辑老师，让我感受到专业与专注的力量。

将博士论文整理出书，错漏之处定不会少，将它呈献给读者，始终让我心惴惴焉。学海无涯，而我尚未迈进门槛，唯有带着敬畏与感恩之心，继续负笈前行。

在学习中传承、传播中华传统文化之精髓，将是我未来的致力方向，但愿这就是前行步履的开拔起点。

2017 年 3 月 6 日

策划编辑:方国根

责任编辑:方国根　段海宝

封扉设计:曹　春

版式设计:顾杰珍

图书在版编目(CIP)数据

齐家之道:颜之推三教一体思想研究/李勇强 著. —北京:
　人民出版社,2018.7
(中国哲学青年学术文库)
ISBN 978－7－01－019508－7

Ⅰ.①齐…　Ⅱ.①李…　Ⅲ.①颜之推(531—约595)-思想评论
　Ⅳ.①B235.95

中国版本图书馆 CIP 数据核字(2018)第 145798 号

齐家之道

QIJIA ZHI DAO

——颜之推三教一体思想研究

李勇强　著

人民出版社 出版发行

(100706　北京市东城区隆福寺街 99 号)

环球东方(北京)印务有限公司印刷　新华书店经销

2018 年 7 月第 1 版　2018 年 7 月北京第 1 次印刷

开本:880 毫米×1230 毫米 1/32　印张:15

字数:350 千字

ISBN 978－7－01－019508－7　定价:55.00 元

邮购地址 100706　北京市东城区隆福寺街 99 号

人民东方图书销售中心　电话 (010)65250042　65289539